JN373847

80/20 법칙 행동편

80/20 DAILY

80/20 법칙 행동편

적게 일하고
크게 성취하는
365가지 방법

리처드 코치 지음 · 박영준 옮김

21세기북스

세상에서 가장 행복하고 80/20 법칙에 충실한
세 가족에게 이 책을 바칩니다.

애니와 제이미 부부, 그레이스, 살, 톰
마리-루이스와 존 부부, 노아, 제이크
가이와 니키 부부, 로밀리, 벤, 오토

차례

80

20

머리말과 감사의 말

이 책은 라이언 스미스Ryan Smith가 아니었다면 세상에 태어나지 못했을 것이다. 그러므로 처음 감사의 말을 전할 사람도 당연히 라이언이다. 그는 내가 쓴 『80/20 법칙』을 읽은 후, 독자들이 이 법칙의 통찰을 매일 한 가지씩 얻을 수 있도록 365개 단락으로 구성된 책을 써보는 게 어떠냐고 제안했다. 나도 그 의견에 동의했다. 놀랍게도 편집자 겸 발행인 이안 캠벨Iain Campbell도 같은 의견이었다. 그게 바로 이 책을 쓰게 된 계기다! 라이언에게 감사한다. 또 우리의 기대를 훨씬 뛰어넘는 세심하고, 신속하고, 정확하고, 상상력 넘치는 편집 능력을 보여준 이안에게도 감사를 표한다. 만일 모든 편집자가 이안처럼 능력이 출중하다면 작가와 독자는 더 행복해질 것이다. 출판 에이전트 샐리 할러웨이Sally Holloway에게도 고마움의 말을 빼놓을 수 없다. 그녀는 뛰어난 재능으로 작업의 번거로움을 줄이고 매사를 깔끔하게 처리하는 달인의 솜씨를 발휘했다. 그것이야말로 진정한 80/20 정신이 아닐까?

한 가지 고백하자면 『80/20 법칙 행동편』은 쓰는 데 생각보다 훨씬 오랜 시간이 걸렸다. 물론 책을 집필하는 일은 즐거웠지만, 작업을 하면 할수록 80/20 법칙의 범위와 영향력이 이전의 저술에서 다뤘던 것보다, 또는 내가 알고 있던 것보다 훨씬 넓고 강력해서 더 광범위한 조사와 사고가 필요했다.

『80/20 법칙 행동편』의 많은 부분은 이전 책에서 다루지 않았던 독창적인 내용을 담고 있다. 기본적인 주제는 과거에 발표한 10여 권의 책과 비슷하지만 대부분의 사안을 새로 사고하고 조사할 필요성을 느꼈고, 그중 일부 주제는 이번에 처음으로 탐구했다. 따라서 이전의 책에 담긴 내용을 거의 인용하지 않고 새롭게 썼다.

이 책에는 새로운 주제가 많이 등장한다. 예컨대 기회 우선주의, 기분, 성장, 개인 독점 이론, 자기애, 자신만의 새로운 영역을 발견하는 법, 복리로 성장하는 법, 올바른 거처를 찾는 법, 시간 오아시스, 운의 본질, 허브를 선택하고 창조하는 법, 80/20 의사 결정, 직감, 파스칼의 내기와 비대칭적 베팅, 블랙 스완과 역사 등은 이 책에서 처음 다루는 주제다.

80/20 법칙을 세상에 전파하면서 가장 큰 빚진 사람은 팀 페리스Tim Ferriss다. 지난 20년 동안 팀처럼 80/20 법칙을 헌신적이고 강력하게 홍보한 사람은 없다. 특히 감사

한 점은 그가 평소 스타일과 다르게 내 의견에 유달리 강력한 지지와 찬사를 보내주었다는 것이다. 게다가 그가 진행하는 전설적인 팟캐스트 프로그램 〈팀 페리스 쇼〉에 두 차례나 출연한 일도 책에 담긴 메시지를 세상에 전하는 데 큰 도움이 됐다. 팀과 나눈 팟캐스트 대화는 아래 블로그*에 게시되어 있으니 들어보기를 권한다. 최근 에피소드에서는 팀이 포르투갈까지 나를 찾아와 우리 집 주방에서 인터뷰를 진행했다. 팀에게 감사하다!

큰 빚을 진 또 한 사람은 『80/20 세일즈 및 마케팅80/20 Sales and Marketing』의 저자이면서 서문을 써준 페리 마샬Perry Marshall이다. 『80/20 세일즈 및 마케팅』은 영업이나 마케팅의 범주를 뛰어넘어 마치 『80/20 법칙』의 2부처럼 다양한 주제를 다루는 저작이다. 페리의 책은 내가 쓴 책들의 내용을 완벽히 보완할 뿐 아니라 내가 미처 생각지 못했던 폭넓은 분야를 두루 섭렵하고 있다. 내 책이 마음에 드는 독자는 그의 작품도 읽어보라!

오랜 친구 마르크스 아코스타-루비오Marx Acosta-Rubio에게도 감사의 말을 전한다. 그는 나의 저술 작업을 끊임없이 지원했고 늘 건설적인 비판을 아끼지 않았다. 다양한 분야의 독서광이었던 마르크스가 내게 몇몇 위대한 인물의 전기를 읽어보라고 권한 일은 『미친 듯이 성공하는 법Unreasonable Success and How to Achieve It』을 집필하는 계기가 됐다. 마르크스는 현명한 지식인이자 자유주의를 신봉하는 사상가이며 선한 마음을 지닌 사람이다. 그는 『미친 듯이 성공하는 법』을 포함한 여러 권의 책을 저술하는 데 큰 도움을 주었고, 무엇보다 이 책의 완성도를 높이는 데 큰 역할을 했다.

마지막으로 바쁜 일상 속에서도 시간을 내 이 책의 초고를 읽고 귀중한 피드백을 전해준 친구들에게도 깊은 감사의 말을 전한다. 빠뜨리는 사람이 있을까 두려워 이름을 언급하기가 망설여지지만, 가이 보울스Guy Bowles, 톰 버틀러-보든Tom Butler-Bowden, 휴고

* 블로그 링크는 다음과 같다.
https://tim.blog/2020/09/22/richard-koch/
https://tim.blog/2023/07/05/richard-koch-2/

델가도Hugo Delgado, 크리스 아일스Chris Eyles 박사, 니콜라스 래드Nicholas Ladd, 제이미 리브Jamie Reeve, 제이미 스티랫Jamie Stirrat은 내게 중요한 아이디어를 준 친구들이다.

하고 싶은 말은 여기까지다! 이제 책을 읽으며 앞으로 걸어갈 길을 곰곰이 생각하라. 당신은 더 행복하고, 건강하고, 풍요롭고, 성공적이고, 선한 삶을 향한 여정에 돌입했다.

리처드 코치

2024년 10월

페리 마샬 서문

리처드 코치가 『80/20 법칙 행동편』의 서문을 써달라고 부탁했을 때, 약간 어리둥절했다. 80/20을 365가지나 이야기하는 건 오히려 80/20 법칙에 어긋나는 일이 아닐까?

어쨌든 80/20 법칙은 많은 얘기를 늘어놓기보다 중요한 얘기에 초점을 맞추는 데 의의가 있다. 그렇다면 80/20을 하나의 통찰로 압축해서 독자들에게 전달하는 편이 낫지 않을까? 아니면 365개의 20퍼센트에 해당하는 73개쯤은 어떨까? 하지만 다시 생각하니 365일 동안 매일 한 모금씩 지혜의 샘물을 마시며 80/20 법칙을 이해하는 것도 좋은 방법이라는 판단이 들었다.

80/20 법칙은 심오하다. 당신은 1년 내내 이 법칙을 탐구해도 여전히 배울 게 많을 것이다. 80/20 법칙의 '노란 띠' 정도에 만족하는가? 아니면 '검은 띠'를 따고 싶은가?

나는 80/20 법칙이 매일 조금씩 파고들 만큼 충분한 깊이가 있다고 결론내렸다. 각각의 교훈은 익숙한 문제를 새로운 각도에서 바라보게 하며 단 하나의 통찰이 당신의 생각과 전략을 완전히 바꿔놓을 수도 있다.

365개의 통찰을 가장 가치 있는 법칙으로 통합할 사람이 있다면 그건 바로 리처드 코치다. 그가 1997년 80/20 법칙을 주제로 처음으로 쓴 책은 100만 부가 넘게 팔렸고 40여 개 이상의 언어로 번역됐다. 그 후로 그는 25권의 책을 더 펴냈다. 일부는 80/20의 내용을 다뤘고, 나머지 책은 더 행복하고 부유한 사람이 되는 법이나 선禪 수행자처럼 품격 있는 삶을 사는 법 같은 다양한 주제를 이야기했다.

리처드는 1983년, 50만 달러(약 7억 원)의 저축액을 밑천 삼아 투자의 세계로 뛰어들었다. 그의 자산은 현재 16억 달러(약 2조 1,700억 원)로 불어났다. 리처드의 자산 가치는 지금도 매년 22퍼센트의 복리로 증가하고 있다. 이는 워런 버핏의 투자 수익률보다 살짝 높은 수치다(물론 오래전부터 투자를 시작한 버핏은 자산 규모가 훨씬 크다).

리처드가 평소 투자 업무에 쏟는 시간은 일주일에 하루가 채 되지 않는다. 사무실도 없고 직원은 단 2명뿐이다. 그는 스프레드시트를 사용하지 않는다. 사용하는 방법조차 모른다. 스프레드시트에 담긴 정보가 잘못된 판단을 유도할 수도 있다는 게 그의 생각이다. 뭔가 계산할 일이 있을 때는 구닥다리 HP12C 계산기를 두드린다. 그는 많은 돈을 기부한다(주로 친구나 가족에게 준다). 자신의 부를 어떻게 사용할지 모르는 데다 별 관심도 없다. 호사스러운 취미가 있다면 딱 한 가지뿐이다(그게 뭔지는 비밀이다).

리처드는 하루에 2시간씩 자전거를 타고, 래브라도 품종의 반려견과 함께 산책을 나선다. 테니스를 치고, 친구들과 하루에도 여러 차례 식사를 함께하고, 매일 2시간씩 책을 읽는다. 그는 온종일 햇볕이 내리쬐는 곳에 거주한다. 좋은 삶이다.

당신이 하루에 한 꼭지씩 읽게 될 『80/20 법칙 행동편』은 행복, 여유, 스트레스의 부재, 건강한 마음 그리고 친구, 가족, 공동체를 돕는 능력 같은 보상을 약속한다. 게다가 더 나은 경력을 찾고 더 큰 부를 축적할 기회도 제공할 것이다.

80/20 법칙을 좀 더 깊게 들여다보거나 시간이 지난 후 다시 돌아보면 언뜻 불필요하게 여겨지는 80퍼센트에서도 나름 가치를 발견할 수 있다. 이 아이러니를 인정한다. 80/20 법칙을 깊이 파고들수록 100퍼센트 전체의 가치를 온전히 이해할 수 있다. 마지막으로 얻은 깨달음 위에 또 다른 미묘한 깨달음이 한 층씩 쌓이면서 원대한 통찰에 도달할 것이다.

『80/20 법칙 행동편』은 당신의 마음을 건강한 상태로 유지하는 일상으로 자리 잡을 것이다. 쓸모없는 정보가 넘쳐나는 세계에서, 삶의 핵심 원칙에 집중하기 위해 치르는 매일의 의식儀式은 외부의 소음을 차단하기 위한 가장 효과적인 수행법일지 모른다. 리처드는 당신에게 단순하고, 강력하며 행복한 사고의 방법을 가르친다.

풍요로운 80/20 법칙의 통찰 속으로 하루에 한 차례씩 뛰어들어라.

페리 마샬

『80/20 세일즈 및 마케팅』 및 『진화 2.0Evolution 2.0』 저자

www.perrymarshall.com

추천의 글

더 나은 삶을 위한 선택, 80/20 법칙

지금 우리는 과거보다 훨씬 척박한 삶을 살고 있다. 속도는 빨라졌고, 기준은 높아졌으며, 기대는 커졌다. 누군가는 이런 세상을 잘 헤쳐 나가지만, 다른 누군가는 마음을 다잡을 새 없이 벼랑 끝에 내몰린다. 이 둘의 차이는 무엇일까? 『80/20 법칙 행동편』을 읽으며 이 질문에 대한 답을 찾을 수 있었다.

"배울 수 있는 것은 모두 배워라."

이 단순한 문장 속에 깊은 통찰이 담겨 있다. 돌아보면 언제 어디서든 배우려는 자세, 반복된 실패에도 멈추지 않은 시도, 꾸준히 반복했던 작은 행동을 통해 나는 나만의 결과물을 만들 수 있었다. 혹시 당신이 극복해야 할 문제를 마주하고 있다면, 이 책에 담긴 통찰이 도움이 되리라 믿는다. 물론 당장 눈앞의 어려움이 사라지지는 않을 것이다. 현실은 여전히 빠르고, 냉정하고, 혹독하니까. 그러나 어려움을 바라보는 시선과 태도는 바꿀 수 있다.

과거 나에게도 크게 다가온 문제와 기회들이 있었다. 그땐 인생이 걸린 일처럼 느껴졌고, 잘 해내지 못하면 모든 게 무너질 것만 같았다. 그런데 과연 정말 그렇게 큰 문제였을까? 시간이 지난 지금 돌이켜 보면 절반 정도는 별거 아니었다. 이 책의 저자인 리처드 코치는 말한다. "극복은 누가 해주는 것이 아니라, 내가 스스로 선택하고 만들어 가는 것"이라고. 해결보다 중요한 것은 결국 "극복하려는 행동, 움직임" 그 자체라고.

맞닥뜨린 문제의 크기보다 중요한 건 그 문제를 대하는 나의 태도다. 무언가 크게 느껴질수록 망설이지 않고 부딪치는 것이 중요하다. 하나의 행동이 삶을 전혀 다른 방향으로 이끌거나 새로운 시야를 트는 시작점이 될 수도 있다. 행동은 계획보다 강하고, 예측보다 빠르며, 감정보다 선명하다. 결국 삶은 해보는 사람, 움직이는 사람의 것이다. 행동하고 움직이다 보면 어느 순간 삶을 바꾸는 것을 넘어 '나'를 회복할 수 있다. 『80/20 법칙 행동편』을 읽으며 내가 경험한 행동의 힘을 누리길 바란다.

가끔은 스스로가 문제라고 느껴질 때도 있을 것이다. 자신이 의심스럽고, 이유 없이 위축되고, 자신감이 줄어들 때, 나에게 필요한 게 무엇인지, 정말 해야 할 일이 무엇인지 흐릿할 때. 『80/20 법칙 행동편』은 이런 순간 힘이 되는 책이다. 그동안 지키지 못했던 계획, 세우지 못했던 목표를 달성하게 해줄 뿐 아니라 놓치고 있던 것, 정말 중요한 것이 무엇인지를 단단히 일깨워준다.

'나는 지금 무엇을 위해 바쁘게 살고 있는가?'
'나는 정말 중요한 것에 에너지를 쓰고 있는가?'

이 책을 읽는 동안 당신은 삶의 본질적인 질문을 마주할 것이다. 그리고 그 질문에 응답할 수 있는 기준 또한 발견하게 될 것이다. 이 책은 더 나은 성과가 아니라 더 나은 삶을 위한 선택을, 단지 시간을 절약하는 게 아니라 인생을 낭비하지 않는 법을 알려준다. 이 책을 읽고 자기 안의 가능성을 믿길 바란다. 늦을 수는 있어도 불가능하지는 않다. 해본 적 없는 방향으로 나아갈 때, 내 안에 살아 있는 가능성을 발견할 수 있다. 늘 바쁜데도 공허함을 느끼고 있거나, 삶의 중심을 다시 잡고 싶다면 이 책이 제시하는 방향을 따르길 바란다.

주언규
『혹시, 돈 얘기해도 될까요?』, 『킵고잉』, 『슈퍼노멀』 저자

CHAPTER

1

80/20 법칙 완벽히 이해하기

80/20 법칙이란 무엇이며 이 법칙은 왜 멋진 삶을 선사하는가? 이 장에서는 80/20의 정확한 의미, 이 법칙을 사용해야 하는 이유 그리고 이를 사용하는 방법을 탐구한다. 분석을 선호하는 사람들은 '80/20 분석법'을 통계와 비즈니스에 유용하게 활용한다. 그러나 분석법보다 훨씬 강력하면서도 사람들에게 외면당하는 것은 '80/20 사고법'이다. 이 방법론은 우리의 삶을 새로운 수준으로 끌어올린다.

DAY 1 당신이 하는 일 중 80퍼센트는 쓸모없다

80/20 법칙(줄여서 80/20)은 무엇인가? 80/20은 어떤 집단에서든 세상에는 다른 모든 것보다 훨씬 중요한 무언가가 존재한다는 원리를 깨우쳐준다. 믿을 만한 벤치마크 자료나 가설에 따르면 모든 결과의 80퍼센트는 단 20퍼센트의 원인에서 비롯된다고 한다. 때에 따라서는 20퍼센트에 훨씬 미치지 못하는 중요한 원인으로부터 80퍼센트의 결과가 생길 수도 있다.

매일 사용하는 언어를 예로 들어보자. 아이작 피트먼Isaac Pitman 경은 사람들이 일반적으로 구사하는 말의 80퍼센트가 고작 700개 단어의 변형이라는 사실을 깨달은 후 속기법을 발명했다. 700개 단어라면 사전에 수록된 전체 어휘의 1퍼센트에 불과하다. 이는 80/1의 대응 관계, 즉 1퍼센트가 전체의 80퍼센트에 해당하는 관계의 사례다.

당신은 평생 의복을 착용하는 시간의 80퍼센트를 옷장에 있는 옷의 20퍼센트만을 입으며 보낼 것이다. 일상은 이런 종류의 불균형한 대응 관계로 가득하다. 어떤 관계는 호기심을 자극해도 그렇게 중요하지 않다. 반면 어떤 관계는 행복에 지대한 영향을 주고 삶에도 큰 충격을 준다. 앞으로 배울 내용은 삶의 80/20 법칙, 사실 관계 그리고 가설이다.

우리는 인생을 80/20이 아닌 50/50의 관점으로 바라보는 경향이 있다. 물론 50퍼센트의 사람들이 돈이나 영향력 같은 희소 자원의 50퍼센트만을 차지할 때도 있지만, 그런 경우는 극히 드물다. 당신이 매시간 수행하는 업무는 늘 똑같은 가치를 생산하는가? 아니면 그중에서도 유독 중대한 결과로 이어지는 소수의 업무가 있는가?

우주는 불균형하다! 결과와 원인의 관계는 고르지 않고 한쪽으로 기울어져 있다. 하지만 80/20 패턴을 따라 그 추이를 충분히 예측할 수 있다. 삶 속에서 비대칭성의 원리를 발견한다면 더 적은 노력, 스트레스, 시간, 돈을 들여 몇 배의 결과를 얻는 방법을 터득할 수 있다.

COMMENT **80/20 법칙의 의미를 이해하는가? 이 책을 읽다 보면 더 적은 노력을 들이고 더 큰 즐거움을 누리면서 당신이 원하는 바를 몇 곱절로 이뤄낼 방법을 다양하게 익힐 수 있다.**

DAY 2

80/20 법칙의 몇 가지 사례

- 연구자들은 과거 18개월간 개봉된 영화 300편을 조사한 결과 그중 1.3퍼센트에 해당하는 4편에서 전체 매출액의 80퍼센트가 나왔다는 사실을 밝혔다.
- 주식 시장에서는 스탠더드앤드푸어스S&P 지수에 속한 최상위 주식 10개(2퍼센트)가 전체 수익의 92퍼센트를 올린다.
- 미국 가정 중 상위 5퍼센트가 보유한 주식의 가치는 전체 주식 가치의 75퍼센트에 달한다.
- 당신이 록, 재즈, 클래식 등 어떤 종류의 콘서트에 참석하더라도 그곳에서 들려오는 음악의 80퍼센트는 오래되고 귀에 익은 소수의 노래나 연주곡일 것이다.
- 지구상에 존재하는 6,700개 언어 중 세계 인구의 90퍼센트가 사용하는 언어는 100개(1.5퍼센트)뿐이다.
- 미국 인구는 세계 인구의 5퍼센트에도 미치지 못하지만, 미국인들은 헤로인을 포함해 각종 해로운 물질의 50퍼센트 이상을 소비한다.
- 1847년부터 1917년 사이 유럽에서 활동한 경찰 정보원들은 수천 명에 달하는 '전문 혁명가'의 명단을 파악했다. 하지만 그중 혁명에 성공한 인물은 레닌 한 사람밖에 없었다. 인류의 역사는 긍정적이든 부정적이든 몇몇 개인이 온 세상에 막대한 영향을 끼친 사건으로 가득하다.
- 세계 최대의 개인 대 개인 온라인 도박 사이트 베트페어Betfair는 전체 판돈의 90퍼센트가 10퍼센트 고객의 주머니에서 나온다고 발표했다.
- 어느 시대를 막론하고 항상 수천 건의 새로운 발명품이 쏟아져 나오지만, 그중 극소수의 발명품만이 나머지를 모두 합친 것 이상의 거대한 충격을 준다. 대표적인 사례로 원자력, 컴퓨터, 인터넷 그리고 오늘날의 인공 지능 등을 꼽을 수 있다.

COMMENT 당신의 삶에서도 80/20 법칙이 적용되는 사례가 있는가?

DAY
3

80/20 법칙은 삶의 수준을 높인다

어떤 원인이 중대한 결과로 이어지는지 정확히 짚을 수 있는 사람은 그 지식을 활용해서 평범한 노력으로 비범한 성과를 거둘 수 있다. **80/20의 핵심은 노력, 시간, 돈과 같은 희소 자원이 투입량보다 훨씬 높은 수준의 결과물을 얻는 활동을 파악하는 데 있다.** 또 80/20 법칙이란 당신과 다른 사람들에게 행복을 주고 스트레스를 없애는 일을 의미하기도 한다. 삶은 수많은 80/20의 가능성으로 채워져 있다. 책을 읽으면 차차 알게 되겠지만, 그중 대표적인 몇 가지만 소개한다.

- 당신이 보내는 시간 중 아주 짧은 순간이 가치 있는 결과의 거의 전부를 만든다.
- 당신이 삶에서 내리는 모든 의사 결정 중 진정으로 중요한 건 10건 미만이다. 이들은 결과의 측면에서도 다른 수천 건의 의사 결정을 압도한다.
- 당신의 행복(또는 행복의 부재)에 무엇보다 중대한 영향을 미치는 요인은 네 가지뿐이다.
- 80/20 사고법을 활용해서 삶을 획기적으로 개선하는 일은 언제든 가능하다.

80/20 법칙은 최근까지 비즈니스나 경제학 분야에서 주로 사용했다. 내 임무는 독자 여러분이 삶 전반에 걸쳐 80/20을 폭넓게 활용함으로써 마음의 평화와 기쁨을 얻고, 목표를 성취하며 주위 사람들에게 긍정적인 영향을 미치도록 돕는 것이다.

COMMENT **행복하고 친절한 사람이 되는 법을 배울 준비가 됐나? 열심히 노력한다고 해서 꼭 좋은 결과가 나오지 않는다는 사실에 동의하는가?**

DAY 4

80/20 분석법과 80/20 사고법

80/20 법칙을 활용하는 방법은 두 가지다.

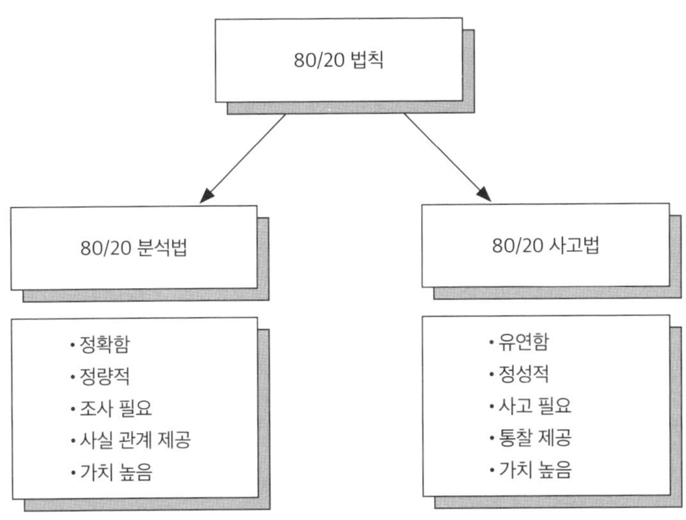

전통적으로 80/20 법칙을 활용하는 주된 방법은 80/20 분석법80/20 analysis이었다. 내가 훌륭한 분석가가 아니어서 그렇겠지만, 나는 80/20 사고법80/20 thinking을 훨씬 많이 활용하는 편이다. 80/20 사고법을 활용한다는 말은 삶에 지대한 영향을 미치는 원인이나 투입물이 소수에 불과하다는 80/20의 기본 개념을 수용한다는 뜻이다. 이런 사고방식을 지닌 사람은 삶이 한결 자유롭고 홀가분할 것이다. 80/20 분석법은 기본적으로 비즈니스를 위한 도구다. 하지만 80/20 사고법을 활용하면 비즈니스 세계뿐 아니라 어느 곳에서든 훌륭한 효과를 거둘 수 있다.

COMMENT ‘80/20 사고법’이 마음에 드는가? 이 책을 계속 읽어 나가면 곧 ‘80/20 사고법’의 열렬한 옹호자가 될 것이다.

DAY 5

80/20 사고법 시작하기

우리는 끊임없이 자문해야 한다. **내게 80퍼센트 결과물을 주는 20퍼센트 원인은 무엇인가? 어떤 일에 더 심혈을 기울이거나 어떤 일을 더 적극적으로 실천해야 이 법칙을 효과적으로 활용할 수 있을까?** 이 질문들의 답을 저절로 얻을 수 있다고 속단하지 마라. 충분한 시간을 두고 창의성을 발휘해서 생각하라. 삶에서 가장 중요한 소수의 원인이나 투입물은 무엇인가? 중요하지 않은 다수의 원인이나 투입물에는 어떤 것들이 있나? 소란스러운 배경 속에서도 기억에 남는 한 줄기 매력적인 음률에 귀를 기울여라.

답을 얻거나 답으로 향하는 좋은 가설을 찾았다면 당신이 발견한 걸 실험하라. 그 실험으로 많은 것이 달라졌나? 일과 삶이 한층 효율적으로 바뀌고 기분이 좋아졌다면 80/20 사고법이 효과를 발휘한다는 뜻이다. 80/20 사고법을 바탕으로 행동하면 적은 일을 통해 더 많은 결과를 얻어낼 수 있다.

80/20 사고법을 활용할 때는 모든 사람에게 똑같이 좋거나 나쁜 결과가 나올 거라고 넘겨짚지 마라. 삶에서 관찰되는 강력한 힘이 모두 긍정적인 힘이라고 생각해서도 안 된다. 마약은 힘이 강력해도 그 효과가 긍정적이지 않다. 일상에 중요한 변화가 생겼을 때도 마찬가지다. **변화의 결과가 긍정적으로 작용하는지를 먼저 판단하라.** 내적 자아와 외부적 성과에 미치는 영향은 무엇인가? 그런 다음 결정하라. 강력한 소수의 힘에 더욱 박차를 가해 올바른 방향으로 나아갈 것인가? 아니면 그 힘을 외면할 것인가?

우리는 작은 원인으로부터 큰 결과를 얻어야 한다. 그것이 추구해야 할 목표다. 사소한 변화를 통해 큰 이득을 창출할 수 있는 작은 원인은 주위에 수없이 널려 있다. 당신이 알아차리든 그렇지 못하든 수많은 외적·내적 기회가 매일 당신을 둘러싼다. 그 기회를 인식하고, 결과를 실험하고, 그 결과가 긍정적인지를 살펴보고, 더 많은 기회를 포착하라. 늘 80/20 법칙을 생각하라. 아마도 당신의 삶에서 가장 중요하고 훌륭한 습관일 것이다.

COMMENT 80/20을 생각하기 시작했는가?

DAY
6

80/20 법칙을 실천하는 사람들의 행동 패턴

80/20 법칙을 활용하는 사람은 다음과 같이 행동한다.

- 평균 이상의 노력을 들이지 않고도 훌륭한 결과를 거둔다.
- 전체 여정을 밟을 필요 없이 효과적인 지름길을 찾아낸다.
- 이것저것 손대기보다 선택적으로 행동한다.
- 장황함보다 간결함을 선호한다.
- 다재다능한 능력자가 되기보다 소수의 일에서 훌륭한 성과를 내기 위해 노력한다.
- 일상에서 최대한 많은 일을 남에게 위임하거나 외부에 위탁한다.
- 경력, 직장, 상사를 최대한 세심하게 선택한다.
- 남 밑에서 일하기보다 자기 사업을 운영한다.
- 공식적인 계약보다는 편안한 상호 관계를 통해 협력한다.
- 삶의 모든 측면에서 20퍼센트의 노력과 돈으로 80퍼센트의 수익을 올릴 기회를 찾는다.
- 늘 침착한 태도로 소수의 값진 목표와 기회를 지향하며 더 적게 일한다.
- 창의력이 절정에 달하고 성공의 조건들이 갖춰지는 행운의 순간(종종 행운 그 이상의 순간)을 최대한 활용한다.

COMMENT 당신은 통념을 뒤엎을 만큼 지혜로운가?

DAY 7 짧은 기간에 최고의 혁신을 이루는 법

큰 야망을 품은 사람이라면 당연히 쉴 새 없이 활동하고, 오랜 시간 일하고, 정신없이 바쁜 일상을 보내며 그 꿈을 위해 자신과 남들을 무자비할 정도로 희생해야 한다는 게 일반적인 인식이다. 그러나 큰 야망을 품었다고 해서 꼭 치열한 생존 경쟁 속에 허덕일 필요는 없다.

이보다 훨씬 매력적이면서도 현실적인 조합은 원대한 야망, 당당한 자신감, 풍부한 유머 감각, 흔들리지 않는 침착함, 교양 있는 태도 등이다. 위대한 업적은 깊은 사색과 번득이는 통찰을 현실에 적용함으로써 성취된다. 뉴턴은 나무 밑에서 사과가 떨어지는 모습을 관찰하다 만유인력의 법칙을 발견했다. 아인슈타인은 움직이는 기차를 상상하던 중 상대성 원리의 단서를 포착했고, 다윈은 앵무새를 관찰하면서 자연 선택 이론과 진화론을 개발했다. 버트런드 러셀은 파이프용 담배를 사기 위해 케임브리지 대학교 주위를 어슬렁대면서 자신의 철학을 정립했다. 만일 이 학자들이 책상에 앉아 연구팀만 들볶았다면 과학이 발전할 수 있었을까?

고성과자의 대부분은 전체 경력에서 아주 짧은 기간에 최고의 혁신을 이룬다. 80/20 법칙은 그 이유를 명백히 설명한다. 당신이 호기심과 야망에 가득하고, 효과적인 사고를 선호하는 사람이라면 시간은 차고 넘칠 만큼 충분하다. 훌륭한 성과는 순간적인 통찰, 선택적 행동, 확산적 사고, 원대한 비전, 독창적인 아이디어를 통해 달성된다. 꼭 그런 건 아니지만 세상에 지대한 영향을 미친 책은 불과 한두 해 만에 쓰인 경우가 많고, 사람들에게 사랑받는 음악은 대부분 하루 이내에 작곡됐다. 가수 엘튼 존은 히트곡 〈캔들 인 더 윈드Candle in the Wind〉를 단 20분 만에 썼다고 한다. 우리의 삶을 바꾼 수많은 발견과 발명 그리고 위대한 정신적 도약은 선구자들의 한평생이 아니라 몇 초, 몇 시간, 며칠, 몇 달 만에 이루어졌다. 게다가 각고의 노력을 통해서가 아니라 뜨거운 칼로 버터를 자르듯 쉽게 우리 곁으로 왔다.

사람은 기분이 쾌적하고 느긋한 상태에서 최고의 아이디어를 떠올린다. 마음속에서 들려오는 고요하고 작은 목소리는 삶에서 생각보다 훨씬 큰 자리를 차지한다. 치열한 경쟁의 세계를 떠나 외딴곳에 홀로 앉아 차분히 사색하는 시간을 보내라.

COMMENT 오늘 당장이라도 시작하라.

CHAPTER

2

덜 노력하고 더 성공한 사람들

이 장에서는 80/20 법칙의 핵심을 소개한다. 세간의 믿음과는 달리 세상에서 가장 바람직한 인간형은 똑똑하면서 게으른 사람이다. 그는 80/20 법칙을 활용해서 어떤 일을 하고 어떤 일을 하지 말아야 할지 세심하게 선택한다. 똑똑하면서 게으른 사람은 적은 노력을 들여 더 좋은 성과를 올리고, 더 큰 행복을 얻고, 더 큰 영향력을 확보하는 법을 알고 있다. 모두가 똑똑하면서도 게으른 사람이 될 수 있다면 세상은 한결 행복해질 것이다. 오늘 당장 그 여정에 돌입하라.

DAY
8 세상에는 네 종류의 사람이 있다

	멍청함	똑똑함
게으름	방치	***스타***
성실함	즉시 해임	뛰어난 참모

에리히 폰 만슈타인Erich von Manstein은 2차 세계 대전이 벌어졌을 때 독일군을 지휘한 육군 원수였으며 히틀러를 극도로 혐오한 인물이었다. 그는 육군 장교들을 네 종류의 사람으로 분류했다.

- **첫째, 멍청하면서 게으른 사람:** 그냥 내버려 둬도 큰 해를 주지 않는다.
- **둘째, 똑똑하면서 성실한 사람:** 뛰어난 참모다. 모든 세부 사항을 꼼꼼히 파악하는 능력이 있다.
- **셋째, 멍청하면서 성실한 사람:** 조직에 큰 위험을 줄 수 있으니 즉시 해고해야 한다. 누구에게도 쓸모 없는 일거리를 만들기 일쑤다.
- **넷째, 똑똑하면서 게으른 사람:** 최고의 장교가 되기에 적합한 인재다.

COMMENT 도표의 어디에 속하나? 똑똑하면서 게으른가? 그런 사람이 될 수 있나?

DAY
9

똑똑하면서 게으른 사람 되기

유능한 사람은 똑똑하면서 게으르다. 고도의 효율성을 발휘할 수 있는(그리고 기쁨과 성취감이 가득한 삶을 살 수 있는) 핵심 비결은 똑똑하면서 게으른 사람이 되는 것이다. 너무 힘들여 일하지 않고도 즐겁고 온전한 삶을 누리면서 가치 있는 목표를 이루고 싶은 사람은 일단 똑똑해야 한다. 그런데 왜 게을러야 할까?

80/20 법칙의 핵심은 '더 적게 일하고 더 많이 성취하는' 것이다. 20퍼센트의 사람들이 가치 있는 성과의 80퍼센트를 만든다는 말은, 그들이 80퍼센트의 사람들보다 몇 배 이상의 생산성을 발휘한다는 뜻이다. 20퍼센트의 사람들은 더 적은 시간, 노력, 스트레스를 들여 원하는 목표를 달성한다.

일정 수준 이상의 스트레스는 몸과 마음의 건강에 해롭고, 행복에도 부정적인 영향을 미친다. 분별력 있고 일에 중독되지 않은 고성과자는 느긋하고 게으른 사람이 되어야 한다. 고성과자가 다른 활동을 외면한 채 일에만 매달린다면 주위 사람들과 동료들을 불행에 빠뜨릴 수 있다. 똑똑하면서 '게으르지 않은' 사람은 사랑처럼 삶에서 꼭 필요한 경험을 놓칠지도 모른다. 똑똑하면서도 게으른 사람이 되는 건 많은 사람에게 혜택을 주는 현명한 전략이다.

COMMENT 당신은 똑똑하면서 게으른 사람인가? 그렇지 않다면 그 이유는 무엇인가?

DAY 10

놀라운 성공을 거둔 게으른 상사들

내가 목격했던 사람 중 사업에서 가장 크게 성공한 인물은 2명이었다. 이들이 내가 평생 만났던 사람 중 가장 게을렀다.

한 사람은 브루스 둘린 헨더슨Bruce Doolin Henderson(보스턴컨설팅그룹의 창립자-옮긴이)이었다. 그는 어느 모로 보나 거물이라고 불릴 만했다. 살은 찌지 않았으나 키가 크고 사람들에게 위압감을 주었다. 브루스의 가장 큰 장점은 풍부한 아이디어였다. 아이디어가 곧 부의 원천이라고 믿었던 브루스는 기업의 경영 전략을 정교한 아이디어와 간결한 표현으로 재구성하는 혁신을 이끌었다. 과거의 경영 전략이 읽기도 힘든 장황한 내용의 두꺼운 문서였다면, 브루스는 이를 2장짜리 도표로 줄였다. 나는 지금도 그가 고안한 도표를 사용하고 있다.

브루스는 세계에서 가장 우수하고 영향력이 큰 컨설팅 기업을 설립했다. 그는 전략 컨설팅이라는 분야를 창조했고, 세계에서 가장 똑똑한 젊은이들에게 권력과 돈을 거머쥘 기회를 주었다. 그럼 브루스는 밤새워 열심히 일했을까? 그렇지 않았다. 그는 일하는 시간이 거의 없었다. 브루스는 회사를 세우자마자 사람들을 고용해서 자기의 일을 전부 맡겼다. 창업 후 2년이 지나면서부터는 컨설팅 업무에서 완전히 손을 뗐다. 그가 한 일이라고는 인재를 귀신같이 알아보는 재주로 직원을 채용하고 전략에 관한 책을 저술한 것뿐이었다. 브루스는 사무실과 집에 앉아 책을 쓰고, 마피아 보스처럼 전 세계의 지사를 돌아다녔다. 또 회사의 전체적인 기틀을 잡고, 뛰어난 인재를 부사장으로 선임하고, 업계의 고전으로 남을 책을 저술하고, 미래의 비전을 개발하고, 제자들이 세계를 누비는 모습을 지켜봤다. 그의 게으름에는 그만한 보상이 따랐다.

COMMENT 큰 부와 영향력을 손에 넣기 위해 얼마나 많이 아이디어를 사용하는가?

DAY 11

게으른 부자의 비밀

좋든 나쁘든 내 삶에 가장 큰 영향을 미친 인물은 빌 베인Bill Bain(세계 3대 컨설팅 기업의 하나인 베인앤컴퍼니의 설립자-옮긴이)이다. 그리고 내가 평생 만난 사람 중 두 번째로 게을렀다.

빌은 창의적이었다. 그는 동료와 함께 성장-점유율 매트릭스growth-share matrix라는 유명한 도표를 개발했다. 하지만 빌의 통찰력이 가장 크게 빛을 발한 대목은 따로 있었다. 그는 컨설팅 기업이 전략 컨설팅 상품을 효과적으로 판매하기 위해서는 컨설턴트와 고객사 CEO 사이에 긴밀한 인간관계를 구축해야 한다고 했다. 긴밀한 유대가 형성되어야 수십 명이나 수백 명의 컨설턴트가 작성한 보고서가 가치 있는 정보로 고객사 CEO에게 전달될 수 있고, CEO는 직원들의 반발을 넘어섬으로써 회사의 가치를 몇 곱절로 증가시킬 수 있다는 것이다. 이는 컨설팅 기업의 매출과 수익을 꾸준히 성장시키기 위한 최고의 처방전이었다. 그가 개발한 성공 공식은 너무도 강력해서 미트 롬니Mitt Romney(베인앤컴퍼니 출신의 미국 정치인-옮긴이) 같은 뛰어난 인재들도 조직에 충성하며 열심히 일했다.

빌은 전 세계 파트너들과 매달 한 번씩 회의를 진행하며 조직을 관리했다. 빌은 월간 회의를 주재하며 직원들에게 멘토링하는 것 이외에는 아무 일도 하지 않았다. 다른 직원들은 일주일에 60~70시간을 일에 쏟아부으며 스트레스 속에서 일했다. 하지만 그의 일정은 텅 비어 있거나 진행되지 않을 회의로 가득했다. 빌은 스트레스를 받기보다 남들에게 스트레스를 떠안겼다. 그는 홀로 행복한 삶을 이어갔다.

베인앤컴퍼니의 한 동료는 말했다. "저는 고객사의 상황을 두고 빌과 이야기를 나눠 본 적이 없어요. 그의 스케줄은 늘 가짜 일정으로 꽉 차 있으니까요." 그것이 빌이 추구한 삶의 방식이었다. 우리가 빌을 만나는 순간은 테니스 복장을 깔끔하게 차려입은 그와 엘리베이터에서 마주칠 때뿐이었다. 그는 늘 웃는 낯으로 직원들에게 농담을 던졌다. 자신의 삶과 우리의 삶이 그토록 대조적인 모습을 보이는데도 전혀 어색해하지 않았고, 마치 맛있는 음식을 독차지한 고양이처럼 즐겁고 여유 있는 삶을 살았다.

COMMENT 빌을 닮고 싶은가?

DAY 12 멍청하면서 성실한 사람 vs 똑똑하면서 게으른 사람

대형 컨설팅 기업의 최고 임원이었던 데이비드와 자크는 서로를 싫어했다. 두 사람은 각기 다른 사업부의 대표였다. 영국 출신의 데이비드는 미국 사업을 담당했고, 자크는 유럽 지사들의 지원 아래 수익성 좋고 성장이 빠른 통신 산업 부문을 이끌었다. 데이비드는 자크를 '살아 있는 사람 중 가장 게으른 인물'이라고 불렀다.

데이비드의 말이 맞았다. 자크는 유쾌하면서도 게으른 프랑스인이었다. 그는 오전 9~10시 사이 런던 사무실에 느긋하게 출근했다. 공원이 내려다보이는 화려한 아파트(회사가 마련해준 집)에서 사무실까지는 걸어서 8분이면 충분했다. 그는 프랑스, 독일, 이탈리아 사무실에 전화를 몇 통 돌린 후 책상 위에 발을 걸친 채 신문을 읽고, 사무실 직원들과 즐겁게 담소를 나눴다. 또 친구들과 좋은 와인을 곁들인 점심 식사를 여유롭게(역시 회사 비용으로) 즐겼다. 오후에는 누구보다 일찍 회사 문을 나섰다. 누군가 왜 일찍 퇴근하느냐고 물으면 그는 웃으면서 대답했다. "대신 출근은 늦게 하잖아요!"

하지만 그의 게으름 뒤에는 최고의 아이디어가 있었다. 자크는 최고의 인재를 정확히 파악하고 있었다. 그는 이들을 선발하고, 승진시키고, 멘토링함으로써 100배 이상의 효과적인 인재로 키웠다. 그의 번뜩이는 직감과 통찰력은 놀라웠다. 자크가 능력을 발휘하는 데는 오랜 근무 시간이 필요치 않았다. 만일 그가 온종일 업무에만 매달렸다면 훨씬 저조한 성과를 냈을 것이다. 자크는 고객들에게도 마법 같은 영향력을 발휘했다. 모두 그를 좋아하고 존경했다.

반대로 데이비드는 오전 8시부터 오후 8시까지 일에 파묻혀 살았다. 퇴근 후에도 업무와 관련된 약속 장소로 서둘러 달려가곤 했다. 그는 회사의 각종 위원회를 이끌었고 수시로 터져 나오는 비상 상황을 처리했다. 데이비드가 자신보다 적게 일하면서 더 많은 급여를 받는 자크에게 억울한 심경을 내비친 건 무리가 아니었다.

몇 달 후, 자크와 통신 부문 부서장은 회사를 떠나 벤처 기업을 설립했다. 두 사람은 이전 직장에서보다 훨씬 큰 성공을 거뒀다. 그들은 행복한 삶을 살았지만, 데이비드와 그의 동료들은 위기 상황 앞에서 매일 전전긍긍하는 날을 이어갔다.[1]

COMMENT 자크 같은 사람이 되려면 어떻게 해야 할까?

DAY 13

일을 줄이고 삶을 즐겨라

80/20 법칙과 '게으른 성취'의 원리는 비즈니스 세계와 전혀 상관없는, 엔터테인먼트나 미디어를 포함한 어떤 분야에서도 적용이 가능하다. 경쟁이 치열하고, 장시간의 업무가 요구되고, 쉴 새 없는 노력이 필요해 보이는 분야도 예외가 아니다.

빙 크로스비Bing Crosby는 20세기에 활동한 가장 유명하고 영향력 있는 가수다. 프랭크 시나트라나 엘비스 프레슬리 같은 최고의 가수들도 크로스비의 독특한 노래 스타일을 흉내 냈다. 2차 세계 대전이 벌어졌을 때 크로스비가 연합군 진영을 돌아다니며 한 위문 공연은 그에게 '생존한 사람 중 가장 존경받는 인물'이라는 세간의 찬사를 안겨주었다.

하지만 크로스비에게는 남모르는 작은 비밀이 하나 있었다. 그는 열정적으로 골프를 즐기는 사람이었다. 가수라는 직업은 골프에 이은 두 번째 우선순위에 불과했다. 크로스비의 아내는 자신의 남편을 '노래하는 골퍼'라고 불렀다. 크로스비의 소속사는 그를 시간에 맞춰 무대에 올리고 일정을 소화하게 만드는 데 골머리를 앓았다. 그에게는 골프가 무엇보다 먼저였기 때문이다.

크로스비는 유달리 게을렀지만, 무척 똑똑하기도 했다. 그는 라디오 생방송으로 공연하는 일정을 줄이고 골프를 더 많이 즐길 방법을 찾았다. 크로스비는 영화 기법을 활용해서 공연을 사전 녹음한 최초의 가수다. 이는 트레이드오프trade-off(어느 것을 얻으려면 반드시 다른 것을 희생하여야 하는 경제 관계-편집자)의 딜레마를 회피 또는 초월한 '선순환 트레이드오프virtuous trade-off'의 대표적 사례라고 할 수 있다.[2]

COMMENT 크로스비는 혁신을 활용해서 일과 여가 활동 사이의 갈등을 풀었다. 당신도 할 수 있나?

DAY
14 똑똑한 게으름은 어디서든 통한다

똑똑한 게으름은 행복을 위한 훌륭한 전략이다. 또한 더 많은 일을 성취할 수 있다.

고성과자는 행동하기 전 생각하는 데 많은 시간을 보낸다. 행동에 많은 시간을 쏟으면 생각하는 시간을 낼 수 없다. 무턱대고 행동하면 고된 업무와 오랜 근무 시간으로 이어질 뿐이다. 행동은 생각을 몰아낸다. 이 문제를 푸는 가장 좋은 해결책은 게을러지는 것이다. **내가 아는 고성과자 중 일에 중독된 사람은 별로 없다.**

고성과자의 대표적인 특징은 독창적이고 심오한 사고의 습관이다. 일이 너무 바쁜 사람은 생각하는 게 불가능하다. 훌륭한 성과를 내려면 목표의 범위를 구체적으로 좁히고 할 일을 신중하게 고르는 능력이 있어야 한다. 이것 역시 게으른 사람에게만 가능한 일이다. 물론 게으르면서 생각을 많이 하지 않는 사람도 있다. 이는 절대 바람직하지 않다!

COMMENT 똑똑하면서 게으른 사람이 되기 위해 노력하고 있는가?

DAY 15

덜 일하는 게 사회에 도움이 된다

버트런드 러셀의 에세이 『게으름에 대한 찬양』에 담긴 문장은 우리에게 많은 생각을 준다.[3] '인류가 행복과 번영으로 향하는 길은 일하는 시간을 체계적으로 줄이는 데 있다.' 그의 주장은 이렇다. 어떤 노동자들이 하루 8시간을 일하며 전 세계에서 필요한 핀을 모두 생산한다고 가정한다. 그러다 기술 혁신이 일어나 하루 4시간의 작업만으로 같은 양의 핀을 생산할 수 있다고 치자. 그렇다면 노동자들은 같은 급여를 받으면서 하루에 4시간만 일하고 나머지 4시간은 마음껏 여가를 즐길 수 없을까?

물론 러셀은 사회주의자였으므로 그의 주장에는 자본주의가 어떤 방식으로 작동하는지는 완전히 배제되어 있다. 아마도 러셀은 고도의 생산성을 통해 창출되는 혜택이 노동자가 아닌 자본가에게 쏠리는 불평등을 지적하고 싶었는지도 모른다. 하지만 정치적 측면을 제외한다면 그의 주장에는 하나도 틀린 게 없다. 인류의 진보는 적은 노력을 들여 품질 좋고 값싼 물건을 생산하는 과정을 통해 이루어진다.

더 많은 사례가 있어야 이해할 수 있다면, 인류가 경험한 코로나19를 돌이켜보라. 코로나19 팬데믹이 시작되자 모든 사람은 일손을 놓았다. 그렇다고 우리의 생활 수준이 하루아침에 추락한 건 아니었다. 물론 정부가 일하지 못하는 국민에게 돈을 빌려준 데도 부분적인 원인이 있겠지만(그 돈은 조만간 더 높은 세금으로 돌아올 것이다), 일하는 양이 줄었다고 해서 인류가 생산하는 가치의 총량이 눈에 띄게 줄어들지는 않았다. 세계 대전이 발발했을 때도 마찬가지였다. 그 말은 우리가 평소에 하는 '일'의 대부분이 별다른 가치를 생산하지 못한다는 뜻이다. 우리는 급박하고 어려운 시기가 닥쳤을 때 일을 줄이고도 충분히 버텨나갈 수 있다. 80/20 법칙의 정확한 의미가 바로 그것이다.

COMMENT **적은 노력을 들여 똑똑하게 일하는 사람은 더 많은 여가를 즐길 수 있다. 그런 길을 선택하지 않을 이유가 있는가?**

DAY 16 게으름이 나쁘다는 착각

똑똑한, 특히 원대한 목표를 있는 사람은 하나같이 열심히 일한다. 그는 최대한의 노력을 쏟아 집중적으로 일할 뿐 아니라 오랜 시간 일터를 떠나지 않는다.

실리콘밸리에서 일하는 모두가 프로테스탄트 직업윤리Protestant work ethic(근면함과 성실함이 직업 생활의 핵심 가치라는 개념-편집자)를 우상처럼 신봉한다. 뭔가를 진지하게 열망하는 사람은 힘겨운 노력을 기울여 오랫동안(또는 최소한 목표를 이룰 때까지라도) 일해야 한다는 것이 그들의 신념이다. 그곳에서 열심히 일하지 않는 사람은 엄청난 돈을 투자 회사에 맡기고 낭비를 일삼는 부자나 바람둥이밖에 없다. 실리콘밸리의 전설적인 사업가 샘 알트만Sam Altman은 '각고의 노력'이라는 이름의 종교가 필요한 이유는 '극단적인 사람만이 극단적인 성과를 거둘 수 있기 때문'이라고 말한다.

인류의 역사를 돌이켜보면 '똑똑하면서 게으른' 사람이 드물지 않았던 시절도 있었다. 19세기 영국 정치사에서 가장 성공했던 2명의 수상 디즈레일리Disraeli와 글래드스턴Gladstone은 일하는 시간을 줄이고 삶을 알차게 즐긴 인물로 유명했다. 디즈레일리는 바람둥이였고, 취미가 다양한 호사가였으며 소설가였다. 글래드스턴은 수상으로 재임할 때도 몰래 수상 관저를 빠져나가 자기가 좋아하는 이탈리아에서 종종 여가를 즐기곤 했다. 하지만 20세기로 접어들면서 똑똑하면서 게으른 사람은 찾아보기가 어려워졌다. 특히 고위직에서 일하는 인물이 그렇게 행동하기는 불가능했다.

오늘날에는 똑똑하면서 게으른 인물의 본보기가 없고 그런 이들을 존경하는 사람도 없다. 심지어 자신의 똑똑하고 게으른 면모를 활용해서 훌륭한 성과를 이뤄낸 사람들도 그 사실을 감춘다. 게으름을 죄악으로 생각하는 세간의 인식 탓에 성공의 비결을 자랑스럽게 내세우지 못하는 것이다. 내 임무는 그런 인식을 바꾸는 거다. 과거에는 나 역시 다른 사람들을 위해 오랫동안 일했지만, 그 일을 좋아하지 않았고, 좋은 실적을 내지도 못했다. 그래서 33세부터는 나 자신을 위해 일하기 시작했다. 그 후로 적게 일할수록 더 많은 성과를 거뒀고, 삶을 온전히 즐길 수 있었다.

COMMENT **나와 함께 새로운 트렌드를 확립하는 데 앞장설 생각이 있는가? 자신이 남들과 다르고, 올바르고, 행복하다는 사실을 기뻐하라.**

DAY 17

행복하게 일하기 위한 세 가지 조건

존 러스킨은 19세기에 활동한 저명한 지성인이자 작가, 사상가, 미술 평론가였다. 똑똑하면서 게으른 사람이라면 잠시 짬을 내어 러스킨이 '일'에 대해 들려주는 놀라운 이야기에 귀를 기울이자.

일에서 행복을 느끼려면
세 가지 조건이 필요하다.
일이 적성에 맞아야 하고,
너무 많은 일을 해서는 안 되며
일에서 성공해야 한다.[4]

당신은 지금의 일에 적합한 사람이 되어야 하고(똑똑한 사람), 너무 많은 일을 하지 않아야 하며(게으른 사람), 그 일에서 꼭 성공해야 한다. 이 세 가지 조건이 항상 완벽하게 충족되지는 못하겠지만, 이 조건을 만족하면 일에서 큰 행복을 느낄 수 있다. 아는 사람 중 똑똑하고 게으르면서도 성공하지 못했고 행복하지 않은 이가 있는가?

COMMENT 지금의 일이 적성에 맞는가? 너무 많은 일을 하고 있지는 않은가? 일에서 행복을 느끼는가? 일의 삼위일체를 연습하라!

DAY
18 결단력이 필요하다

똑똑하면서 게으른 사람이 강한 결단력을 발휘하길 기대하는가? 다소 역설적인 기대 같아도 그건 당연한 일이다.

똑똑하면서 게으른 사람은 강한 결단력을 갖추고 큰 야망을 품어야 한다. 똑똑한 사람이라고 해서 모두 야망이 크거나 일을 완벽히 하는 건 아니다. 더구나 게으르기만 한 사람 중에는 그런 인물이 더욱 드물다. 하지만 똑똑하면서 게으른 사람에게는 번뜩이는 천재성이 필요하다. 그 천재성은 풍부한 창의력, 왕성한 호기심, 끝없는 욕구가 바탕이 되어야 한다. 내가 말하는 욕구의 범위에는 돈을 향한 욕구뿐 아니라 평판과 성취에 대한 갈망, 우주의 놀라운 비밀 중 단 한 조각이라도 신에게서 얻고자 하는 열정이 포함된다.

효과적으로 일하는 결단력과 효과적인 일을 찾아 나서는 결단력은 80/20 법칙의 순수한 결정체다. 적게 일함으로써 더 많은 일을 성취해야 한다는 80/20의 복음은 똑똑하면서 게으른 사람이 마음 깊이 간직해야 할 좌우명이다.

COMMENT 당신은 똑똑함, 게으름, 원대한 야망이라는 세 가지 조건을 모두 갖춘 사람인가?

DAY
19 선택적으로 행동하라

똑똑하면서 게으른 영웅은 선택적으로 행동한다. 당신이 게으른 사람(그리고 똑똑한 사람)이라면 선택적으로 행동해야 한다. 그런 사람이 되면 선택적으로 행동할 여유가 자연스럽게 생길 것이다.

선택적으로 행동하지 않는다면, 즉 80/20 법칙을 사람, 방법론, 통찰 등에 선택적으로 활용하지 않는다면 적게 일하면서 더 많은 일을 이룰 수 없다. 선택적인 행동과 성공 사이에 깊은 연관성이 존재하는 이유도 여기에 있다. 당신의 재산, 경력, 행복 등에 영향을 미치는 사람, 행동, 의사 결정이 아주 소수에 불과하다고 알게 됐다면 이제부터는 무엇을 해야 하는가?

삶에서 결정적인 기회를 찾아내야 한다. 무분별하고 성급한 행동을 일삼아서는 안 된다. 행동은 생각을 몰아낸다. 사소한 일에 땀을 흘리지 마라. 큰일을 돌볼 시간이 없어진다. 모든 일을 다 해내려고 시도하지 마라. 진정한 성장과 발전은 작은 데서 생겨나는 법이다. 이곳저곳 기웃거리거나 룰렛 테이블의 모든 번호에 돈을 걸지 마라. 도박에서 승리하는 번호는 오직 하나뿐이다. 이길 확률을 높이고 싶다면 어느 번호에 돈을 거는 게 가장 합리적인 선택인지 알아야 한다. 이일 저일 시도하려고 애쓰지 마라. 그래봐야 평균 수준의 성과를 거둘 뿐이다. 80/20 법칙을 제대로 이해한다면 힘을 분산시키지 마라.

성공을 갈망하거나 삶이라는 복권의 당첨 확률을 높이고자 하는 사람은 목표를 제대로 선택하는 능력을 길러야 한다. 80/20 법칙에 따라 선택적으로 행동하지 못하는 사람은 아무리 머리가 좋아도 똑똑한 게 아니다. 선택적으로 행동하는 사람만이 게으름을 부릴 수 있다. 똑똑함은 선택적 행동을 요구하고, 선택적인 행동은 게으른 삶을 가능케 한다.

COMMENT 당신은 얼마나 선택적으로 행동하는가?

DAY
20 창의적으로 사고하라

똑똑하면서 게으른 사람에게는 대개 사고력, 독창성, 통찰력, 비전 같은 특징이 있다. 물론 오만함이나 우쭐거림 같은 단점도 없는 것은 아니다. 똑똑하면서 게으른 사람은 대부분 성격이 침착하고, 시간을 아끼고, 집중력이 강하고, 사소한 일에 신경을 쓰지 않고, 때로 독선적일 정도로 의지가 굳다.

그러나 똑똑하면서 게으른 사람의 가장 큰 특징은 풍부한 **창의성**이다. 똑똑하면서 게으른 사람이 되고 싶다면 먼저 창의성을 길러야 한다. 사람의 창의성도 위아래로 오르내릴 때가 있다. 하지만 창의성은 한 번 발휘되는 것만으로도 큰일을 해내기에 족하다.

브루스 헨더슨이 BCG 매트릭스BCG Matrix라 불리는 전략의 개념을 개발하던 순간을 생각하라. 이런 방법론에 관한 세간의 수요는 많았지만, 헨더슨은 그 이론을 한 번 개발하는 것만으로 충분했다. 빌 베인이 컨설턴트들과 고객사 CEO 사이의 유대관계 이론을 수립했을 때나, 매달 한 번씩 파트너들과 회의를 진행했을 때도 마찬가지였다. 그는 이론을 한 번 발표한 후, 파트너들과 월간 회의를 마치고 자기가 원하는 시간에 테니스 클럽으로 향했다. 똑똑하면서 게으른 사람에게는 창의성이 필수로 갖춰야 할 덕목이다. 게다가 가장 잘 어울리는 덕목이기도 하다. 창의성은 예술, 과학, 인류애를 포함한 모든 형태의 인간적 표현에 큰 가치를 더한다.

COMMENT 똑똑하면서 게으르고 싶은가? 창의성을 길러라!

DAY
21 게으른 사람이 되기 위한 비결

이 책을 지금까지 읽었다면 이미 똑똑한 사람이다. 따라서 똑똑한 게으름의 가치를 충분히 이해했으리라고 믿는다. 하지만 천성적으로 게으르지 않은 사람이라면 어떻게 해야 할까? 먼저 게으르게 태어나지 않았다는 사실을 감사하라. 처음부터 그런 사람으로 태어나면 아무런 가치가 없다. 진정한 가치는 게으르지 않은 사람이 게으른 사람이 되는 과정을 통해 생겨난다. 게으른 사람이 되려면 다음 3단계를 밟아야 한다.

- 오랜 시간 일하는 습관을 버려라. 주당 일하는 시간을 40시간으로 제한한 다음 30시간, 20시간, 15시간, 10시간으로 점차 줄여라. 여기서 말하는 '일'이란 애초에 손대지 말아야 할 일을 뜻하는 게 아니다. 어떤 일을 전혀 즐기지 못한다면, 즉시 손을 떼고 부하 직원에게 맡기거나, 외부 업체에 위탁하거나, 남에게 위임해야 한다. 가장 중요한 일에 10시간을 쏟고 그 일을 진정으로 즐기는 순간 지금보다 훨씬 큰 가치를 생산할 수 있다. 그러기 위해서는 더 선택적으로 행동하고, 더 날카롭게 대상을 분석하고, 더 풍부한 창의성을 발휘해야 한다.

- 일주일의 근무 시간을 10시간까지 줄였다면 이제 일하는 시간을 조금씩 늘려가도 좋다. 하지만 일하는 시간이 늘어나는 만큼 즐거움도 늘어나고, 가치 있는 결과물도 늘어나며 다른 어떤 일보다 바로 그 일에서 행복을 찾아야 한다.

- 진정한 자신의 모습을 찾고 싶다면 좋아하는 취미 생활로 시간을 보내라. 테니스, 골프, 자전거, 등산, 글쓰기, 독서, 여행, 친구 돕기, 물건 수집하기, 새로운 언어 배우기, 대학에서 공부하기, 악기 연주하기를 포함해서 당신이 행복하게 시간을 보낼 수 있고, 새로운 것을 배우거나 남에게 가르칠 수 있는 어떤 취미든 선택하라.

COMMENT 내 말을 진지하게 받아들인다면, 오늘 당장 게으른 사람이 되기 위한 3단계를 실천하라.

CHAPTER

3

효율성을 높이고 기회를 포착하는 시간 혁명

시간, 특히 시간의 '불균형한' 속성은 80/20 법칙의 근본적 주제다. 아주 짧은 시간은 삶과 인류의 역사에 엄청난 충격을 미칠 수 있다. 삶에서 겪는 행복의 경험은 극히 짧은 시간 안에 이루어진다. 시간이 불균형한 속성을 지녔다는 말은 창의적인 삶을 구축한 다음 순간이 인생에서 가장 행복한 시간이 될 수 있다는 뜻이다. 시간은 절대 부족하지 않다. 그 사실을 깨닫는 것만으로도 삶은 크게 바뀔 수 있다.

DAY
22 시간 혁명이란 무엇인가

시간 혁명은 행복과 효율성을 높이고 기회를 포착할 수 있는 가장 빠른 방법이다. 다음과 같은 80/20의 가설을 생각하라.

- 개인이 이루는 탁월한 성과(즉 이들이 창출하는 개인적, 직업적, 지적, 예술적, 물리적 가치)는 대부분 짧은 시간 안에 이뤄진다. 어림잡아 20퍼센트의 시간에서 80퍼센트의 성과가 나온다. 뒤집어 말하면 나머지 80퍼센트의 시간은 가치 있는 결과물의 20퍼센트밖에 생산하지 못한다는 뜻이다. 당신이 시간을 적절히 통제해서 상위 20퍼센트의 중요한 활동에 쏟는 시간을 2배로 늘린다면, 일주일에 이틀만 일해도 지금보다 60퍼센트 이상 향상된 성과를 거둘 수 있다.
- 하루, 일주일, 한 달, 일 년, 일생 등 어떤 시간의 범위를 두고 측정해도 행복을 느끼는 순간(우리는 이 순간을 '행복의 섬'이라고 부른다)은 그 시간 중 극히 일부에 불과하다. '행복의 섬' 개념은 80/20 가설을 실험하는 데 도움을 줄 뿐 아니라 가설의 타당성을 뒷받침한다. 행복을 경험하는 시간이 지극히 한정적이라는 논리를 진지하게 받아들이는 사람은 행복의 수준을 크게 높일 수 있다.

COMMENT 당신이 뛰어난 생산성을 발휘하는 20퍼센트의 시간은 언제이며, 평소보다 더 큰 행복을 경험하는 20퍼센트의 시간은 언제인가?

DAY 23

가치 없는 일에 시간을 낭비하지 마라

우리가 하는 일의 대부분은 가치가 낮다. 반면 드물기는 해도 어떤 일은 믿기지 않을 만큼 높은 가치를 생산하기도 한다.

알베르트 아인슈타인은 26살이 되던 1905년, 5편의 중요한 논문을 발표했다. 인류 역사상 처음으로 상대성 이론을 제창해서 물리학을 획기적으로 발전시킨 논문도 있었다. 아인슈타인은 평생 창의적인 삶을 산 학자였지만, 만일 그가 1906년쯤 세상을 떠났다고 해도(아인슈타인은 1955년에 사망했음-옮긴이) 여전히 과학의 세계를 밑바탕부터 흔들어놓은 사람으로 기억될 것이다. 아인슈타인이 평생 달성한 학문적 성취의 대부분은 전체 경력 중 고작 2퍼센트에 해당하는 1년 사이에 이루어졌다. 이와 비슷한 맥락에서 뛰어난 수학자들은 대체로 30세 이전에 최고의 연구 성과를 올린다. 40세 이후에도 세상에 큰 충격을 줄 만큼 획기적인 이론을 내놓는 수학자는 드물다. 최고의 운동선수들도 마찬가지다.

놀라운 창의성을 바탕으로 세상을 뒤바꾸는 천재들이 막상 혁신을 달성하는 시간은 매우 짧다. 하지만 그 짧은 순간은 나머지 시간과 비교했을 때 수백 배, 수천 배, 수억 배 생산성이 높다. 그 시간은 젊을 때든 나이가 들었을 때든 언제나 찾아올 수 있지만, 전체 경력과 비교해서 매우 짧은 기간인 만큼은 변함이 없다. 당신이 수행하는 어떤 일은 한 시간에 고작 10달러나 20달러의 가치밖에 생산하지 못하는 데 반해 어떤 일은 한 시간에 수백수천 달러의 가치를 생산할 수 있다. 그런 차이가 발생하는 이유는 당신이 그 일을 통해 자신의 삶뿐 아니라 다른 사람의 삶도 바꿔놓겠다고 마음먹고 훌륭한 아이디어를 생각했기 때문이다.

COMMENT **왜 사소한 일에 시간을 낭비하는가? 당신은 시간을 훨씬 값지게 사용할 수 있다. 그 방법이 무엇인지 생각하라. 잠시 생각할 틈이 나면 이 질문을 다시 떠올려라. 그 자체가 시간을 가장 효율적으로 활용하는 길이다!**

DAY
24 시간이 부족하다는 착각

시간 혁명의 가장 충격적인 메시지는 우리에게 시간이 넘쳐날 정도로 풍족하다는 것이다. 전체 시간의 20퍼센트만 효율적으로 활용한다면 시간이 부족할 일은 절대 없다!

시간 혁명이라는 개념은 일반인의 관점과 다를 수 있지만, 논리적으로는 완벽하게 타당하다. 우리의 삶에 주어진 시간은 행복과 효율성이라는 측면에서 그 가치가 천차만별이다. 그런 의미에서 보면 시간은 곧 시간이 아닌 셈이다. 일정량의 시간이 생산하는 가치는 그때가 언제인가에 따라 엄청나게 달라진다. 삶의 진정한 가치를 결정하는 것은 시간 자체가 아니라 시간을 대하는 태도 그리고 시간을 활용하는 방법이다.

행복하게 보낸 시간은 낭비한 시간이 아니다. 하지만 행복하지 않았고, 아무에게도 좋은 결과물을 주지도 못한 건 완전히 시간 낭비다. 대부분은 사소하거나 그보다 더 쓸모없는 일을 하며 시간을 거의 흘려보낸다.

잠시 자리에 앉아 한숨을 돌려라. 지금 당신은 몹시 바쁘고 정신없는 일상을 보내고 있을지 모른다. 하지만 사소하고 가치 낮은 활동(당신이 정말 좋아하는 일을 제외하고)을 일정에서 덜어낼 수 있다면 시간이 넘쳐난다는 사실을 깨닫게 될 것이다.

COMMENT 진정으로 좋아하거나 가장 잘하는 일에 집중할 시간을 내려면 어떤 쓸모없는 활동을 줄여야 하는가?

DAY
25 시간을 친구처럼 대하라

이미 흘러간 시간은 상실한 시간이 아니다. 남들과 주고받은 따뜻한 사랑, 친구들을 위해 했던 유용한 일 등 지금까지 살아오면서 실천했던 수많은 선행은 절대 사라지지 않는다. 이들은 삶의 흐름 속에 깊이 스며들어 긍정적인 결과를 생산했고 앞으로도 그럴 것이다.

시간은 지속성이 강하고 재사용이 가능한 자산이다. 시간은 항상 되돌아온다. 7일이 지나면 또 일주일이 시작되고, 열두 달이 가면 다시 일 년이 돌아오고, 해마다 같은 계절이 어김없이 되풀이되는 것도 그런 이치다. 편안하고 느긋한 마음으로 시간과 협력할 태세를 갖춘 사람만이 시간으로부터 통찰과 가치를 얻을 수 있다. 당신의 적敵은 시간 자체가 아니라 시간을 활용하는 방법이다.

시간은 너그럽다. 지금껏 시간을 잘못 사용했고 아직도 그런 상태라고 해도, 언제든 습관, 태도, 믿음, 행동을 바꿀 자유가 있다. 자신과 주변 사람들의 삶에 가치를 더하기 위해 시간을 사용해서 큰 효과를 봤다면 앞으로 절대 시간을 낭비하지 않을 것이다. 짧은 시간을 투자해 큰 성과를 거뒀다는 말은 그 시간의 가치가 대단히 높다는 뜻이다. 당신의 앞길에는 그런 짧은 순간들이 수없이 놓여있다. 그 시간을 너그럽고 현명하게 사용하라. 더 행복해질 것이다.

COMMENT 긴장을 풀어라! 시간을 친구처럼 대한다는 말이 무슨 뜻인지 잘 생각하라.

DAY 26

적게 행동하라

행동은 생각을 몰아낸다. 생각 없이 하는 행동보다 행동 전에 하는 생각이 언제나 가치가 높은 법이다. 프로젝트에 참여한 사람들이 가장 높은 생산성을 발휘하는 시간은 프로젝트가 끝나기 전 20퍼센트뿐이다. 이유는 단순하다. 마감일을 맞춰야 한다는 위기감 속에서 집중적으로 일하기 때문이다. 만일 프로젝트 기간이 절반으로 줄어든다 해도 프로젝트 인력이 집중력을 발휘해서 일한다면 생산성을 2배 이상 높일 수 있다. 사람들은 시간이 모자랄수록 더 많이 생각하고 더 뛰어난 창의력을 발휘한다. 이는 시간이 절대 부족하지 않다는 증거다.

더 많이 계획하고, 더 많이, 더 집중해서, 더 창의적으로 생각하라. 당신이 갈망하는 결과물이 무엇인지 생각하라. 행동을 줄이되 더 확고한 목적의식과 자신감을 바탕으로 행동하라.

COMMENT 더 적게 행동하고 더 많이 생각하려면 어떻게 해야 하는가?

CHAPTER

4

행복은 당신 안에 있다

행복은 80/20 법칙의 가장 기본적인 주제다. 아리스토텔레스부터 미국 건국의 아버지들까지 수많은 사람이 시대를 초월해서 행복을 삶에서 가장 중요한 요소로 인식했다. 이 세계에서 행복보다 소중한 것은 없다. 행복을 추구하는 일은 매우 전염성이 강하고 이타적인 행위다.

DAY
27 행복하기로 작정하라

행복에는 독특한 특징이 있다. 행복은 그 자체로도 값질뿐더러 사람들이 성공을 추구하는 원인이자 결과이기도 하다. 우리가 돈을 벌기 위해 그토록 애쓰는 이유도 행복하기 위해서다. 행복은 돈만큼 눈에 잘 띄지는 않아도, 복리 이자로 급격하게 늘어나는 경향이 있다. 행복한 부모는 행복한 아이를 낳을 가능성이 크고, 그 아이도 행복한 후손을 보게 될 것이다. 여러 세대에 걸친 행복의 복리 효과는 놀라울 만큼 크다.

회사, 공장, 사무실, 클럽, 사교 모임, 학교, 교회, 오케스트라를 포함해 우리가 상상할 수 있는 어떤 집단에서도 똑같은 현상이 관찰된다. 어떤 그룹은 유달리 행복과 즐거움이 넘쳐흐르지만, 어떤 그룹은 그렇지 못하다. 행복은 개인적 특성일 뿐 아니라 집단적 성향이기도 하다.

행복과 불행은 전염된다. 그러므로 행복해지는 것은 당신의 의무다. 남들에게 봉사하고자 하는 사람은 먼저 그들 앞에서 행복해질 의무가 있다(지위가 높고 책임이 클수록 그 의무의 무게가 늘어난다). 주위 사람들과 세상에 혜택을 주고 싶다면 먼저 행복해지기 위해 노력하라. 세상의 행복은 당신에게서 시작된다. 행복해지겠다고 다짐하라. 그건 당신에게도 좋은 일이지만, 동시에 의무이기도 하다. 당신에게는 세상의 모든 사람을 행복하게 할 충분한 재능이 있다.

COMMENT 행복해지기로 마음먹었는가?

DAY
28 행복의 섬 만들기

당신에게 행복을 주는 짧은 순간, **행복의 섬이 언제인지 파악하라.** 조용히 자리에 앉아 백지 한 장을 펴놓고 맨 위에 '행복의 섬'이라고 제목을 적은 다음 생각할 수 있는 모든 행복한 순간을 나열하라. 서로 겹치거나 공통적인 내용은 제외하라.

머리에 가장 먼저 떠오르는 즐거운 시간이 있을 것이다. 휴일, 여행, 친구들과 좋은 일을 축하하는 자리, 스포츠 행사, 취미 생활 등. 하지만 당신을 진정으로 행복하게 해주는 건 평소 생각지 못했던 순간일 수 있다. 기술을 연습하고, 좋아하는 뭔가를 배우고, 반려견과 함께 아름다운 장소를 산책하고, 책을 읽고, 글을 쓰고, 그림을 그리고, 요리하고, 도움이 필요한 이들에게 호의를 베푸는 시간도 당신에게 행복을 선사할지 모른다.

'행복의 섬'을 찾아냈다면 앞으로는 그 목록에 적힌 일을 실천하는 데 지금보다 **2배의 시간을 투자하라.** 그러기 위해서는 경력, 라이프 스타일, 인간관계를 포함해 당신이 지금까지 구축한 삶의 구조를 송두리째 바꿔야 할지도 모른다. 그 무엇도 배제하지 마라. 행복의 섬을 삶의 한복판에 놓고, 그 섬을 본토로 만들어라.

COMMENT 당신의 행복의 섬은 무엇인가?

DAY
29

불행의 섬 파괴하기

행복해지는 최고의 방법은 불행을 멈추는 것이다. 불행의 섬이란 당신에게 슬픔, 불만, 걱정, 스트레스, 자신감과 삶의 의욕 저하 같은 해악을 주는 짧은 순간들을 의미한다. 그런 순간을 파악해서 목록을 작성하고, 이들 사이에 어떤 공통점이 있는지 생각하라. 불행의 섬은 삶을 비참하게 만든다. 어떤 대가를 치러서라도 그 섬을 제거해야 한다.

COMMENT 당신의 불행의 섬은 무엇인가? 그 섬을 없애기 위해 어떤 일을 할 생각인가?

DAY 30 자아상을 바꾸면 행복해진다

심리학자들에 따르면 행복은 자신을 얼마나 가치 있는 사람으로 생각하는지, 즉 어떤 자아상을 수립하는지와 관련이 깊다고 한다. 긍정적인 자아상은 행복의 핵심 요소다. 자아상을 개선하는 세 가지 방법은 다음과 같다.

- **올바른 일을 하라.** 양심에 따라 행동하라. 스스로 뿌듯함을 느끼는 순간은 언제인가? 언제 남을 돕는가? 언제 선행을 베푸는가? 언제 자신을 자랑스러워하는가? 언제 밝은 햇빛 아래를 당당하게 걷는가?

- **최소한의 노력을 들여 최대한의 선행을 실천하라.** 선한 의지를 바닥까지 고갈시키지 않을 일을 하라. 인간의 사랑, 보살핌, 관심, 시간, 돈, 능력 등은 모두 유한한 자원이다. 가장 아끼는 소수의 사람에게 집중적으로 사랑을 베풀어라. 나머지 사람들을 위해서는 적은 노력으로도 큰 도움을 줄 만한 일을 찾아서 실천하라. 마주치는 사람에게 미소를 짓고, 낯선 사람과 인사를 나누고, 항상 예의 바른 태도로 다른 사람들을 존경하라! 타인을 배려하고, 시간을 지키고, 상대방의 장점을 찾고, 남들을 위해 좋은 기회를 포착하라!

- **가장 잘하는 일을 하라.** 어떤 사람은 익살스러운 감사의 메시지를 잘 보내고, 어떤 사람은 여기저기 재빠르게 전화를 돌리는 데 능하다. 또 항상 쾌활한 태도로 남들을 기분 좋게 하는 사람도 있다. 어떤 사람은 친구의 우울함을 풀어주는 재주가 있다.

COMMENT 가장 잘하는 일이 무엇이든 그 일을 더 많이 실천하라. 나머지 일은 줄여라. 뿌듯함을 느끼려면 오늘 무엇을 해야 하는가?

DAY

31 행복을 만드는 습관

당신에게 행복한 하루를 선사하는 습관을 개발하라. 행복은 오직 이 순간에만 존재하는 실존적 경험이다. 과거의 행복을 기억하거나 미래의 행복을 기대할 수는 있어도 그 행위에서 오는 즐거움은 '지금' 경험할 수 있다. 하루를 행복하게 하는 일곱 가지 습관은 다음과 같다.

- **운동**
  걷기나 자전거 타기처럼 진정으로 즐길 수 있는 종목을 택해서 운동한다.
- **정신적 자극**
  독서, 퍼즐, 퀴즈, 지적인 친구와 추상적인 주제로 대화하기, 개념적인 주제의 짧은 글이나 이메일 작성하기 등의 활동을 통해 정신적 자극을 얻는다. 하지만 텔레비전이나 동영상을 보는 일은(다큐멘터리 같은 프로그램도) 피한다.
- **영적·예술적 자극**
  콘서트, 연극, 영화, 미술관, 박물관을 방문하고, 시를 읽는 일을 포함해서 어떤 분야의 예술이든 적극적으로 관심을 쏟는다.
- **선행 실천하기**
- **친구들과 즐거운 시간 나누기**
  친구들과 커피를 마시고, 술잔을 기울이고, 산책하고, 수다를 떤다.
- **자신에게 상 주기**
- **자신을 축하하기**
  오늘 실천한 선행이나 남들에게 도움 준 일을 마음껏 축하한다.

COMMENT 행복을 만드는 습관을 실천하라! 매일 행복을 경험하라.

DAY 32

행복의 구조를 이해하라

삶에서 구축한 네 가지의 '구조'가 행복에 큰 영향을 미친다. 미국의 사회학자 겸 작가 찰스 머레이Charles Murray는 수십 년에 걸친 연구를 통해 우리가 삶에서 행복을 느끼려면 네 가지 '구조'를 구축해야 한다고 밝혔다.[1] 행복감에 가장 큰 영향을 미치는 두 가지 요소는 다음과 같다.

- **행복한 결혼 생활(또는 다른 형태의 장기적 동반자 관계)**
- **만족스러운 직업**

그다음으로 중요한 두 가지 요소다.

- **높은 수준의 사회적 신뢰**
- **독실한 종교 생활**

높은 수준의 사회적 신뢰란 사회 활동, 단체나 클럽에 가입하기, 기부와 자원봉사, 일상적인 사회 교류, 정치인들의 선거 운동에 참여하기 같은 사회 행위를 통해 형성되는 신뢰를 뜻한다. 이 네 가지 요소 중 두 가지만 충족하더라도 행복한 사람이 될 확률이 높다. 특히 앞서 소개한 두 가지 요소는 늘 높은 수준의 행복을 보장한다. 누군가와 장기적 동반자 관계를 맺는 일은 그 결과를 온전히 운에 맡겨야 하는 도박일 수도 있다. 하지만 그 관계가 행복하다면 삶도 행복해질 가능성이 크다.

COMMENT 찰스 머레이의 이론이 당신의 삶을 구조적으로 개선하는 데 도움이 되는가?

DAY
33 몰입하면 행복해진다

‘몰입flow’이란 미국의 심리학자 미하이 칙센트미하이Mihaly Csikszentmihalyi가 창안한 개념으로 사람이 특정 행위에 깊이 몰두해서 오로지 그 일에만 모든 주의를 집중하는 상태를 뜻한다. 그 순간에는 시간이 멈추고, 마치 내가 시간의 바깥에 존재하는 듯하다. 아무리 큰 노력을 쏟아도 노력처럼 여겨지지 않는다.

몰입은 ‘즐거움’을 넘어선 상태이자 창조력의 극치다. 당신은 정신적·신체적 한계를 초월해서 자신의 전문성을 마음껏 발휘한다. 숨겨진 능력과 창조의 힘을 남김없이 펼치고자 하고, 강력한 힘으로 자신의 삶을 주도한다.

몰입한 핀볼 선수는 예술가처럼 볼을 튕기고, 외과 의사는 천사의 옷을 바느질하듯 상처를 봉합한다. 축구 선수는 멋지게 공을 차고, 댄서는 춤을 추고, 교사는 학생을 지도하고, 작가는 글을 쓰고, 작곡가는 음악을 창조하고, 미술가는 그림을 그리고, 과학자는 혁신적인 물건을 발명한다. 그들의 행동을 지시하는 것은 어깨 위에 앉아 있는 신비의 여신이다. 당신은 행동을 멈춘 뒤에야 방금 자신이 ‘그 지점’에 있었음을 알게 된다. 당신은 권위와 자신감으로 가득하다. 오늘은 다른 일을 하지 않더라도 이미 충분한 일을 해냈다. 80퍼센트는 무시해도 좋다. 승리는 20퍼센트에게 돌아간다.

몰입의 상태는 홀로 경험할 수도 있고 집단으로 경험할 수도 있다. 스쿠버 다이빙, 동물 관찰, 스케이팅, 미술관 방문, 아름다운 자연을 산책하기 등 어떤 활동에서든 몰입이 가능하다.

한 번 몰입을 경험한 사람은 그 상태에 중독된다. 그러나 몰입은 아무리 중독돼도 부작용이 없다. 몰입은 심오한 행복에 이르게 한다. 한 번이라도 몰입을 경험한 행운아는 더 많은 몰입을 추구한다. 당신이 직업으로 하는 일에서 몰입할 수 있다면 비록 그 일이 위험하다 할지라도 행복하게 죽으려 할 것이다.

COMMENT 어떻게 몰입의 경지에 이를 것인가?

CHAPTER

5

내 안의 가능성을 믿어라

야망, 자기 믿음, 경력은 80/20 법칙을 이야기할 때 가장 많이 반복하는 주제다. 야망을 품는 일도 좋지만, 그보다 더 중요한 건 자기 믿음이다. 당신의 한계는 우주 끝이다! 훌륭한 경력을 쌓는 일도 중요하다. 그러나 경력을 위해 자신을 불행에 빠뜨려서는 안 된다.

DAY 34

크게 생각할수록 크게 이룬다

1959년에 출간된 『크게 생각할수록 크게 이룬다』를 좋아한다. 이 책의 저자 데이비드 슈워츠David Schwartz는 뛰어난 업적은 오직 그 일이 가능하다고 믿는 사람만이 성취할 수 있다고 말한다. 그는 당시로서는 절대 불가능하게 여겨졌던 두 가지 사례를 들어 자신의 '큰 생각'을 이야기한다. 하나는 미래에는 인류가 우주 공간으로 안전하게 여행할 것이며, 다른 하나는 영국에서 터널을 뚫어 유럽 대륙과 육로로 연결할 수 있다는 것이다.

당신이 뭔가를 성취할 수 있다고 믿는다면 남들의 의심을 극복하고 어떻게든 목표에 도달하는 길을 발견할 것이다. 성공하는 사람과 그렇지 못한 사람의 차이점은 능력이 아니다. 능력의 차이는 아주 적거나 전혀 없다. 모든 것은 야망의 크기와 자기 믿음에 달려있다.

믿음은 힘과 추진력을 낳는다. 개인적 기술은 성공과 별로 관련이 없다. 당신이 어떤 일이 가능하다고 믿고, 그 일을 꼭 이루겠다는 굳은 의지를 품는다면 훌륭한 인재들을 여정에 합류시켜 목표를 성취할 방법을 찾아낼 것이다.

COMMENT 어떤 업적을 달성할 수 있다고 믿는가?

DAY

35

당신 자신을 믿어라

『미친 듯이 성공하는 법』에서 윈스턴 처칠, 마리 퀴리, 월트 디즈니, 밥 딜런, 스티브 잡스, 마돈나, 넬슨 만델라, J. K. 롤링, 헬레나 루빈스타인, 마거릿 대처를 포함해 세상을 바꾼 20명의 위대한 인물 이야기를 소개한 바 있다.

그들의 사명은 하나같이 간단했다. 처칠의 사명은 히틀러의 폭주를 막는 것이었다. 그밖에는 어떤 것도 중요하지 않았다. 대처는 쇠퇴하는 영국을 제자리로 되돌려놓겠다는 사명감을 품었다. 디즈니는 우리의 기억에 영원히 남을 만화 영화 캐릭터들을 창조했다. 루빈스타인은 여성들에게 아름다움을 선사하는 화장품을 발명하고 이런 말을 했다. "세상에 못생긴 여자는 없다. 게으른 여자가 있을 뿐이다."

이들이 공통적으로 가졌던 가장 중요한 특징은 강력한 자기 믿음이었다. 자기가 세상을 바꿀 수 있고 반드시 그래야 한다고 믿지 않는다면 누구도 꿈을 이루지 못한다. 위대한 일을 이루고자 하는 사람은 **자기 믿음이 아무리 강해도 부족하다.**

COMMENT 당신은 자신을 얼마나 믿는가? 그 믿음을 몇 배로 늘려라.

DAY
36 자기 믿음이 가져오는 변화

『미친 듯이 성공하는 법』에서 소개한 20명의 위대한 인물 중 절반은 처음부터 자기 믿음이 강했고, 나머지 절반은 살아가면서 자기 믿음을 쌓아올렸다.

그들은 모두 '삶이 바뀌는 변화'를 경험했다. 다시 말해 1~2년 동안 놀라운 개인적 성장을 경험했다. 그들은 평범한 사람으로서 그 시기를 시작했고, 나중에는 전혀 다른 사람으로 성장했다. 그들 중 일부는 규모가 작으면서도 빠르게 성장하는 조직에 합류해서 일하는 방법을 배웠다. 다른 일부는 누구에게도 없는 특별한 지식을 지닌 사람들을 만나 함께 일했다. 이 위대한 인물들은 '삶이 바뀌는 변화'를 경험한 후 예전과는 전혀 다른 비전과 목표를 품었다. 그들은 색다른 일을 시작해서 사람들의 관심을 끌었고, 긍정적인 피드백을 얻었다. 그들은 모두 혁신적인 업적을 달성했다. 음악을 만드는 새로운 방법, 새로운 형태의 미술, 새로운 인터넷 기술, 독창적인 분석 방법론, 벤처 기업에 관한 아이디어를 포함해 하나같이 혁신적이고 유용한 가치를 생산했다. 그들은 자신의 분야에 전문성이 강했고, 남들이 인정할 만한 독특한 접근 방식을 개발했다. **그들의 행동과 성공은 자아상을 바꿔놓았다. 모두가 자기 자신을 굳게 믿었다.**

COMMENT 당신도 위대한 인물을 뒤따를 수 있다. 그러기를 원하는가?

DAY 37

자기 회의를 삶의 자산으로 바꿔라

자기 믿음과 자기 회의는 동전의 양면과도 같다. 자기 회의가 없다면 좋겠지만, 설령 자기 회의가 있다고 해도 이를 가치 있는 삶의 자산으로 삼을 수 있다. 자기 회의는 마음속에서 이런 질문을 불러일으킨다. '내가 목적지를 향해 잘 가고 있는 걸까?'

스티브 잡스는 자신이 어렸을 때 다른 가정으로 입양됐다는 사실을 한순간도 잊지 않았다. 덕분에 유달리 야망이 넘치게 성장했다. 그는 생물학적 부모에게서 버림받았으나 양부모에게 큰 사랑을 받았다. 잡스는 이런 복잡한 상황을 겪으면서 자신을 특별한 사람으로 느꼈다.[1] 누군가에게 버림받았다는 느낌은 잡스가 애플 제품에 강한 애착과 통제 욕구를 품는 계기로 작용했다. 잡스는 애플 장비의 소프트웨어와 하드웨어를 모두 자체적으로 개발해서 소비자에게 제공할 필요성을 느꼈고, 이는 애플이 자사 제품을 차별화함으로써 확고한 경쟁 우위를 확보하는 기반이 됐다.

COMMENT 자기 회의를 느낀다면 굳이 억누르지 마라. 마법 같은 일이 생길지도 모른다.

DAY
38 야망은 바람직하다

G. H. 하디G. H. Hardy는 『어느 수학자의 변명』이라는 재미있고 독창적인 책에서 인류의 행복을 증진한 위대한 업적(사람의 고통을 덜어준 의학적 발견부터 우리가 소비하는 물건의 가격을 낮추고 품질을 높여준 기술에 이르기까지)은 모두 개인적 야망에서 비롯됐다고 주장했다. 그는 이렇게 말한다. 명예와 지위를 얻고 돈을 벌고자 하는 욕구는 사람들에게 존경받을 만큼 떳떳한 성공의 동기가 아닐 수도 있다. 하지만 무슨 상관이 있나? 누군가의 야망으로 남들이 행복하다면 그 야망 자체가 결국 긍정적이라는 사실을 누가 부인할 것인가? 만일 당신에게 남들을 행복하게 할 재능이 있다면 어떤 희생을 치러서라도 그 재능을 완벽하게 활용할 준비를 해야 한다.[2]

COMMENT **당신은 야망이 있는가? 그렇다면 축하할 일이다. 평생 추구하고 싶은 야망은 무엇인가? 아직 본인의 야망을 잘 모르거나 확실치 않다면 완전한 결론에 도달할 때까지 충분히 시간을 갖고 신중하게 생각하라.**

CHAPTER

6

창의성이 경쟁력을 만든다

창의성이 80/20 법칙의 중요한 이유는 자기 자신과 세상 전체에 엄청난 영향력을 미치기 때문이다. 창의성이란 고된 노력의 반대말이다. 하지만 사람들은 창의성을 얻는 방법을 오해한다. 창의성이란 태어날 때부터 부여된 특성이 아니라 계획적이고 신중한 전략의 결과물이다. 당신도 창의적인 사람이 될 수 있다. 그러기 위해서는 80/20 법칙을 충실히 따라야 한다. 그러지 않을 이유가 무엇인가? 적은 노력을 들여 탁월한 성과를 올리는 일은 늘 즐겁다.

DAY 39 창의성을 깨워라

태어날 때부터 창의적인 사람은 없다. 새롭고 가치 있는 것을 창조하기 위해 애쓰는 사람과 그렇지 않은 사람이 있을 뿐이다. 안타깝게도 전자는 소수에 불과하고 후자가 대부분이다. 하지만 시간이 흐르면서 과거보다 더 많은 사람이 인류에게 유용한 뭔가를 창조했고, 창의적인 사람의 비중도 점점 높아졌다. 당신도 그 대열에 합류할 수 있다.

새로운 것을 창조하고 싶은가? 예를 들어 새로운 소설, 유용한 이론이나 개념, 그림이나 조각, 시와 영화, 새로운 사회 트렌드, 회사나 자선 단체, 새로운 연구 기법, 적은 노력을 들여 더 높은 수준의 성과를 얻는 법 또는 누구도 시도하지 않았던 새로운 영역을 탐구하고 싶은가?

COMMENT 80/20 법칙이 방법을 알려줄 것이다.

DAY 40

20퍼센트 스파이크란 무엇인가

'20퍼센트 스파이크spike'는 강력하고 창의적인 능력이자, 창의성 측면에서 트레이드마크가 되어줄 몇 가지 특징을 일컫는 말이다. 모든 사람에게는 특별한 20퍼센트 스파이크가 있다.

내적 성찰은 이를 찾아내기 위한 훌륭한 출발점이다. 하지만 당신의 스파이크를 제대로 정의하려면 여러 차례의 시행착오를 겪고, 풍부한 경험과 인간관계를 쌓고, 똑똑한 사람들에게 배우고, 훈련과 수습의 과정을 거쳐야 한다.

배울 수 있는 것은 모두 배워라. 대학교에서 공부해도 도움이 되겠지만, 지식은 사이버 공간에 이미 넘쳐난다. 가장 훌륭한 학습 방법은 연습을 통한 실험이다. 글을 쓰고 싶다면 펜을 들라. 그림을 그리고 싶으면 화폭을 펼치고, 대중 연설가가 되고 싶으면 무대에 오르라. 음악을 만들고 싶으면 악기를 연주하고, 철학가가 되고 싶으면 사색하고, 돈을 벌고 싶으면 투자하라. 리더가 되고 싶다면 솔선수범해서 사람들을 이끌라.

당신이 활동하는 분야에서 최고의 개인, 회사, 네트워크, 단체 등과 연결점을 찾아라. 범위를 계속 좁혀 대상을 재정의하라.

이전까지 다른 사람이 시도한 것, 생각한 것, 상상한 것을 과감히 넘어서라. 그리고 새로운 뭔가를 창조하라. 당신의 삶은 저 높은 곳을 향해 날아갈 것이다.

COMMENT 20퍼센트 스파이크를 완벽하게 정의하려면 오랜 시간이 걸릴 수 있다. 오늘 당장 시작하라!

DAY
41 차이를 만드는 행위

예테보리 대학교 교수였던 비욘-잉바르Bjorn-Ingvar는 어느 루터 교회의 신자였다. 이 교회는 기도서를 출판하는 작은 사업체를 운영했지만, 사업이 잘되지 않아 계속 손해를 보고 있었다. 교회 측에서는 잉바르에게 급여를 받지 않는 조건으로 이 출판사를 대신 운영해달라고 부탁했다. 잉바르는 기도서라는 상품의 수익성이 낮다는 사실을 잘 알고 있었다. 그래서 회사가 내놓는 책들에 좀 더 세속적인 제목을 붙여 독자들의 관심을 끄는 방법을 찾았다. 알고 보니 그는 베스트셀러를 고르는 데 뛰어난 안목을 지닌 사람이었다. 사업이 마음에 들었던 잉바르는 교수라는 직업과 급여를 포기하고 소정의 사례금만 받으며 이 일에 전적으로 매달리기로 마음먹었다.

그가 출판한 책들은 날개 돋친 듯 팔려나갔다. 출판사는 이를 설립한 교회보다 오히려 규모가 더 커졌다. 그런데도 비욘-잉바르의 급여는 형편없었다. 교회의 목사가 받는 급여와 그의 급여가 연동되어 있었기 때문이었다. 하지만 그 사업을 진심으로 좋아했던 잉바르는 개의치 않았다. "저는 훌륭한 대의大義와 교회를 위해 일했습니다. 제가 수천만 달러 가치의 기업을 만든다고 해도 가엾은 영혼을 구하고자 하는 목사님의 설교보다 더 가치가 있을까요?"

비욘-잉바르의 '스파이크'는 독자들이 많이 구매할 만한 책을 본능적으로 고르는 재능이었다. 그는 독자들에게 영적 감동을 선사하면서도 잘 팔릴 책을 찾는 데 행복을 느꼈다.

COMMENT **비욘-잉바르가 얻은 가장 큰 보상은 차이를 만드는 행위 그 자체였다. 당신은 어떤 차이를 만들 수 있으며, 그 차이를 통해 어떤 기쁨을 누릴 수 있는가?**

DAY
42 나다운 순간에 집중하라

레이첼은 학교가 지루했다. 유일하게 좋아했던 과목은 수학이었다. 그래서 학교를 졸업하자마자 뒤도 돌아보지 않고 사회생활에 뛰어들었다. 레이첼은 옷이 좋았다. 그러나 주머니 사정 탓에 마음껏 옷을 사 입을 형편이 되지 않았고, 대신 옷 파는 일을 시작하기로 마음먹었다. 레이첼은 마이애미 대형 백화점에 점원으로 입사했고, 나중에는 유명 디자이너들의 옷을 취급하는 고급 숙녀복 판매 부서에서 일했다. 그녀는 말했다. "마치 천국과도 같은 곳이었죠. 부유한 여성들에게 옷을 판매하는 일이 정말 재미있었어요!"

유달리 숫자에 밝았던 레이첼은 옷 가격이 비쌀수록 다른 제품들에 비해 훨씬 이윤이 높다는 사실을 알았다. 게다가 아름다운 제품들은 판매하는 데 별다른 노력이 필요치 않았고 수익성도 좋았다. 레이첼은 판매원으로 시작해서 영업직으로 자리를 옮겼다. 그녀는 고객을 설득해서 좀 더 많은 물건을 구매하도록 유도하는 재주가 뛰어났다. 덕분에 가장 우수한 영업 직원의 자리에 오를 수 있었다. 그녀는 말했다. "예전에 저를 보셨다면 아마 헛된 꿈을 꾼다고 생각하셨을 겁니다. 아무런 학벌도 경력도 없는 소녀가 상사가 될 수는 없으니까요. 하지만 재미있는 건 제게 기적이 일어나서 이 회사의 고위 임원이 된다면 누구 못지않게 훌륭한 상사가 되리라는 걸 스스로 알고 있었다는 겁니다. 높은 자리로 승진한다면 곧바로 팔릴 상품만 주문하고, 직원들을 교육해서 가장 수익성이 높은 제품 라인에 노력을 집중하겠다고 마음먹은 거죠. 자신을 향해 늘 이렇게 말했습니다. '신데렐라, 무도회에 참석할 시간이야' 아마도 대형 브랜드의 숙녀복 사업을 총괄하는 사람이 될 운명이었나 봅니다. 가장 힘들었던 건 그곳까지 가는 과정이었어요. 그 뒤로는 모든 게 순조로웠죠. 저는 집에 있을 때보다 일할 때 진정 '제가' 되는 것을 느낍니다."

COMMENT 어디에서 가장 '당신다운' 사람이 되는가?

DAY 43

진짜 좋아하는 일 발견하기

당신이 좋아하는 일을 파악하라. 그것이 창의성의 핵심이다. 당신은 좋아하는 일에 80/20 법칙을 적용할 수 있는가? 당신이 가장 잘하면서도 좋아하는 일이 곧 당신의 '영역'이다. 당신의 영역은 본인이 독창적인 영향력을 발휘할 수 있는 분야다. 그곳은 당신이 피를 흘리며 살아남은 전쟁터이자 싸움에서 승리함으로써 권위를 얻은 곳이다. **당신의 영역은 어디인가?** 이를 생각하는 데는 시간이 조금 필요할 수도 있다. **하지만 한 번 영역을 정의한 뒤에는 순조로운 항해가 이어질 것이다.**

COMMENT 당신의 영역에서 창의성을 발휘하라.

DAY 44

당신의 영역의 모든 것을 배워라

당신의 영역을 파악했는가? 영역을 정의한 뒤에는 그 분야에 대해 배울 수 있는 것을 모두 배워라. 새로운 접근 방식이나 이론을 개발하는 데 시간을 낭비하지 마라. 당신의 영역에서 가장 '위대한 인물'들이 누군지 찾아라. 그들이 이미 발견한 것을 읽고, 듣고, 보고, 학습하라. 또한 시간을 넉넉히 잡고 배워라. 아마도 학습하는 데 몇 달이나 몇 년이 걸릴지도 모른다. 하지만 당신이 좋아서 하는 일이니 열심히 공부하라. 당신의 모든 영역을 배웠다면, 이제 창조할 준비를 마친 것이다.

COMMENT 당신의 영역을 어떻게 학습할 생각인가?

DAY
45 새로운 발견을 할 준비가 됐는가

아인슈타인은 말한다. "창의성의 비밀은 그 '원천'을 감추는 데 있다." 아인슈타인이라는 이름은 천재라는 말과 동의어다. 하지만 그는 어렸을 때 무척 평범한 학생이었다. 말도 늦게 배운 데다 여러모로 발전이 더뎠고, 학교 성적도 시원치 않았다. 취리히 폴리테크닉 대학교는 그가 살던 도시에서 가장 좋은 대학도 아니었지만, 아인슈타인은 그곳에 지원해서 낙방했다. 그는 다음 해 그 대학에 가까스로 입학했다. 그러나 학과에서 거의 꼴찌로 졸업했다. 그는 숫자에도 약해서 여자 친구가 매번 계산을 확인해야 했을 정도였다.

하지만 아인슈타인은 양자 역학이라는 학설이 물리학의 세계를 송두리째 뒤집어놓을 새롭고 반직관적인 이론임을 깨달았다. 1901년, 그는 기존에 통용되던 빛 이론에 의문을 제기한 필립 레나르트Philip Lenard의 논문을 읽고 황홀한 기쁨을 느꼈다. 아인슈타인은 레나르트의 실험뿐 아니라 빛의 복사 파장에 관한 막스 플랑크Max Planck의 연구를 검토한 결과, 빛이 파동임과 동시에 '광양자'라는 입자로도 설명될 수 있다는 놀라운 결론에 도달했다. 아인슈타인은 이 발견을 통해 상대성 이론의 핵심적인 아이디어를 개발했다. 아인슈타인이 천재로 불리게 된 이유는 그가 세간의 관심이 집중된 새로운 과학 분야에서 창의력의 '원천'을 찾았고, 이에 대해 지칠 줄 모르는 호기심을 발휘했기 때문이었다.

당신이 소유한 창의력의 원천이 새롭고 혁명적인 분야라면 혁신을 이룰 수 있다.

COMMENT 최근에 발견한 가장 놀라운 사실은 무엇인가? 아직 당신의 영역에 도입되지 못했으나 앞으로 그럴 가능성이 있는 분야에는 어떤 것이 있나?

DAY 46 천재가 되는 과정은 단순하다

상대성 이론에 관한 아인슈타인의 혁신은 양자 역학이라는 새로운 이론을 상대성의 세계라는 전인미답의 '영역'에 적용함으로써 이루어졌다.

역사는 반복된다. 닐스 보어Niels Bohr와 막스 플랑크가 양자 역학 이론을 발표한 이래로 젊은 과학자들이 속속 등장해서 천체 물리학, 생물학, 화학, 전기 역학 같은 각자의 '영역'에 양자 역학을 적용하기 시작했다. 그 결과 존 바딘John Bardeen, 수브라마니안 찬드라세카르Subrahmanyan Chandrasekhar, 만프레드 아이겐Manfred Eigen, 라이너스 폴링Linus Pauling 등이 모두 노벨상을 받았다.

그들은 기념비적인 발견을 이뤘지만, 그 과정은 단순했다. 기존에 존재하는 강력한 아이디어를 새로운 영역에 접목했을 뿐이다. 그러니 현재의 영역을 넘어 넓고 먼 곳을 내다보라. 강력하고 혁신적인 개념을 찾아 당신의 영역에 적용하라. 그것이 바로 위대함의 열쇠다.

COMMENT 당신도 열쇠를 돌릴 수 있는가?

CHAPTER
7

기회를 발견하는 놀라운 방법

낙관주의는 적은 노력으로 큰 성과를 생산한다. 우리가 온갖 역경을 극복하고 생물학적 성공을 거둘 수 있게 한다. 원래부터 낙관적인 사람이 아니더라도 낙관주의를 충분히 배울 수 있다. 기회는 낙관주의의 산물이다. 하지만 기회와 낙관주의는 다르다. 기회는 '저 바깥의' 세상에 무한히 존재한다. 당신이 할 일은 그 기회를 발견하고 이용하는 것이다.

DAY 47

낙관주의가 필요한 이유

첫째, 낙관주의는 삶을 어떻게 펼쳐나갈지 스스로 결정하는 '자유 의지'와 관련이 깊다. 낙관적인 사람에게 삶은 짜릿한 모험과도 같다. 미래는 과거보다 나아질 수 있다. 모험의 본질은 낙관주의와 불확실성의 조합이다. 당신이 삶을 마음대로 계획할 수 있고 미래가 어떤 식으로 펼쳐질지 미리 알 수 있다면, 그것처럼 지루한 인생은 없을 것이다. 반대로 삶에 아무런 영향력을 행사할 수 없이 살아가는 건 아무런 의미가 없다.

둘째, 낙관주의는 더 나은 세상을 만든다. 자신이 남들에게 영향력을 행사한다고 믿는 사람은 더 나은 세상을 이루기 위해 현명하게 일할 것이다. 더 다양한 선택지를 검토하고, 더 풍부한 창의성을 발휘하고, 더 많은 사람과 협업할 수 있도록 그들에게 영감을 제공하며 가장 중요한 기술(최소의 시간, 노력, 돈을 들여 최대의 결과를 얻는 기술)을 개발하기 위해 노력할 것이다.

셋째, 낙관주의는 강력한 회복탄력성을 통해 고난과 역경을 극복하게 한다. 인생은 장미밭처럼 늘 아름답기만 하지 않다. 낙관주의자도 삶이 어려움과 도전으로 가득하다는 사실을 잘 안다. 하지만 그는 고난을 하나씩 극복해 나가는 과정을 자랑스럽게 여긴다. 낙관주의자는 목표에 도달하는 더 좋은 길을 찾거나 성공으로 향하는 더 좋은 목표를 찾는다.

넷째, 낙관주의는 건강과 장수를 보장한다.

마지막으로 낙관주의는 삶의 즐거움을 준다. 비관주의자가 늘 우울한 낯을 하는 데 비해 낙관주의자는 어떤 상황에서도 미소를 잃지 않는다. 낙관주의자는 매력적이고, 사람을 끄는 능력이 있으며 삶이라는 게임에서 더 많이 승리한다.

낙관주의는 배경, 교육, 지능, 성실함, 능력, 돈을 포함한 모든 개인적 특성보다 훨씬 중요하다. 낙관주의는 모든 사람에게 열려 있는 기회의 문이다.

COMMENT 당신은 낙관적인 사람인가?

DAY
48 긍정적 사고의 힘을 믿는가

노먼 빈센트 필Norman Vincent Peale이 1953년에 펴낸 『노먼 빈센트 필의 긍정적 사고방식』의 내용을 요약하면 다음과 같다.

- 인간의 사고는 강력하다. 사고에는 긍정적 사고와 부정적 사고의 두 종류가 있다.
- 자신감은 긍정적 사고를 낳는다.
- 심리적 자산(자기 믿음, 회복력, 낙관주의, 신앙심 같은 내면적 강점이나 특성을 의미-옮긴이)에 대한 긍정적 관점도 긍정적 사고의 원천이다.
- 부정적 사고는 자존감의 부족, 상상의 장애물, 걱정과 공포 등에서 나온다.
- 우리의 내면에서는 긍정적 사고와 부정적 사고의 전쟁이 매일 벌어진다.
- 낙관적인 태도로 전쟁에서 승리할 거라고 믿으면 십중팔구 승리할 것이다.
- 의심, 장애물, 공포 등을 생각하면 그들이 승리할 것이다.
- 성공, 열망, 행복 등을 마음속으로 끊임없이 떠올려야 한다.

한마디로 자신과 우주의 섭리를 믿고 어떤 일이 닥쳐도 낙관주의적 사고를 포기하지 말라는 뜻이다.

COMMENT 오늘부터 며칠 동안 긍정적 사고를 실험한 후 효과가 있는지 살펴보라.

DAY **49**

부정적인 사고에서 벗어나는 법

마틴 셀리그먼Martin Seligman 교수는 낙관적인 사람이 되는 방법을 논한 저서에서 낙관적 사고보다 **'부정적이지 않은**non-negative **사고의 힘'**이 더 중요하다고 강조했다. 셀리그먼은 세상일이 좋지 않은 방향으로 흘러갈 때 어떻게 행동하느냐가 문제의 핵심이라고 말한다. 다시 말해 부정적인 일이 생겼을 때 자기 파괴적인 사고를 피하거나 비관적인 생각을 터는 마음가짐이 중요하다는 것이다. 셀리그먼 교수는 그런 태도를 **낙관주의자의 핵심 기술**로 꼽는다.[1]

내면에서 매일같이 벌어지는 긍정적 사고와 부정적 사고의 전쟁이 삶에 도움이 되지 않는다면 셀리그먼 교수의 처방을 실험하라. 이는 경박하고 비생산적인 사고를 머리에서 모는 데 유용하면서도 경제적인 방법이다.

오늘부터 며칠 동안 부정적인 일이 생겼을 때 내면에 세심한 주의를 기울이고, 경계 태세를 유지하라. 그 일이 자신을 위협하고, 사로잡고, 억누르지 않게 하라. 부정적인 문제는 대개 일시적이고, 특수한 상황에만 국한될 뿐이며 그 문제가 내 잘못인 경우는 드물다는 걸 자신에게 상기시켜라.

COMMENT 사소한 문제를 진짜 문제로 만들지 마라!

DAY 50

성취는 낙관주의에서 시작된다

낙관주의는 서구인의 보편적인 심리 현상이다. 심리학자 리처드 니스벳Richard Nisbett은 말한다. "아시아인은 세상을 좀 더 복잡한 방식으로 바라본다. 그의 세계에서는 개인의 통제력보다 집단적 원리가 더 중요하다. 반면 서구인의 세계는 비교적 단순하다. 그곳에서는 모든 것이 개인의 통제하에 있다. 이는 세계관의 커다란 차이다."[2]

낙관주의는 80/20 법칙의 위대한 결과물이다. 기원전 6세기 이후로 인류가 성취한 모든 중요한 업적은 낙관주의를 토대로 이루어졌다. 시대가 낙관적일 때는 인류의 발전이 급속도로 진행됐다. 어느 문명권이든 성공한 개인과 집단의 가장 큰 자산은 낙관주의였다. 그 반대의 경우도 있다. 인류의 문명이 비관적인 방향으로 돌아서면 나쁜 일이 생기기 시작한다. 그 결과 20세기 전반기에는 정말로 나쁜 일이 생겼다.

COMMENT 당신은 낙관적인 사람인가? 개인적 삶에서도 낙관적인가? 자신이 속한 나라와 문명의 미래를 낙관적으로 바라보는가?

DAY 51

잠재력을 발휘하고 싶다면

고대 그리스의 철학자들은 개인의 자율성individual autonomy이라는 개념을 만들었다. 인간은 자신의 운명을 스스로 개척하고 개인적 이익을 추구함으로써 주위 세계에 영향을 미친다는 것이다.[3] 그들은 인간이 이성을 갖춘 유일한 피조물이라고 말했다. 이는 매우 귀중한 깨달음이었다. 개인의 마음은 신성한 지성을 통해 타인의 마음과 연결된다. 사람을 제외한 나머지 자연은 수동적이다. 오로지 인간만이 적극적이고, 낙관적이고, 창의적인 태도로 스스로 진보한다.

그들은 또한 선善과 진보의 잠재력을 믿었다. 그들에게 창조란 긍정적인 일이었고 세상을 더 나은 곳으로 만드는 활동이었다. 아리스토텔레스는 가능태potentiality라는 독창적인 개념을 창안하고, 우리에게 가장 심오한 현실은 지금 여기가 아닌 미래에 존재하는 가능성이라고 주장했다. 중요한 건 이 세계에서 살아가는 사람들이 각자의 잠재력을 최대한 발휘해서 실현할 수 있는 미래의 상태라는 것이다.

미래의 당신은 지금의 당신보다 나아질 수 있다. 이는 우리의 삶에 용기와 활력을 불어넣는 낙관적인 철학이다.

COMMENT 당신이 지금보다 더 나은 사람이 될 수 있는 가장 중요한 분야는 어디이며 이 순간에 주력해야 할 분야는 어디인가? 당신에게 주어진 기회를 어떻게 포착해서 현재를 개선할 수 있는가?

DAY

52

낙관적인 사회 만들기

낙관주의는 개인, 개인으로 구성된 그룹, 사회, 세 가지에서 작동한다. 당신이 속한 사회가 낙관적이지 않다면 안타까운 일이다. 하지만 당신은 그 상황에서도 낙관주의자 리더에게 한 표를 던질 수 있다. 한 사람의 개인으로서 낙관적인 사고와 행동을 선택할 수 있고, 낙관적인 네트워크나 조직에 가입할 수도 있다.

낙관적인 사람일수록 더 행복하고 효율적으로 살아갈 확률이 높다. 낙관의 정도가 클수록 더 행복해지고 사회적으로도 더 큰 영향력을 발휘할 것이다. 낙관주의자들과 함께 일할 때 삶은 더 나아질 것이다. 당신은 '낙관주의자의 섬'에서 살아갈 수 있다.

COMMENT 온 세상의 낙관주의자여, 단결하라. 당신들이 잃을 것은 구속의 쇠사슬이고, 얻을 것은 아름다운 세상이다. 낙관주의를 더 발전시키려면 어떻게 해야 하는가?

DAY
53 매 순간 기회를 포착하는 법

지금까지 낙관주의의 놀라운 가치를 살펴봤다. 낙관주의는 긍정적 사고와 부정적 사고의 전쟁에서 긍정적 사고가 승리하도록 돕고, 수많은 문제와 도전을 해결하며 낙관주의자에게 더 큰 행복을 선사한다. 하지만 낙관주의가 더 큰 효과를 발휘하는 대목은 따로 있다. 낙관주의는 우리의 삶이 기회로 가득하다고 깨닫게 한다. 기회를 체계적으로 찾아내고 포착하는 사람은 삶을 최고의 수준으로 끌어올릴 수 있다. '기회주의opportunism'란 좋은 의미는 아니다. 나는 낙관주의를 넘어선 더 낙관적인 사고방식에 '기회 우선주의opportunity-ism'라는 이름을 붙였다. 당신은 여기에 더 적당한 이름을 붙일 수 있는가?

'기회 우선주의'의 첫 번째 단계는 '저 바깥세상'에 누구도 상상하지 못했고 상상할 수도 없는 기회들이 있다는 걸 인식하는 것이다. 내 친구는 대학교에 다닐 때 어떤 동료와 한 팀을 이룬 것만으로도 예전에는 있는지조차 몰랐던 새로운 사업 분야를 찾았다고 했다. 지금 그 친구는 자신의 분야에서 엄청난 성공을 거두고 있다.

'저 바깥세상'에 그동안 감춰지고 잘 알려지지 않았던 수많은 기회가 존재한다고 확신하는 순간, 그렇지 않았더라면 절대 볼 수 없었던 기회가 눈에 들어올 것이다. 평소에 기대했거나 상상한 것보다 10배쯤 큰 기회를 찾아내려고 노력하라. 그 기회는 당신이 좋아하면서도 가장 잘하는 분야에 속해야 하며 당신이 좋아하는 한 사람에게라도 도움을 줄 수 있어야 한다. 심리학자 조던 피터슨Jordan Peterson은 말한다. **"당신이 무엇을 목표로 하느냐에 따라 무엇을 보느냐가 결정된다."**[4]

COMMENT 지금까지 상상하지 못했던 어떤 기회를 목표로 하는가?

CHAPTER 8

고단한 삶을 대하는 자세

삶은 어렵다. 하지만 그건 결국 좋은 일이다. 너무 수월하기보다 조금 어려운 삶이 더 나은 이유는 도전이 당신에게 긍정적인 역할을 하기 때문이다. 하지만 당신을 불행하게 만드는 스트레스는 좋지 않다. '나쁜' 스트레스는 피해야 한다. 기분에는 네 가지 종류가 있으며 그중 한 가지가 가장 바람직하다. 그 기분을 증진시켜 더 행복한 사람이 되고 세상에 더 큰 영향력을 발휘하라.

DAY 54

안정적인 삶을 위해 알아야 할 한 가지

'삶은 어렵다Life is difficult'는 말은 정신과 의사 겸 작가 M. 스캇 펙M. Scott Peck의 책 『아직도 가야 할 길』에 나오는 첫 문장이다.[1]

그의 주장은 단순하면서도 역설적이다. 삶이 수월하리라고 기대하는 사람은 막상 삶을 살아본 후 실망하고 좌절한다. 그러나 처음부터 삶이 어려울 거라고 각오하는 사람은 어려움을 당연히 받아들이고 이를 극복해 나가는 일을 자랑스럽게 여긴다. 삶이 어려울 거라고 예상하는 순간, 삶은 더 이상 어렵지 않다. 그 순간 어려움의 강도는 현저히 낮아진다. 이제 어려움은 더 큰 자신감으로 이어주는 징검다리 외에는 아무것도 아니다. 따라서 어려움을 받아들이는 태도가 어려움을 소멸시킬 수 있다. 이는 80/20의 철학을 현명하게 압축하는 대목이기도 하다. 삶이 어렵다는 사실 자체는 아무런 문제가 아니다. 중요한 건 역경을 예상하고 이를 극복하는 자세다.

행복과 스트레스의 상관관계는 명확하다. 일정 수준 이상의 스트레스는 행복을 파괴한다. 그런 경우에는 스트레스를 적절히 극복해야 한다. 스트레스는 극복 가능하다고 믿는 사람만이 극복할 수 있다. 그 믿음을 방해하는 건 공포심이다. 공포심은 공포를 극복할 수 있다는 믿음과 이를 입증하는 행동으로 이겨낼 수 있다.

우리는 인류에게 편안한 삶을 제공하고 삶에서 맞닥뜨리는 어려움을 제거하기 위해 힘겹게 싸워왔다. 그리고 그 노력은 모든 사람에게 혜택을 제공했다. 유아 사망률을 낮췄고, 기아와 질병의 문제를 부분적으로 해결했고, 평균 수명을 늘렸으며 사람들에게 다양한 기쁨을 선사했다. 하지만 삶의 어려움(가령 돈이나 인간관계로 인한 어려움)과 스트레스를 완벽하게 제거할 수 있다는 믿음의 함정에 빠지는 순간, M. 스캇 펙의 딜레마를 맞닥뜨리게 될 것이다. **삶의 어려움을 예상하고 이를 개의치 않는 사람만이 행복해질 수 있다. 삶이 불안정하다는 사실을 받아들이는 사람만이 안정적인 삶을 살 수 있다.**

COMMENT ▶ **삶이 어렵다는 사실 그리고 그것이 결국 바람직하다는 사실을 진정으로 이해하고 받아들이는가?**

DAY 55

삶이 어렵다면 낙관할 수 없을까

80/20 법칙에 앞뒤가 맞지 않는 문제가 있는 걸까? 우리는 '삶이 어렵다'라는 걸 잘 안다. 또 삶의 어려움을 미리 내다보고 이를 극복하는 데서 행복을 얻을 수 있다는 점도 알고 있다. 하지만 80/20 법칙은 낙관주의의 장점을 높이 평가한다. 낙관적인 마음가짐으로 기회에 민감하게 반응하는 사람만이 잠재력을 마음껏 발휘해서 세상을 더 나은 곳으로 만들 수 있다는 것이다. 이런 두 가지의 관점은 서로 모순적인 걸까?

그렇지 않다. '삶은 어렵다'라는 명제와 낙관주의(80/20 법칙의 근본 철학) 사이에는 공통점이 있다. 자신과 세계를 위해 더 나은 현실을 어떻게 만들지는 현실을 바라보는 태도에 달려있다. '현실'이란 애매한 개념이지만 '저 바깥'에 존재한다. 창조에 관한 온갖 좋고 나쁜 것들, 밝은 햇빛, 자연의 아름다움과 위험, 삶의 강물, 새로운 탄생의 기적 그리고 암, 자연재해, 죽음도 현실이다. 나 이외의 다른 사람들도 '저 바깥'에 존재하는 현실의 중요한 부분이다. 그런 한편 '바로 여기'에 존재하는 현실도 있다. 당신의 의식, 생각, 희망, 공포, 삶의 경험, 행동 등이 모두 현실이다.

'저 바깥'의 현실은 '바로 여기'의 현실과 대체로 무관하지만, 꼭 그렇지만도 않다. 우리는 '저 바깥의 현실'을 완벽하게 통제하지는 못해도 어느 정도 영향을 주고 바꿀 수는 있다. 가령 집을 지어 추위를 피하고 야생 동물의 습격으로부터 몸을 보호하는 것도 그런 행위의 일종이다. 또 '바로 여기의 현실'을 바꿈으로써 세상과 자신에 대한 믿음을 바꿀 수 있다. 그리고 그 믿음은 '저 바깥의 현실'에 다시 영향을 미친다.

'삶은 어렵다'라는 명제와 낙관주의적 관점은 서로 모순되는 듯 보이지만, 두 가지의 개념은 근본적으로 상호 보완적이다. 삶의 어려움을 인정하는 사고방식과 낙관주의는 모두 당신의 행복에 공헌한다. 이들은 '더 나은 삶을 위한 믿음'이라는 이름의 나뭇가지에 탐스럽게 열린 쌍둥이 열매와도 같다.

COMMENT **'삶은 어렵다'라는 명제와 낙관주의를 병립할 수 있나? 두 가지 모두 당신을 행복하게 하고 세상에서 실천할 수 있는 선한 행위에 도움을 준다고 생각하는가?**

DAY
56 도전 vs 스트레스

도전이 긍정적이고 스트레스는 부정적이라는 데 동의하는가? 엄밀히 말해 스트레스 자체는 좋지도 않고 나쁘지도 않다. 적당한 스트레스나 압박감은 오히려 긍정적으로 작용할 수 있다. 스트레스를 전혀 받지 않는 아이, 즉 자기가 원하는 것을 쉽게 얻는 아이는 나중에 사소한 어려움이 닥쳐도 큰 고통을 받고 좌절할지도 모른다. 직선으로 길게 뻗은 도로(노스다코타의 46번 고속도로에는 무려 123마일[약 198킬로미터]의 직선 구간이 있다)를 운전하는 사람들은 스트레스가 없기 때문에 졸거나 집중력이 떨어져 도로를 이탈할 위험이 있다. 그래서 고속도로를 설계하는 엔지니어들은 필요도 없는 곡선 구간을 일부러 끼워넣기도 한다. 심리학자 겸 신경학자 이안 로버트슨Ian Robertson은 사람에게 적정 수준의 스트레스와 도전은 꼭 필요하다고 말한다.[2]

하지만 사람들은 일상적인 언어에서(특히 거의 모든 사전에서) '스트레스stress'를 부정적인 감정으로 표현한다. 옥스퍼드 사전은 스트레스라는 단어를 '속박하는 힘constraining force'으로 정의한다. 심지어 스트레스를 질병쯤으로 인식하는 사람도 있다. 반면 '도전challenge'은 이론적으로 모든 사람이 기꺼이 환영할 만한 감정이다. 나는 이 책에서 '스트레스'라는 용어를 '우리가 견뎌낼 수 없고 견뎌내서도 안 되는 극심한 심적 압박감'이라는 의미로 사용하고, '도전'은 '우리를 더 강하고 날카롭게 다듬어주는 감정'으로 정의할 생각이다. 철학자 프리드리히 니체는 이런 말을 남겼다. "나를 죽이지 못하는 것은 나를 더 강하게 만든다."

간단한 80/20 규칙을 하나 소개한다. **스트레스로 행복하지 않다면, 그 원인을 제거해야 한다.** '가능하면 스트레스가 없는 게 좋다'라는 식의 두루뭉술한 규칙이 아니다. 우리는 스트레스가 삶을 망가뜨리도록 그대로 방치하는 경우가 많다. 절대 그래서는 안 된다. 스트레스는 반드시 그 원인을 제거해야 한다.

COMMENT **스트레스를 없앨 방법은 늘 우리 앞에 있다. '나쁜' 스트레스로 고통받은 적이 있는가? 그렇다면 스트레스를 신속하게 제거했나?**

DAY
57 과도한 스트레스를 피하라

어떤 사람은 유달리 스트레스를 많이 받는다. 반면 어려운 상황이 닥쳐도 그 속에서 어떻게든 돌파구를 찾아 성공하는 사람도 있다. 이 스펙트럼 위의 어느 지점에 있든 특정한 환경이나 조건이 스트레스를 유발한다는 건 변함없다.

나는 꽉 막힌 도로 위에서 운전할 때나 출근 시간에 굼벵이처럼 움직이는 지하철을 탔을 때 스트레스를 받는다. 줄 서는 일도 무척 싫고, 고급 레스토랑에 갔을 때 서비스가 나쁘면 불쾌하다. 또 변호사처럼 매사를 꼬치꼬치 따지는 사람과 대화할 때도 스트레스를 받는다. 이런 스트레스가 긍정적으로 작용하는 일은 거의 없다. 그러나 한편으로 어떤 상황에서 스트레스가 찾아오는지 미리 알기 때문에 그 상황을 회피하는 행동을 취할 수 있다. 자주 정체되는 도로는 피하고, 앞에 차들이 길게 늘어서 있으면 조금 돌아가더라도 덜 막히는 길을 택한다. 그리고 서비스가 나쁜 레스토랑은 가지 않는다. 우리는 어떤 경우에 스트레스를 받는지 알고 있으므로 적절한 전략을 수립할 수 있다. 하지만 그러면서도 스트레스를 피하는 일이 얼마나 중요한지 깨닫지 못할 때가 많다.

스트레스를 피하는 또 하나의 방법은 좀 더 여유로운 자세로 시간을 보내는 것이다. 80/20 법칙은 시간이 충분하다고 가르치지만, 멍청한 두뇌는 계속 서두르라고 몸을 재촉한다. 과도한 스트레스는 시간에 대해 느긋한 태도를 보이는 것보다 오히려 삶의 시간을 더 많이 앗아간다.

스트레스를 유발하는 주된 원인은 '일'과 '사람'이다. 두 가지 측면에서 가장 관련 깊은 인물은 '상사'일 것이다. 당신이 좋아하고 이해심이 많은 상사를 찾아 그 밑에서 일하라. 상사가 더 많은 것을 요구한다면 그건 당신에게 최고의 능력을 끌어내겠다는 뜻이므로 좋은 일이다. 진정한 완벽함은 시간을 통제하는 데 있을지 모르지만, 양심에 지나치게 충실한 태도도 스트레스의 원인이 될 수 있다.

80/20 법칙은 가장 중요하고 가치 있는 일에 집중하라고 독려한다. 무엇보다 중요한 것은 현명하게 행복을 찾는 일이다. 스트레스를 예상하고, 피하고, 줄이는 일은 행복의 핵심 조건이다.

COMMENT 당신은 스트레스를 어떻게 피해야 할지 이미 알고 있다. 잊지 말고 실천하라.

DAY 58

문제를 작아지게 만드는 법

현재 겪고 있는 문제가 당장은 중요해 보일 수 있다. 하지만 10일 후에도 중요할까? 1년 후에는? 10년 후에는? 미래의 당신은 이 순간을 기억할까? 이런 '시간 왜곡time warp'에 질문을 던진 사람은 『우리는 사소한 것에 목숨을 건다』의 저자 리처드 칼슨Richard Carlson이다. 대답은 대개 '아니오'일 것이다. 그 말은 눈앞에 닥친 문제를 걱정할 필요가 없다는 뜻이다. 칼슨의 말이 옳다. 작은 일에 연연해서는 안 된다. 하지만 한편으로 작은 기회에도 큰 관심을 기울여야 한다. 사소한 기회가 당신의 삶을 통째로 바꿔놓을지 모르기 때문이다.

영국의 경제학자 존 메이너드 케인스John Maynard Keynes는 모든 사람이 한 번 태어나면 결국 죽는다고 말했다. 그러나 케인스나 칼슨은 어떤 의미에서 아직 죽지 않았다. 지금도 살아서 그들을 따르는 사람이 많고, 유산도 계속 남았기 때문이다.

그렇다면 모순이 있는 게 아닐까? 당신이 어떤 일을 이뤄냈을 때(모든 사람은 삶에서 뭔가를 이루고 남에게 조금이라도 영향을 미친다), 그 모든 게 사소하지는 않다. 80/20 법칙은 불가능해 보이는 일을 한다. 삶에서 아주 작은 비중을 차지하는 일은 진정으로 중요할 수 있다. 세상의 모든 일을 사소하다고 치부하는 일은 너무 비관적이고 패배주의적인 관점이다. 살아있는 모든 것은 중요하다.

유산을 창조하는 사람은 작가나 예술가뿐만이 아니다. 자식을 훌륭하게 키우거나 잘못 키우는 부모도 세상에 커다란 유산을 남길 수 있다. 우리가 실천한 좋은 일과 나쁜 일은 모두 몇 배의 결과를 낳을 수 있으며 어떤 행동은 다른 행동보다 그 여파가 더 크다. 특히 우리가 어린아이나 젊은이들에게 하는 일은 그 장기적 효과로 인해 좋든 나쁘든 세상에 강력한 영향을 미친다. 아이를 잘 키우고 보호하는 일이 세상에서 가장 파급력이 큰 행동인 이유는 그 때문이다.

타인을 친절하게 또는 불친절하게 대하는 일도 세상에 큰 영향을 미칠 수 있다. 그런 사소한 행동이 미래에도 중요한지 묻고 싶은가? 만일 신과 같은 능력이 있어서 그 힘을 좋은 일이나 나쁜 일에 쓸 수 있다면 어떻게 행동할지 생각하라. 당신이 매일 실천하는 모든 행동은 중요하다. 그렇지 않다면 이미 죽은 사람과 다를 바가 없다.

COMMENT 어제 했거나 오늘 할 행동은 중요한가? 오늘 세상에 어떤 도움을 주는 행동을 실천할 생각인가?

DAY
59 스트레스의 원인을 제거하라

언젠가 지인이 내가 아는 가장 성공한 사람을 두고 이렇게 말한 적이 있다. "밥은 천재야. 하지만 스트레스를 잘 견디지 못해." 그 사람은 밥이 스트레스를 견디지 못하는 게 큰 흠집이라도 되는 양 이야기했다. 우리는 스트레스를 잘 견디는 것이 미덕이라고 생각한다. 그리고 스트레스를 잘 견디지 못하는 사람은 겁쟁이라고 여긴다.

이는 현명하지 못한 생각이다. 사람을 긴장과 불행에 빠뜨리는 스트레스는 견뎌야 할 대상이 아니라 제거해야 할 대상이다. 스트레스를 견디는 일은 80/20 법칙을 정면으로 거스르는 행위다. 스트레스를 억지로 참으면 큰 노력과 고통이 따르고 결과도 좋지 않다. 건강에도 해로우며 삶의 기쁨과 즐거움도 사라질 수 있다.

80/20 법칙을 현명하게 활용하고자 하는 사람은 스트레스가 자신을 통째로 집어삼키기 전에 그 원인을 제거하는 일을 우선순위로 두어야 한다. 스트레스를 참아낼 능력이 있어야 정신적으로 건강한 건 아니다. 오히려 그 반대다. 좀 더 보편적인 언어로 말하자면 스트레스는 삶의 기쁨을 빼앗을 뿐 아니라 적은 것으로 더 많은 일을 이룰 능력도 앗아간다.

COMMENT 삶과 일에서 가장 큰 스트레스의 원인은 무엇인가? 그 원인을 어떻게 제거할 것인가?

DAY
60 기분의 네 가지 종류

기분은 매우 중요하다. 자신감, 에너지, 낙관적 사고에 지대한 영향을 미치는 요인이기 때문이다. 기분을 잘 관리하는 일은 80/20 법칙을 성공적으로 활용하는 가장 큰 비결이다. 심리학 교수 로버트 E. 세이어Robert E. Sayer는 이 방면에서 세계 최고의 전문가다. 그는 기분이 인간 존재의 핵심이라고 주장하며 이를 네 가지 종류로 구분했다.[3] '네 가지 기분 도표Four Moods Chart'에 그 내용이 있다.

	피로감	에너지
평온	휴식기	자신감과 낙관주의
긴장	에너지 고갈	한계를 향한 질주

가장 이상적인 기분은 1사분면의 평온-에너지 상태다. 몸과 마음은 서로 긴밀하게 연결되어 있으므로 날마다 부작용 없이 평온-에너지를 높이려면 주기적으로 운동하고(매일 10분만 걸어도 기분이 나아지고 에너지가 향상된다), 음악을 듣고, 충분한 사회 교류(친구와 전화 통화만 해도 도움이 된다)와 햇볕을 쬐고, 건강한 음식을 먹고, 충분히 잠을 자야 한다. 설탕이 많이 들어간 간식은 에너지를 빼앗고 긴장감을 높일 수 있으니 피하는 편이 좋다. 좋은 소식은 누구나 평온-에너지를 획기적으로 높일 수 있다는 것이다.

COMMENT 평온-에너지를 어떻게 증가시킬 생각인가?

DAY
61 기분이 좋아야 성과도 좋다

누구에게나 기분은 있다. 그중에는 좋은 기분도 있고 나쁜 기분도 있다. 그런데 80/20 기분은 무엇인가? 당신이 보냈던 지난 100일을 가장 기분이 좋았던 날(1, 2, 3…)부터 가장 기분이 나빴던 날(98, 99, 100) 순으로 정리하고, 가장 기분이 좋았던 날 20일(1~20)과 가장 나빴던 날 20일(81~100)을 꼽아서 행복과 생산성에 어떤 차이가 있었는지 생각하라.

80/20 가설에 따르면 결과는 명확하다. 가장 기분 좋았던 날에는 십중팔구 다음과 같은 일이 생겼을 것이다.

- 최고의 컨디션으로 업무에 임했고 창의력도 가장 높았다.
- 적어도 하루 이상은 평균을 훨씬 뛰어넘는 성과를 올렸다.
- 가장 행복했다.
- 중요한 문제를 두고 올바른 의사 결정을 내렸다.
- 다른 사람들을 행복하게 했다.

반면 기분이 나빴던 날에는 정반대의 일이 생겼을 것이다. 기분은 특정한 결과를 낳으며 한곳에 머물지 않고 계속 움직인다. 따라서 다음의 조언을 잘 기억해야 한다.

- 항상 좋은 기분을 유지하기 위해 노력하라.
- 기분이 저조할 때는 모든 일을 중단하고 기분이 나아질 만한 행동을 취하라. 중요한 일을 삼가고 핵심적인 의사 결정을 내리지 마라.
- 기분이 좋을 때 중요한 계획을 세우고 필수적인 의사 결정을 내려라. 포착할 수 있는 최고의 기회를 생각하라. 세계를 향한 영향력을 최대로 높여라.

COMMENT 마지막으로 기분 좋게 보냈던 순간을 돌이켜보라. 좋은 결과가 나왔는가?

DAY
62 기분이 좋은 이유를 파악하라

사람의 기분은 통제의 대상이 아닌 것처럼 보일 수 있다. 하지만 기분은 자신의 행동이나 주위 환경에 어느 정도 영향을 받는다. 최근 좋은 기분을 느꼈다면 그 기분이 아래의 활동에 영향을 받은 건 아닌지, 생각하라.

- 산책, 수영, 자전거 타기 같은 운동
- 아름다운 장소나 미술관 방문
- 친구와 만나 좋아하는 일 함께하기
- 스포츠 경기나 콘서트 관람
- 좋은 책 읽기
- 명상하기
- 창의적 활동

COMMENT 무엇이 기분을 좋게 하는가? 좋은 기분을 느끼게 하는 가장 믿을만하고 편안한 행동은 무엇인가? 그 행동을 늘려라! 기분을 나쁘게 하는 것은 어떤 행동인가? 그 행동을 줄일 수 있는가? 행동에 따라 기분이 달라진다는 사실이 놀랍다고 생각하는가?

DAY
63 나쁜 기분은 이기적이다

기분에 대한 마지막 조언이다. 앞으로 나쁜 기분이 들 때마다 다음 문장을 기억하라. **나쁜 기분은 이기적인 감정이다.** 지금 나쁜 기분을 느끼고 있다면 그 기분으로 인해 **조만간 다른 사람도 불행하게 만들 게 틀림없다.** 당신은 자신에게 나쁜 기분을 느낄 '권리'가 있다고 생각할지 모른다. 그 기분이 오직 당신에게만 영향을 미친다면 그 생각도 일리가 있다. 하지만 그건 사실과 다르다. 그러니 될수록 나쁜 기분에 빠지지 않겠다고 다짐하라. 그것이 품위 있는 사람의 자세다. 나는 당신이 품위 있는 사람이라고 확신한다. 그러니 나쁜 기분에 사로잡히는 일을 피하라.

나쁜 기분이 자신의 통제 밖에 있다고 반박할 수 있다. 하지만 꼭 그런 것은 아니다. 아니, 절대 그렇지 않다. 그 이유는 두 가지다.

첫째, 우리는 어떤 행동이나 환경이 자신에게 좋은 기분을 주는지 파악해서 그 상황에 자신을 더 자주 노출할 수 있다. 반대로 나쁜 기분을 유발하는 원인을 찾아 이를 회피할 수도 있다.

둘째, **나쁜 기분이 들 때마다 선한 본성에 호소하라.** 몇 분 또는 몇 시간 후에 만날 친구나 지인에게 감정적 피해를 주고 싶은가? 만일 그 대답이 '아니오'라면 자신을 향해 쑥스러운 미소를 한 번 짓고 나쁜 기분을 내려놓기를 바란다. 기분이 나쁜 상태로 사람을 대하는 것은 예의가 아니다.

COMMENT ▶ **나쁜 기분이 들 때 내 말을 따를 것인가? 정말 감사하다!**

CHAPTER

9

잠재의식이 성공의 방향을 정한다

잠재의식은 80/20에 매우 적합한 주제다. 우리에게 놀라운 선물을 안겨주면서도 아무런 노력을 요구하지 않기 때문이다. 잠재의식은 창의력의 원천이고, 시간의 바깥에 존재하는 힘이다. 잠재의식은 '의식'과 전혀 다른 방식으로 생각하며 합리적이라기보다는 감정적이다. 우리는 의식을 사용해서 조련사가 사자를 길들이듯 잠재의식을 통제해야 한다. 잠재의식의 작동 원리를 제대로 이해하면 이를 활용하는 법을 놀랄 만큼 쉽게 배울 수 있다. 이 장에서는 그 방법을 설명한다.

DAY
64

노력 없이 환상적인 결과를 내는 법

80/20 **법칙의 가장 놀라운 기적은 바로 잠재의식**(또는 무의식)**이다.** 잠재의식은 인간이 보유한 최고의 자산이자 창의력과 직관의 원천이기도 하다. 언어, 수학, 도시, 예술, 과학, 공학, 음악, 대성당, 문명의 법칙, 사회적 평등, 민주주의, 질병 정복, 무역, 탐험, 댐, 운하, 파이프라인, 자전거, 자동차, 동력선, 기차, 비행기, 우주선, 인공 지능, 가상 공간 등 그동안 인류가 창조한 모든 것은 잠재의식의 산물이다.

신경과학자들에 의하면 두뇌 활동의 92퍼센트는 잠재의식인 데 반해, 의식은 8퍼센트에 불과하다고 한다. 잠재의식은 당신의 삶을 지배하는 가장 큰 동력이다.[1] 잠재의식이 80/20 법칙과 궁합이 **잘** 맞는 이유는 아무런 노력 없이 1년 365일 24시간 내내 작동하기 때문이다. 의식적 사고는 실행하기가 어렵고 집중력이 필요하다. 더구나 한 번에 한 가지 일밖에 처리하지 못한다. 잠재의식은 수조 개의 동작을 동시에 수행할 수 있고, 우리에게 아무런 노력도 요구하지 않으면서 환상적인 결과를 도출한다. 잠재의식을 활용하는 법을 배우면 삶을 송두리째 바꿀 수 있다.

COMMENT 잠재의식을 사용하는 법을 아는가?

DAY

65 직관적으로 사고하라

과학자와 철학자의 공통점은 잠재의식을 활용해서 혁신에 도달한다는 것이다. 그들은 어려운 문제 하나를 두고 몇 년을 씨름할 때도 있다. 그래도 해답이 생각나지 않으면 문제를 옆으로 밀어놓고 다른 일을 한다. 그렇게 사소한 일에 시간을 보내다 보면 어느 날 갑자기 해답이 떠오른다.

프랑스의 수학자 앙리 푸앵카레는 파리에서 버스를 타고 친구와 잡담을 나누던 도중 오랫동안 고민하던 문제의 답을 찾았다. 푸앵카레는 그 순간을 이렇게 회고했다. "나는 친구와 대화를 계속 이어갔다. 하지만 마음속에서는 그 문제가 풀렸다는 강력한 확신이 들었다." 철학자 겸 수학자 버트런드 러셀은 생각이 막힐 때마다 파이프용 담배를 사러 갔다고 한다. 독일의 화학자 아우구스트 케쿨레August Kekulé는 런던에서 마차를 타고 가던 도중 원자와 분자가 함께 춤추는 모습을 상상하고 분자 구조 이론을 완성했다. 4년 후에는 꿈속에서 뱀이 자기 꼬리를 따라다니는 모습을 보고 벤젠의 탄소 원자 구조가 원형의 고리 형태라는 이론을 정립했다고 한다.

인간의 의식적 마음은 데이터를 모으고 분류하는 데 능하다. 하지만 과학적 이론을 결정적으로 뒤바꾸는 최종 단계는 대개 직관을 통해 이루어진다.

COMMENT 잠재의식이 어려운 문제를 해결한 때를 기억하는가? 어떤 일이 생겼나?

DAY 66

잠재의식의 원천을 채워라

미국의 신경과학자 낸시 C. 안드레아센Nancy C. Andreasen은 『창의적 마인드The Creative Mind』라는 책에서 시인, 극작가, 음악가 같은 사람들이 어떻게 잠재의식에 감흥을 받아 작품을 창조하는지 이야기했다.[2]

극작가 닐 사이먼Neil Simon은 작품을 의식적으로 집필하지 않는다. 자신의 어깨 위에 앉아 있는 뮤즈muse(그리스 신화에서 예술을 관장하는 여신-옮긴이)가 글을 쓰라고 지시하면 그대로 옮겨 적을 뿐이다. 시인 새뮤얼 테일러 콜리지Samuel Taylor Coleridge는 어느 날 잠에 빠졌다가 깨어난 후 200행이 넘는 서사시 「쿠블라 칸Kubla Khan」을 아무런 의식적 노력 없이 순식간에 써 내려갔다. 모차르트는 늘 꿈꾸듯 즐거운 무아지경 속에서 음악을 창조했다고 말했다. 차이콥스키에게는 예상치 못한 순간에 새로운 창작의 영감이 불쑥불쑥 떠올랐다. 덕분에 그는 아무런 노력도 기울이지 않고 위대한 곡을 수없이 작곡하는 축복을 누렸다.

이런 과정은 천재에게만 국한된 현상이 아니다. 내가 책을 쓰기 위해 책상 앞에 앉을 때도 똑같은 일이 생긴다. 글을 쓰기 전 여러 권의 책을 읽고 생각도 많이 하는 편이지만, 그렇다고 내용을 미리 메모하지는 않는다. 하지만 자판을 두드리기 시작하면 내면에서 물 흐르듯 글이 쏟아져 나온다. 글이 떠오르지 않으면 글쓰기를 포기하고 다른 책을 쓴다. 내가 할 수 있다면 당신도 할 수 있다.

COMMENT **마음을 영감으로 채우라. 글은 저절로 써질 것이다. 창의력의 비밀은 잠재의식을 어떻게 준비하느냐에 달려있다.**

DAY
67 잠재의식이 미래를 만든다

잠재의식은 조금 특이하다. **잠재의식은 시간의 바깥에 존재한다. 그곳은 영원한 현재다.** 잠재의식에는 과거나 미래는 없고, 과거, 현재, 미래를 똑같이 인식한다. 한 가지 비유를 든다.

당신은 지금 영화를 감상하는 중이다. 그 영화에는 등장인물의 과거, 현재, 미래가 모두 있지만, 내용은 90분으로 압축되어 있다. 당신이 등장인물의 삶을 처음부터 끝까지 지켜본다고 해도 당신에게는 그 순간이 늘 현재일 뿐이다. 영화 상영 시간이 당신의 삶에서 90분을 차지하는 건 생각하지 말자. 당신이 그 영화를 한순간에 감상한다고 상상해 보자. 그것이 잠재의식이 작동하는 방식이다. 잠재의식의 관점에서 모든 시간은 똑같고, 모든 시간은 현재다.

당신이 미래에 특정한 일이 일어나기를 원한다면 잠재의식을 향해 그 일이 이미 일어난 것처럼 말해야 한다. 몇 가지 예를 들면 다음과 같다.

- “나는 성공한 소설가/과학자/극작가/작곡가/방송인/음악가야. 작품을 완성해서 종이 위에 옮겨적으려 하고 있어.”
- “나는 새로운 사회 운동/회사/정당의 리더야. 세상을 더 나은 곳으로 만들기 위해 노력하고 있지.”
- “나는 부유한 자선 사업가야”
- “나는 내가 세운 목표를 꼭 달성할 수 있다고 믿어. 비록 불가능해 보이더라도.”
- “나는 세상과 하나가 된 듯 힘이 넘치고, 관대하고, 행복한 기분이 들어.”

COMMENT 미래를 향한 염원을 ‘승리하는 현재’로 바꿀 수 있는가? 당신은 원하는 사람이 이미 되어있다는 사실을 믿는가?

DAY

68 당신의 현실은 상상이 된다

잠재의식의 또 다른 특징은 입수된 정보를 여과하지 않고 당신이 말한 모든 것을 액면 그대로 받아들인다는 것이다. 잠재의식은 현실과 상상을 구분하지 못한다. 당신이 뭔가를 원한다고 강력한 어조로 말하면 잠재의식은 그 말을 현실화하기 시작한다. 잠재의식은 올바른 정보와 잘못된 정보, 중요한 정보와 중요하지 않은 정보의 차이를 모른다. 단지 정보의 강도와 무게를 저울질할 뿐이다. 다시 말해 잠재의식은 감정적 힘이 강하고, 자주 반복되고, 새로운 정보일수록 더 큰 관심을 쏟는다.

잠재의식은 아래와 같은 조건이 갖춰졌을 때 입수된 정보에 가장 집중적으로 주의를 기울이고 최고의 결과를 생산한다.

- 강력한 감정적 힘과 열정을 바탕으로 믿음과 소망을 표현할 때
- 믿음과 소망이 최근의 것일 때: 가장 최근에 입수된 정보일수록 잠재의식의 '맨 꼭대기'에 자리 잡는다.
- 믿음과 소망을 반복적으로 표현할 때: 광고인이 소비자에게 똑같은 메시지를 반복적으로 전달하는 이유도 여기에 있다. 비록 의식은 지루함을 느끼겠지만, 잠재의식은 그 메시지에 사로잡힌다. 나치 정권의 '천재적' 선동가 괴벨스는 '거짓을 반복하면 진실이 된다'라고 말했다.

COMMENT 자신의 소망을 잠재의식에 친화적인 방식으로 표출하고 있는가?

DAY 69

잠재의식 활용 1단계: 의식적으로 생각하라

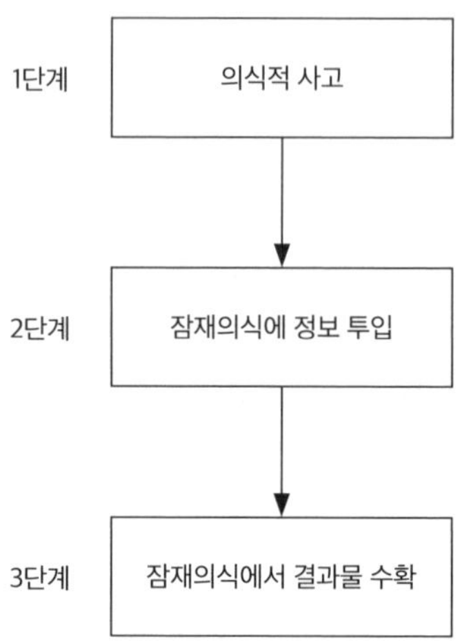

잠재의식이 창의력을 향상하고, 목표를 실현하며 마음의 평화를 얻는 데 도움이 되기를 바라는가? **그렇다면 좀 더 구체적으로 원하는 바를 표현하라.** 잠재의식을 향해 원하는 바를 이야기하라. 어떤 방식으로 창의력을 높이고자 하는지, 목표가 무엇인지, 무엇을 생각해야 마음의 평화를 얻을 수 있는지 종이 위에 상세히 적어라. **그런 다음 2단계 및 3단계 활용법을 숙지하라.**

COMMENT 잠재의식을 활용하고 싶은가? 원하는 바를 표현하라!

DAY 70

잠재의식 활용 2단계: 메시지를 입력하라

- **한낮에 여유 있는 꿈꾸기**
  - 개인적인 공간을 찾아 편안한 의자에 조용히 앉는다. 가능하면 야외가 좋다.
  - 모든 생각(잠재의식에 전달할 메시지를 제외하고)을 내려놓는다.
  - 최대한 큰 목소리로 잠재의식에 메시지를 전달한다.
  - 걷기나 자전거 타기처럼 스트레스나 압박을 받지 않고 '자동으로' 하는 운동 중에 소망을 떠올린다.
  - 운동할 때나 운동을 마친 직후 그 메시지를 큰 소리로 반복한다.

- **잠자기 전에 되새기기**
  - 잠자리에 들기 전 그 메시지를 큰 소리로 이야기한다.
  - 푹 자고 좋은 꿈을 꿀 거라고 기대한다.
  - 잠에 빠지기 전 마지막으로 메시지를 반복한다.

COMMENT 잠재의식에 메시지를 반복적으로 투입하라!

DAY 71

잠재의식 활용 3단계: 결과를 수확하라

잠재의식은 당신에게 해답을 주려고 할 것이다. 바쁜 활동에 정신이 팔려있거나, 무관한 일에 사로잡혔거나, 뭔가에 마음이 들떠 해답을 마음속에서 몰아내지만 않는다면 분명히 메시지를 전달받을 것이다. 잠재의식의 메시지가 당신에게 전달되려면 한낮에도 느긋한 자세로 원하는 바를 수시로 꿈꿔야 한다. 그 해답은 늦은 밤이나 잠이 조금 덜 깬 이른 아침에 찾아올 수 있다. 때로는 한밤중에 해답이 떠올라 당신을 자리에서 벌떡 일으킬지도 모른다. 다시 잠에 빠져 그 통찰을 잃어버리지 않으려면 머리맡에 공책과 펜을 가져다 놓아라.

COMMENT 잠재의식 활용 3단계를 모두 실천했는가? 그 과정이 습관이 되게 하라. 잠재의식의 위력을 깨달았다면 가족과 친구들도 적은 노력을 들여 똑같은 혜택을 얻을 수 있도록 도와라.

CHAPTER

10

성장은 모든 것이다

가치 있고 효율적인 삶을 살고자 하는 사람은 성장의 힘을 이해할 필요가 있다. 성장은 삶을 수월하고 즐겁게 한다. 우리는 성장 속에서 번영의 길을 찾아야 한다. 하지만 80/20 법칙에 따르면 성장이란 소수가 지배하는 게임이다. 성장하는 소수만이 계속 성장을 이어가고 나머지는 아무 성장도 없는 무의미한 삶을 살아간다. 성장을 추구할 것인가, 아니면 평범한 상태에 머무를 것인가? 성장이 모든 것임을 이해하는 사람에게는 그리 어려운 선택이 아니다.

DAY 72

복리 성장은 왜 중요한가

태곳적부터 몇백 년 전까지 인류의 경제는 거의 성장하지 않았다. 지구상의 인구와 생활 수준은 오랫동안 제자리에 머물렀고, 사람들은 기아와 질병에 시달렸다. 그러다 서부 유럽의 자유 도시들을 중심으로 조금씩 성장이 이루어지기 시작했다. 이 도시들은 봉건주의 농업 경제가 지배하던 당대의 사회에서 상업의 오아시스 같은 곳이었다. 뒤이어 아메리카 대륙을 식민지화하고, 인쇄 기술을 발명하고, 증기 기관과 기계가 등장하면서 인간과 동물의 힘에만 의존하던 산업적 동력이 수백 배, 수천 배, 수백만 배 증가하기에 이르렀다.

산업이 끊임없이 성장함에 따라 인간의 역사와 경험은 급격하게 바뀌었고, 세계의 지리적 환경과 인구도 300년 전에는 상상조차 하지 못했을 만큼 변했다. 그 이후로 선진 산업 국가들은 오늘날까지 연 2~3퍼센트 정도의 경제적 성장을 꾸준히 달성했다. 언뜻 듣기에는 대단한 성장처럼 여겨지지 않지만, 연 3퍼센트의 성장이 23년만 이어져도 국민의 생활 수준은 2배가 된다.

누군가 알베르트 아인슈타인에게 이렇게 물었다. "우주에서 가장 강력한 힘이 무엇입니까?" 그는 곧장 대답했다. "복리 이자입니다."

COMMENT **복리는 참으로 기적과 같은 현상이다. 하지만 여기에는 한 가지 문제가 있다. 복리의 문제가 뭔지 아는가? 힌트: 80/20 법칙과 관계가 있다.**

DAY 73

복리 이자의 기적을 경험하라

복리의 문제는 가치의 배분이 고르지 못하다는 것이다. 하지만 이 문제는 기회가 될 수도 있다.

예를 들어 미용사로 일하는 18세의 헨리에타가 1년에 1,600달러를 꼬박꼬박 모은다고 가정하자. 그녀가 매년 모으는 돈에서 연 10퍼센트(주식 시장의 시가 총액 상승률과 비슷한 비율)의 수익이 발생한다면, 헨리에타는 65세가 될 때까지 얼마나 많은 돈을 손에 넣을 수 있을까? 복리 이자가 없다면 47년 곱하기 1,600달러, 즉 7만 5,200달러에 불과할 것이다. 반면 복리 이자를 계산하면 그녀가 받게 될 금액은 150만 달러로 뛴다.

그렇다면 헨리에타가 주식 시장이 아닌 은행에 돈을 맡기면 어떨까? 은행 이자는 때에 따라 등락을 거듭하지만, 최근의 금리를 합리적으로 고려해서 그녀가 매년 저축하는 돈에 연 2퍼센트의 복리 이자가 붙는다고 가정하자. 헨리에타는 65세에 은퇴할 때 12만 2,987달러를 손에 넣을 수 있다. 괜찮은 금액이기는 해도 150만 달러에는 한참 미치지 못한다.

장기적으로 돈을 저축하는 사람은 복리 이자의 장점을 제대로 활용하는 셈이다. 그들은 더 많은 돈을 모으거나 어딘가에 투자할수록 그리고 그 돈에 복리 이자가 붙을수록 더 부자가 된다. 반대로 돈을 저축하지 않는 사람은 복리 이자의 혜택을 받지 못한다. 신용카드 빚에 시달리며 비싼 이자를 치르는 사람은 복리 이자의 지옥에 빠져 있다.

COMMENT 복리 이자의 기쁨을 누리고 있는가, 복리 이자의 지옥에서 신음하고 있는가?

DAY
74

성장하는 회사는 20퍼센트에 불과하다

경제가 성장하는 이유는 비즈니스(즉 민간 기업)가 성장하기 때문이다. 공공 분야가 성장한다고 해서 경제가 발전하는 것은 아니다(물론 사회적 소비라는 관점에서 생각하면 공공 분야가 성장하는 것도 나쁘지는 않다. 그러나 이 분야의 성장에는 한계가 있다). 하지만 문제는 복리 이자와 마찬가지로 기업의 성장도 가치의 배분이 고르지 않다는 것이다.

연 매출액 성장률이 10퍼센트를 훨씬 넘어 30퍼센트 전후에 달하는 고성장 기업(어떤 기업들은 한 해 50~100퍼센트까지 성장하면서 산업 전체의 성장을 좌우하기도 한다)은 전체의 5퍼센트 정도라고 생각된다. 하지만 비즈니스의 세계는 80/20 법칙의 역동성을 완벽하게 입증하는 곳이다. 만일 95퍼센트의 기업이 매년 3퍼센트씩 성장하고, 나머지 5퍼센트의 기업이 매년 30퍼센트씩 성장한다면 10년 후에는 어떤 일이 생길까? 정답은 전체의 5퍼센트에 불과한 고성장 기업들이 10년 후 전체 경제 성장의 81퍼센트를 주도하게 된다. 즉 81대 5의 대응 관계가 생기는 것이다! 어느 시기든 시장 전체의 압도적인 성장을 이끄는 기업은 극소수에 불과하다.

복리의 원칙은 80/20의 가장 큰 협력자다. 어떤 집단에서든 대다수는 큰 성장을 이루지 못하고 오직 소수만이 눈부신 성장을 이어간다. 그리고 그들의 성장은 더 큰 절대적 성장을 낳는다.

COMMENT 80/20 법칙에 따르면 고성장이 이루어지지 않는 분야에서 일하는 건 아무런 의미가 없다. 하지만 지금도 10명 중 9명은 성장이 멈춰 선 곳에 갇혀있다. 당신도 그들 중 1명인가?

DAY 75

성장하는 기업에서 일하라

- 더 재미있다.
- 더 빨리 승진한다.
- 더 많이 배운다.
- 승리하는 조직의 일원이라는 만족감을 얻을 수 있다.
- 급여 인상, 보너스, 스톡옵션(기업에서 회사의 임직원에게 자사의 주식을 낮은 가격에 매입하였다가 나중에 팔 수 있도록 하는 일-편집자) 등을 통해 더 많은 돈을 벌 수 있다.

COMMENT 지금 일하고 있는 기업은 성장하고 있는가?

CHAPTER 11

성공을 현실로 만드는 법

진정한 성공을 거둔 사람은 남이 만든 규칙을 그대로 받아들이기보다는 스스로 규칙을 만든다. 그들은 불확실성의 바다를 항해하고, 많은 것을 실험하고, 일자리를 다양하게 바꾸며 삶을 경험한다. 약점은 운명임과 동시에 승리의 원천이기도 하다. 당신은 커다란 승리를 거두든지 전혀 승리하지 못하든지 둘 중 하나다. 하지만 수동적으로 규칙을 따르며 내 손으로 이루지도 않았고 만족스럽지도 않은 어중간한 성공에 만족하는 것보다는 그편이 훨씬 바람직하다. 모든 사람의 예상을 뛰어넘는 큰 성공을 거두려면 목표를 좁혀 최고의 성과를 줄 대상에 집중해야 한다. 80/20 법칙이 그 길을 안내할 것이다.

DAY 76 학교에서 성공한 사람이 사회에서도 성공할까?

14살 때 학교 선생님 한 분이 작은 충격을 준 적이 있다. 선생님은 우리가 학교를 졸업했을 때 어떤 아이가 가장 크게 성공할 것 같은지 물었다. 우리는 공부를 잘하는 아이, 말솜씨가 좋은 아이, 운동을 잘하는 아이, 인기가 좋은 아이 등에 저마다 한 표를 던졌다. 하지만 선생님의 말씀은 우리를 놀라게 했다. "여러분 중 누가 성공할지는 나도 잘 모릅니다. 하지만 누가 성공하지 못할지는 알아요. 성공할 사람은 여러분이 방금 이야기한 학생들이 아니라 남들 눈에 잘 띄지도 않고, 아무도 예상하지 못하는 누군가가 될 겁니다. 학교에서의 성공이 삶의 성공은 아닙니다."

늘 교실 한가운데 조용히 앉아 아무에게도 관심받지 못하는 아이로 하루를 보내던 내 귀에는 선생님의 말씀이 아름다운 음악처럼 들렸다. 선생님은 옳았다. 학급 운동부와 학교 운동부에서 주장으로 활약한 친구들은 변호사와 부동산 중개인이 되고 결혼도 했지만, 그 후로는 아무 소식을 듣지 못했다. 물론 그들이 행복한 삶을 살 수는 있지만, 큰 부자나 유명인이 되지는 못했다.

그동안 미국에서 이루어진 각종 조사도 선생님의 직관을 뒷받침한다. 고등학교에서의 성공은 대부분 대학교의 성공으로 이어진다. 게다가 대학교 성적이 좋은 사람은 거의 좋은 직장에 취직한다. 대학을 졸업한 사람 10명 중 9명은 전문 직종으로 진출하고, 10명 중 4명은 최상위 일자리를 얻는다. 고등학교의 성공을 의미하는 기준점은 성적 평점이 4.0 만점에 3.6 이상이다. 하지만 미국의 백만장자 700명을 대상으로 시행한 조사에 따르면 그들의 고등학교 성적은 평균 2.9에 불과했다.[1] 연구자들은 고등학교 성적이 우수한 학생은 대체로 성실하고 규칙을 잘 지키지만, 사회에서 최고의 위치에 오른 사람은 오히려 규칙을 깨뜨리고 남들과 차별화된 독창적인 성과를 이룬다고 결론을 내렸다. **무리를 따르고 규칙에 순종하기 위해 너무 애쓰지 마라. 당신만의 독자적인 길을 걷는 것보다 재미도 없고 돈도 많이 벌지 못할 것이다.**

COMMENT 고등학교나 대학교 성적에 연연했는가? 학교 성적이 나중에 중요한 요소로 작용했나? 자녀가 있다면 뭐라고 말할 건가?

DAY
77 걸러진 리더 vs 걸러지지 않은 리더

하버드 경영대학원 교수 가우탐 무쿤다Gautam Mukunda는 리더에 관한 흥미로운 관점을 제시했다. 그는 '좋은' 리더와 '위대한' 리더의 자질은 전혀 비슷하지 않다고 주장했다. 즉 좋은 리더에서 조금 더 발전한 사람이 위대한 리더가 아니라는 것이다. 두 종류의 리더는 '정도'의 차이를 떠나 아예 다른 사람이다.

걸러진filtered **리더**(기존의 시스템, 규범, 프로세스 같은 '여과지'를 통과한 사람이라는 비유적 표현-옮긴이)는 힘든 일도 마다하지 않고 성실하게 자신의 직무를 수행하며 전통을 존중하고, 규칙을 지키는 사람이다. 그가 평지풍파를 일으키는 일은 절대 없다. 반면 **걸러지지 않은**unfiltered **리더**는 높은 자리로 승진하기 위해 아등바등 애쓰기보다 유리 벽을 깨뜨리고 세상 밖으로 과감히 뛰쳐나간다. 그는 학교에서 좋은 성적을 올리지 못했고, 자격 조건도 시원치 않으며 심지어 실패의 경험도 많다.

비즈니스의 세계에서 '걸러지지 않은' 리더란 자신의 제품을 스스로 개발해서 독자적인 영역을 구축한 창업가를 뜻한다. 정치 분야의 '걸러지지 않은' 리더는 윈스턴 처칠 같은 사람이다. 만일 히틀러가 등장해서 세계를 위협하지 않았더라면 처칠은 영국의 총리가 되지 못했을 것이다. 또 미국 대통령이 사망하는 바람에 갑자기 대통령 자리에 오른 부통령 중에도 '걸러지지 않은' 리더가 많다. 그들이 종종 세상을 놀라게 하는 이유는 누구에게도 '걸러지지 않았기' 때문이다. 그런 사람들은 나라에 재난이 될 때도 있고, 놀라운 성공을 거둘 때도 있다. 마거릿 대처는 '걸러지지 않은' 총리였지만 존 메이저는 '걸러진' 총리였다.[2] 위대한 과학자들은 대부분 걸러지지 않은 사람이다. 대표적인 인물이 아인슈타인이다.

COMMENT 당신은 걸러진 사람인가, 걸러지지 않은 사람인가? 걸러지지 않은 사람으로 살아가는 게 훨씬 재미있다. 걸러지지 않아야 가장 높은 곳에 오를 가능성도 커진다.

DAY 78

증폭기의 중요성

'증폭기intensifier'란 음향 시스템도 아니고, 더 많은 일을 강요하는 장치도 아니다. '증폭기'는 하버드의 가우탐 무쿤다 교수가 개인의 극단적인 특성을 표현하기 위해 고안한 용어다. 이 특성은 때에 따라 골칫거리가 되기도 하고, 어떨 때는 마법 같은 성공을 이루기도 한다.

처칠의 증폭기는 애국심이었다. 그는 인도에 자치 정부 수립을 원하는 마하트마 간디를 악마라고 생각할 만큼 애국심이 지나쳤다. 대처의 증폭기는 노조와 그 리더들에 대한 극도의 혐오감이었다. 도널드 트럼프의 증폭기가 무엇인지는 그가 입을 열어 정치인들을 향한 증오와 경멸을 표출할 때마다 여실히 드러난다. 린든 존슨 대통령의 증폭기는 어렸을 때부터 물려받은 가난에 대한 병적인 공포심이었고, 이는 그가 '위대한 사회' 건설을 부르짖는 계기가 됐다. 아인슈타인의 증폭기는 어떤 선생에게도 조언과 배움을 거부하는 태도였다.

당신의 가장 큰 약점이 한편으로 가장 큰 강점이라면, 그것이 바로 당신의 증폭기다. 팔방미인처럼 다재다능한 사람보다는 한 방면에 증폭기를 갖춘 사람이 성공에 훨씬 유리하다. 위대한 리더, 최고의 창업가, 정치와 비즈니스에서 가장 뛰어난 업적을 성취한 사람들에게는 하나같이 증폭기가 있었다. 그런 사람들은 절대 팔방미인이 될 수 없다. 증폭기는 '걸러지지 않은' 리더에게 잘 어울리는 특징이기도 하다. 증폭기가 성공에 그토록 도움이 되는 이유는 위대함을 향해 나아가는 길을 제시하기 때문이다.

COMMENT **증폭기는 80/20 법칙을 활용해 획기적인 성공을 이룬 사람의 '도구함'에 담긴 도구다. 당신에게도 증폭기가 있는가?**

DAY
79 대학을 나와야 부자가 될까

대학교를 나온 사람은 평범한 수준의 부富를 쌓을 수 있다. 하지만 최고의 부자가 되지는 못한다. 《포브스》가 선정한 400대 부자 중 58명은 대학교를 중퇴했거나 아예 가지 않았다. 이 58명의 순자산은 평균 48억 달러(약 5조 5,054억)에 달했다. 이들을 제외한 나머지 부자 342명(대학에 진학하고 졸업한 사람들)의 순자산은 평균 13억 달러(약 1조 7,613억)였다. 대학교를 그만두었거나 다니지 않은 사람들이 대학 졸업자들보다 3.7배 더 큰 부를 쌓아 올린 것이다.[3] 이는 대학교가 학생들로부터 오히려 가치를 앗아가는 장소라는 결정적 증거라고 할 수 있다. 그들이 대학교에 다니며 쏟아부은 시간과 돈은 중대한 마이너스 효과를 가져온다. 금전적 측면에서만 이야기한다면 대학교에 진학하는 일은 마치 재난과도 같은 선택인 셈이다.

대학교를 졸업한 사람은 대부분 지식이 풍부하다. 하지만 그는 독립적으로 사고하지 못한다. 강사나 교수는 학생에게 사고의 방법을 가르친다. 이는 독창성이라는 측면에서 치명적인 약점이다. 스스로 생각해야 한다는 기본 원칙을 따르는 사람은 갈수록 희귀해진다. 회사를 설립하는 창업가는 원하지 않더라도 독창적 사고의 원칙을 따라 본인이 제품을 발명하고, 고객을 개발하고, 회사를 운영하는 방식을 새롭게 고안해야 한다. 그런 일을 제대로 해내지 못한다면 자연 선택의 원리가 그를 실패의 길로 이끈다.

학생에게 스스로 생각하는 법을 가르치는 대학교에 입학했다면, 그 기회를 두 손으로 꽉 잡아야 한다. 그렇지 못한 대학교는 값비싼 예비 교양 학교에 불과하다.

COMMENT 대학교에 다녔나? 대학교를 중퇴했나? 아니면 대학교 근처에도 가지 않았나? 내가 말한 바를 어떻게 생각하는가?

DAY 80

다양한 세계를 경험하라

실험이란 그 자체로 현명한 행위다. 미국의 철학가 겸 시인 랄프 왈도 에머슨Ralph Waldo Emerson은 '모든 삶은 실험이다. 많이 실험할수록 더 바람직하다'라고 말했다. 하지만 80/20 철학은 좀 더 현명하거나 덜 현명한 실험 방법이 분명히 존재한다고 가르친다.

현명한 실험이란 학습과 업무를 포함한 여러 종류의 세계를 조금씩 경험하는 실험 방식을 뜻한다. 실험의 범위가 넓을수록, 삶의 이른 시기에 이루어질수록 더 바람직하다. 다음은 몇 가지 예다.

- 제도권 교육 기관(학교나 대학)에 다니고, 개인 교사에게 배우고, 독서하고, 영상을 시청하고, 개인이나 그룹 단위로 사고하는 법을 익히고, 다른 곳과 차별화된 조직에서 일하는 등 다양한 방식으로 학습에 접근한다.
- 다른 나라나 문화권에서 위의 방식 중 하나를 선택해 학습한다.
- 다른 언어로 된 책을 읽으면서 다른 형태의 사고방식을 접한다.
- 미술, 공상, 상상의 동물, 만화 캐릭터 등을 통해 폭넓은 시각적 경험을 쌓는다.
- 여러 장르의 음악을 듣고 청각적 경험의 폭을 넓힌다.

실험은 다음 세 가지의 보편적 기능을 수행한다.

- 시야를 넓혀서 다양한 사고방식과 감정을 인식한다.
- 다양한 경험을 통해 상상력과 공감력을 확장한다.
- 더 심도 있게 탐구하고자 하는 관심 분야를 파악하는 데 도움을 준다. 이는 가장 강력하면서도 원초적인 형태의 실험이자 '적은 것에서 더 많은 것을 얻기 위한' 여정의 최종 목표다.

COMMENT 당신은 너무 적게 또는 너무 많이 실험하는가? '넓이'와 '깊이' 사이에서 양자택일해야 하는 대상은 무엇인가?

DAY
81 일자리를 바꿔라

현명하게 일자리를 바꾸면 새로운 기술을 배우고 개발하는 시간이 단축될 뿐 아니라 수입이 늘어나는 속도도 빨라진다. 연구자들에 따르면 일자리를 바꾸면 평균 수입이 늘어나고 승진이 빨라지는 효과가 있다고 한다.[4] 일자리 바꾸기는 기회를 복리 이자로 늘려준다는 점에서 사회 경력의 초기에 경험할수록 더 가치가 있다. 가장 바람직한 일자리 바꾸기는 다음과 같은 조직으로 옮기는 것이다.

- 당신이 좋아하고 비슷한 사람들이 일하는 조직
- 다른 사람들이 잘 모르는 가치 있는 지식을 소유한 조직
- 다른 곳보다 빠르게 성장하는 조직
- 더 높은 급여와 성장 및 승진의 기회를 제공하는 조직
- 당신을 이상적인 모습으로 바꾸고 혁신시켜 줄 조직

COMMENT 그동안 충분히 일자리를 바꿨나? 그 과정은 현명했나?

DAY 82 좁은 목표가 성과를 낳는다

현대인들의 일과 삶에 도사린 위험 요소는 본인이 감당하지 못할 만큼 너무 많은 일을 해내려고 욕심을 부린다는 것이다. 80/20 법칙은 이 문제에 해결책을 제공한다. 당신이 자신과 주위 사람들에게 가장 큰 가치를 주는 20퍼센트의 중요한 일에만 집중한다면 모든 일을 해내려고 애쓰는 것보다 훨씬 좋은 성과를 거둘 수 있다. 훌륭한 성과로 향하는 길은 역설적으로 목표를 좁히는 것이다.

80퍼센트에서 손을 떼면 더 많은 시간을 벌 수 있다. 80퍼센트에서 손을 떼면 더 많은 에너지를 얻을 수 있다. 80퍼센트에서 손을 떼면 더 큰 기쁨을 누릴 수 있다.

COMMENT 목표를 좁혀라. 중요하지 않거나 가치 없는 모든 일을 단호하게 잘라내라. 오늘부터 당장 실천하라. 상위 20퍼센트에만 집중하라. 분명히 효과가 있다. 당신은 더 생산적이고 행복한 사람이 될 것이다.

CHAPTER

12

대체되지 않는 사람의 비결

록 밴드 그레이트풀 데드의 기타리스트 제리 가르시아Jerry Garcia는 이렇게 말했다. “단지 최고가 되기만을 바라서는 안 된다. 그 분야에서 유일한 사람이 되어야 한다.” 오랫동안 감옥에 있었던 67세의 노인은 어떻게 나라를 구했을까? 그 일을 해낼 유일한 사람이 됐기 때문이다. 있는 그대로의 자신이 되고, 진정성을 발휘하고, 남들과 자신을 차별화하라. 세상에 당신은 한 사람뿐이다. 당신의 장점을 최대한 활용해서 개인적 독점 상태를 구축하라.

DAY 83

유일한 사람이 될 것

독점은 가장 이상적인 상태다. 기업의 궁극적 목표는 시장 점유율을 극대화하는 것이다. 즉 두 번째로 큰 경쟁자보다 몇 배 더 넓게 시장을 장악하는 것이다. 만일 당신 회사가 엄청나게 규모가 성장해서 어떤 경쟁자도 당신과 비슷한 가격에 제품, 서비스를 내놓지 못한다면 그것보다 좋은 일은 없다. **개인에게도 똑같은 원칙이 적용된다.** 제리 가르시아는 말했다. "단지 최고가 되기만을 바라서는 안 된다. 그 분야에서 유일한 사람이 되어야 한다."

개인이든 밴드든 가장 이상적인 상태는 독점이다. 음악가, 가수, 작곡가, 시인, 화가, 작가, 코미디언, 축구 선수, 테니스 선수, 야구 선수, 토크쇼 진행자, 관리자, 창업가, 투자자 등 어떤 직업에 종사하는 사람이든, 남이 흉내 내지 못하는 트레이드마크가 있다는 말은 그 분야에서 최고의 위치에 올랐다는 뜻이다. 이 세상에 셰익스피어, 매켄로McEnroe(전 ATP 세계 랭킹 1위의 미국 프로 테니스 선수-편집자), 반 고흐, 애거사 크리스티, 마돈나, 스티브 잡스, 스프링스틴, 테드 윌리엄스Ted Williams(미국의 전 야구 선수-편집자), 워런 버핏은 오직 한 사람밖에 없다. 이제 노래를 잘 부르지는 못해도 밥 딜런 역시 한 사람뿐이다.

당신은 약점은 많은 면에서 강점이 될 수 있다. 만일 다이애나 왕세자비가 좀 더 원숙하면서도 덜 연약한 모습을 보였다면 '국민의 왕세자비'가 될 수 있었을까? 지나친 완벽함은 거부감을 주고 성자 같은 모습은 구식이며 재능은 선택이다. **진정성이 모든 것이다.**

이 세상에는 수많은 사람이 우글거린다. 그곳에서 돋보이려면 전문적인 능력을 최대한 끌어올려야 한다. **당신이 속한 분야에서 유일한 사람이 되어야 한다.** 즉 당신이 그 분야고 그 분야가 곧 당신이 되어야 한다.

유명인이 되기를 원치 않을 수 있다. 나도 유명해지는 게 싫다. 하지만 직접 창조해서 자신의 이름과 동의어로 만들 수 있는 분야는 수없이 많다. 어떤 분야는 규모도 작고 남들 눈에 잘 띄지 않을지도 모른다. 하지만 아무리 사소한 분야라고 해도 자신만의 특별한 일을 해내는 데 보람을 느낄 것이다.

COMMENT 당신의 독점 분야는 어디인가?

DAY 84

빌게이츠에게 배우는 대체불가능한 분야 찾는 법

1968년, 10대의 게이츠는 세계 최초로 컴퓨터 프로그램을 작성한 중학생이었다. 17살 때는 학교 친구 폴 앨런과 함께 벤처 기업을 설립했다. 두 사람은 20살이 되던 해, 컴퓨터 소프트웨어를 개발하는 회사 마이크로-소프트를 창업했고, 1년 후에는 회사 이름의 중간에 끼워 넣었던 하이픈을 없앴다. 그들에게 결정적인 기회가 찾아온 건 1978년이었다. IBM이 세계 최초의 개인용 컴퓨터를 출시하면서 마이크로소프트의 운영 체제를 사용하기로 계약을 맺은 것이다. 그는 가장 중요한 사업 결정에서 IBM에 독점권을 주는 걸 거부했다. 향후 다른 회사들도 IBM의 PC를 모방해서 비슷한 제품을 출시할 것이고, 그들에게도 운영 체제가 필요하리라는 판단 때문이었다.

그 후 게이츠는 2007년까지 마이크로소프트를 운영하며 꾸준히 탁월한 의사 결정을 내린 끝에 세계 최고의 부자가 됐고, 그 자리를 오랫동안 지킬 수 있었다. 1990년 중반, 게이츠는 초기에 잠시 품었던 회의적 입장을 뒤로 하고 세계에서 가장 영향력이 큰 인터넷 전도자가 되었으며 우리의 비즈니스와 삶에서 인터넷을 성공적인 '대안 현실'로 만들었다.

1994년부터 세계에서 가장 유명한 자선 사업가로 변신한 게이츠는 그동안 수백만의 어린이를 죽음에 이르게 한 소아마비를 퇴치했고, 그 밖에도 많은 업적을 달성했다. 게이츠는 성자가 아니지만, 언젠가 그가 세상을 떠난다면 상업용 소프트웨어의 아버지(개인 독점의 사례)이자 앤드루 카네기와 존 D. 록펠러 이후 가장 위대한 자선 사업가로(개인 독점의 또 다른 사례) 기억될 것이다. 그가 세상을 떠날 때까지 좋은 일을 많이 하면서 행복한 삶을 누리기를 바란다.

COMMENT 당신의 개인 독점 분야는 어디인가?

DAY 85

넬슨 만델라에게 배우는 대체불가능한 방안 제시하는 법

1980년대 중반 남아프리카 공화국을 자주 방문했다. 밝은 햇빛, 아름다운 풍경, 인종과 관계없이 쾌활한 사람들, 대륙의 '맨 끝에서' 역사의 한 부분을 경험한다는 느낌 등 그곳의 모든 게 즐겁고 쾌적했다. 하지만 나를 우울하게 만든 한 가지가 있었다. 이 나라에서 벌어지던 심각한 인종적 갈등의 해결책을 찾아낸 사람이 아무도 없었다. 그 주제는 모두가 입을 꾹 다물었다. 어떤 사람도 평화적인 해결책이 나올 거라고 믿지 않았다. 악몽과 같은 사태가 터지는 건 시간문제였다.

해결책을 제시한 사람은 오랫동안 감옥에 있었던 67세의 노인이었다. 그는 1964년부터 1982년까지 케이프타운 앞바다의 바위투성이 섬에서 18년간 수감 생활을 했고, 그 뒤에는 감옥보다 환경이 조금 나은 케이프타운의 가택에 연금되어 몇 년의 세월을 보냈다. 1985년, 넬슨 만델라는 반인종차별 운동을 이끌던 시민 단체 아프리카민족회의ANC와 고집불통의 백인 우월주의자들로 구성된 남아공 정부를 이어줄 유일한 다리가 됐다. 그는 어떻게 양측의 간격을 좁힐 단 하나의 통로가 될 수 있었을까?

첫째, 만델라는 자기가 그 일을 할 수 있고, 꼭 해야 한다고 믿었다. 둘째, 만델라가 감옥에 있는 동안 변화를 바라는 남아공 국민 사이에서 그의 카리스마, 도덕적 위상, 명성은 나날이 높아졌다. 셋째, ANC의 리더들이 대부분 해외로 도피하거나 추방되는 바람에 중재자 역할을 할 사람은 만델라가 유일했다. 넷째, 만델라는 ANC의 리더 중 누구도 생각지 못했던 방식으로 정부와 협상에 나설 준비가 되어있었다. 만델라의 개인적 독점 상태를 뒷받침한 것은 이와 같은 요인들이었다.

만델라가 제안한 내용은 간단했다. 민주주의를 도입해서 국민 한 사람당 한 표의 투표권을 행사하고, 인종 차별주의를 폐지하라는 것이었다. 만델라는 그 대가로 평화와 번영의 길을 제시했다. 그는 사회주의와 공산주의를 배격하고, 과거 정부가 자행한 악마 같은 행동에 보복하지 않을 것이며 모든 사람이 자유 국가의 일원으로서 자유로운 삶을 누리게 하겠다고 약속했다. 그의 타협안은 적들의 마음을 움직였다. 그들은 만델라가 약속을 지킬 거라고 믿었고, 결국 그와 손을 잡았다.

COMMENT 서로 대치하는 양쪽을 중재해서 모두가 받아들일 해결책을 찾아낸 적이 있는가?

CHAPTER

13

최고의 상사를 찾는 기술

당신이 상사를 '해고'하기 전까지, 그는 일하는 회사나 당신의 재능보다 행복과 성공에 더 중요한 요소가 될 것이다. 이상적인 상사를 선택하는 일은 80/20의 가장 중요한 기술이지만, 이 기술은 익히기가 어렵지 않고 보상도 크다. 이 장에서는 그 방법을 이야기한다.

DAY
86 완벽한 상사를 만나고 싶다면

직장에서의 성공과 행복에 가장 큰 영향을 미치는 '소수의 핵심' 원인은 상사다. 다른 어떤 것보다 이 문제에 더 큰 관심을 기울여야 하는 이유는 그보다 더 중요한 게 별로 없기 때문이다. 그럼 완벽한 상사를 어떻게 찾아야 할까?

친구들에게 자신의 상사를 10점 만점에 몇 점인지 평가해달라고 부탁하라. 만일 어떤 상사가 9점이나 10점을 받았다면 그를 완벽한 상사 후보자 명단에 포함하라. 물론 그 상사와 함께 일하기 위해서는 일단 그가 소속된 회사에 입사할 기회를 얻어야 한다. 성공과 행복을 위해서는 회사보다 상사를 먼저 선택해야 하는 경우가 종종 있다. 적합한 상사를 찾는 작업부터 시작하라.

만일 친구가 좋은 사람이라고 평가한 상사를 비공식적으로 만날 수 있는 자리가 마련된다면 기꺼이 참석하라. 될수록 말을 줄이고 그 사람이 하는 말에 귀를 기울여라. 그리고 친구의 평가가 옳은지 판단하라. 그 후에는 인터넷을 뒤져서 그 상사와 회사의 정보를 찾아보라. 재무 데이터를 포함한 다양한 정보를 검색해서 그 회사가 빠르게 성장하는 조직인지 평가하라. 규모가 작으면서도 빠른 속도로 발전하는 회사가 가장 이상적이다. 회사의 성장이 더디면 목록에서 삭제해야 한다. 그 회사가 자격 조건을 갖췄다면, 친구와 그의 상사가 함께하는 비공식적 만남을 또 한 번 마련하라. 분위기가 적당할 때 함께 일하고 싶다는 의사를 내비쳐도 좋다. 그 상사와 비공식적으로 좀 더 친분을 쌓은 후 모든 일이 순조롭게 진행되면 정식으로 인터뷰를 요청하라. 두 사람이 함께 일하는 데 양쪽 모두 합의하면 그의 상사를 만나게 해달라고 부탁하라.

COMMENT 이미 완벽한 상사가 있는가? 아니면 아직 만나지 못했나?

DAY 87

채용 면접의 심리를 이해하라

심리는 중요하다. 사람들 대부분은 단순히 일자리를 찾는 구직자의 자세로 면접에 임한다. 그래서 긴장도 많이 하고 상대방에게 좋은 인상을 주기 위해 안간힘을 쓴다. 이는 바람직한 태도가 아니다. 당신에게 상사가 중요한만큼 당신도 상사에게 중요한 사람이다. 당신은 상사의 성공에 도움이 될 수 있다. 면접이란 동등한 위치에 있는 두 사람의 만남이다. 상사는 당신보다 경험이 많겠지만, 당신이 그의 팀에 합류해서 성공적인 결과를 얻으려면 양쪽 모두에게 바람직한 이직이 되어야 한다. 일부 중요한 업무에서는 당신이 오히려 상사보다 낫거나, 조금만 경험을 쌓으면 더 나은 사람이 될 수 있다. 앞으로 어떤 인재가 될지 시각적으로 증명하라. 당신이 미래를 예측한다면 상사도 그럴 수 있을 것이다.

개인이 다른 개인과 이야기를 나누듯 자연스럽게 상사를 대하라. 그의 앞에서 꾸밈없기 위해 노력하라. 두 사람은 긍정적인 에너지로 연결되어 있는가? 당신이 상사와의 만남을 즐긴다면 상대방도 즐길 것이다.

COMMENT 채용 면접의 심리를 올바르게 활용하고 있는가? 현재의 상사를 좋아하는가? 만일 그렇지 않다면 당신이 좋아할 만한 상사를 회사 안이나 바깥에서 찾아 나설 좋은 이유이다.

DAY
88 이상적인 상사란 누구인가

가장 이상적인 상황은 상사가 당신과 비슷한 사람이고 그가 속한 조직의 구성원들도 상사와 성향이 비슷한 경우다. 당신이 상사와 비슷한 사람이라면 그의 동료들도 십중팔구 당신의 마음에 들 것이다. 이는 당신이 상사와 비슷한 사람임을 확인하는 일 못지않게 중요하다. 하지만 그 점을 너무 일찍 파악하기 위해 애쓸 필요는 없다. 처음에는 일단 상사를 믿고, 나중에 동료들과도 자연스럽게 대화를 나눌 시간을 달라고 요청하라.

상사와 비슷한 사람이라는 말은 어떤 의미인가? 의견이 비슷하고, 사용하는 언어가 비슷하고, 취미나 애호의 대상이 비슷하고, 지적 수준이 비슷하고, 두 사람이 서로에게 공감을 표시한다는 뜻이다. 대인 관계에서는 개인적인 다양성을 추구하는 일도 중요하지만, 꼭 그런 것만은 아니다. 당신과 상사 사이에 '나도 괜찮고, 너도 괜찮다'라는 기본적 공감대가 형성되지 않는다면 사고의 다양성이라는 덕목은 제대로 역할을 해내지 못할 것이다.

자신에게 이렇게 물어보라. 만일 내가 상사보다 더 나이가 들었고 경험도 풍부하다면 두 사람의 역할을 바꿀 수 있을까? 내가 그의 역할을 맡고, 그가 내 역할을 맡는 장면을 상상할 수 있을까? 그것이 두 사람 모두에게 바람직한 인사이동일까? 또 자신을 향해 이 질문도 하라.

COMMENT ▶ **당신은 상사와 비슷한 사람인가?**

DAY
89 좋은 상사를 판단하는 기준

미래의 상사가 될 사람이 현재의 직장에서 빠르게 승진하고 있거나 앞으로 더 큰 임무를 맡게 된다면, 당신에게는 좋은 소식이다. **새로운 상사와 함께 일하면서 좋은 성과를 거뒀을 때, 그가 당신을 새로운 자리로 데려갈 가능성이 크기 때문이다.** 새로운 상사가 출세 가도를 걷는 인물인지 어떻게 판단해야 할까?

- 상사의 나이와 회사에서의 위치를 비교하라. 그 위치에 오르기에 젊은 편인가? 보통인가? 아니면 조금 나이가 들었나?
- 현재의 자리로 옮긴 지가 얼마나 오래됐나? 만일 얼마 되지 않았다면 내부 승진이 빠를 가능성은 크지 않다.
- 과거 여러 직장을 거쳤나? 직장을 자주 옮기는 일은 빠른 출세의 지름길이기도 하다. 과거에 직장을 여러 차례 옮긴 사람은 앞으로도 그럴 확률이 높다.
- 상사와 대화를 나누면 현재 직책에 대한 애착이 느껴지는가? 아니면 야망이 커서 항상 새로운 기회를 찾고 있는가?
- 상사의 상사를 만나 '조직의 방향과 미래에 관한 폭넓은 관점'을 접할 기회를 달라고 부탁하라. 물론 상사의 상사에게는 당신의 직속 상사를 어떻게 생각하는지 물어서는 안 된다. 다만 그의 이야기에 잠자코 귀를 기울이면 미묘한 단서를 얻을 수 있다.

새로운 상사 밑에서 일하기로 마음먹었다면, 80/20 법칙을 어떻게 이용해서 상사가 더 좋은 성과를 내고 승진하도록 옆에서 도울지 생각하라.

COMMENT 자신에게 질문하라. 내가 상사의 입장이라면 어떻게 80/20 법칙을 활용할 것인가? 상사도 똑같은 방식으로 생각하도록 어떻게 도울 것인가? 현재 상사도 같은 방법을 사용해서 평가할 수 있는가?

DAY 90

상사를 해고하라

적어도 1년에 한 번쯤은 80/20 계획을 수립해서 상사를 '해고'할지 생각하는 게 좋다. 물론 당신이 상사를 회사에서 내보낼 수는 없지만, 당신의 삶에서 해고할 수는 있다. 그 말은 당신에게 좀 더 적합한 새로운 상사를 찾는다는 뜻이다. 훌륭한 상사란 다음과 같은 조건을 갖춘 사람이다.

- 80/20 법칙을 이해하고 활용한다.
- 규모는 작아도 빠르게 성장하는 회사에서 일한다.
- 야망이 크고 능력이 출중하며 출세가 빠르다.
- 당신을 좋아하고 당신이 좋아하는 사람들도 좋아한다.
- 성향이 비슷하다.
- 당신의 기술과 사고를 개발하고 확장해 준다.
- 자신의 직무 중 일부를 당신에게 맡겨 아무런 간섭 없이 수행하게 한다.
- 느긋하고 자신감이 강하며 항상 당신을 도울 준비가 돼 있다.
- 더 높은 자리로 옮기거나 새로운 벤처 기업을 창업할 때 당신을 데려간다.

COMMENT 상사가 어떤 사람인지 충분히 염두에 두고 있는가?

DAY
91

상사가 반드시 필요할까

당신에게는 상사가 필요한가? 아니면 사업을 시작하거나 벤처 기업을 설립해야 하는가? 스스로 사업을 시작해야 할 이유를 몇 가지 소개한다.

- 자율성을 누릴 수 있다.
- 배의 선장이 될 수 있다. 자율성이 꼭 배를 소유하는 일을 뜻하지는 않는다.
- 가장 잘하는 일을 하면서 그곳에 모든 노력을 쏟아부을 수 있다.
- 가장 잘 알고 좋아하는 사람들과 팀을 이루어 일할 수 있다.
- 야망과 운명을 성취할 수 있다.
- 원하는 시간만큼 일할 수 있다.
- 더 많은 돈을 벌 수 있다.

COMMENT 당신에게 가장 중요한 세 가지는 무엇인가? 이 목록은 당신을 얼마나 동기 부여 하는가?

CHAPTER

14

성공을 위한 세 가지 조언

이 장에서는 환상의 멘토가 왜 현실의 멘토보다 더 나은지, 우리가 왜 실패를 찬양해야 하는지 그리고 승리자는 왜 끊임없이 성공을 이어나가야 하는지 이야기한다.

DAY
92 환상의 멘토를 선택하라

19살의 밥 딜런은 맨해튼에 도착했을 때 누구에게도 이름이 알려지지 않은 무명 가수였다. 하지만 그는 자신이 이 분야에서 특별한 인물이 될 거라고 굳게 믿었다. 딜런은 자서전 『밥 딜런 자서전: 바람만이 아는 대답』에서 이렇게 말했다. "나보다 노래를 잘하는 가수나 음악적 재능이 뛰어난 뮤지션은 많았지만 나와 비슷한 음악을 하는 사람은 별로 없었다. 포크송(미국의 전통 민요나 민중가요-옮긴이)은 내가 우주를 탐구하는 유일한 길이었다."[1] 하지만 그토록 자기 신념이 강한 딜런에게도 멘토가 필요했다. 딜런은 우상으로 생각하던 우디 거스리Woody Guthrie(미국 포크송의 선구자로 불리는 싱어송라이터-옮긴이)가 불치병에 걸려 어느 병원에 입원 중이라는 걸 알아내고 그를 만나러 갔다. 그는 병원의 침대 머리맡에 앉아 우디의 작품을 연주했고, 우디를 위해 작곡한 〈우디를 위한 노래Song to Woody〉를 불렀다. 하지만 우디는 딜런이 그곳에 있다는 사실을 알지 못했을 뿐 아니라 그가 누구였는지도 끝내 몰랐을 것이다.

딜런은 우디가 알든 모르든 그를 자신의 멘토로 받아들였다. 포크송을 작곡하기도 한 우디 거스리는 딜런의 롤모델이었다. 그는 시대의 지도자였고, 철학가였으며 불의에 저항하는 노래를 써낸 작곡가였다. 왠지 익숙한 표현 아닌가? 딜런은 우디 거스리의 정신, 역할, 권위를 스스로 이어받았다.[2]

나의 멘토 두 사람은 브루스 헨더슨과 빌 베인이었다. 나는 브루스라는 사람을 늘 지켜보고 관찰했지만, 그는 나를 알지 못했을 것이다. 그래도 상관없었다. 나는 전략에 관한 그의 아이디어와 접근 방식을 옆에서 배우는 데 만족했다. 빌 베인과는 꽤 잘 아는 사이였지만, 그가 나를 중요한 사람으로 여겼다고는 생각하지 않는다. 또 내가 그를 롤모델로 삼아 좋은 결과를 얻었다는 사실도 잘 몰랐을 것이다. 브루스는 내게 환상의 멘토fantasy mentor였다. 빌은 절반쯤 현실의 멘토였고, 절반쯤은 환상의 멘토였다.

COMMENT 환상의 멘토 찾기가 현실의 멘토 찾기보다 훨씬 쉬울 뿐 아니라 보상도 크다. 당신에게도 환상의 멘토가 있는가?

DAY
93 실패는 축복이다

실패를 좋아하는 사람은 아무도 없다. 하지만 우리 모두 두 팔 벌려 실패를 환영해야 한다. 나는 20대 후반에 완전한 실패를 경험했다. 내가 근무하던 회사의 주력 사업인 금융 분석 분야의 업무를 제대로 해내지 못했다. 나는 실패를 만회하기 위해 노력을 2배로 늘리고, 일주일에 80시간을 일하고, 더 치열하게 업무에 매달리며 모든 것을 희생해서 일에 전념했다. 그 결과 2~3년간의 고통만 더 늘어났을 뿐이었다. 모든 문제의 원인은 실패라는 현실을 담담히 받아들이지 못한 데 있었다. **나는 실패를 환영해야 했다.**

- 첫째, 실패를 일찍 인정했으면 고통도 일찍 끝났을 것이다.
- 둘째, 어떤 일을 한 번 실패하면 이를 복구할 가능성은 크지 않다(내 경우에는 가능성이 '0'이었다).
- 셋째, 실패는 유익하다. 당신이 어떤 일(또는 인간관계, 취미, 환경 등)을 피해야 한다고 알려준다.
- 넷째, 실패는 성공의 힌트를 제공한다. 지금 실패를 겪고 있는 분야에서 벗어나 또 다른 회사, 업무, 인간관계를 찾도록 유도한다.
- 다섯째, 실패는 행복으로 이끌 소중한 덕목들을 가르쳐준다. 겸손함, 자신과 타인을 향한 연민, 중요한 일을 실패한 사람들을 향한 존중, 새로운 기회를 찾아내는(기회는 늘 존재한다) 유연함과 상상력, 두 번 다시 같은 일로 실패하지 않을 거라는 낙관적 태도, 다시 실패한다면 손실을 빠르게 줄일 수 있을 거라는 자신감 등을 말이다.
- 여섯째, 쓰라린 실패 후에는 미래의 성공이 더욱 달콤해진다.

COMMENT 값진 실패를 경험한 적이 있나? 그 일을 통해 무엇을 배웠나?

DAY 94

당신의 성공이 누군가의 미래다

많은 승리자가 현실에 안주하고, 처음과 똑같은 방식으로 고객을 상대하고, 쉽게 주문을 받고, 두둑한 수익을 즐긴다. 하지만 그들이 그런 경쟁 우위를 누릴 수 있는 건 경쟁자들이 더 나은 제품을 개발할 때까지만이다.

자신의 성공을 더 값진 성공으로 이어가지 못하는 승리자는 멸종한다. 안주하는 승리자는 잠재력에 크게 미치지 못하는 부진한 성과를 낸다. 왕성하게 성공을 개발하고 이어나가야만 기하급수적으로 성장할 수 있다.

이는 다소 반反직관적인 논리처럼 보인다. 성공하지 못한 사람일수록 현재의 자신을 개선하기 위해 더 열심히 노력해야 하는 것 아닐까? 그건 평범한 추론이다. 80/20 법칙은 좀 더 차별적인 전략을 제시한다. 큰 성공을 거둔 승리자일수록 자신을 개선해서 성공을 널리 퍼뜨려야 한다. 그래야만 새로운 세대도 스스로 개선하고 성공을 이어나갈 수 있을 것이다. 80/20 법칙은 가장 성공적인 조직도 자아 향상과 생식에 힘을 쏟아야 한다고 압력을 가한다. 80/20 법칙은 승리자들에게 계속 승리를 이어갈 수 있는 내재적 메커니즘을 제공한다. 이를 적절히 활용하라.

COMMENT 본인이 거둔 승리를 더 풍성하고 값진 성공으로 이어갈 수 있도록 활용하고 있는가?

DAY
95 성공이 행복을 보장하는가

사회생활에서 크게 성공한 사람 1~2명쯤은 누구나 알고 있다. 하지만 그들 모두가 성공을 통해 얻어낸 유리한 조건이나 위치를 제대로 활용하는 건 아니다.

친한 친구도 그런 사람이다. 그를 프레드라는 이름으로 부르기로 하자. 그는 40세가 되기도 전에 큰 성공을 거뒀다. 하지만 프레드는 자신의 시간이나 돈을 새로운 벤처 기업을 설립하는 데 재투자하지 않기로 마음먹었다. 대신 그는 정치판을 기웃거렸고 자선 사업에도 관심을 보였다. 그러다 보니 몇몇 자선 단체에 외부 이사로 이름을 올렸다. 그는 많은 시간을 들여 여기저기 여행을 다니며 유명 인사들을 만났다.

물론 프레드는 그런 활동을 통해 사회에 긍정적인 영향을 미쳤다. 모두 나름대로 가치가 있는 일이었다. 하지만 그는 자신의 능력을 활용해서 세상을 더 밝히지는 못했다. 그는 가장 잘하는 일을 중단했다. 프레드는 세계 최고의 기술자이자 발명가였다. 그런 사람이 왜 새로운 것을 발명하지 않는 걸까? 내 생각에 그는 수도원으로 편안히 은퇴해 버리는 길을 택한 듯하다.

누구라도 큰 성공을 거둔 후에는 잠시 시간을 내어 휴식을 취할 필요가 있다. 방전된 배터리를 충전하고, 가족과도 더 많은 시간을 보내야 한다. 하지만 제발 부탁하건대 가장 잘하는 일을 하라. 그 일의 규모를 키우라. 승리자가 성공을 이어나가려 노력하지 않는다면 우월한 유전자는 퇴화할 수밖에 없다. 평범한 다수 속에서 뒹굴게 될 뿐이다.

COMMENT 성공을 이어 나가라.

CHAPTER
15

어떻게 행복할 것인가

이제 80/20의 가장 근본적인 주제인 행복에 관한 이야기로 돌아가 보자. 이 장에서는 더 행복해지는 방법은 무엇인지, 로맨스가 행복에 왜 중요한 요소인지 살펴본다. 또 '행복의 기준선' 이론이 왜 너무 비관적인 학설인지, '높은 수준의 행복을 위한 일곱 가지 비밀'이 무엇인지도 이야기한다.

DAY 96

만나는 사람을 바꾸면 더 행복해진다

행복은 가장 자주 만나는 사람 5명에게서 큰 영향을 받는다. 물론 그다음으로 자주 만나는 사람 5명도 행복에 영향을 미칠 것이다. 일주일에 가장 많은 시간을 함께 보내는 10명의 사람을 순서대로 나열하라. 그중 상위 2~3명이 당신의 행복에 가장 큰 영향을 미치는 사람이다. 그들 중에(상사를 포함해서) 단 1명이라도 좋아하지 않는다면 진정으로 행복해지기는 어렵다. 물론 그다음 2~3명도 중요하고, 나머지 사람들도 행복에 영향을 준다.

COMMENT 어떤 사람을 더 자주 만나고 싶은가? 어떤 사람을 시베리아로 보내고 싶은가? 마음 가는 대로 행동하라!

DAY 97

행복도 연습할 수 있다

경주마는 매일 트랙을 달리고 경주에 자주 나가야 좋은 컨디션을 유지할 수 있다. 우리가 경주마를 키우는 이유가 무엇인가? 경주에서 이기기 위해서다. 경주에서 이기려면 어떻게 해야 하는가? 말의 체력을 잘 관리하고 매일같이 빠른 속도로 달리는 훈련을 해야 한다. 경주마는 어떨 때 행복한가? 체력을 잘 유지하고, 매일 빠른 속도로 달리고, 경주에서 이길 때 가장 행복하다.

비슷한 맥락에서 당신이 뭔가 좋은 일을 하기 위해서는(조금 점잖은 말로 '도덕적인 사람이 되기 위해서는') 도덕적 행위를 연습해야 한다. 즉 남에게 친절하고 유용한 행동을 매일 실천해야 한다. 도덕적 행위의 목적은 무엇인가? **대답은 마찬가지다. 남에게 친절하고 유용한 행동을 실천하기 위해서다.** 무엇이 당신을 행복하게 하는가? **그 대답도 똑같다. 그 말은 목적과 수단이 같다는 뜻이다.**

COMMENT 오늘 도덕적 행위를 연습하고 행복해지기 위해 어떤 선한 행동을 실천할 생각인가?[1]

DAY
98 오랜 관계가 주는 행복

높은 수준의 행복감을 느끼는 사람들을 대상으로 진행한 설문 조사에 따르면 그들 중 한 사람을 제외하고 나머지는 모두 누군가와 로맨틱한 관계를 맺고 있었다고 한다. 저명한 심리학자 마틴 셀리그먼 교수는 말한다. "아마도 사실은… 결혼한 사람들이 그렇지 않은 사람들보다 더 행복하다는 것이다." (셀리그먼은 모든 종류의 로맨틱한 장기적 관계를 '결혼'이라는 단어로 통칭했다.)[2]

여기에는 예외가 있겠지만, 높은 수준의 행복감과 장기적 인간관계 사이에 강력한 상관관계가 존재한다는 사실만큼은 분명하다. 행복한 사람일수록 성공적인 결혼 생활을 즐기는 경우가 많다. 통계학자들이 이런 수치적 결론에 도달했다는 건 우리가 로맨틱한 상대와 장기적인 관계에 놓여있을 때 행복감을 느낄 가능성이 더 크다는 의미로 해석할 수 있다. 이는 이 책에서 소개하는 80/20 가설에서 중요한 대목이다.

그 원인으로는 여러 가지를 꼽을 수 있겠으나 가장 대표적인 이유는 우리가 평소 가장 자주 만나는 사람이 행복에 가장 큰 영향을 미치기 때문일 것이다. 요컨대 당신이 좋아하는 누군가를 선택해서 그 사람과 장기적 관계를 맺는다면, 당신은 그 파트너를 누구보다 자주 만남으로써 행복해질 기회를 얻을 수 있다. 또 단단한 바위처럼 자신의 옆을 듬직하게 지켜줄 파트너를 둔 사람은 삶에서 숱하게 맞닥뜨리는 문제와 고통으로부터 완충 지대를 설치할 수도 있다.

아마도 좀 더 근본적인 이유는 진정한 사랑이 원래부터 이타적인 성격을 띠기 때문일 것이다. 우리는 타인에게 선을 베푸는 것이 최고로 행복해지는 방법이라고 이미 이야기했다. 모든 사람은 자신의 대의大義를 펼칠 외부의 대상이 필요하다. 파트너와 가족을 사랑한다는 말은 사랑이라는 고결한 행위를 바탕으로 자신의 행복을 복리 이자로 늘려나갈 기회를 얻는다는 뜻이다.

COMMENT 누군가와 장기적 관계를 맺고 있는가? 그 관계에서 행복을 얻고 있나?

DAY

99 혼자만의 시간이 주는 행복

모든 사람이 누군가와 장기적 파트너 관계에 놓여있는 건 아니다. 꼭 그래야 할 의무도 없다. 아직 나이가 어려서 그런 관계에 관심이 없거나, 파트너를 선택하는 일이 삶에서 가장 중요한 의사 결정이다 보니 서두르지 않는 게 중요하다고 생각할 수도 있다. 아니면 예전의 파트너와 헤어진 일이 트라우마로 남았던가, 사랑하는 사람이 먼저 세상을 떠났을 수도 있다. 혹은 근본적으로 장기적 관계에 어울리지 않는 사람일지도 모른다. 어떤 친구는 이렇게 말한 적이 있다. "나는 두 번 결혼했고 두 번 이혼했어. 지금은 혼자 살지만 그 어느 때보다도 행복해."

친구의 사례는 시사하는 바가 크다. 그녀의 행복은 세 가지 소중한 자산에 바탕을 두고 있다. 첫째, 쾌활한 성격과 늘 다른 사람들을 돕고 싶은 마음가짐이다. 둘째, 창의적이고, 고객들에게 유용하며 보수도 높은 직업이다. 그녀는 자기 일을 진심으로 사랑한다. 셋째, 그녀는 형제자매와의 관계가 매우 돈독하고 5~6명의 오랜 친구들과도 자주 만난다. 가족과 친구를 포함해 그녀와 가장 가깝게 지내는 8~9명의 주위 사람은 직장에서 일하는 즐거움, 어려움을 견디게 하는 든든한 방어막, 사랑하는 사람들에게 진정한 사랑을 표현할 기회 등 성공적인 파트너 관계가 제공하는 세 가지 혜택을 그녀에게 고스란히 준다. **어떤 이유에서든 파트너 없이 살아가는 길을 택했다면, 바로 그 이유 덕분에 혼자서도 행복한 삶을 살 수 있을 것이다. 게다가 혼자 사는 사람들은 좋아하는 일을 할 만한 여건도 더 유리하다.**

훌륭한 파트너와 함께 살아가는 행운을 얻었다면, 두 사람이 모두 좋아하는 가까운 친구와 사귀기를 권한다. 그 친구에게도 1~2명의 가까운 친구가 있을 것이다.

COMMENT 지금 함께하는 파트너가 없는가? 혼자만의 시간이 주는 혜택을 누려라.

DAY
100 당신 곁에 누가 있는가

성적 매력은 세상에서 가장 위대하면서도 가장 즐거운 미스터리다. 당신은 단 몇 초 사이에 누군가와 마음이 통해서 사랑에 빠질 수 있다. 말하자면 99퍼센트의 성적 매력을 1퍼센트도 안 되는 시간에 감지하는 것이다. 성적 욕구는 80/20 법칙의 극단적 표출이다. 당신은 자기가 그토록 찾던 사람이 바로 눈앞에 있다는 사실을 순식간에 확신하게 된다!

하지만 주의하라! 생물학적 의무감이든 80/20의 강렬한 본능이든, 이를 충족하는 데는 세심한 주의가 필요하다. 잘못된 상대에게 당신의 행복을 낭비할 위험성이 크기 때문이다. 유대감을 느낄 만한 사람은 이론적으로 수없이 많다. 통제되지 않은 호르몬은 머리와 가슴에서 반복적으로 폭발을 일으킬 것이다. 섹스를 즐기는 것은 좋지만 상대방에 대한 결론에 즉흥적으로 도달해서는 안 된다. 그 결론이 틀렸을지도 모르니까.

다음의 80/20 고려 사항들을 염두에 두라.

- 당신의 파트너는 행복한가?
- 두 사람은 현재의 상대를 있는 그대로 받아들이는가?
- 두 사람은 장기적 관계를 유지하기로 약속했는가?
- 두 사람은 전반적으로 가치관이 비슷한가?
- 두 사람은 평생 좋은 친구가 될 수 있는가?
- 두 사람은 '동등한' 관계인가? 아니면 일정 수준의 불평등을 기꺼이 수용하는가?

COMMENT **평생의 파트너를 선택하는 데 대한 80/20 관점은 무척 단도직입적이다. 삶에서 가장 중요한 의사결정이 바로 그것일 수도 있다.**

DAY
101 당신의 파트너는 행복한가

아직 파트너를 선택하지 않았다면, 언젠가 파트너가 될 사람의 행복에 당신의 행복이 크게 좌우될 거라는 사실을 기억할 필요가 있다. 그러므로 자신의 행복을 위해서나 사랑을 위해서나 파트너를 행복하게 해주기 위해 열심히 노력해야 한다. 하지만 파트너가 원래부터 행복한 성향을 타고났거나 매일 행복해지기 위해 노력하는 사람이라면 그 작업은 훨씬 수월할 것이다.

불행한 사람과 파트너가 된다면 당신도 덜 행복하거나 불행한 사람이 될 가능성이 크다. 두 사람이 아무리 서로 사랑하더라도, 자존감이 낮고 스스로 행복해지는 습관을 기르지 못한 사람은 함께 살아가기에 악몽 같은 파트너일 수 있다. 불행한 두 사람은 서로 사랑한다고 해도 상대방을 미치게 할 것이다. **행복해지고 싶다면 행복한 파트너를 선택하라!**

당신은 이미 행복하지 못한 파트너와 함께 살고 있을 수도 있다. 지금까지 행복해지는 다양한 방법을 살펴봤다. 앞으로 가장 중요한 프로젝트는 파트너를 행복하게 해주는 일이 될 것이다. **행복은 노력해서 얻어야 한다.** 누군가를 사랑한다면 당연히 상대방을 행복하게 해주고 싶다. 이 책에서는 가장 효과가 큰 방법을 소개한다.

COMMENT 행복한 파트너를 선택했는가? 파트너를 행복하게 만들어라.

DAY

102 결점을 끌어안아라

상대방의 결점까지 모든 것을 사랑하라. 존 가트맨John Gottman은 세계에서 가장 큰 '사랑 실험실Love Lab'을 운영하며 결혼의 실패와 성공 원인을 밝혀내는 데 전념하는 심리학자다. 그가 내린 결론은 내게 특히 큰 공감을 선사한다. 장기적 파트너 관계를 파탄으로 몰고 가는 소수의 이유는 한 사람이 다른 사람을 바꾸기 위해 애쓰기 때문이라는 것이다. 그 이유는 대부분 사소하다.

제인은 존이 자기 몫의 집안일을 소홀히 한다고 불평한다. 그녀는 그동안 존을 옆에서 지켜봤는데도 그가 정말로 그 일을 할 거라고 기대하는가? 스튜어트는 피오나에게 화가 난다. 그녀가 자동차를 아무렇게나 주차하고, 기름도 넣어두지 않으며 '허락 없이' 아무 때나 몰고 나가기 때문이다. 또 피오나는 운전 습관도 좋지 않은 데다 밤에는 운전하기를 싫어한다. 스튜어트는 피오나가 모범 운전자라서 결혼했나?

좋든 나쁘든 상대방을 있는 그대로 받아들여야 한다. 시간을 내어 파트너가 소유한 최악의 특성(우리 모두에게 그런 면모가 있다)을 현실적으로 생각하라. 그리고 당신에게 그 특성을 받아들일 능력이 있는지 판단하라. 상대방의 결점을 즐겁게(또는 사랑하는 마음으로) 받아들이지 못한다 해도 그 결점을 굳이 고치려고 애쓰지 마라. 파트너의 사소한 문제를 지적함으로써 관계가 실패로 돌아간다면, 그건 모두 당신 책임이다. 모름지기 사랑은 우리의 눈을 멀게 해야 한다.

COMMENT 파트너 관계를 파탄에 이르게 하는 요인은 많지 않다. 이를 피하려고 노력하라. 어렵지 않을 것이다.

DAY
103 헌신하라

지금까지 누군가와 진지한 파트너 관계를 맺은 건 모두 다섯 번이다. 그중 세 번은 똑같은 이유로 실패했다. 전부 내 잘못이었다. 처음 몇 년은 모든 게 순조로웠다. 잘못된 일은 아무것도 없었다. 하지만 어느 정도 시간이 흐르면서 지금의 파트너보다 더 나은 사람이 있을지도 모른다는 의구심을 품기 시작했다. 게다가 기존의 관계를 평가하고 검토하려 했을 뿐, 그 관계를 더 깊게 발전시키려고 노력하지 않았다. 나는 상대방에게 헌신할 준비가 되어있지 않았다. 이는 지극히 불공평한 일이었다. 파트너들은 나에 대한 헌신의 정도가 훨씬 깊었다.

여러분도 내 경험을 참고해서 상대방에게 더욱 헌신하기를 바란다. 결혼 같은 공식적 약속이 아니더라도 두 사람 사이에는 상대방과의 시간이 얼마나 이어질 거라는 암묵적인 동의가 있을 것이다. 그 관계가 오랫동안(가능하면 영원히) 지속되도록 노력하라. 가장 큰 노력을 쏟아야 할 곳은 업무나 취미 활동이 아니다. 행복한 파트너 관계를 유지하기 위해 할 수 있는 모든 일을 하라. 평생을 약속한 파트너 관계는 당연히 오랜 시간 지속된다. 그 과정에서 온갖 어려움과 장애물이 나타날 것이다.

이상적인 파트너가 있나? 그 사람에게 헌신하라. 어떤 일이 있어도 포기하지 마라. **헌신하기로 약속하라.** 상대를 향한 의심을 거두고, 다른 관계나 다른 사람 같은 대안을 생각하지 마라.

COMMENT **현재의 관계를 성공으로 이끌기 위해 노력하라. 파트너 관계는 무대 연습이 아니라 냉엄한 현실이다.**

DAY
104 아름다운 날을 보내라

심장 전문의사 마이어 프리드먼Meyer Friedman과 레이 로젠만Ray H. Rosenman의 책에 나오는 문장을 좋아한다. “아름다운 삶을 살고 싶다면, 먼저 아름다운 날을 보내야 한다.”[3] 그들이 말하는 ‘아름다운 날’에는 당신의 하루를 밝혀줄 아름다운 일이나 사건이 포함되어 있다.

10분 정도 시간을 내어 다음 달에 가장 하고 싶으면서도 크게 돈이 들어가지 않을 일 스무 가지를 적어라. 평범한 일일수록 더 좋다. 예를 들어 친구와 웃음을 터뜨릴 일을 만들고, 보드게임을 하고, 햇빛 아래를 걷고, 테니스를 치고, 맛있는 점심을 먹고, 친구들과 요리하고, 누군가에게 좋아한다고 고백하고, 수영을 하고, 일광욕을 즐기고, 아이들이나 반려견과 놀고, 영화를 보고, 오랫동안 소식이 끊긴 친구에게 전화를 걸고, 소풍을 떠나고, 스포츠 행사에 참석하라.

하루 날을 잡아 가장 좋아하는 일 다섯 가지를 친구들과 함께하라. 그리고 다른 날을 정해서 오직 자신만을 위한 하루를 보내라. 또 하루를 골라 그동안 한 번도 해보지 않았던 몇 가지 일을 시도하라. 적어도 매주 하루는 아름다운 날을 보내기 위해 노력하라. 그러려면 약간의 계획과 상상력이 필요하다. 게다가 조금쯤은 자기 위주의 삶을 살아야 한다. 아름다운 날을 많이 보낼수록 더 행복해질 것이다.

COMMENT 다음에 보낼 아름다운 날을 지금 당장 설계하라!

DAY 105 성장은 행복을 부른다

행복이란 하나의 상태라기보다 과정이다. 행복은 **쾌락**pleasure**을 느끼는 상태가 아니라 성장**flourishing**의 과정**이다. 쾌락이 꼭 나쁜 것만은 아니다. 쾌락의 가치를 과소평가해서는 안 된다. 하지만 오직 쾌락만 존재하는 삶은 살아가기가 어렵다. 우리에게는 개인적 발전이나 모험이 필요하다. 그런 의미에서 성장은 쾌락보다 한 단계 우월한 목표이며 한평생을 이어갈 지속적인 여정이다. 성장은 지난달보다 이번 달에 그리고 지난해보다 올해에 더 나은 사람으로 변화해 나가는 자아 확장의 과정이다.

쾌락은 햇빛, 맛있는 식사, 즐거운 오토바이 여행, 따뜻한 목욕 같은 **외부적 요인의 영향을 받는다.** 반면 **성장은 내적 만족감이다.** 자신과 관련이 깊고, 외부 환경에 따라 일시적으로 변하지 않는다. 당신은 이전보다 더 나은 사람이 되면서 성장한다. 당신의 마음, 다른 사람들에 대한 공감력 및 일체감, 신체적 기능, 운동 능력을 포함한 다양한 재능, 성격과 인간애 등을 확장함으로써 성장에 이른다. 성장은 시간의 흐름에 따라 이루어지는 개인적 변화의 과정이다. 성장할 수 있는 분야는 아무리 오랜 시간을 성장하더라도 모자람이 없을 만큼 많다.

COMMENT **오랫동안, 더 많이 행복해지는 최고의 방법은 꾸준히 성장하는 것이다. 오늘, 다음 주, 다음 해에 어떻게 성장할 것인가?**

DAY
106 행복에 끝이 있을까

심리학자들은 모든 사람에게 '행복의 기준선baseline happiness level'이 있어서 좋든 나쁘든 아무리 예외적인 사건이 생겨도 얼마 후에는 그곳으로 되돌아간다고 주장한다. 어느 정도 일리가 있는 말이다. 게다가 안도감을 주는 말이기도 하다. 어느 날 심각한 육체적 손상을 입어 온몸을 꼼짝달싹하지 못하는 처지가 됐다고 상상하자. 당신은 평상시에 늘 해오던 일을 해내지 못하는 자신의 신세를 한탄할 게 분명하다. 하지만 머지않아 삶에 대한 기대감을 조정하고 '행복의 기준선'으로 돌아가게 된다.

또 심리학자들의 공통된 주장에 따르면 어떤 사람이 별안간 돈벼락을 맞았을 때 일시적으로는 큰 희열을 느끼지만, 시간이 흐르면서 점차 '진정한' 행복의 수준으로 돌아간다고 한다. 심리학자들은 복권 당첨자의 사례를 들어 그 이론을 설명한다. 큰 금액의 복권에 당첨된 사람이 얼마 후에는 오히려 그전보다 행복하지 않은 상태가 된다는 것이다. 이는 논란의 여지가 많은 주장이다. 그 이론을 입증하는 증거들도 뒤섞여있을 뿐 아니라 너무 극단적이고 이례적인 사례다. 복권 당첨자는 큰돈을 손에 넣은 경험이 없어서 돈을 현명하게 쓰는 법을 모를 뿐이다.

많은 사람이 이전 수준의 행복감으로 되돌아가는 건 사실이다. 하지만 그것이 누구에게나 필수적인 과정은 아니다. 사람은 지속적인 행복감을 느낄 수 있다. 우리는 이미 행복의 수준을 영구적으로 높이는 법을 다양하게 살펴봤다. 그중에서도 최고의 방법은 **낙관주의의 수준을 증가시키는** 것이다. 대체로 낙관주의자들은 비관주의자들보다 더 행복하고 보람된 삶을 살아간다. 당신의 낙관주의도 행복의 기준선이 계속 높아지듯 끝없이 업그레이드될 것이다.

COMMENT 행복의 수준을 높이고 지속적으로 행복하기 위해 무엇을 할 것인가?

DAY
107 행복을 약속하는 일곱 가지 비밀

1. 당신에게 알맞은 파트너를 선택한다.
   - 서서히 그리고 세심하게 파트너를 고른다.
   - 두 사람의 화합과 서로를 향한 존경심 및 우정이 중요하다.
   - 행복한 파트너를 찾는다.
   - 삶을 두 사람이 함께하는 모험으로 인식한다.
   - 파트너 관계를 시작하기 전에 잠재적인 문제나 의견이 다른 사안을 상의한다.
   - 두 사람이 서로 동등한 힘을 유지하든가, 아니면 불평등을 즐겁게 받아들인다.
2. 파트너에게 헌신하기로 약속한다.
3. 일을 사랑한다.
4. 돈을 이용해서 자유를 얻는다.
5. 좋은 친구 몇 명을 사귄다.
6. 자신을 솔직하게 대하고 양심에 따라 행동한다.
7. 더 낙관적인 사람이 되기 위해 지속적인 노력을 기울인다.

COMMENT 실천하기 어려운 항목이 있는가? 어떤 항목이 당신을 가장 행복하게 하리라고 생각하는가?

CHAPTER 16

나를 살리는 힘은 나에게 있다

우리는 다른 사람들을 진정으로 사랑하거나 그들에게 선한 일을 베풀기 전에 먼저 자기 자신의 긍정적 측면을 깊이 성찰해야 한다. 이 장에서는 그 출발점을 제시한다.

DAY

108 자기 자신을 사랑하라

자선 활동과 마찬가지로 사랑도 내면에서부터 시작된다. 누군가를 진정으로 사랑하기 전에 먼저 자기 자신을 사랑해야 한다. 자신의 선함을 제대로 보지 못하는 사람이 어떻게 다른 사람에게 선을 베풀 수 있을까? 그건 냉소적인 조작 행위이자 자신에 대한 그릇된 평판을 쌓는 길이다.

모든 사람에게는 선함과 악함이 있다. 당신이 해야 할 일은 자신의 내면에서 선함을 발견하고 그 선함이 세상에 미칠 수 있는 영향력을 더 크게 확대하는 것이다. 당신에게 부여된 사명을 제대로 이행하기 위해서는 본인의 가장 큰 장점, 즉 선함의 '20퍼센트 스파이크'를 정확히 파악해야 한다. 당신이 소유한 최고의 자질을 소중히 여기고 사랑하는 사람들과 세상을 위해 이를 활용할 방법을 찾아라.

선한 자질을 요령 있게 활용한다면 악을 몰아낼 수 있다. 자신의 선한 행동에 만족한 사람은 그 행위의 대상을 넓히고 효과를 키우려 할 것이다. 자기 자신을 사랑하면 그로 인해 타인까지 사랑하게 되는 선순환의 주기를 구축할 수 있다. 이는 삶을 통틀어 가장 즐거운 의무가 될 것이다.

COMMENT **지나치게 높은 자존감도 문제가 될 수 있지만, 너무 낮은 자존감은 아무에게도 도움이 되지 않는다. 당신은 자존감이 충분한가?**

DAY

109 자기 연민의 중요성

자기 자신에게 연민을 품는 일은 자기애 못지않게 중요하다. 아마 더 중요할지도 모른다. 자기 연민self-compassion은 자신을 관대하게 대하는 마음가짐이다. 실수를 저질렀거나 일을 잘못했더라도 너무 심하게 자책하면서 자존감을 낮추거나, 목표를 꼭 달성해야 한다고 자신을 몰아붙이거나, 항상 능력을 보여주어야 한다고 스스로 압박감을 줄 필요는 없다. 자기 연민을 발휘할 줄 아는 사람은 자신이 지극히 인간적이고 결점투성이의 취약한 개인일 뿐이라는 사실을 인정하고 본인을 너그럽게 대한다.

자기 연민이 우리의 칼날을 무디게 하고 삶의 기대치를 낮추지는 않을까? 그렇지 않다! 실패에 책임을 진다는 말은 마음의 문을 열고 자신의 약점을 떳떳이 공개함으로써 본인의 역량이 성공의 기준치에 미치지 못했음을 솔직히 시인한다는 뜻이다. 두 손을 들고 '나는 실패했습니다'라고 당당하게 말하는 것이다. 또 책임을 받아들인다는 말에는 당신이 잘못했거나 서툴게 한 일을 바로잡음으로써 앞으로 더 나은 성과를 거둘 거라는 의지가 담겨있다. 자기 연민은 행복감을 높이고 불안감을 덜어주며 다른 사람들에게도 더 큰 연민을 발휘할 수 있게 한다.

COMMENT 이따금 자신을 너무 모질게 대하는가?

DAY
110 싫어하는 것을 피하라

앞서 말한 대로 나는 몇 가지 스트레스의 상황을 유달리 견디지 못한다. 당신에게도 유독 큰 압박감을 주는 상황이 있을 것이다. 그럴 때 어떻게 해야 할까? 그 상황을 극복하는 법을 배워야 할까? 아니면 이를 최대한 피해야 할까? 내가 배운 것은 두 번째 해결책이다. 나는 사람들이 뱀을 무서워하지 않도록 훈련하는 게 어떤 의미가 있는지 잘 모른다. 내가 생각하기에 좀 더 합리적인 해결책은 뱀이 나올만한 밀림(또는 애완동물 가게)을 처음부터 피하는 것이다. 나는 의미 없는 관료주의, 변호사, 사람들 무리, 교통 체증 등을 견디지 못하고, 핑계를 늘어놓거나 태도가 부정적인 사람도 싫어한다. 나는 이런 문제들을 처음부터 피해 가는 쪽으로 삶의 방식을 재구축했다.

가장 싫어하는 일이 무엇인지 종이에 적어라. 그런 일에 자신을 노출하지 않을 최선의 해결책은 무엇인가? 이들이 당신의 행복과 스트레스 수준에 미치는 영향력을 과소평가해서는 안 된다.

COMMENT 작은 승리는 큰 효과로 이어질 수 있다. 당신의 뱀굴은 어디인가? 어떻게 하면 그곳을 피할 수 있나?

CHAPTER

17

행복은 돈의 방향에 달려 있다

많은 연구를 통해 밝혀진 뜻밖의 사실은 돈이 많을수록 행복이 증가한다는 것이다. 물론 돈이 많다고 해서 행복이 저절로 찾아오지는 않는다. 돈은 행복해질 기회를 제공할 뿐이다. 행복은 돈을 어떻게 사용하느냐에 달려있다. 돈을 가장 효과적으로 사용하는 방법은 돈으로 자유를 사고 타인을 위해 관대하게 쓰는 것이다.

DAY

111 돈으로 행복을 살 수 있을까?

부와 행복 사이에 긴밀한 상관관계가 존재한다는 연구 결과는 수없이 많다. 물론 세상에는 가난하면서 행복한 사람도 있고 비참한 백만장자도 있지만, 대체로 돈이 많은 사람일수록 행복하거나 매우 행복하다고 응답한다.

심리학자 겸 행복 연구가 에드 디너Ed Diener는 '부유한 사람들은 가난한 사람들보다 평균적으로 더 행복하다'라는 내용이 담긴 보고서를 발표했다.[1] 미시간 대학교의 경제학자 벳시 스티븐슨Betsey Stevenson와 저스틴 울퍼스Justin Wolfers 교수는 오랜 연구 끝에 이런 결론에 도달했다. "많은 학자가 인간의 '기본적 욕구'가 충족된 후에는 높은 소득과 높은 수준의 행복감이 더 이상의 연관관계를 맺지 않는다고 주장한다. 하지만 우리는 그 주장을 뒷받침하는 아무런 증거를 찾아내지 못했다." 그들은 어느 수준 이상의 부가 더 많은 행복으로 이어지지 못하는 '포화점saturation point'의 증거가 전혀 없다고 말한다.[2] 따라서 조금 거칠기는 해도 우리가 내려야 할 적절한 결론은 이렇다. **많은 돈은 대체로 더 큰 행복을 살 수 있다.**

COMMENT 더 행복한 사람이 되기 위한 당신의 계획에는 많은 돈을 버는 일이 포함되어 있는가?

DAY

112 돈을 어디에 쓰는지가 중요하다

돈으로 행복을 살 수 있다. 하지만 돈이 있다고 행복이 **저절로** 따라오는 건 아니다. 당신은 돈을 주고 행복해질 기회를 사들일 뿐이다. 부자일수록 더 행복한 경향이 있다지만, 그들이 행복을 느끼는 정도와 방식은 천차만별이다. 그들의 행복은 돈을 어디에 쓰느냐에 달려있다. 돈을 사용하는 최고의 방법은 자유를 사는 것이다. 지루해하거나 좌절감을 느끼는 일에서 벗어날 자유, 좋아하고 가치를 느끼는 일을 마음껏 할 수 있는 자유를 구매하라. 돈을 현명하게 사용하는 일은 마치 예술과도 같다. 그 예술적 능력이 모든 사람에게 태어날 때부터 주어지는 건 아니다. 그건 80/20 법칙에 기반을 둔 예술, 즉 시간을 적절히 활용해서 행복을 생산하는 예술이다.

COMMENT 당신에게도 예술적 능력이 있는가? 본인의 시간이 얼마나 소중한지 그리고 원할 때 적절히 시간을 사용하는 방법이 무엇인지 아는가? 부자가 될 준비가 됐나?

DAY

113 가장 행복하게 돈 쓰는 법

돈을 가장 행복하게 쓰는 방법은 남에게 기부하는 것이다. 누군가에게 소액의 돈을 기부한다고 하더라도 그 수혜자가 누군지 아는 순간 큰 만족감을 느낀다. 자선 단체에 돈을 기부하면 행복감이 훨씬 떨어진다.

평생 쓰고도 남을 돈을 소유한 엄청난 부자라면 그 부를 분배하는 일은 삶에서 가장 중요한 활동이 될 것이다. 만일 그런 부자가 된다면(그렇게 되기 위해 노력하지 않을 이유는 무엇인가?) 그 의무를 진지하게 받아들이기를 바란다.

COMMENT 슈퍼 리치가 된다면, 누구를 어떤 방법으로 도울 생각인가?

CHAPTER

18

우정에도 선택과 집중이 필요하다

당신의 가장 좋은 친구들은 누구인가? 그들과 얼마나 많은 시간을 함께 보내는가? 그들을 존경하는가?

DAY

114 우정은 삶을 아름답게 만든다

친구가 없는 삶, 또는 누군가와 우정을 나눌 가능성이 존재하지 않는 삶을 상상하라. 아마 생각조차 하기 싫을 것이다. 우리는 우정에 때로 너무 무심한 태도를 보인다. 그렇다고 그게 전적으로 잘못됐다는 말은 아니다. 우리와 깊은 우정을 나눌 친구들이 우연한 기회에 서로의 삶에 등장하는 경우는 수없이 많다. 당신은 낯선 사람 옆에서 공부하다가 그 사람과 가장 가까운 친구가 된다. 그 친구가 당신에게 소개해 준 또 다른 친구가 당신과 가장 친한 친구가 된다. 길거리에서 우연히 만난 지인과 이야기를 나누다가 그 사람과 공통적인 관심사가 많다는 사실을 깨닫는다. 사람들 사이에서 끊임없이 벌어지는 우연한 만남은 삶을 아름다운 가능성으로 가득 채운다.

80/20 법칙은 우정에 관한 세 가지 질문을 던진다.

- 당신이 최고로 꼽는 5명의 친구는 누구인가?
- **진정으로 가까운** 친구는 몇 명인가?
- 그 5명의 친구는 다른 친구들과 비교했을 때 얼마나 중요한가?

COMMENT **우정은 중요하다. 우정의 가치를 아는가?**

DAY
115 중요한 친구와 시간을 보내라

삶에서 최고의 친구 20명의 명단을 작성하라. 연인이나 배우자는 그 명단의 몇 번째쯤에 올라가 있나? 부모님이나 아이들보다 위인가 아래인가(이 연습을 마친 뒤에는 명단을 없애버리는 편이 좋다)? 이제 그 친구들이 당신의 삶에 미치는 중요도를 평가해서 100점이라는 점수를 각각 분배하라.

80/20 법칙의 전형적인 패턴은 다음과 같다.

- 명단의 가장 위에 자리 잡은 친구 4명(전체의 20퍼센트)이 점수의 대부분(아마도 80퍼센트)을 가져간다.
- 각각의 번호와 그 바로 아래의 번호 사이에는 일관된 상관관계가 존재한다. 예를 들어 2번 친구는 1번 친구보다 3분의 2나 절반쯤 중요하고, 3번 친구는 2번 친구보다 3분의 2나 절반쯤 중요하고… 이런 관계가 규칙적으로 이어진다.

만일 2번 친구가 1번 친구보다 50퍼센트 중요하고, 3번은 2번보다 50퍼센트 중요하다는 식으로 계산이 이어지면 6번 친구는 1번 친구와 비교해서 3퍼센트만큼 중요한 사람이라는 결론에 도달할 것이다. 당신은 그 명단에 적힌 친구들과 얼마나 적극적으로(함께 텔레비전을 보는 것 같은 소극적 행동은 제외하고) 시간을 보내나?

COMMENT 가장 소중한 친구들과 충분한 시간을 함께하는가?

DAY 116

관계는 제한적이다

문화 인류학자들에 따르면 사람이 개인적으로 맺을 수 있는 만족스러운 인간관계의 수는 제한되어 있다고 한다. 우리와 가장 가까운 사람들은 대개 어린 시절의 친한 친구 2명, 사소한 일까지 모두 공유하는 성인 친구 2명 그리고 의사를 포함한 조언자 2명 정도다. 진정한 사랑에 빠지는 횟수도 평생 한두 번 정도고, 가족 중에서 유달리 사랑하는 사람도 오직 1명뿐이다.

개인적으로 의미 있는 인간관계의 수는 지역, 교양 수준, 문화, 나이를 가리지 않고 모든 사람이 놀라울 만큼 비슷하다.

문화 인류학자들이 '마을 이론village theory'이라는 학설을 발표한 데는 이런 배경이 있다. 아프리카의 어느 마을에서는 이와 같은 인간관계가 반경 수백 미터 안에서 매우 짧은 시간 내에 이루어진다고 한다. 이에 반해 우리의 경우에는 다양한 인간관계가 지구 전체를 망라해서 한평생을 두고 펼쳐진다. 그런데도 모든 사람의 마음속에는 여전히 하나의 '마을'이 자리 잡고 있다.

COMMENT 마을 이론은 당신의 개인적 경험과 맥락이 일치하는가? 그 이론이 전달하는 메시지는 무엇인가?

DAY
117 친구 맺기 프로젝트

소설가 제임스 그레이엄 밸러드J. G. Ballard는 과거 범죄자들과 한데 섞여서 살아가던 캘리포니아의 젊은 여성들을 위한 재활 프로젝트를 언급한 적이 있다. 그 여성들은 모두 21세 미만으로 나이는 어렸으나 삶의 경험은 꽤 암울했다. 그들 대부분이 10대 초반에 결혼해서 13세나 14세에 첫 아이를 낳았다. 20세가 됐을 때는 대다수가 세 번 정도 결혼을 경험한 상태였다. 그들은 모두 수백 명의 남자 친구와 사귀었고, 그중 많은 사람이 총에 맞거나 감옥에 갔다. 고작 10대의 나이에 참으로 파란만장한 삶을 겪은 것이다.

재활 프로젝트는 이 여성들에게 '중산층'이라는 새로운 사회적 환경을 소개한다는 취지로 시작됐다. 프로젝트를 돕겠다고 나선 중산층 자원봉사자들은 그들의 친구가 되었고, 그들에게 관심과 사랑을 표현했으며 그들을 집으로 초대해서 더 나은 삶의 방식을 보여주었다.

COMMENT 재활 프로젝트를 어떻게 생각하는가? 주위에 이런 프로젝트가 있다면 자원봉사자로 지원할 생각이 있는가? 사랑에 굶주린 젊은이들의 친구가 되는 게 그들의 삶을 바꾸는 훌륭한 일이라고 생각하는가? 좀 더 읽으면 어떤 일이 벌어졌는지 알게 될 것이다.

DAY

118 관계에도 할당량이 있다

프로젝트는 완전한 실패로 끝났다. 단 하나의 성공 사례도 없었다. 이 젊은 여성들에게는 어떤 사람과도 새로운 친구 관계를 맺을 힘이 남아있지 않았다. 자신에게 부여된 능력을 모두 '소진해 버린' 탓이었다. 그들의 마음속에서 인간관계에 할당된 공간은 꽉 메워진 상태였다. 이 안타까운 이야기는 우리 모두에게 적용될 수 있다.

- 80/20 법칙에 따르면 우리가 친구들에게서 얻는 감정적 가치의 대부분은 소수의 인간관계에서 나온다.
- 삶에서 최초로 경험하는 몇몇 중요한 인간관계가 가장 깊고 의미 있는 관계로 남는다. 인간관계에 할당된 공간이 모두 채워지는 순간 다른 관계는 피상적이거나 중요하지 않은 관계로 바뀐다. 진정으로 심오한 인간관계가 처음 형성된 후에는 '수확 체감의 법칙'이 작동한다.

COMMENT 우정과 인간관계에 할당된 당신의 공간을 서서히, 신중하게 채워라.

DAY
119 존경할 만한 친구를 만나라

좋아하는 사람들과 많은 시간을 함께할수록 더 행복해진다는 사실은 이미 이야기했다. 그러나 이 대목에서 조금 생각해 봐야 할 점이 있다. 당신의 친구들은 얼마나 존경할 만한 사람들인가? 당신은 악당이나 사기꾼인 사람들과도 얼마든지 친구로 지낼 수 있다. 하지만 '비정상적인' 친구들과 오랜 시간을 함께 보내면 어떤 일이 벌어질까? 그렇다. 당신도 그들과 비슷한 사람이 될 수 있다. 존경할 만한 친구들과 가장 가까운 사이로 지내는 편이 바람직하다.

COMMENT 당신이 좋아하면서도 존경하는 친구는 누구인가?

CHAPTER

19

낙관주의의 힘으로 기회를 발견하라

이 장에서는 낙관주의와 비관주의가 인류 역사에 미친 지대한 영향, 더 낙관주의자가 되는 법, 중요한 기회를 발견하는 방법을 이야기한다. 또 낙관주의와 비관주의는 개인, 단체, 사회로부터 중요한 결과물을 생산한다는 사실, 낙관주의가 인류의 번영과 행복을 기약한다는 사실도 함께 살펴본다.

DAY
120 낙관주의와 행복의 관계

낙관주의와 행복은 하나의 나뭇가지에 달린 2개의 쌍둥이 열매와도 같다. 낙관주의는 희망이고, 희망은 곧 미래다. 사도 바울에게 희망은 '믿음, 희망, 사랑'이라는 세 가지 위대한 덕목 중 하나였다. 희망은 더 나은 미래를 창조하는 적극적인 힘이다.

행복이라 불리는 고정된 상태는 없다. 아마 '만족감'은 고정된 상태일지도 모른다. 하지만 행복은 늘 미래를 바라본다. 행복이란 현재를 측정한 지표가 아니라 미래를 향한 가슴 벅찬 기대일 뿐이다. "목적지에 도착하기보다는 희망을 품고 여행을 계속하는 편이 더 낫다." 지금 우리를 둘러싼 환경이 그리 쾌적하지 않을지도 모른다. 그러나 더 나은 세상이 오리라는 희망과 기대를 품는 사람은 이 순간에도 행복할 수 있다.

낙관주의자가 될수록 더 행복해진다. 또 행복한 감정을 느낄수록 더 낙관주의자가 된다. 그 말은 두 감정 사이에 선순환의 고리가 존재한다는 뜻이다. 낙관주의와 행복은 서로에게 양분을 공급하는 상호 보완적인 덕목이다.

COMMENT 당신은 예전보다 더 행복한가? 더 낙관주의자가 됐나? 낙관주의와 행복이 함께 작용한다는 사실에 동의하는가?

DAY 121

더 나은 존재로 발전한 사람들의 비밀

기원전 6세기에 활동한 에스겔, 호세아, 이사야 같은 히브리의 선지자들은 사회적 정의, 자비, 사랑 같은 이상적 덕목을 실현하는 일이 개인의 책임이며 자아 개선의 목표가 되어야 한다고 설파했다. 세상은 스스로 나아질 수 있다. 인간이 더 나은 존재로 발전함으로써 역사를 개선해 나가기 위해 노력한다면 신의 손길이 그 과정을 도울 것이다.

고대와 현대의 유대인들은 어떤 가혹한 일이 생겨도 낙관적이고 능동적인 삶의 자세를 포기하지 않았으며 세상을 향한 사명감을 내려놓지 않았다. 덕분에 그들은 비교적 소수의 인구에도 불구하고 놀라운 성공을 거둘 수 있었다.

수많은 유대인 선지자 중에서도 평등한 사랑의 메시지, 진보와 낙관주의로 가득한 복음을 전해준 한 사람을 꼽는다면 단연 예수 그리스도일 것이다. 그는 매우 불가사의하면서도 많은 사람이 오해하는 인물이다. 예수는 도마 복음서에서 이렇게 말했다. "하느님의 왕국은 세상 전체에 펼쳐져 있다. 다만 너희가 보지 못할 뿐이다."[1] 초기 기독교 신자들은 예수가 세계의 역사를 뒤바꿈으로써 사람들이 국적, 성별, 사회적 위치와 관계없이 선하고 유용한 행위를 실천하도록 도울 것이며 자신들이 죽은 후에도 삶을 즐길 거라고 믿었다. 이보다 더 낙관적인 철학을 상상할 수 있을까. 내가 생각하기에 서기 1~2세기의 초기 기독교 신자들은 인류 역사상 가장 매력적인 철학(또는 종교)을 창조한 듯싶다.

COMMENT ▶ 낙관주의가 자아 개선의 노력과 결합했을 때 가장 효과적으로 작용한다는 데 동의하는가?

DAY 122

세상을 바꾼 진보의 힘

피렌체를 포함해 이탈리아의 몇몇 도시에서 시작된 르네상스는 1480년에서 1520년까지의 아주 짧은 시간 동안 진행됐을 뿐이다. 고작 한 세대에 불과한 이 기간에 다빈치, 미켈란젤로, 라파엘로는 미술 혁명을 일으켰고, 콜럼버스는 아메리카 대륙으로 항해를 떠났으며 루터는 종교 개혁을 시작했고, 코페르니쿠스는 과학 혁명의 불씨를 놓았다.

르네상스의 뿌리는 그 시기보다 300년 정도를 더 거슬러 올라간다. 비잔틴과 이슬람 문화는 고대 그리스·로마의 철학자, 수학자, 과학자들을 재발견했다. 그리스와 로마의 문화를 되살리고자 하는 움직임은 인간의 본성과 세계의 미래에 관한 낙관주의의 물결을 일으켰다. 인문주의 철학자들은 신이 자기가 창조한 수학과 물리학의 법칙을 인간이 이해함으로써 그 능력을 바탕으로 만물을 다스리기를 원한다고 믿었다. 초기 기독교 시절처럼 인간의 위치가 신과 맞먹는 높이로 격상된 것이다.

중세인들의 삶은 고달팠다. 역병, 기근, 전쟁, 사회·인종·종교적 압박 같은 온갖 고난이 끊임없이 이어졌다. 부유해지는 유일한 방법은 다른 사람을 착취하는 것이었다. 신은 인간의 진보를 탐탁지 않게 여겼다. 신이 창조한 세계는 인간이 마음대로 뜯어고치고 조정할 수 있는 놀이터가 아니었다.[2]

하지만 르네상스가 시작된 후(심지어 전쟁과 압제가 계속 이어진 시기에도), 풍요로움과 행복을 향한 인류의 진보는 되돌릴 수 없는 수준으로 진행됐다. 우리는 가족에서부터 자유의 소중함에 이르기까지 모든 것을 더 친절하고 따뜻한 눈으로 바라봤다.

인간의 창의성은 세상을 송두리째 바꿨다. 현대인이 중세인보다 근본적으로 더 나은 사람이라는 말에는 문제가 있을지도 모르지만 창의성은 세상을 이전보다 훨씬 나은 곳으로 바꿨고, 이 순간에도 그 여정을 이어가고 있다. 80/20 철학의 한복판에는 진보가 놓여있으며 진보의 한가운데는 효과적이고 결과 지향적인 창의성이 자리 잡고 있다.

COMMENT 진보는 진보에 대한 믿음을 따른다.

DAY
123 진보는 혁명에서 시작된다

18세기 말에는 두 가지 혁명이 겹쳐서 일어났다. 하나는 경제적 혁명이었고, 또 하나는 정치·사회적 혁명이었다. 이 혁명들은 인류가 이전 시기에 이뤄낸 진보를 따라 시작됐지만 결과적으로 인간 경험의 위대한 불연속성을 창조했다. 바야흐로 미래가 찾아온 것이다.

1760년대 잉글랜드와 스코틀랜드에서 시작된 첫 번째 혁명은 산업 혁명이었다. 이 격변의 시기를 이끈 것은 최초로 상용화된 증기 기관 그리고 방앗간이나 공장을 위해 개발된 기계 기반의 생산 시스템이었다. 낙관주의적인 기업가들은 실험을 거듭하면서 더욱 부자가 됐고, 그럴수록 더 풍성한 혁신이 탄생했다. 산업 혁명 초기에는 기계에 대한 대중의 반응이 그리 우호적이지 못했다. 영국의 시인 겸 화가 윌리엄 블레이크는 「예루살렘」이라는 장엄한 찬가에서 기계를 이용해 밀가루를 생산하는 제분 공장을 '어두운 악마의 방앗간'으로 묘사했다. 초창기의 공장들은 위험했고, 획일적이었으며 가혹했다. 현대인의 기준으로 보면 그곳의 환경은 지극히 '비인간적'이었다.

그런데도 산업 혁명은 역사상 처음으로 인간에게 생물학적 성공을 주었다. 이전의 역사에서는 인구가 늘어날 때마다 역병, 전쟁, 영양실조, 기근 같은 재난이 어김없이 따라왔다. 다윈이 등장하기 100년 전의 세상은 비참하고 무익한 생존 경쟁으로 얼룩진 진정한 다윈주의적 세계였다. 하지만 1711년 이후에는 기계의 시대가 도래하면서 모든 게 달라졌다. 물과 증기의 힘으로 실이나 옷감을 생산하는 거대한 방직 공장이 이곳저곳에 생겼다. 1787년 영국에는 거의 150여 개의 공장이 문을 열었다. 1750년부터 1850년 사이에 영국의 인구는 3배가 늘었다.

산업적 성장은 자체적인 발전을 추진하는 또 다른 동력으로 작용했다. 경제적 공간(즉 도시 공간)은 농업적 공간보다 훨씬 거대한 경제적 가치를 창출했다. 도시들이 점차 경제를 지배하면서 인간의 생활 수준은 한 세대가 흐를 때마다 2배로 높아졌다.

COMMENT **혁명은 인류 역사에 지대한 영향을 미쳤다. 여기서 무엇을 배웠는가?**

DAY
124 삶을 개선할 가능성

두 번째 벌어진 혁명은 지적이고 정치적인 혁명이었다. 프랑스, 잉글랜드, 스코틀랜드의 '계몽주의' 철학자들은 미신보다 인간의 이성을 믿었다. 심지어 인간이 완전한 존재로 만들어졌을지도 모른다고 생각한 사람도 있었다. 1776년의 미국 독립 혁명과 1789년부터 1794년의 프랑스 혁명 뒤에는 그런 사상적 배경이 자리 잡고 있었다. 프랑스 혁명을 일으킨 세력은 자유, 평등, 박애의 가치를 내세웠다(하지만 그런 가치를 부르짖은 사람들도 수많은 귀족과 성직자, 일부 혁명가의 목을 잘랐다).

프랑스 혁명은 다소 극단적인 방식으로 진행됐지만, 계몽주의 정치 철학은 매우 낙관적인 성향을 보였고 '민중'에 우호적이었다. 19세기에도 작은 혁명들이 여기저기서 터져 나왔으나 사람들의 생활 수준이 개선되면서 흐지부지됐다. 19세기 말엽에는 독일의 비스마르크나 영국의 디즈레일리 같은 정치가들도 '대중을 믿기로' 결정하고 선거에 참여할 수 있는 유권자의 수를 대폭 늘렸다. 그들이 궁극적으로 향해 가던 곳은 20세기의 민주주의였다.

고대 그리스와 로마의 철학자들은 매우 혁신적인 사람들이었다. 그러나 그들이 속했던 사회는 철저하게 계층화되어 있었다. 피라미드의 맨 꼭대기를 차지한 소수의 시민만이 창의력을 발휘할 수 있었고, 전체 인구의 대부분을 구성하는 노예 계층은 사람이라기보다 동물과 다름없는 취급을 받았다.

현대 문명사회의 가장 큰 특징이라면 개인의 잠재력을 마음껏 펼쳐나갈 수 있는 사회적·정치적 민주화를 꼽을 수 있을 것이다. 우리 사회는 수많은 결점에도 불구하고 사람들 대부분이 낙관주의적인 관점을 바탕으로 자신의 삶을 창의적이고 자율적으로 개선할 가능성을 제공하고 있다.

COMMENT 1900년대의 세계는 지난 700년간 진행된 경제, 정치, 사회 분야의 환상적인 발전 과정을 오롯이 지켜봤다. 발전이 계속 이어지리라고 생각하는가?

DAY 125

낙관주의의 죽음이 의미하는 것

20세기 전반기로 접어들면서 사회적 여론을 주도하는 지도자들과 지성인들은 낙관주의의 깃발을 포기했다. 이 시기가 전 세계적인 재난의 시대였다는 건 우연이 아니다. 재난의 조짐은 1900년 프로이트가 인간의 무의식에 관한 어두운 환상을 이야기하면서 시작됐다. 그보다 조금 일찍 탄생한 니체의 허무주의 철학, 러시아 무정부주의자들의 봉기, 초기 표현주의 화가들의 암울한 작품 그리고 러시아, 오스트리아, 독일 민족주의자들의 폭력적인 반유대주의도 비관적인 시대 정서를 부추기는 데 한몫을 했다.

극단적인 독일 민족주의가 부분적으로 원인을 제공한 1914년에서 1918년의 1차 세계 대전은 1917년 레닌에게 사악한 승리를 주었고, 1933년 히틀러라는 괴물이 등장하는 길을 닦아주었으며 1939~1945년의 2차 세계 대전이 발발하는 계기로 작용했다. 당시 유럽의 영향력 있는 지식인들은 대부분 공산주의자 아니면 파시스트가 되어 개인주의, 자유주의, 인간의 존엄성, 낙관주의의 적이 되는 길을 택했다. 공산주의자들과 나치의 사상은 부정적이고 혐오스러웠다. 창의성과는 거리가 멀었고, 인류의 발전에도 아무런 도움이 되지 않았다. 1917년부터 1989년 사이에는 낙관주의를 포함한 서구적 가치가 여전히 생존해 있는지 의심스러울 정도였다.

COMMENT 비관주의는 위험하다. 자유와 행복, 인간의 품위를 위협한다.

DAY 126 비관주의를 몰아낼 때, 세상은 좋아진다

"당신이 1945년이나 1950년, 1955년쯤 태어났다면 삶의 첫 번째 18년 정도는 해마다 세상이 좋아지는 경험을 했을 것이다. 그건 당신의 개인적 노력과는 아무 상관이 없다." 미국의 기업가 겸 투자자 피터 틸Peter Thiel이 쓴 『제로 투 원』에 나오는 말이다.[3]

1930년대와 1940년대의 혼란스러운 시대상은 1929년 뉴욕 증시 대폭락에 뒤이은 대공황 그리고 히틀러와 스탈린 같은 독재자들이 벌인 총력전으로 인해 유럽 전역이 황폐해진 사건이 배경이 됐다. 이런 현상을 방조한 것은 비관주의적 세계관이었다.

하지만 놀라운 사실은 1950년대와 1960년대를 살아간 미국과 서유럽의 젊은이들이 핵전쟁의 위협 속에서도 비관주의적 가치관을 과감히 떨쳐버렸다는 것이다. 비관주의가 낙관주의로 교체된 일은 1950년대 유럽의 경제적 기적과 번영, 대학 교육의 대규모 확대 같은 일련의 변화보다 더 큰 의미가 있는 사건이었다. 대중음악계에서도 〈파멸의 전야Eve of Destruction〉 같은 우울한 제목과 가사가 담긴 노래들을 뒤로 하고 사랑, 평화, 파티 등을 이야기하는 수백 곡의 노래가 세상에 나왔다. 낙관주의는 풍요로움으로부터 탄생하지 않았다. 오히려 그 반대였다. 신세대 자유의지론자들은 미래에 대한 우려와 권위에 복종하는 자세를 내려놓았다. 인류는 700년간 진행된 진보와 낙관주의 그리고 반세기에 걸친 참혹한 파괴의 시대를 지나 제자리로 돌아왔다.

뉴스 매체들의 부정적인 소식에 귀를 기울이지 말고 순수한 눈으로 주위를 돌아보면 1945년 이후의 세상은 분명 하루가 다르게 좋아졌다. 소득은 높아졌고, 주택이나 도심은 매력적인 모습으로 바뀌었으며 의료와 기대 수명은 개선됐고, 외국을 여행하는 사람들에게도 예전보다 훨씬 많은 선택지, 기회, 자유가 주어졌다. 제품들은 더 가볍고, 저렴하고, 다채로워졌으며 한결 유용하고 편리해졌다. 무엇보다 인터넷이나 스마트폰 같은 제품들은 30년 전에는 세상에 아예 존재하지도 않았다,

COMMENT 낙관주의는 분명 효과가 있다. 당신은 세상의 낙관주의를 증진하기 위해 개인적으로 어떤 일을 할 수 있는가?

DAY
127 인터넷을 현명하게 활용하라

훌륭한 공상 과학 소설은 미래의 모습을 놀랍도록 정확하게 그린다. 소설가 윌리엄 깁슨William Gibson은 컴퓨터를 전혀 사용할 줄 모르는 '컴맹'이었지만 인터넷이 유행하기 10년 전에 고물 타자기를 두드리면서 '사이버스페이스cyberspace'라는 용어를 만들었다.

"전 세계 수십억 명이 매일같이 경험하는 합의된 환각…
그곳에서는 인간계의 모든 컴퓨터에서 추출된 데이터가 시각적으로 생생하게 펼쳐진다.
마음속의 비非 공간에서는 빛의 선들이 줄지어 늘어서고,
데이터의 군집과 별자리가 생겨난다.
마치 저 멀리 사라져가는 도시의 불빛처럼…"[4]

사이버스페이스라는 찬란한 신세계가 우리의 삶에 미친 영향은 유럽인들이 신대륙을 '발견'한 후 희귀한 금속들이 쏟아져 들어오면서 경제와 사회에 거대한 영향을 미친 사건과 비견할 만하다. 신대륙 발견 후 400년 동안 세상은 점차 달라졌고, 낙관주의는 날개를 달았다. 사이버스페이스는 불과 몇십 년 동안에 똑같은 일을 해냈다.

우리는 인터넷을 당연하게 받아들이지만, 이 기술은 인간의 경험을 질적으로 바꿔놓았다. 80/20 법칙은 여기서도 우리에게 중요한 교훈을 전해준다. 온라인에서 너무 오랜 시간을 보내는 일은 시간 낭비이며 좋은 결과를 낳는 경우도 드물다. 사이버스페이스를 선택적으로 현명하게 활용해서 새로운 경험을 창조해야 한다.

COMMENT 온라인에 접속하는 시간을 절반으로 줄이고 2배의 가치를 얻어낼 수 있나?

DAY
128 변화를 환영하라

세상일이 좋은 방향으로 달라질 거라고 믿는 사람은 낙관주의자라고 할 수 있다. 하지만 여기에는 한 가지 역설이 존재한다. 사람들 대부분(아마도 전부)은 미지의 대상에 공포심을 느끼고 익숙하지 않은 세계에 발을 내딛기를 주저한다. 마크 트웨인은 그런 심리를 이렇게 요약했다. "나는 진보를 찬성한다. 내가 싫어하는 것은 변화다." 우리는 모두 이런 사고방식을 조금은 품고 있다.

우리는 낙관주의, 희망, 삶을 향한 믿음, 인간과 우주에 대한 사랑을 바탕으로 변화의 공포를 극복할 수 있다. 옛 속담에 '자라 보고 놀란 가슴 솥뚜껑 보고 놀란다'라는 말이 있지만, 그 반대의 경우도 분명 성립한다. 희망을 품고 새로운 세계로 진입해서 그곳이 위협적이지 않고 나를 환영해 주는 세상임을 깨달았을 때(우리가 환영받는 이유는 긍정적인 태도 때문일 것이다), 우리는 변화와 모험을 기꺼이 받아들이고 이를 즐기는 법을 배울 수 있다. **변화는 진보의 대가이고, 변화를 환영하는 법을 배우는 일은 낙관주의의 핵심이다.** 우리 자신, 인간관계, 집단, 사회, 세계를 포함한 어느 곳에서든 진보와 변화는 떼어놓고 생각할 수 없다. 희망은 변화의 공포를 덜고 변화를 진보로 바꾼다.

COMMENT 변화에 대한 당신의 솔직한 생각은 무엇인가? 공포감, 수치심, 진보에 대한 그릇된 관점 등을 극복하는 희망을 내면에서 불러낼 수 있는가? 변화가 기회를 확대한다는 사실을 믿는가?

DAY 129

낙관주의자가 되는 법

어떤 사람들은 테스트를 통해 낙관주의자와 비관주의자를 가려낼 수 있다고 말한다. 과연 테스트 따위로 인간의 추상적인 속성을 포착할 수 있을까? 그건 날아다니는 나비를 잡아 가두려고 애쓰는 일만큼이나 쓸데없는 행동이다. 게다가 그 실험 결과가 아무리 믿을만해도 테스트라는 방법은 애초에 문제의 요점을 벗어난다.

진정한 요점은 이렇다. 당신은 비관주의를 떨치고 낙관주의자가 되는 법을 배울 수 있다. 이를 학습하는 데 80/20보다 유용한 법칙이 있을까? 저명한 심리학자 마틴 셀리그먼은 『낙관성 학습』에서 낙관주의자가 되는 법을 알려준다. 내용을 간략하게 살펴보자.

- 모든 사람은 좋은 일이나 나쁜 일이 생겼을 때 자신을 향해 그 일을 설명하는 방식, 즉 자신만의 '설명 스타일'이 있다.
- 비관주의자는 최악의 상황을 상정하고, 낙관주의자는 자신을 좀 더 관대하게 대한다.
- 비관주의자는 나쁜 일이 영원히 지속되리라고 믿고, 낙관주의자는 그 일이 일시적이라고 생각한다.
- 비관주의자는 나쁜 일을 보편적인 문제로 받아들이고, 낙관주의자는 특수한 문제로 인식한다.
- 비관주의자는 나쁜 일이 자신의 잘못이라고 생각하고, 낙관주의자는 다른 사람들의 탓이라고 생각한다.

COMMENT 낙관주의자인가 비관주의자인가? 특정한 사건을 좀 더 낙관주의적인 방식으로 설명할 수 있는가?

DAY 130

비관을 떨쳐내는 법

- **비관주의자는** 나쁜 일의 원인이 **영구적**이라고 생각한다. 시험을 한 번 잘못 치르면 앞으로도 시험에서 영원히 실패한다고 결론을 내리고 도전을 포기한다. **낙관주의자는** 나쁜 일이 **일시적**으로 일어났을 뿐이라고 생각한다. '오늘 일진이 사나웠던 건 내가 피곤했기 때문이야.'
- **비관주의자는** 나쁜 일이 어디서나 **반복될** 거라고 믿는다. 처음 방문한 도시에서 도둑을 맞으면 다시는 그 도시를 찾지 않는다. 하지만 **낙관주의자는** '이 도시에서 좀 더 나은 지역을 찾아봐야겠어'라고 생각한다.
- **비관주의자는** 운이 나쁠 때 이를 내면화해서 모든 일이 **자신의** 잘못이라고 생각한다. 인간관계가 좋지 않아도 모두 자신의 탓으로 돌린다. 반면 **낙관주의자는** '아마 내가 잘못된 사람을 선택했나 봐. 그 사람 잘못이야'라고 생각한다. 그들은 책임을 외부로 표면화한다.

당신에게 나쁜 일이 생겼을 때:

- 나쁜 일이 **영원히** 지속될 거라고 느껴진다면, 그 일이 **일시적인** 것은 아닌지 스스로 질문하라. 인생은 길고 나쁜 일은 지나가기 마련이다. 의구심이 들 때는 그런 식으로 자신을 다독여라.
- 나쁜 일이 어디서나 **반복될** 거라고 느껴진다면, 그 일이 **특수한** 상황에서 벌어진 일이 아닌지 자문하라. 그 생각이 대체로 옳을 것이다.
- 나쁜 일이 모두 **당신의 탓**이라고 느껴진다면, 다른 사람도 그 일에 부분적으로 책임이 있지 않은지 자신에게 질문하라. 책임을 물을 사람이 없을 때는 단지 운이 따르지 않았거나 불행한 상황 때문이었다고 생각하라.

COMMENT 낙관주의자가 되어야 한다!

DAY
131 낙관주의자처럼 생각하기

낙관주의자는 이렇게 생각한다:

- 좋은 일의 원인은 **영구적**이다. 나는 운이 좋았고 그건 자연스러운 현상이다. 내게는 운이 따르는 경향이 있다.
- 좋은 일의 원인은 **보편적**이다. 내가 잘해서 좋은 일이 생겼다. 나는 똑똑하고 시험에 강하다.
- 좋은 일의 원인은 **내 안에** 있다. 우리 팀이 프레젠테이션을 성공적으로 마친 건 내가 큰 역할을 했기 때문이다.

그러나 이는 **당신 자신**을 위한 설명일 뿐이다. 친구나 동료들에게 그렇게 말하면 잘난 체한다고 따돌림당할 것이다!

낙관주의자는 항상 좋은 결과를 기대하고 기회를 적절히 활용한다. 비관주의자는 늘 나쁜 결과를 예상하고, 어쩌다 좋은 결과가 나오면 이를 요행, 일시적 사건, 특수한 상황, 다른 사람들 덕분에 생긴 일 등으로 받아들인다. 우리는 자기가 기대하는 것만 보고 찾는 경향이 있다. 최선의 상황을 기대하라. 당신 덕분에 좋은 일이 생겼다고 생각하라. 비록 그것이 순전한 행운이었다고 해도!

COMMENT 나쁜 일을 지혜롭게 헤쳐 나가는 법 그리고 그 일을 마음속에서 떨치는 법을 배울 수 있는가? 좋은 일을 삶의 마법 같은 선물로 받아들이고, 행운에 감사하면서도 자신감을 가질 수 있는가?

DAY
132 기회에 노출시켜라

외부적 기회는 우리를 둘러싼 세계에서 생겨나는 모든 기회를 말한다. **내면적 기회**는 우리의 마음속에서 생겨나는 모든 기회를 말한다. **내면적 기회**를 먼저 발견해야 한다. 내면의 기회에 대한 감각이 없는 사람은 외부적 기회를 포착할 수 없다. **내면적 기회**를 발견한다는 말은 우리를 더 높은 삶의 단계로 이끄는 게 무엇인지 알아내고 외부적 기회가 찾아오면 이를 즉시 움켜쥘 태세를 갖춘다는 뜻이다. **외부적 기회**는 삶이 제공하는 기회다. 우리는 원하는 바를 성취할 수 있다고 믿고, 꾸준히 주위 환경을 살피고, 기회가 생길 조짐이 보이면 곧바로 낚아채야 한다. 당신은 기회가 발생할 확률이 높은 상황에 의도적으로 자신을 노출함으로써 **외부적 기회**를 키울 수 있다. 외부적 기회가 생길 가능성이 가장 큰 곳으로 향하라. **기회는 당신이 얼마나 잘 준비되어 있고, 행동이 얼마나 기민한가에 따라 무한정 늘어날 수 있다.**

COMMENT 기회를 창출하고 알아차릴 준비가 됐는가?

DAY

133 숨은 기회를 찾는 법

- 규모가 작고, 성장이 빠르며 남들이 모르는 뭔가를 알고 있는 조직에서 일한다.
- 거대한 기회를 찾는(또는 이미 찾아낸) 영리한 사람들과 팀을 이룬다.
- 외국으로 거주지를 옮긴다. 당신의 경험을 활용하면 그곳에서 남들이 보지 못하는 기회를 찾아낼 수 있다.
- 새로운 트렌드의 '수도'로 자리 잡은 곳, 또는 새로운 아이디어가 인기를 얻기 시작한 소도시나 지역에 가서 산다.
- 새롭게 유행하는 아이디어를 찾아 새로운 환경에 적용한다.
- 지금까지 아무도 시도하지 않은 놀라운 일을 스스로 해내는 상상을 한다.

COMMENT 결정적인 기회를 어떻게 찾을 것인가?

DAY

134 기회를 즉시 낚아채는 기술

19세기에 활약한 유명한 정치가 비스마르크는 말했다. "사람은 세상사의 흐름을 창조할 수 없다. 그 흐름을 타고 원하는 방향으로 노를 저을 수 있을 뿐이다." 비스마르크는 시대적 흐름을 타고 성공적으로 노를 저은 결과 세 번의 짧은 전쟁에서 모두 승리했고, 독일을 통일했으며 20년 동안 유럽에서 전쟁이 나지 않게 막았다. 비스마르크는 처음부터 명확한 목표를 설정했다. 그는 매우 성미가 급한 사람이었지만, 알맞은 시기와 기회가 찾아올 때까지 끈질기게 기다렸다. 그의 기다림은 거의 10년 동안이나 지속됐다. **그리고 기회가 찾아오자 즉시 낚아챘다! 그는 시대의 흐름을 쥐락펴락하는 인물이 됐다.** 희미한 기회에 귀를 기울이고 이를 포착하는 핵심 요령은 다음과 같다.

- 삶 전체를 통틀어, 아니면 적어도 향후 10년에서 15년 사이에 당신이 이루고 싶은 일이 무엇인지 분명히 정의한다. 어떤 요인이 당신의 존재를 더 높은 단계로 끌어 올려줄 것인가? 그 요인은 인간관계, 직업 및 경력, 명확한 목적지, 생활 방식, 또는 당신이 원하는 방향으로 세상을 바꿀 기회 등 무엇이든 될 수 있다.
- 그 원대한 목표를 매일 수시로 생각한다. 종이 위에 적어(필요하면 당신만 알아볼 수 있는 암호로) 책상, 주방 테이블, 침대 머리맡 등에 붙인다. 매일 밤 잠들기 전 그 목표를 되새긴다.
- 참을성을 발휘한다. 몇 년이든 몇십 년이든 기회를 포착할 준비를 한다.
- 목표를 이룰 수 있다는 희미한 조짐이 보일 때까지, 즉 환경의 미세한 변화가 생길 때까지 끈질기게 기다린다.
- 기회가 나타나면 빠르고 단호하게 행동에 돌입한다.

COMMENT 희미한 기회를 포착하고 싶다면 귀를 기울여라.

DAY 135

최고의 기회와 평범한 기회를 구분할 것

어떤 사람이든 삶에서 한두 번쯤은 엄청난 기회가 찾아오는 순간이 있다. 그 기회는 순식간에 당신을 스쳐 갈 수도 있고, 당신의 눈을 벗어날 수도 있다. 또는 당신이 뭔가를 하기도 전에 사라지거나 다른 사람이 먼저 차지할지도 모른다. 의지의 힘만으로는 기회를 만들 수 없다. 기회는 전혀 예상하지 못했던 곳에서 생각지도 않았던 모습으로 찾아온다. 친구나 지인과 나누는 대화, 읽고 있던 책, 외국에서 발견한 낯익은 물건, 잠재의식이 제공한 번득이는 통찰 등이 모두 기회의 단서일 수 있다.

이 잠재적 기회 중 극히 소수만이 당신의 삶을 바꾸고 세상에 영향을 미칠 만한 1~2개의 기회로 판명된다. 게다가 삶의 어느 단계에서는 그 1~2개의 기회마저 당신이 모르는 사이에 곁을 스쳐 갈 수도 있다. 내 생각에 훌륭한 기회를 포착하는 사람과 그렇지 못한 사람의 차이는 기회를 찾아내는 능력뿐 아니라 기회가 나타났을 때 알아보는 능력, 최고의 기회와 평범한 기회를 구분하는 능력에 있는 것 같다.

COMMENT 천재일우의 기회가 찾아온다면, 그냥 지나치지 마라! 기회를 거머쥘 준비가 됐는가?

CHAPTER

20

시간 혁명을 달성하라

프로테스탄트 직업윤리: 이 사고방식을 어떻게 극복해서 시간 혁명을 달성할 것인가!

DAY
136 시간의 세 가지 원소

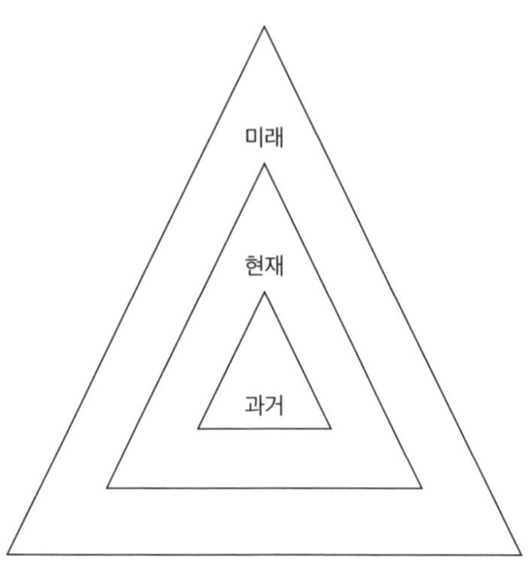

서양인은 시간이 왼쪽에서 오른쪽을 향해 직선으로 나아간다고 생각한다. 어느 시대와 분야를 막론하고 이런 관점이 분명하게 드러난다. 반면 동양인의 시간 개념은 위의 그림과 같다. 현재는 과거를 품고, 미래는 현재를 품는다는 것이다. 미래는 현재와 과거로 이루어진 시간의 차원이며 우리에게 더 나은 세상을 창조할 기회를 선사하는 곳이다.

COMMENT 과거 및 현재의 자산과 창의성을 활용해서 더 나은 미래를 창조할 수 있는가?

DAY
137 현재가 미래를 바꾼다

시간은 과거, 현재, 미래를 조화롭고 순환적으로 연결하는 장치다. 동그란 모양의 시계는 그런 속성을 잘 보여준다. 시간은 늘 제자리로 돌아온다. 당신은 시간의 속성을 이용해서 더 많이 배우고, 더 소중한 인간관계를 쌓고, 더 나은 제품과 결과물을 생산하고, 삶에 더 큰 가치를 보탤 기회를 찾을 수 있다. 우리는 현재에만 존재하지 않는다. 우리의 삶은 과거에서 시작됐고 우리 안에는 과거의 인간관계와 경험이 고스란히 축적되어 있다.

현재가 과거를 품듯이 미래도 이미 현재를 품고 있다. 현재 소유한 최고의 자산을 효과적으로 활용한다면 미래는 더욱 찬란하고 아름다워질 것이다. 최고의 기술, 아이디어, 인간관계, 당신이 현재의 능력으로 포착할 수 있는 최고의 기회가 모두 미래를 위한 자산이다.

시간을 이런 식으로 인식하면 우리가 평생 지켜야 할 **가장 소중한 20퍼센트의 자산**(최고의 성품, 능력, 우정, 정신적·물리적 자산)이 무엇인지 분명히 파악할 수 있다. 이들을 개발하고, 확장하고, 심화하는 것이 우리의 의무다.

미래는 과거보다 나아질 수 있다. 당신은 시간을 놓치는 게 아니라 시간 위에 미래를 쌓아 올릴 뿐이다.

COMMENT 과거와 현재 위에 어떻게 더 나은 미래를 쌓아 올릴 수 있는가?

DAY

138 시간 사용법을 180도 바꿔라

핵심을 외면하고 변죽만 울리는 일은 아무런 의미가 없다. 당신의 목표는 시간을 사용하는 방법을 아주 조금만 개선하는 게 아니다. 당신이 진정한 의미의 급진적 변화를 시도하지 않으면(즉 기존의 방식에 획기적인 변화를 주지 않으면) 시간 혁명을 통해 훌륭한 성과를 거두기가 어렵다. 그렇다고 너무 거창한 목표를 세우라는 말은 아니다. 거창한 목표가 문제의 해답일 수도 있지만, **작게 생각하는** 일도 이에 못지않게 중요하다.

시간을 적게 요구하면서도 커다란 결과를 돌려줄 만한 일은 무엇인가? 그게 무엇이 됐든, 당신은 그 일의 규모를 더 키울 수 있나? 당신이 내린 훌륭한 의사 결정, 또는 환상적인 결과를 약속하는 기발한 아이디어가 그 질문의 해답일 수 있다. 후자의 경우라면 그 아이디어가 원하는 결과를 내지 못했더라도 빨리 손을 떼고 다음 아이디어로 넘어감으로써 실패로 인한 손실을 줄여야 한다.

COMMENT 환상적인 결과를 약속하는 혁명적인 변화는 무엇인가?

DAY
139 성실해야 한다는 강박에서 벗어날 것

근면하고 성실한 노동이 최고의 덕목이라는 믿음은 종교인이든 무신론자든 모든 사람의 의식 속에 깊이 뿌리박혀 있다. 그 믿음을 마음속에서 몰아내려면 의도적인 노력이 필요하다. **성실한 노동은 멍청한 사람들의 철학이다.** 힘들고 고된 일은 수익성이 낮다. 고도의 수익성은 성실한 노동이 아니라 성실한 사고, 날카로운 통찰력, 자신이 가장 원하는 일에 집중하는 자세에서 나온다. 나는 더 많은 일을 해야 한다는 충동을 느낄 때마다 로널드 레이건과 워런 버핏이 들려주는 경고를 떠올린다.

레이건은 이렇게 말했다. "열심히 일한다고 죽는 사람은 없다. 하지만 굳이 위험을 감수할 이유는 무엇인가?" 버핏은 투자자로서 전설적인 성공을 거둔 비결이 '무기력증에 가까운' 투자 방식에 있다고 말한다. 그는 어떤 주식을 매입해야 할지 대단히 신중하게 고민한다. 버핏이 사들이는 주식의 가짓수는 매우 적지만, 그는 매입한 주식을 아주 오랫동안 보유한다. 만일 그가 더 열심히 일했다면 지금처럼 부자가 되지 못했을 것이다. **당신이 시간을 친절하게 대하면 시간도 당신을 친절하게 대할 것이다.**

COMMENT 서두르지 말고 여유 있는 삶을 살아라. 그럴 용의가 있는가?

DAY

140 죄책감을 내려놓아라

시간에 관한 죄책감을 내려놓으라는 말은 힘들고 고된 일을 포기하라는 뜻이다. 대신 **가장 좋아하는 일을 하라.** 가장 훌륭한 업적을 성취하는 사람이란 가장 좋아하는 일에 전념하는 사람을 뜻한다. 비범한 가치를 창출하는 방법은 자신의 만족감을 충족하는 길밖에 없다. 그렇다고 일하는 양을 제한하라는 말은 아니다. 단지 좋아하지 않는 일을 제한하라는 뜻이다. 피카소는 앤디 워홀이 등장하기 한참 전에 이미 1인 아트 팩토리art factory(팝아트의 거장 앤디 워홀이 공장에서 물건을 대량 생산하듯이 작품을 양산하기 위해 운영한 작업 공간-옮긴이)를 운영했다. 피카소는 삶을 온전히 즐긴 사람이었다. 그림을 그릴 때는 무섭게 집중했지만, 그의 작품은 고된 노력의 결과물이 아니었다.

다른 예술가들도 저마다 독특한 방식으로 일했다. 레오나르도 다 빈치는 아주 소수의 그림만을 그렸다. 그러면서도 자신의 작품들을 끝없이 수정했고, 많은 그림을 미완성으로 남겼다. 하지만 아무런 문제가 없었다. 만약 다 빈치가 〈최후의 만찬〉과 〈모나리자〉 두 작품만 제작했더라도 그의 명성은 여전히 영원불멸한 상태로 남아있을 것이다.

일이든 놀이든, 시간은 당신이 원하는 행동에 쓰이기 위해 존재한다. 당신이 무엇을 하든지 그 행동을 즐길 수만 있다면 후회할 일은 없다. 뭔가를 생산해야 한다는 죄책감과 압박에서 벗어났는가? 더 나은 사람으로 성장하기 위해 시간을 사용하는가? 스스로 행복해지고 주위에 행복을 퍼뜨리기 위해 시간을 쓰는가? 어느 경우든 프랑스의 전설적인 가수 에디트 피아프의 노래 제목처럼 **'아무것도 후회하지 않고 아무 죄책감도 느끼지 않는'** 사람이 되어야 한다.

COMMENT 죄책감의 압박에서 벗어날 수 있는가?

DAY
141 시간을 통제하라

80퍼센트의 시간을 쏟아 20퍼센트의 결과물밖에 생산하지 못한다면 그 일은 십중팔구 다른 사람의 지시나 명령에서 비롯됐을 것이다. 위대한 일을 성취하는 20퍼센트의 사람은 늘 자기 자신을 위해 일하고, 그렇지 않을 때도 자신을 위해 일하는 것처럼 행동한다.

시간을 통제하지 못한다면 활용할 수도 없다. 물론 우리는 다른 사람들에게 일정한 책임을 져야 한다. 이유야 어떻든 그건 바람직한 자세다. 우리에게는 삶의 동반자, 직원들, 우리를 의지하는 사람들, 평소에 연락을 주고받는 지인들의 네트워크가 있다. 그들에게 아무것도 주지 않는다면, 아무것도 받지 못한다. 관대하게 베풀라. 그러나 당신이 해낼 수 있는 최고의 일을 설계하고 실행할 사람은 오직 당신뿐이다. 당신만이 자신을 위해 최고의 삶을 제작할 수 있다. 그 점에서는 절대 타협하지 마라.

COMMENT 타인이 강요하는 일에서 벗어나라.

DAY

142 시간을 기발하게 사용하라

당신에게 가장 소중한 20퍼센트의 시간이 조직의 충실한 구성원이 되고, 남이 지시하는 대로 일하고, 회의에 의무적으로 참석하고, 동료들이 하는 행동을 그대로 따라 하는 데서 생길 가능성은 거의 없다. 그런 일은 최소한으로 줄여야 한다.

당신이 속한 세계에서 쫓겨나지 않고도 시간을 가장 색다르게 사용할 방법을 궁리하라. **당신이 아는 사람 중 가장 효과적이고 기발한 인물은 누구인가? 그들은 시간을 어떻게 활용하는가?** 그들이 하는 일과 하지 않는 일을 모두 본받기 위해 노력하라.

COMMENT 시간을 효과적으로 사용할 색다른 방법을 찾아라.

DAY

143 성취의 섬을 파악하라

'행복의 섬'을 기억하는가? 하루, 일주일, 또는 그보다 오랜 기간을 통틀어 가장 행복감을 느끼는 20퍼센트의 시간을 일컫는 말이다. 이제 우리는 성취의 섬achievement islands을 이야기해야 한다. 하루, 일주일, 1달, 1년, 또는 삶 전체를 통틀어 본인이 투입한 시간과 비교해서 가장 높은 수준의 가치를 달성한 기간이 언제인지 파악하라!

당신은 그 섬에 있을 때 어떤 일을 했나? 어떤 종류의 업무 또는 활동으로 시간을 보냈나? 가령 아이디어를 짜고, 글을 쓰고, 누군가를 설득하고, 조직을 위해 리더십을 발휘하고, 그밖에 고부가 가치를 생산하는 작업을 수행했나? 당신이 기억하는 성취의 섬에는 어떤 공통점이 있는지 생각하라. **그런 종류의 활동을 더 많이, 가능하다면 훨씬 많이 늘릴 방안이 무엇인지 궁리하라.** 이와는 별개로 성취도가 최악이었던 '불모의 섬desert islands'을 기억하라. 아무런 소득 없이 가장 낮은 생산성을 기록한 순간들은 언제였는가? 이들의 공통점은 무엇인가?

COMMENT 불모의 섬에서 일어난 일을 당장 중단하라!

DAY 144

고부가가치 활동에 시간을 투입하라

행복의 섬과 성취의 섬을 모두 파악한 사람은 이들과 관련된 활동에 더 많은 시간을 쏟아야 한다. 당신의 단기적 목표는 고부가 가치 활동에 투입하는 20퍼센트의 시간을 1년 안에 40퍼센트로 늘리는 것이다. 이 하나의 조치만으로도 행복과 가치의 수준을 지금보다 60퍼센트에서 80퍼센트까지 높일 수 있다.

가장 이상적인 상황은 고부가 가치를 생산하는 일에 쏟는 시간을 20퍼센트에서 100퍼센트로 늘리는 것이다. 하지만 당신의 경력과 삶의 방식을 완전히 바꿔야만 가능한 일이다. 그렇게 하지 않을 이유는 무엇인가?

COMMENT 반드시 해야 할 일, 즉 최대한의 행복과 다른 사람들에게 유용한 사람이 되는 일을 왜 망설이는가?

DAY 145

인생을 망치는 시간 낭비 열 가지

1. 남들이 원하는 일을 한다.
2. 사람들이 늘 해오던 방식으로 일한다.
3. 특별하게 소질이 없는 일을 한다.
4. 좋아하지 않는 일을 한다.
5. 누군가에게 항상 방해받는 일을 한다.
6. 아무와도 공유하지 못하는 일을 한다.
7. 마감 시간이 예상보다 2배 이상 늘어지는 일을 한다.
8. 신뢰가 부족하고 자질이 떨어지는 협업자와 함께 일한다.
9. 예상 가능한 주기가 끝없이 반복되는 일을 한다.
10. 줌 화상 회의에 참석한다.

COMMENT 어떤 항목이 당신을 가장 괴롭히는가? 어떻게 하면 그 일을 멈출 수 있을까?

DAY
146 성공을 만드는 시간 사용 열 가지

1. 삶의 전반적인 목표와 의미를 높이는 일을 한다.
2. 늘 하고 싶었던(하지만 하지 못했던) 일을 한다.
3. 80/20 법칙의 '시간과 결과의 상관관계'에 적용되는 일을 한다.
4. 투입 시간은 줄이고 결과물의 품질은 몇 곱절로 늘리는 혁신적인 방법으로 일한다.
5. 남들이 불가능하다고 생각하는 일을 한다.
6. 남들이 다른 분야에서 성공한 일을 한다.
7. 창의성을 발휘할 수 있는 일을 한다.
8. 남에게 쉽게 위임할 수 있는 일을 한다.
9. 시간을 기발하고, 효과적으로 활용하는 파트너와 함께 일한다.
10. '지금 아니면 영원히 해내지 못할' 일을 한다.

COMMENT 하나를 골라 오늘 당장 실천하라!

CHAPTER

21

당신 안의 창의성을 깨워라

창의성은 성공의 필수 요소다. 80/20 법칙에 따라 창의성을 발휘하려면 오직 당신만이 탐구할 수 있는 미지의 영역을 찾아내야 한다. 가장 쉽고 효과적인 방법은 누군가에게 이미 큰 성공을 준 아이디어를 찾아 새로운 분야에 적용하는 것이다. 홀로 있는 시간과 빈둥대는 순간을 소중히 여겨야만 위대한 아이디어를 손에 넣을 수 있다.

DAY

147 다른 아이디어를 조합하라

1960년대 중반, 보스턴컨설팅그룹BCG은 자사의 컨설팅 철학을 명료하게 정의할 새로운 아이디어를 궁리하고 있었다. BCG의 설립자 브루스 헨더슨은 특정 산업 분야 안에서 경쟁하는 기업들 사이에는 우리가 인식할 수 있는 일정한 규칙이 존재할 거라고 어렴풋이 느꼈다.

헨더슨은 많은 사람에게 신뢰받으면서도 서로 독립적인 두 가지 원칙, 즉 **재무 분석** financial analysis과 **시장 분석**market analysis 이론을 조합해서 새로운 이론 체계를 구축했다. 그리고 자신이 새롭게 고안한 통합적 접근 방법에 '전략strategy'이라는 이름을 붙였다. 그는 경쟁적 환경에서 활동하는 대형 기업은 작은 기업에 비해 분명히 경쟁 우위가 있다고 생각했다. 제품 생산 규모가 크고 경험이 풍부한 회사는 원가를 낮출 수 있기 때문이었다. BCG는 여러 차례의 분석을 통해 이 이론의 타당성을 검증했다. 그것이 바로 재무 분석(기업의 수익성을 분석하는 방법론)과 시장 분석(그때까지의 시장 분석 이론에서는 시장 점유율의 중요성이 제대로 인식되지 못했다)을 이어주는 결정적인 연결 고리였다.

헨더슨의 요점은 시장 점유율이 높은 기업은 높은 자본 수익률(기업이 자본을 활용해서 얼마나 많은 이익을 창출했는지 나타내는 지표-옮긴이)을 거둘 수 있다는 것이었다. 또 그는 특정 제품 분야나 '세분화 시장segment'에서 활동하는 기업들의 상대적 시장 점유율에 따라 자본 수익률의 크기가 달라진다는 사실도 발견했다. BCG는 이런 논리를 출발점으로 삼아 실증적 검증이 가능한 이론들을 개발하기 시작했다. 또 BCG는 두 가지 효율적인 도표를 고안했다. 하나는 경험 곡선experience curve(기업의 생산 경험이 축적될수록 제품의 단위당 비용이 감소하는 현상을 나타내는 곡선, 학습 곡선이라고 부르기도 함-옮긴이)이었고, 또 하나는 소, 스타, 물음표, 개 등이 등장하는 성장-점유율 매트릭스growth-share matrix였다. BCG는 비즈니스 전략 부문에서 타의 추종을 불허하는 독보적인 입지를 구축했다. 게다가 이 분야의 눈부신 성장은 지금도 진행 중이다. 비즈니스 전략 컨설팅은 재무 분석이나 시장 분석 컨설팅보다 몇 배나 가치가 높고 이익도 많이 남는 사업이다. 게다가 재미도 있다.

COMMENT **서로 합쳐졌을 때 더욱 가치가 높아지는 2개의 원리를 통합해서 독자적인 미지의 영역을 개척할 수 있는가?**

DAY 148 새로운 분야를 창조하라

1973년, 빌 베인은 브루스 헨더슨의 BCG를 떠나 베인앤컴퍼니를 설립했다. 다른 사람들에게는 무모하게 보일 수도 있는 결정이었다. 그때는 BCG가 비즈니스 전략 컨설팅 분야를 완전히 '장악하고' 있던 시절이었기 때문이다. 베인앤컴퍼니의 유일한 희망이라면 자신만의 독자적인 영역을 개척하는 것뿐이었다. 그들은 결국 뛰어난 독창성을 자랑하는 분야를 스스로 창조했다.

빌은 BCG가 고안한 개념들을 좋아했다. 이들을 개발하는 데 본인이 큰 몫을 담당하기도 했다. 그러나 브루스가 세상 사람들이 '전략'을 생각하는 방식을 바꾸는 데 중점을 두었다면, 빌은 이 방법론들을 활용해서 고객, 자기 자신, 자기 회사에 큰 부를 주기를 희망했다. 베인앤컴퍼니는 미지의 영역을 개발하는 데 초점을 맞췄다. 빌이 찾아낸 미지의 영역은 컨설팅 프로세스를 새롭게 구축하고, 고객의 시장 가치를 높이는 일이었다. 빌은 자신의 컨설팅 회사와 고객사의 조직 구성원들 사이에 새로운 형태의 파트너 관계를 수립해야만 양측의 가치를 몇 곱절로 높일 수 있다고 믿었다.

1980년, 나는 BCG를 떠나 베인앤컴퍼니에 합류했다. 두 회사는 똑같은 콘셉트로 사업을 했지만, 그 이외에는 모든 것이 달랐다. BCG가 고객에게 '정답'을 제공하는 데 주력했다면, 베인앤컴퍼니는 고객에게 높은 재무적 성과를 주는 일을 더 중요하게 여겼다. 베인은 이 과정에서 새로운 분야를 개척했고, 그가 설립한 회사는 지금까지 이 분야에서 독보적인 영향력을 행사하고 있다.

COMMENT 기존에 검증된 아이디어를 어떻게 새로운 영역에 활용할 수 있는가?

DAY
149 독자적인 영역은 부를 만든다

1983년, 짐 로렌스Jim Lawrence, 이언 에반스Iain Evans, 나까지 우리 세 사람은 베인앤컴퍼니에서 퇴사하고 LEK컨설팅LEK Consulting을 설립했다. 우리는 베인앤컴퍼니를 어설프게 흉내 내는 식으로 사업을 시작했으나 그다지 성공적인 성과를 거두지는 못했다. LEK는 BCG의 전략 이론과 베인의 고객 협업 방법론을 함께 활용해서 비즈니스를 수행했지만, 우리만의 독자적인 제품을 내놓기까지는 조금 시간이 걸렸다.

그러다 우연한 행운이 찾아왔다. 우리 회사가 경영대학원 졸업생들을 채용하는 일은 쉽지 않아도 유명 대학교 출신의 연구 보조원research associates, RA들을 채용하기는 비교적 쉬웠다. 그로부터 1년이 지나자 LEK의 조직 구조는 아랫부분이 기형적으로 넓은 모습(파트너 3명, MBA 출신의 컨설턴트 4명, RA 30명)으로 바뀌었다. 우리가 처음에 뽑은 연구 보조원들은 비즈니스나 전략을 전혀 몰랐다.

우리는 이 젊은이들을 어떻게 활용해야 할까? 그들은 정보 수집과 고객사들의 경쟁자를 분석하는 데 남다른 능력을 발휘했다. 우리가 찾은 LEK의 '20퍼센트 스파이크'는 집중적인 데이터 수집과 수량적 분석 역량이었다. 우리는 1950년대 이후로 마케팅 전문가들이 그토록 '잘못된 전략'이라고 지적하던 방향을 택하기로 했다. 시장의 요구에 대응하기보다는 우리가 생산할 수 있는 제품을 내놓은 것이다.

우리에게는 아인슈타인의 '밝히고 싶지 않은 비밀'과 맥락이 일치하는 비장의 무기가 있었다. BCG와 베인에서 습득한 방법론을 새로운 사업 분야에 적용해야 한다는 걸 잘 알고 있던 우리는 수많은 시행착오 끝에 '인수 합병 전략 컨설팅'이라는 제품을 개발했다. 1980년대는 실적이 좋고 경영 성과가 우수한 기업들이 앞다퉈 인수 합병에 나서던 시기였다. 개중에는 자신들과 관련 없는 산업 분야에서 활동하는 기업을 인수하는 회사들도 있었다. 그런 고객들은 LEK가 제공하는 인수 대상 기업에 관한 상세한 정보와 분석 자료가 필요했다. 우리는 매년 2배씩 회사를 키웠고, 컨설팅 분야에서 가장 높은 수익을 올리는 기업으로 성장했다.

COMMENT **당신도 자신만의 고부가 가치 영역을 새롭게 개척하면 어떤가? 그렇게 어렵지 않고 일도 매우 흥미로우며 큰 부를 쌓을 기회이기도 하다.**

DAY 150

창의성의 중심지로 향하라

80/20 법칙은 창의성의 영역에도 적용된다. 지구상의 특정 시간과 특정 장소에서는 아주 짧은 시간과 좁은 지역으로부터 놀라울 만큼 뛰어난 창의성이 탄생하곤 했다. 기원전 5세기의 고대 그리스, 이슬람에 정복된 12~13세기의 스페인 남부, 14세기 암스테르담과 베네치아의 미술, 1470~1550년 피렌체를 중심으로 피어난 르네상스의 꽃, 1852~1870년의 파리, 1920년대의 뉴욕, 1950년대 이후의 실리콘 밸리, 현대의 실리콘 밸리와 시애틀에 비견되는 다른 나라의 도시들.

특정 산업 분야의 **핫스팟**hot spot도 있다. 18~19세기의 독일과 이탈리아는 음악과 오페라의 본고장이었다. 최근에는 그 주도권이 리버풀, 런던, 뉴욕, LA 등지로 넘어갔다. 1920년대 LA는 영화의 원산지이기도 했다. 파리와 밀라노는 패션을 선도했고, 도쿄와 뮌헨은 1960년대 이후 소비재 가전제품의 천국으로 자리 잡았다.

그런가 하면 해당 산업 분야에 속한 사람들만 알고 있는 **소규모의 핫스팟**도 있다. 1963년 이래 전략 컨설팅의 중심지가 된 보스턴은 1960년대와 1970년대를 거치며 전 세계의 모든 전략 컨설턴트를 흡수했다(보스턴과 컨설턴트 모두에게 큰 행운이다).

이런 장소들이 어떻게 창의성의 중심지로 거듭났는지 그 내력을 아는 사람은 별로 없다. 하지만 그곳에 모여든 사람의 숫자가 임계치를 넘는 순간, **다른 창의적인 사람들도 거부할 수 없는 매력을 느끼고 덩달아 끌려 들어가게 된다.** 창의성의 성공 사례를 쉽게 찾아볼 수 있는 곳에서는 다른 사람들도 창의성을 발휘하기가 쉬워진다.

COMMENT 당신은 어디를 향해 가야 할 것인가? 최대한 일찍 그곳에 도착하라.

DAY
151 홀로 있는 순간을 소중히 생각하라

창의적인 사람은 성격이 내향적일 수도 있고, 외향적일 수도 있다. 상황에 따라서는 두 가지 면모를 번갈아 드러내기도 한다. 과학은 사람들 사이에 긴밀한 교류를 요구하는 학문이다. 우리가 창의성을 발휘하려면 남들과 아이디어를 교환할 수 있는 능력, 타인의 아이디어에 공감할 수 있는 능력이 있어야 한다.

한편으로 창의적인 사람은 홀로 있는 시간을 소중히 여긴다. 그림을 그리고, 조각품을 만들고, 창의적인 글을 쓰고, 수학 문제를 풀고, 실험실에서 연구에 몰두하려면 몇 시간이 됐든 홀로 있는 시간을 즐길 줄 알아야 한다. 하지만 어떤 사람(특히 젊은 사람)은 그 일을 매우 어려워한다. 그는 조용한 방 안에 책을 펼치고 혼자 앉아 있는 상황을 마치 고문처럼 생각한다. 추상적이고 개념적인 대상에 진심으로 흥미를 느끼는 사람이라면 홀로 있는 시간을 좋아해야 성장할 수 있다. 혼자 산길을 걷거나 수도원에 머물러보라.

사람의 집중력을 빼앗는 소란함은 삶의 영원한 유혹이다. 방문을 잠그라. 도서관이나 정원의 오두막에 틀어박혀라. 아이들에게 용돈을 주어 내보내라. 혼자(개는 데리고 가도 좋다) 먼 길을 걸어라. 휴대 전화를 치우라. 온라인으로 일할 때는 다른 프로그램들을 모두 닫고 알림 메시지도 울리지 않게 하라.

COMMENT 창의적인 고독을 즐길 수 있는 시간과 장소는 언제 그리고 어디인가?

DAY 152

창의성을 충전하라

그동안 나는 예술가, 작가, 시인, 음악가, 과학자, 사업가 등을 포함해 위대한 창의성을 발휘한 사람들(생존한 사람들과 세상을 떠난 사람들 모두)을 두루 연구했다. 그들은 저마다 다양한 방식의 삶을 살았으므로 창의성을 충전하는 방식도 다양했다.

- 도시, 산, 강, 협곡, 교외 등 아름다운 장소를 방문한다.
- 자신과 상관없는 분야의 책을 읽는다.
- 세미나나 강연을 듣고 다른 창의적인 사람들과 대화를 나눈다.
- 분야가 다른 쪽의 취미 생활을 즐긴다.
- 영화, 연극, 콘서트를 찾는다. 춤, 노래, 운동 같은 활동에 적극적으로 참여한다.
- 역사적인 건물, 박물관, 미술관, 식물원 같은 곳을 방문한다.
- **늦은 밤에 일한다.** 잠재의식은 그들을 종종 잠에서 깨워 그동안 고민했던 문제의 해답을 알려준다.

'좁은 다락방에 갇혀 고문받는 천재' 같은 말은 이제 한물간 서사일 뿐이다. 오늘날 창의적인 사람은 느긋하고, 자기중심적이고, 기발한 방식으로 능력을 발휘하고 어느 곳이든 마음대로 옮겨 다닌다. 창의성을 발휘해서 엄청난 부를 쌓은 사람도 있다.

COMMENT 창의성을 생산하는 공장에 충분한 원재료를 공급하고 있는가?

DAY
153 빈둥대는 시간을 보내라

대부분의 창의적인 사람들은 오랜 시간 일하지 않는다. 그들은 자주 휴식을 취한다. 셰익스피어는 희곡 1편을 완성한 후 다음 작품을 시작하기 전까지 늘 오랜 휴식 시간을 보냈다. 찰스 다윈은 오랫동안 걷기를 좋아했다. 그는 느긋한 아침 식사를 즐겼고, 점심 식사 전 하루의 일을 마쳤다. 위대한 정치인이자 작가였던 처칠은 술을 마시고, 그림을 그리고, 책을 읽고, 사람들과 끊임없이 대화를 나눴다. 빈둥대는 시간은 창의성의 핵심이다. 창의성이 들어설 공간은 당신의 잠재의식 속에 마련되어 있다.

아이디어가 의식의 표면 아래 여기저기에서 끓어오르면 잠재의식은 이들을 한데 모아 표면으로 떠오르게 한다. 하지만 뭔가 행동을 취하는 순간 그 생각은 위로 떠오르지 못하고 가로막힌다. 너무 열심히 일하는 사람은 수많은 문제에 지쳐 아이디어를 생각하는 일을 포기해 버릴 수도 있다.

COMMENT 빈둥대는 시간은 잠재의식에 숨 쉴 공간을 마련한다. 더 창의적인 사람이 되기를 원하는가? 그렇다면 더 적게 일하라.

DAY
154 아이디어를 폐기하라

창의적인 사람은 수많은 아이디어를 생각하지만, 그중 대부분을 미련 없이 쓰레기통에 버리고 최고의 아이디어만 남긴다. **80/20 법칙은 아이디어의 세계에도 적용된다. 위대한 아이디어는 극소수에 불과하다.** 소수의 소중한 아이디어를 보물처럼 대하라. 그들을 품어라. 깨워라. 키워라. 다듬어라. 실험하라. **최고의 아이디어 하나를 골라 발전시켜라. 그 아이디어를 온 힘을 다해 적극적으로 세상에 알려라.**

COMMENT 당신의 위대한 아이디어는 무엇인가?

CHAPTER

22

복리 성장은 인생을 바꾼다

당신이라는 인격체의 긍정적인(그리고 부정적인) 측면은 작고 꾸준한 노력만으로도 시간의 흐름에 따라 복리로 성장할 수 있다. 성장을 원하는 분야를 정의하고 그곳에 모든 역량을 집중하라. 때로는 조직에서 최고의 역할을 맡거나 벤처 기업을 설립함으로써 복리 성장의 과정을 건너뛰는 사람도 있다.

DAY

155 어디에서 복리로 성장할 것인가

당신의 모든 장점, 즉 지적 능력, 지식, 기술, 인간관계 역량, 협업 능력, 돈, 관대한 성품, 통찰력, 친구, 사랑 그리고 자신과 타인의 삶에 더하는 가치 등은 모두 복리로 늘어날 수 있다. 작은 성장이 평생에 걸쳐 복리로 누적되면 엄청난 성장을 낳는다. 하지만 단점 또한 복리로 늘어날 수 있다. 작은 단점이 오랫동안 쌓이면 치명적인 결과로 이어질지 모른다.

그래서 복리로 성장시키는 작업은 어릴 때(그것도 아주 어릴 때) 시작하는 게 중요하다. 부모가 아이를 키우는 일이 세상의 무엇보다 소중한 의무인 이유도 그 때문이다. 아이를 양육하는 일도 잘 해내는 사람이 있고, 그렇지 못한 사람이 있다. 그다지 훌륭하지 못한 부모와 함께 살고 있다면 그분들의 영향력에서 최대한 일찍 벗어나는 편이 좋다. 그리고 좋은 친구들을 만나라.

복리 성장은 매주 작은(심지어 극도로 작은) 발전이나 개선을 여러 해에 걸쳐 꾸준히 이뤄냈을 때 가장 효과가 크다. 하지만 80/20 법칙에 따르면 우리가 삶에서 활용할 수 있는 에너지는 분명 한계가 있다. 생산적이고 영향력 있는 사람이 되려면 장기간의 복리 성장도 중요하지만 특정한 분야와 목표에 에너지를 집중하는 전략도 필요하다.

삶에서 내릴 수 있는 가장 중요한 의사 결정은 어디에서 복리 성장을 추구할지 선택하는 것이다. 가장 이상적인 곳은 평생에 걸쳐 독자적인 능력을 발휘할 수 있고, 경쟁자가 없는 분야다. **그곳은 당신만이 온전히 소유할 수 있는 영역이다.**

자신의 영역을 정의하는 데 오랜 시간이 걸릴지도 모른다. 하지만 그곳을 일찍 정의할수록 기술과 능력을 복리로 성장시키는 과정을 더 일찍 시작할 수 있다. 복리 성장은 이미 독자적인 영역을 찾아 고속 성장 중인 벤처 기업을 설립하거나 그런 조직에 합류함으로써 시작될 수(또는 빨라질 수) 있다.

COMMENT 자신의 영역을 정의하라. 그곳에서 복리 성장을 추구하라!

DAY

156 꿈을 꾸고 실현하라

헬레나 루빈스타인 화장품 제국의 창업자는 1872년, 폴란드 크라쿠프의 유대인 거주 지역에서 태어났다. 생활고에 시달리던 헬레나의 어머니는 자신에게 두둑한 지참금을 줄 남자와 딸을 결혼시키고 싶었다. 하지만 헬레나는 24살의 나이에 혼자 호주를 향해 이민을 떠났다. 전해지는 말에 따르면 그녀는 어머니가 집에서 만든 얼굴 크림 열두 병을 가지고 갔다고 한다.

헬레나는 가정부로 취직했지만, 그 일을 매우 싫어했다. 결국 멜버른으로 거주지를 옮겨 카페의 종업원이 됐다. 얼굴이 예쁘고, 체구가 아담하며 성격이 쾌활했던 헬레나는 자신의 인생을 바꿀 4명의 고객과 친분을 맺었다. 그중 한 사람은 와인 무역상이었고, 한 사람은 미술가였으며 한 사람은 인쇄업자였다. 또 존 톰슨John Thompson이라는 이름의 차 수입상도 있었다. 헬레나가 친구들에게 피부 미용실을 열 계획이라고 말하자, 친구들은 돈과 조언을 제공하며 그녀를 여러모로 도왔다.

1903년 영업을 시작한 미용실은 문을 열자마자 엄청난 선풍을 불러일으켰다. 헬레나는 중부 유럽인의 이국적인 이미지로 부유한 고객과 언론인을 유혹했고, 손님들에게 미용 관리 서비스를 제공했으며 새로운 화장품을 개발해서 비싼 값에 팔았다. 그녀는 승승장구하기 시작했다. 헬레나는 미국 텔레비전에 출연해 자신의 브랜드를 홍보했고, 파리에서 부자들을 포함한 유명 인사들과 어울리며 그들에게 황금잔에 담긴 샴페인과 최고급 카나페를 대접했다. 그녀는 패션 디자이너 크리스티앙 디오르, 시인 장 콕토, 소설가 트루먼 카포트를 포함한 많은 사람의 후원자가 되어 그들의 명성을 높여주었다. 게리 쿠퍼, 가보르 자매들Gabor sisters(3명의 헝가리계 미국인으로 사교계 인사이자 여배우-편집자), 고어 비달Gore Vidal(미국의 소설가이자 배우-편집자), 살바도르 달리 같은 사람들도 그녀의 친구였다. 헬레나는 루스벨트 대통령도 만났고 이스라엘의 초대 총리 다비드 벤구리온의 귀빈으로 초대된 적도 있었다. 피카소는 그녀의 모습을 스케치했고, 그레이엄 서덜랜드를 포함한 많은 유명 화가가 헬레나를 모델로 작품을 제작했다. **그녀는 자신을 복리로 성장시킴으로써 부와 명예를 거머쥐었다.**

COMMENT 당신이 꿈꾸는 삶은 어떤 모습인가?

DAY 157

새로운 분야에 뛰어들어라

마리 퀴리는 당대를 살아간 가장 뛰어난 과학자였다. 그녀가 발견한 방사능(이 용어도 퀴리가 만들었다) 관련 물질들은 어떤 과학적 혁신보다도 더 많은 생명을 구했다. 마리는 여성으로서 첫 번째 노벨상 수상자이며 한 사람이 두 번씩이나 노벨상을 받은(한 번은 물리학으로, 한 번은 화학으로) 유일한 인물이다.

그녀의 복리 성장은 끝없는 물결처럼 이어졌다. 1867년 폴란드에서 태어난 마리 퀴리는 당시 이 나라를 지배하던 러시아 정부에 의해 대학교 입학이 금지되는 아픔을 겪었다. 단지 그녀가 여자라는 이유 때문이었다. 마리는 파리에서 대학에 다닐 돈을 마련하기 위해 가정교사로 일했다. 그녀가 살던 곳은 6층에 있는 작은 다락방으로 난방도, 조명도, 물도, 주방도 없는 곳이었다. 심지어 며칠 동안 '물만 먹고' 지낸 적도 있었다. 하지만 오직 열심히 공부하는 데서 기쁨을 느낀 그녀는 1893년 물리학 부문에서 최고의 점수로 대학을 졸업했으며 다음 해에는 수학 부문에서 2등으로 학위를 취득했다. 마리는 교수였던 피에르 퀴리와 사랑에 빠져 결혼한 후 그와 업무적으로도 동반자 관계를 맺었다.

마리는 당시 새롭게 떠오르던 방사능이라는 분야를 연구하는 수석 연구원이 됐고, 방사능의 방출 원리를 발견함으로써 복리 성장의 속도를 더욱 높였다. 그녀는 2개의 화학 물질을 발견했으며 그중 라듐을 따로 분리하는 데 성공했다. 마리가 발견한 라듐은 당시 유일한 방사성 금속으로 알려졌던 우라늄보다 900배 많은 방사능을 방출한다고 밝혀졌다.

마리는 1차 세계 대전이 시작되자 이동식 엑스레이 장비가 탑재된 자동차들을 이끌고 전장을 누비며 100만 명에 달하는 부상병들의 생명을 구했다. 그녀는 자신의 지적 호기심과 혁신적 실험 덕분에 라듐과 방사능 분야에서 누구보다 전문적이고 풍부한 지식을 쌓을 수 있었다. 어려운 환경에도 굴하지 않는 용기와 학문을 향한 헌신적인 태도는 모든 사람의 모범이 됐다. 그녀가 지적인 문제를 좋아하는 사람들에게 들려주는 교훈은 명확하다. 당신을 흥분시키는 새로운 분야에 진출해서 깊이 뿌리를 내리고, 그곳의 작동 원리를 정확히 파악할 때까지 창의적인 실험을 거듭하라는 것이다.

COMMENT **본인이 최초이자 최고의 탐구자가 될 수 있는 새로운 분야는 무엇인가?**

DAY
158 가슴 뛰는 일을 하라

아인슈타인의 경력은 이해하기가 더 쉽다. 어린 시절의 아인슈타인은 공부에 무관심한 학생이었지만 자신의 '머리 안에서' 살아갔다. 그는 평생 물리학과 양자 역학의 난제들로 가득한 삶을 살았고, 그 문제의 대부분을 풀었다. 하지만 흥미로운 문제와 질문들은 늘 그의 눈앞에 새로운 모습으로 나타났다. 아인슈타인은 이들 앞에서 매료되고, 좌절하고, 도전 의식을 느꼈다. 그의 사랑과 가족사는 지적인 삶에 가려 항상 뒷전으로 밀렸다. 연애도 여러 차례 실패했다. 하지만 그 점이 그를 크게 괴롭히지는 않았다. 아인슈타인은 꾸준하고 점진적인 방식으로 자신을 복리로 성장시켰다. 그는 원자, 입자, 그리고 온갖 낯선 원소로 가득한 세계 속으로 점점 깊이 파고들었다. 이 세계는 그조차 가까스로 파악할 만큼 난해한 곳이었다. 아마 신도 제대로 이해하기 어려웠을 것이다.

아인슈타인의 삶은 1905년이라는 '경이로운 해annus mirabilis'에 날개를 달고 날아가기 시작했다. 그에게 영광의 왕관을 선사한 건 특수 상대성 이론이었다. 이 이론은 아이작 뉴턴 이래로 쌓아 올린 물리학의 모든 신념을 하루아침에 무너뜨렸다. 아인슈타인이 1905년 발표한 5편의 논문은 80/20 법칙이 효과를 발휘한 대표적인 사례라고 할 수 있다. 그는 인류 역사에 신기원을 이룬 논문 5편을 그해 3월에서 6월까지 미친 듯한 '몰입'을 통해 단 4개월 만에 썼다. 그가 논문을 발표하자마자 전통적인 물리학에는 사망선고가 내려졌다. 인류가 우주를 이해하는 방식이 단 한 사람의 위대한 사유를 통해 극히 짧은 시간에 획기적으로 바뀐 것이다.

아인슈타인의 명성은 끝없이 높아졌다. 고등학교와 폴리테크닉 대학교에서 평범한 성적을 올리던 학생이 이제 천재의 외투를 건네받았다. 그가 1916년 발표한 일반 상대성 이론은 또 하나의 환상적인 성과였다. 하지만 그의 마음속에는 '성취의 정점'이라는 단어가 존재하지 않았다. 그는 죽는 순간까지 단 하나의 문제와 씨름했다. 신은 우주를 두고 주사위 놀이를 하는가? 아인슈타인은 아니라고 답했지만, 그의 지적인 동료들은 하나같이 그렇다고 답했다. 당신은 이런 문제를 두고 수십 년을 고민하는 사람을 상상할 수 있나? 아인슈타인이 바로 그런 사람이었다. 그것도 아주 행복하게.

COMMENT 당신에게도 자신을 흥분시키는 중요한 문제가 있는가? 그렇다면 행복하게 세상을 떠날 수 있을 것이다.

DAY
159 올바른 일을 하라

넬슨 만델라는 세상에서 가장 놀라운 복리 성장을 달성하기까지 지옥이나 다름없는 곳에서 오랜 시간을 견뎠다. 그의 지옥은 로벤섬이라는 외딴섬에 자리 잡은 작은 감방이었다.

만델라는 악조건 속에서도 불가능한 일을 꿈꿨다. 개인의 이익 때문이 아니라 자신이 옳다고 생각한 바를 관철하기 위해서였다. 1980년대에 접어들면서 그는 남아프리카 공화국의 미래를 생각하기 시작했다. 그가 속한 ANC는 남아공을 통제 불능의 상황으로 몰고 갔다. 국민당nationalist 정부는 이에 반발해서 시위자들을 어느 때보다 강도 높게 탄압했다. 만델라는 실현 가능성이 크지 않은 두 가지 긍정적인 아이디어를 생각했다. 첫째, 남아공이 평화롭게 민주주의로 이행하는 일은 얼마든지 가능하다는 것, 그리고 지금은 감옥에 있어도 **그 일을 이끌 사람은 자신밖에 없다**는 것이었다.

세계의 수많은 유명 인사가 그를 만나러 감옥으로 갔다. 만델라는 이들을 포함한 바깥세상(영연방 국가들, 남아공의 자유주의자들, ANC의 동료들, 마거릿 대처가 이끄는 영국 정부, 자신을 탄압하는 국민당)을 향해 자신이 남아공 정부와 기꺼이 협상함으로써 피로 얼룩진 소요 사태를 되돌릴 용의가 있다는 신호를 보냈다. **ANC 리더 중 이런 비전을 품은 사람은 아무도 없었다.** 인간적인 흡인력과 강철 같은 결단력을 지닌 만델라는 당시 남아공의 인종 차별주의를 주도하던 '거대한 악어' P. W. 보타 대통령에게 도전장을 던졌다. 그리고 이 나라가 내전을 피하려면 반드시 자신과 협상해야 한다고 압박의 강도를 높였다. 만델라는 국민 한 사람이 한 표를 행사할 수 있는 민주적인 선거 제도를(그 결과 남아공의 흑인이 다수당을 차지했다) 요구했으며 그 대가로 폭력 시위도, 공산주의도, 사회주의도 없는 순수한 민주주의 정부를 약속했다.[1]

만델라는 1985년부터 협상을 시작했다. 그리고 1994년 모든 공동체의 전폭적인 지지를 등에 업고 남아공 대통령에 당선됐다. 현대 정치사에서 이런 동화 같은 사례는 그리 흔치 않다. 이 이야기는 사람들의 가슴을 따뜻하게 해준 이야기다.

COMMENT **정치의 영역에서도 수백만 국민에게 행복을 선사하는 올바른 일이 이루어질 수 있다. 당신이 삶에서 해낼 수 있는 '올바른 일'은 무엇인가?**

DAY
160 잠재력의 힘

제프 베이조스는 똑똑하고 야망이 넘치는 젊은이였다. 10대 시절 베이조스와 사귀었던 여자 친구는 그가 '우주로 진출할 수 있을 만큼' 큰돈을 벌기를 원했다고 말했다. 이 재능 많은 미국인은 1980년대 돈을 벌기 위해 어디로 갔을까? 그가 처음 발을 디딘 곳은 월스트리트였다. 하지만 베이조스는 월스트리트의 형식적인 분위기와 오직 더 많은 돈을 무의미하게 추구하는 풍조를 싫어했다. 그의 복리 성장은 26살 때 데이비드 쇼David Shaw를 만나면서 시작됐다. 쇼는 컬럼비아 대학교의 컴퓨터 공학 교수 출신으로 1988년 수량적 투자 관리(통계학과 수학을 바탕으로 정량적 투자 전략을 수립하는 투자 방식-옮긴이)에 특화된 금융회사 D. E. 쇼앤컴퍼니(DESCO)를 창업한 인물이었다. 베이조스와 쇼는 금세 영혼의 단짝이 됐다. 두 사람 모두 믿기지 않을 만큼 영리하고, 야심 찼으며 창의적이었다.

쇼는 인터넷의 상업적 잠재력을 처음으로 알아본 극소수의 선구자였다. 쇼와 베이조스는 머리를 맞대고 세상의 모든 물건을 인터넷으로 판매하는 '온라인 만물상' 설립 프로젝트를 시작했다. 이 계획은 나중에 아마존의 기본 설계도가 됐다. 두 사람은 오직 최고의 인재만 채용해야 성공할 수 있다고 믿었고, 이 온라인 상점을 지구상에서 가장 고객 중심적인 조직으로 만들고 싶었다. 그들은 온라인으로 물건을 구매한 고객들이 평점과 후기를 남길 수 있도록 사이트를 설계한다는 아이디어도 냈다.

쇼는 이 비즈니스를 DESCO의 울타리 안에서 출범시킬 생각이었다. 하지만 자기 이름으로 사업 시작을 원했던 베이조스는 쇼에게 허락을 구했다. 쇼는 관대하게도 그 요청을 선뜻 승낙했다. 1994년 4월 5일, 베이조스는 자신의 차고에서 아마존을 창업했다. 베이조스는 누구도 따르지 못하는 저렴한 가격, 훌륭한 고객 서비스, 배송 및 기타 부문의 혁신 등 **모든 면에서 높은 기준을 세우며 복리 성장을 이어 나갔다.** 그는 중·단기적 수익을 포기하더라도 시장 점유율을 확보하는 길을 택했다. 아마존의 직원, 공급자, 도급업자가 되는 일은 쉽지 않았지만 이 회사의 주가는 하늘 높은 줄 모르고 치솟았다.

COMMENT 베이조스가 해왔던 일 중 당신을 복리 성장시키는 데 도움이 되는 부분이 있는가?

DAY 161 한 줄의 문장에서 시작된 복리 성장

24살의 평범한 직장인 J. K. 롤링은 연착된 기차에 앉아 멍하니 창밖을 내다보고 있었다. 문득 그녀의 머리에는 마법사들을 위한 기숙 학교로 향하는 어린 소년의 모습이 떠올랐다. 바짝 마르고, 검은색 머리에 안경을 쓰고, 마법에 천부적인 재능이 있는 평범한 외모의 소년 이미지가 마치 어딘가에서 '다운로드'를 받은 듯이 머릿속에 생생하게 그려졌다. 그녀는 흥분하며 그날 저녁부터 책을 쓰기 시작했다.

하지만 해리 포터 이야기를 담은 책은 집필을 완료하고 출판하기까지 무려 7년이라는 시간이 걸렸다. 그 사이에 롤링은 여러 가지 어려움을 겪었고, 경제적 문제와 우울증까지 견뎠다. 그녀에게 이 모든 난관을 헤쳐나갈 용기를 준 건 어린 딸 제시카와 자신이 쓰고 있던 해리 포터 이야기였다. 롤링은 에든버러의 작은 카페에서 커피 한 잔을 시킨 채 몇 시간씩 앉아 한 손으로 글을 쓰면서 다른 한 손으로는 제시카를 돌봤다. 그녀는 『해리 포터와 마법사의 돌』을 반드시 완성하기로 마음먹었다. 마치 세상에 남길 마지막 글을 쓰는 사람처럼 말이다.

물론 그 글은 그녀의 마지막 책이 아니었다. 1997년 출판된 이 책은 전 세계 수백만 아이들의 상상력에 불을 지피며 날개 돋친 듯 팔렸다. 롤링은 해리 포터가 등장하는 책을 6권 더 출판해서 6억 부가 넘는 판매량을 올렸고, 12억 파운드(약 2조 2천억 원)의 돈을 벌었으며 할리우드의 영화 판권도 손에 넣었다. 그 후, 롤링은 로버트 갤브레이스라는 필명으로 성인용 탐정 소설을 쓰기도 했다. 그녀는 이 소설에서 아프간 전쟁에 참전했다가 다리를 잃은 민완 탐정 코모란 스트라이크를 주인공으로 등장시켰다. 이 시리즈는 지금까지 7권의 책으로 출간되어 모두 베스트셀러에 올랐다. 롤링은 관대한 자선 사업가로서 위험한 환경에 놓인 여성과 아이들을 도왔고, 그 이외에도 아낌없이 돈을 기부했다. 그녀는 이 모든 행운을 기쁘게 누리며 해마다 자신을 복리 성장시키고 있다.

COMMENT **삶이 아무리 암울하다고 해도, J. K. 롤링의 감동적인 이야기에서 영감과 희망을 찾기를 바란다. 모든 사람의 마음속에는 일상을 초월한 위대한 상상력이 자리 잡고 있다.**

DAY
162

당신의 커리어는 복리 성장하고 있는가

앞에서 말한 인물들은 모두 자신의 경력을 스스로 복리 성장시켰다. 베이조스는 데이비드 쇼를 만나면서 성공의 기틀을 닦았지만, 그의 경력이 날개를 달고 날아가기 시작한 건 아마존을 창업한 이후부터였다. 마리 퀴리는 파리의 소르본 대학교에 입학하면서 삶의 전기를 맞았다. 그녀는 지적 호기심과 창의적인 실험 정신 위에 자신의 경력을 쌓아 올렸고, 과학의 경계선을 뒤로 밀어냈다. 아인슈타인도 200년간 축적된 물리학의 기반을 하루아침에 무너뜨리는 데는 학문적인 간판이나 자격증이 필요치 않았다. 루빈스타인은 부유한 친구들에게 많은 도움을 받았다. 그러나 그녀가 성공에 이르게 된 비결은 탁월한 창업가 정신과 놀라운 상상력이었다. 롤링은 특유의 상상력과 자신이 발명한 소설 속 캐릭터들 그리고 이들을 자연스럽게 글로 엮는 뛰어난 창작 능력 덕분에 성공을 거뒀다. 만델라는 자신이 선고받은 종신형과 영원한 영광을 맞바꿨다.

이 사람들을 생각하면 한 가지 중요한 질문이 떠오른다. 자신이 통제하지 못하는 회사나 단체 안에서 경력을 복리 성장시키는 일이 가능할까? 물론 열심히 노력하면 언젠가 조직에서 가장 높은 위치로 올라갈 수는 있다. 하지만 아무리 높은 자리에 올랐다 해도 예전에 존재하지 않았던 막대한 가치를 지닌 뭔가를 새로 창조할 수 있을까? 나는 그 일이 완전히 불가능하다고는 말하고 싶지 않다. 단지 가능성이 매우 낮다고 이야기할 뿐이다. 당신은 그런 사례를 생각해 낼 수 있는가? 누구에게도 구속받지 않고 독창성을 마음껏 발휘할 수 있는 환경에서 풍요로운 세상을 창조하기가 더 쉬운 법이다. 심지어 그곳이 보안이 엄중한 감옥이라 하더라도.

직원들에게 많은 학습의 기회를 제공하는 조직도 분명히 있다. 애플, 구글, 스페이스 X 같은 회사가 그런 곳이다. 하지만 나는 여전히 회의적이다. 세상을 바꿀 기업이 아니라 평범한 성공을 거두는 회사, 또는 명확히 정의된 성공의 패턴을 10년 이상 밟아나가는 회사는 최초의 성과를 복리로 성장시키기가 불가능에 가깝다. 당신에게는 놀라운 성공을 가져다줄 자신만의 회사가 필요하다. 당신은 본인보다 훨씬 창의적이고 자유로운 사고방식을 지닌 젊은이들을 채용해서 당신의 터무니없는 아이디어를 현실화하라고 요구해야 한다.

COMMENT 평범함의 함정에 빠지지 말고 자유를 추구하라!

DAY

163

복리 성장은 '한 가지'에 집중할 때 시작된다

복리 성장을 원한다는 말은 본인의 경력이나 삶을 **매년 최고 수준으로 끌어올리고 싶다는 뜻**이다. **80/20 법칙에 따르면 그 일은 불가능에 가까울 만큼 어려울 수도 있고, 상대적으로 수월할 수도 있다.**

당신이 세운 목표가 지나치게 거창하거나 스스로 감당하지 못할 만큼 너무 클 때 복리 성장은 어려울 수 있다. 또 당신이 전체의 20퍼센트가 아니라 80퍼센트에 속한 사람일 때도 복리 성장은 쉽지 않다. 그 일을 자연스럽고 효과적으로 해내지 못하는 사람에게 복리 성장은 너무 벅찬 목표일지도 모른다. 반면 당신이 주어진 일에 소질이 있고, 그곳에서 중요한 지식을 발견했으며 비밀의 지름길을 찾아냈을 때 복리 성장은 상대적으로 쉬울 것이다. 이제 당신은 80퍼센트의 결과를 거둔 20퍼센트의 일원이다. 그러므로 더 수월하게 할 수 있는 일을 하라.

이 차이점을 만드는 요인은 두 가지다. 첫째, 당신이 소유한 기술, 지식, 인간관계는 그 일에 얼마나 적합한가, 둘째, 당신은 그 일에 얼마나 집중할 수 있는가. 첫 번째 요인은 명확한 판단이 가능하다. 당신이 남다르게 잘하는 일을 하라. 반면 **'집중'의 현재 수준을 명확하게 판단하기는 쉽지 않다. 그럼에도 중요하다.** 집중이란 거창한 사고를 지양하고 생각의 범위를 작게 줄여서 복리 성장을 원하는 대상에 사고의 초점을 맞추는 행위를 뜻한다.

우리는 지나치게 많은 일을 한꺼번에 해낼 수 없다. 좋은 부모가 되어 아이들을 정성껏 키우면서 한편으로 세상을 바꾸거나 나라를 돌보기는 쉽지 않다. 스티브 잡스, 넬슨 만델라, 엘리자베스 2세 여왕, 마거릿 대처, 윈스턴 처칠, 알베르트 아인슈타인 같은 사람들의 삶을 보면 그런 사실을 분명히 알 수 있다. 더 많은 돈을 버는 데만 정신이 팔린 사람이 테레사 수녀처럼 봉사하는 삶을 살 수는 없다. 남편과 아내(또는 남편과 남편, 아내와 아내)는 각자 다른 차원의 목표를 성취하는 데 초점을 맞춰야 한다. 물론 두 사람이 같은 목표를 추구할 수도 있지만, 그 목표가 무엇인지는 분명히 정의할 필요가 있다.

COMMENT 당신은 소질이 있는 분야에서 복리 성장을 달성하고 있는가?

DAY
164 성공의 정상에 올라라

당신이 가치 있는 목표를 추구하는 사람이라면 어떤 언덕(하나든 여러 개든)을 올라야 할지 잘 알고 있을 것이다. 가장 먼저 시작해야 할 일은 목표를 세우는 것이다. 즉 지금보다 조금 멀거나 더 높은 언덕의 '정상'에 오르기로 마음먹어야 한다. 시험을 통과하고, 자격증을 취득하고, 흥미로운 조직에 가입하고, 회사에서 승진하고, 원하는 일로 시간을 보낼 수 있을 만큼 넉넉한 돈을 벌고, 수익성 높은 회사를 설립하고, 세상을 이롭게 할 자선 단체를 조직해서 대중의 이목을 끌고 기금을 모집하는 일 등 어떤 목표라도 상관없다.

하지만 막상 목표를 달성해서 언덕의 정상에 오른 후에는 어떤 일이 생기는가? 당신이 야망과 호기심에 가득한 사람이라면 저 멀리 햇빛에 반짝거리는 높은 산의 정상이 어서 올라오라고 손짓하는 모습이 눈에 들어올 것이다. 당신이 언덕을 오르는 일에만 몰두했을 때는 산이 그곳에 있다는 걸 몰랐다. 설령 알았다고 하더라고 그 산은 당신과 상관없는 장소였다. 하지만 이제는 상황이 달라졌다. 당신은 언덕을 오르는 데 성공했다. 다음에 도달할 곳은 저 멀리 보이는 산의 정상이다.

당신은 가치가 높은 기술을 습득한 후(즉 언덕의 정상에 오른 후) 이렇게 생각한다. 어떻게 하면 회사를 설립하거나 네트워크에 참여해서 이 기술을 10배, 100배, 1,000배 더 가치 있게 만들 수 있을까? 당신은 국회 의원에 당선되는 꿈을 꾼다. 그 목표를 달성한 후에는 장관이 되려고 노력한다. 장관이 된 후에는 이렇게 생각한다. 내가 총리나 대통령이 될 수도 있지 않을까? 당신 회사는 이 나라에서 꽤 성공을 거뒀고, 높은 수익도 올리고 있다. 이 회사를 세계로 진출시킬 방법은 없을까?

전에는 보지 못했거나 관심이 없었던 산꼭대기를 어느 날 갑자기 볼 수 있는 이유는 무엇인가? 예전과 다른 사람이 됐기 때문이다. 즉 더 훌륭한 자격을 얻었고, 더 큰 자신감을 쌓았고, 더 희귀한 지식을 축적했으며 더 좋은 사람들과 인간관계를 맺었기 때문이다. 또 예전과 다른 팀에 합류해서 다른 방식으로 생각하기 때문이다. 당신은 기회가 어떻게 나타났다 사라지는지 알았고, 더 창의적인 사람이 됐으며 **불리한 여건에서도 기회를 만드는 법을 터득했다.**

COMMENT 언덕의 정상에 올랐는가? 다음에 등정할 산은 어디인가?

DAY 165

지금까지의 성공은 '각주'에 불과하다

언덕과 산 이야기를 알기 쉽게 설명하는 훌륭한 은유가 하나 있다. 나는 여기에 '각주 이론Footnote Theory'이라는 이름을 붙였다.

사업가 샘 알트만Sam Altman(와이 콤비네이터의 대표를 지냈고 현재는 오픈AI의 CEO로 재직 중이다)은 자신의 다음 프로젝트가 성공할 때마다 앞서 성취한 모든 성과가 자신의 눈부신 경력을 보충 설명하는 '각주'에 불과할 만큼 초라해졌으면 좋겠다고 입버릇처럼 말한다. 지금까지의 성과만 놓고 보면 알트만은 그 희망을 이룬 듯하다.

COMMENT 그동안 삶에서 이룬 모든 일을 초라하게 만들 새로운 프로젝트(물론 성공했을 때)는 무엇인가?

DAY
166 자신만의 일을 시작하라

학교에 다닐 때 교장 선생님은 반장조차 경험하지 못했던 어떤 아이를 전교 회장으로 임명해서(물론 다른 교사들의 동의를 얻어) 학교를 떠들썩하게 만든 적이 있다. 나는 그게 교장 선생님의 실수인지, 아니면 뛰어난 아이를 반장으로 임명하지 않은 담임 선생님에 대한 나무람의 뜻인지 알지 못했다. 어느 경우든 예전에는 한 번도 없던 일이었다. 그리고 그 사건은 내게도 희망을 주었다. 나 역시 반장을 한 번도 경험하지 못한 아이였지만 언젠가는 전교 회장이 될 수 있다는 생각이 들었기 때문이다.

내가 그런 자리에 오르지 못한 이유는 반장이나 전교 회장이 되기에는 남들이 세워 놓은 규칙이나 관습을 좀처럼 따르지 않는 아이였기 때문이다. 하지만 내 생각에 우리의 삶에서는 학교에서와 달리 누구나 복리 성장의 과정을 건너뛸 수 있다. 즉 평범한 성장의 단계를 밟지 않았거나 실패를 겪은 사람도 남들의 예상을 벗어나 한순간 최고의 자리에 오를 수 있다.

레닌, 히틀러, 처칠 등이 그런 과정을 겪은 대표적인 인물이었다. 정상에 오르기까지 약간 먼 길을 돌아가기는 했지만 스티브 잡스도 그런 사람이었다. 그는 자신이 설립한 애플의 CEO로 일하다가 이사회에 의해 쫓겨났다. 그 후로 10년의 세월을 야인으로 보낸 잡스는 1997년 승리자가 되어 애플에 복귀했다. 이사회는 회사의 파산을 막을 유일한 대안이 잡스를 다시 데려오는 것이라는 결론을 내렸다. 그 후로 잡스는 처음 애플을 경영할 때 한 번도 시도하지 않았던 새로운 전략을 바탕으로 이 회사의 눈부신 성장을 이끌었고, 기업의 가치를 획기적으로 높였다.

남들이 발견하지 못하는 기회를 찾아낼 능력이 있는 영리한 사람이라면 권력자들에게 과감히 반기를 들고 자신만의 사업을 시작하라. 현재의 직장에서 승진하려고 발버둥을 치느니 투자자의 지원을 받거나 자기 주머니에 든 돈으로 **회사를 설립하는 방법**이 성공에 이르는 **훨씬 쉽고 빠른 길**이다.

COMMENT 모험을 시도할 수 있는가?

CHAPTER

23

더 적게, 더 효율적으로 일하라

'지렛대'를 갖추지 못한 사람은 '똑똑하면서 게으른' 관리자가 될 수 없다. 당신에게는 힘든 일을 대신 맡아줄 사람들이 필요하다! 이 장에서는 너무 힘들여 일하지 않고도 지렛대를 활용해서 성공에 도달하는 방법 일곱 가지를 이야기한다.

DAY
167 내 일을 대신할 '지렛대'를 찾아라

최고의 업적을 달성하고자 하는 사람은 일하는 시간을 합리적인 수준으로 제한해야 한다. 합리적인 수준이란 무엇인가? 여가 활동과 구분할 수 없을 만큼 일을 즐겁다고 느끼거나 다른 활동보다 일을 훨씬 더 좋아하는 사람이라면 큰 행운아다. 하지만 그런 사람은 매우 드물다. 일을 더 이상 즐길 수 없다면 중지하라. 일주일에 일하는 시간이 20시간, 30시간, 50시간, 5시간, 또는 얼마가 됐든 그건 모두 당신에게 달렸다. 일하는 시간을 결정하는 사람은 바로 당신이다. 전통이나 관습, 또는 다른 사람들의 노예가 되어서는 안 된다.

남이 아니라 자신을 위해 일한다면 일하는 시간을 직접 조정할 수 있다. 아직도 누군가를 위해 일하는 사람은 과도한 업무를 중단할 방법을 찾아야 한다. 남의 회사에 소속되어 월급을 받는다고 해도 업무 시간을 통제하는 일이 가능하다면 자기 회사를 운영하듯 일할 수 있다. 그것이 앞으로 당신이 밟아야 할 길이다. 일정 기간의 '도제' 생활을 거친 다음에는 자신의 영역을 찾아내고 그 분야에서 달인의 경지에 오르는 것이다.

자기 사업을 운영하는 사람은 본인 이외에 아무에게도 스트레스를 받을 일이 없다. 삶에서 받는 스트레스는 그 정도로 충분하다. 제정신을 지닌 사람의 직무 기술서에 남들에게 스트레스를 받는 일이 업무로 있어서는 안 된다. 하지만 여기에는 한 가지 중요한 조건이 있다. **게으른 사람이 위대한 일을 성취하려면 자기 일을 대신해줄 다른 사람들이 필요하다. 즉 지렛대가 있어야 한다.**

이 장에서는 지렛대의 여러 가지 형태를 설명한다. 성격이나 사명에 가장 적합한 지렛대를 고르라. 중요한 사실은 무엇이 됐든 지렛대를 꼭 손에 넣어야 한다는 것이다. 지렛대 없이는 위대한 일을 이룰 수 없다.

COMMENT **지렛대를 획득할 방법을 찾았는가? 아직이라면 여기에 세심한 관심을 기울여야 한다.**

DAY 168

믿을 만한 제자를 양성하라

이 장에서는 당신만의 지렛대를 늘리는 여섯 가지 방법을 살펴본다. 이 중 1~2개의 방법을 선택해서 당신의 힘과 영향력을 몇 곱절로 늘린다면 적은 시간과 노력을 들여 더 큰 성과를 거둘 수 있다.

첫 번째는 '제자disciples'를 두는 방법이다. 최고 경영자나 리더는 종종 조직의 '병목 현상'을 유발한다. 특히 무조건 열심히 일해야 한다고 직원을 몰아붙이거나 모든 의사 결정과 계획에 일일이 관여할 때 그런 현상은 더욱 심해진다. 많은 일에 손댈수록 나머지 구성원들이 할 수 있는 일이 줄어들고 업무를 처리하는 데도 오랜 시간이 걸린다. 왜냐하면 조직의 가장 높은 곳에서 병목 현상이 일어나기 때문이다.

적게 일해서 많은 결과를 거둬들이는 가장 좋은 방법은 믿을 만한 제자를 양성하는 것이다. 예수가 제자들과 더불어 활동했듯이 당신도 제자들과 함께 일할 수 있다. 제자를 두는 전략의 핵심은 당신이 하는 일을 그도 해낼 수 있도록 훈련하는 데 있다. 말하자면 제자를 당신의 확장판으로 만드는 것이다. 당신은 소통의 기술을 발휘해서 자신이 알고 있는 모든 것을 제자에게 가르쳐 주고, 그가 배운 내용을 잘 이해했는지 확인해야 한다. 활동적이고, 자신감 있고, 자립심이 강하며 야망에 넘치는 사람을 제자로 선택하라. 제자가 당신의 일을 대신할 수 있게(또는 더 잘할 수 있게) 되면 그를 세상으로 내보내라. 이를 통해 **당신의 활동 범위와 영향력을 몇 곱절로 늘릴 수 있을 것이다.** 더 큰 장점은 지금까지 직접 처리해야 했던 일에서 손을 떼고 당신이 가장 소질이 있고 좋아하는 일에만 집중할 수 있다는 것이다.

특히 충성심이 중요하다. 제자는 당신의 브랜드, 메시지, 권위를 대신 들고 나가서 활동하는 사람이므로 혹시라도 옆길로 새거나 자만해서는 안 된다.

COMMENT 누군가의 제자로 활동한 적이 있는가? 지금 제자를 두고 있나? 아직 제자가 없다면, 앞으로 그럴 생각이 있는가?

DAY
169 피라미드 구조를 만들어라

지렛대를 늘리는 두 번째 방법은 '피라미드'를 활용하는 것이다. 피라미드 정상 근처에 있거나 자신만의 피라미드를 구축할 수 있는 사람이라면 이 방법을 고려해 볼 필요가 있다. 피라미드의 정의는 다양하다. 나는 이 개념을 아래와 같이 정의한다.

- 피라미드에 속한 사람의 역할과 경험 수준은 분명한 차이가 있다. 적어도 3단계, 보통은 5단계 이상으로 나뉜다.
- 피라미드는 관료주의와 다르며 계급 제도도 아니다. 이 구조의 취지는 가장 높은 단계에 속한 사람이 다음 단계의 사람에게 최대한 많은 일을 위임하고, 두 번째 단계 사람은 세 번째 단계 사람에게 일을 위임하는 식으로 조직의 체계를 쌓는 데 있다.
- 피라미드 구조는 전통적인 구조에 비해 세 가지 장점이 있다.
    - 최고 단계에 있는 사람은 가장 가치 높은 업무에 오롯이 전념할 수 있다. 그런 업무는 대개 보상이 크고 흥미롭다.
    - 하위 단계의 사람은 상위 단계 사람의 일을 대신함으로써 더 많은 것을 배우고, 더 흥미로운 업무를 경험하며 피라미드의 상층부로 오를 능력과 자격을 쌓을 수 있다.
    - 하위 단계의 사람에게 업무를 위임하면 비용 절감 효과가 있기 때문에 회사 차원에서는 제품 가격을 낮추고, 시장 점유율을 늘리며 수익성을 확보할 여력이 생긴다.

COMMENT 피라미드 조직에서 일한 적이 있는가? 이 방법이 마음에 드는가?

DAY
170 피라미드 구조를 실천하라

피라미드의 핵심 아이디어는 당신보다 급여가 낮은 사람이 해낼 수 있는 일을 당신이 해서는 안 된다는 것이다. 다른 사람을 채용해 그가 할 수 있는 일을 넘겨주어야 한다.

처음에는 능숙하게 일을 처리하지 못하고 속도도 느릴 것이다. 하지만 당신이 그 일을 할 때의 비용과 남에게 맡길 때의 비용을 비교하면 경제적으로 충분한 가치가 있다. 그는 그 과정을 통해 조금씩 훈련을 받고 피라미드의 위쪽으로 오르기 시작할 것이다. 조금 극단적이기는 해도 현명한 위임의 방식이다. 게다가 업무를 위임하는 사람의 관점에서도 매력적이다.

피라미드를 활용하는 일은 제자를 두는 일과 다르다. 제자는 자신의 시간을 스스로 책임진다. 그는 스승을 모방해서 자율적으로 일하는 독립적인 개인이다. 이에 반해 피라미드는 좀 더 연속적인 성격을 띠는 조직 구조다. 즉 피라미드의 취지는 조직의 상층부에 있는 사람의 업무 부담을 덜어 그가 적은 일을 통해 더 많은 성과를 달성하도록 지원하는 데 있다. 덕분에 그는 가장 높은 가치를 생산하는 창의적 사고에 더 많은 시간을 쏟을 수 있다.

피라미드의 정점에는 누가(또는 어떤 물건이) 있을까? 아무것도 없다. 그곳을 가리키는 화살표가 있을 뿐이다. 물론 어떤 회사든 최고 경영자가 피라미드의 맨 꼭대기 바로 아래에 있다. 그는 전략을 구상하고, 직원들에게 영감을 주고, 방향을 지시하고, 보상을 결정하는 일 이외에는 별다른 업무가 없다. 반복하지만 최고 경영자는 거의 아무 일도 하지 않는다. 오직 생각할 따름이다! 그의 행동은 생각을 몰아내지 않는다. 왜냐하면 행동하지 않기 때문이다.

COMMENT 피라미드 구조를 이해했는가? 타인의 피라미드에 참여하거나 자신만의 피라미드를 시작할 생각이 있는가?

DAY
171 복제품을 만들어라

복제품을 만든다는 말은 당신을 흉내 내고, 그림자처럼 따르며 모방할 누군가를 고용해서 그를 당신과 똑같은 존재로 세상에 내세운다는 뜻이다. 물론 그 복제품이 당신보다 비용이 적고 덜 바빠야만 가치가 있다. 복제품을 만드는 데 성공한 사람은 낮은 비용으로 더 많은 일을 성취할 수 있다. 몇 가지 예를 소개한다.

- 유명인 중에는 회고록 같은 책을 쓰는 사람이 많다. 그들은 원고의 초안을 복제품에게 맡긴다. 복제품은 유명인보다 그 일을 훨씬 더 잘하고 비용도 저렴하다.
- 비서가 당신이 보낼 편지의 초안을 대신 작성한다. 당신은 내용을 훑어본 후 서명한다. 심지어 비서가 서명을 대신할 수도 있다.

내 친구는 기업 임원들을 위한 클럽을 운영한다. 그곳에 가입하려면 꽤 비싼 비용을 내야 한다. 이 클럽의 회원들에게 주어지는 가장 큰 혜택은 16페이지로 구성된 뉴스레터를 받아볼 수 있다는 것이다. 하지만 뉴스레터는 친구가 아닌 다른 직원(급여가 더 낮은 직원)이 주로 작성한다. 그런데도 뉴스레터의 품질은 한결같이 높은 수준을 유지한다. 친구와 그 직원 모두를 알고 있는 사람도 누가 어떤 글을 썼는지 가려내기가 불가능할 정도다. 신기한 사실은 친구가 이런 식으로 뉴스레터를 제작한다고 고객들에게 공공연히 이야기한다는 것이다. 내가 알기로 이걸 불평한 고객은 지금까지 한 사람도 없다.

COMMENT 자신의 복제품을 만들거나 누군가의 복제품이 될 수 있는가?

DAY
172 생각하고 분석하라

80/20 법칙의 작동 방식을 정확히 파악하는 사람은 노력을 거의 들이지 않고도 놀라운 성과를 거둘 수 있다. 당신이 해야 할 일은 약간의 생각과 분석뿐이다. 물론 분석조차도 아주 적은 비용으로 남에게 위임할 수 있다.

어느 온라인 상거래 기업의 CEO는 기존 고객들이 회사에 제공하는 경제적 가치를 계산해 보라고 직원들에게 지시한 적이 있다. 그 결과 17퍼센트의 고객들이 164퍼센트의 가치를 창출하는 것으로 드러났다. 어떤 고객들은 오히려 회사에 손해를 입혔다. 그는 '적자' 고객들을 상대로 제품 가격을 올리고, 인상된 가격을 거부하는 고객들을 '해고'했다. 대신 17퍼센트의 우량 고객들에게 더 많은 제품을 판매하고, 더 많은 고객을 우량 고객으로 유치하는 길을 택했다.

동료 투자자들과 함께 파일로팩스Filofax를 운영할 때도 비슷한 일이 생겼다. 우리는 회사가 생산하는 제품의 4퍼센트에서 매출의 93퍼센트, 수익의 192퍼센트, 현금의 190퍼센트가 창출된다는 걸 알아냈다. 그래서 회사에 손해를 입히는 96퍼센트 제품의 생산을 중단하고 수익성 높은 4퍼센트 제품의 매출을 높인 결과 회사의 기업 가치는 7년 동안 7배가 뛰었다. 제품 및 고객 수익성을 분석하는 데는 아주 적은 시간과 비용이 들어갈 뿐이다. 그런데도 그로 인한 성과는 참으로 놀랍다!

COMMENT 고객 및 제품 라인의 수익성을 분석한 적이 있는가?

DAY
173 자동으로 일하게 하라

헨리 포드는 자동차 제조 공정을 처음으로 자동화한 인물이다. 그는 제품(그 유명한 포드 T 모델로 오직 검은색만 생산됐다)을 표준화한 후, 특정 작업을 담당하는 근로자들 앞으로 조립 라인이 자동으로 움직이며 지나가도록 생산 공정을 설계했다. 그 결과 포드가 대량 생산에 돌입하기 직전인 1908년 연 6,000대에 불과했던 생산량은 1920년이 되자 125만대로 늘었다. 제품 가격도 63퍼센트 떨어졌고, 회사의 수익은 200배 증가했다.[1]

딕 맥도널드와 모리스 맥도널드 형제는 요식 업계 최초로 조립 라인에서 음식이 생산되는 시스템을 설계했으며 레이 크록Ray Kroc은 이 시스템을 미국 전역에 전파했다. 오늘날 이 회사는 전 세계에 3만 5,000개 매장을 운영 중이다.[2]

스웨덴의 기업가 잉그바르 캄프라드Ingvar Kamprad는 1970년대 초 가구 생산과 유통 업무를 자동화한 후, 제품을 디자인하고 판매하기 시작했다. 오늘날 이케아는 300억 유로(약 48조 336억 원)가 넘는 연 매출과 500억 유로(약 80조 560억 원)의 기업 가치를 자랑하는 기업으로 성장했다. 이케아는 가장 근접한 경쟁자보다 기업 규모가 10배 더 크다. 가구 산업 전체의 연 성장률은 2퍼센트에 불과하지만, 이케아는 매년 14퍼센트의 성장을 기록하고 있다,[3]

심지어 서비스 기업도 자동화의 대상이 될 수 있다. 내가 LEK에서 일하던 1986년, 동료들과 함께 개발한 세 종류의 자동화 제품은 회사 매출의 거의 전부를 차지했고, 그 덕에 전체 매출과 수익은 획기적으로 늘었다. 1992년 내가 2명의 동료와 함께 런던에서 벨기에 레스토랑 벨고Belgo를 열었을 때, 우리는 상류층 고객들을 상대로 최초의 자동화 서비스를 제공했다. 우리는 6년 후, 이 레스토랑을 매각해서 최초 투자 금액의 20배가 넘는 수익을 올렸다.[4]

COMMENT 당신은 제품과 서비스를 자동화해서 큰 부를 쌓을 수 있는가?

DAY

174 나보다 더 나은 사람과 함께 일하라

기업의 CEO, 정치 지도자, 창업가를 포함해서 세상을 더 나은 곳으로 만드는 사람에게 배워야 할 교훈은 더 나은 인재를 채용하거나 그런 사람과 함께 일하라는 것이다. 그는 당신의 캠프에서 이미 일하고 있는 사람보다 더 나은 인재여야 한다. **게다가 당신보다 더 나아야 한다.**

빌 베인도 그 사실을 알고 있었다. 그는 컨설팅 업무를 직접 맡기 싫어했다. 그가 한 일이라고는 회사를 위해 승리의 공식을 개발하고, 부하 직원들을 멘토링하고, 그들에게 동기를 부여하고, 사람들을 관리하고, 엄청난 돈을 벌어들인 게 전부였다. 빌은 1980년대 세계에서 가장 성공적인 컨설팅 회사를 운영한 인물이었다. 하지만 그가 컨설팅 업무에 손을 댔을까? 그는 컨설팅이라면 누구보다도 좋은 아이디어가 있는 사람이었다. 그런데 그 일을 직접 했을까? 그렇지 않았다!

빌이 회사를 설립한 초기에 고객이 컨설팅 업무를 의뢰하면 그는 다음과 같이 행동했다. 먼저 고객과 상담 약속을 잡은 후 자기가 가장 아끼는 5명의 부하 직원 중 1명(가령 랄프 윌러드Ralph Willard)을 데려간다. 대기업의 CEO인 고객은 빌과 잘 아는 사이고 그를 좋아하지만, 랄프를 만난 적은 없다. 빌은 고객과 인사를 나누고, 날씨나 스포츠 경기 등의 이야기를 주고받은 후 자리에서 일어선다. 그리고 놀란 표정의 고객에게 손을 내밀며 이렇게 말한다. “이제 랄프가 모든 일을 알아서 해줄 겁니다. 랄프를 좋아하시게 될 거예요. 저보다 훨씬 나은 사람이거든요.” 빌은 그곳을 떠나 보스턴으로 돌아간다. 고객은 이렇게 묻는다. “랄프, 당신은 정말 빌보다 실력이 있나요?” 랄프가 대답한다. “아마 빌은 그렇게 생각하는 것 같습니다. 제가 듣기에 빌이 사람 보는 눈 하나는 최고라고 합니다.” 두 사람은 웃음을 터뜨린 후 서로 친해진다.

COMMENT **당신도 본인보다 더 나은 사람을 삶에 영입한 적이 있는가? 빌 베인의 방법을 시도해 봤는가? 그렇게 할 용의가 있는가?**

DAY
175 성공 공식을 개발하라

제자를 포함한 훌륭한 인재에 의지해서 일을 처리하려면 성공을 위한 공식이 필요하다. 당신이 개발한 공식을 활용해서 부하 직원을 영웅으로 만들지 못한다면, 아직 제대로 일을 시작한 게 아니다. 훌륭한 성공 공식을 설계하는 일은 중요하다. 최대한의 노력을 쏟았는데도 좋은 결과가 나오지 못했다면 그건 십중팔구 공식이 잘못됐기 때문이다. 당신 또는 직원에게 문제가 있거나, 마케팅 전략이 부실하거나, 경쟁자가 지나치게 영리해서 실패하는 일은 거의 없다. 가장 중요한 이유는 **성공 공식이 영리하지 못했기 때문이다.**

더 나은 성공 공식을 생각하는 건 언제나 가능하다. 빠른 속도로 성장하는 전문 서비스 기업을 들여다보면 조직 구성원들의 거침없는 성장과 수익성의 확대 뒤에 이 회사만의 독특한 성공 공식이 가동되고 있음을 알 수 있다. 소비재 상품을 판매하는 기업들도 마찬가지다. 매출과 수익의 눈부신 성장 뒤에는 시장을 선도하는 뛰어난 제품과 시장의 고도성장 같은 요인이 자리 잡고 있다.[5]

성공 공식을 개발하는 데 필수적으로 참고해야 할 법칙은 80/20이다. 하지만 그 밖에도 스타 원칙star principle(이 책의 저자 리처드 코치가 창안한 개념으로 가장 빠르게 성장하는 비즈니스 및 시장에 회사의 역량을 집중하는 전략-옮긴이)을 포함한 다른 공식들도 얼마든지 활용 가능하며, 80/20 법칙과 스타 원칙을 적절히 조합해서 공식을 개발할 수도 있다. 또는 이들과 전혀 다르면서도 효과가 좋은 경제적 원칙을 선택할 수도 있다. 무엇을 활용하든 영리한 동료들을 유인하기 위해서는 지속적이고 반복적인 성공 공식이 필요하다.

COMMENT 당신은 성공 공식이 있는가?

CHAPTER

24

생각 회로를 바꿔라

이 장에서는 '80/20 사고법'의 기본 지침서를 소개한다. 요약하면 적은 노력을 들여 환상적인 결과를 얻을 수 있는 소수의 대상을 파악하고 그곳에 집중하라는 것이다. 또 80/20 사고법이 왜 사색적이고, 쾌락주의적이고, 진보적이고, 비선형적인 방법론인지도 배우게 될 것이다. 매일 가치 있는 일을 실천하라. 불쾌하거나, 지나치게 힘들거나, 스트레스를 주거나, 시간을 빼앗는 일을 피하라.

DAY **176**

생각의 중요성

조금 무례한 질문 같아도 독자 여러분에게 "당신은 생각합니까?"라고 물으면 대부분 "물론 생각하지. 리처드는 무슨 의도로 그런 걸 묻는 거야?"라고 반응할 것이다. 하지만 이는 최근 들어 누군가 당신에게 제기한 가장 중요한 질문인지도 모른다.

성공과 행복은(진정으로 성공한 사람이든 아니든) 지금 삶에서 진행 중인 일을 얼마나 세심하고 전략적으로 생각하느냐에 달렸다. 요점은 **'무엇을 생각하느냐', 또는 '어떻게 생각하느냐'가 아니라 '생각하느냐, 또는 하지 않느냐'**의 문제다.

세상은 아이디어가 지배한다. 사고는 인간이 자연과의 생물학적 전쟁에서 승리하기 위한 단 하나의 비밀 무기이며 무작위적인 우주에 질서와 의미를 부여하는 유일한 힘이다. 모든 사람이 생각을 많이 하며 살아가는 건 아니다. 꼭 그래야 할 의무도 없다. 사고의 능력은 신이 인간에게 준 선물이다. 그뿐 아니라 적극적으로 행동하고, 업무를 완수하고, 변화를 주도하고, 에너지에 넘치는 행동가를 이끌고 세상을 정복하는 능력 역시 신에게서 왔다. 사고의 능력과 행동의 능력을 동시에 겸비한 사람은 극소수에 불과하다.

COMMENT **위대한 업적을 성취하는 인물은 대부분 생각을 잘하든지 행동을 잘하든지 둘 중 하나다. 둘 다 잘하는 사람은 별로 없다. 당신은 어느 쪽인가? 혹시라도 둘 다 잘할 수 있는 소수의 한 사람인가?**

DAY 177 덜 일하고 더 생각하라

나는 행동하기보다 생각하기를 좋아하고, 오랜 시간 일하기보다는 띄엄띄엄 일하기를 좋아한다. 내가 생각을 중요하게 여기는 데는 이유가 있다. 생각을 선호하는 사람은 행동을 선호하는 사람보다 대개 더 적은 시간을 일한다. 게을러서가 아니다. 생각하는 일도 육체적인 노동 못지않게 힘들다. 하루에 10시간씩 힘들여 일하는 것보다 힘들여 생각하는 게 더 어려울지도 모른다. 하지만 그만큼 가치가 있다.

인간은 어떻게 진보하는가? 더 생각하고 덜 행동함으로써 진보한다. 농업을 생각해 보라. 300년 전에는 인구의 98퍼센트가 논과 밭에서 힘겹게 일했다. 모든 사람이 허리가 끊어질 정도로 일에 매달려야만 살아남을 수 있었다. 콤바인 같은 수확기도 없던 시절이었다. 그들이 동원할 수 있는 도구라고는 소나 노새 같은 가축이 전부였다. 농부들은 열심히 일했는데도 영양실조와 굶주림에 시달렸다. 반면 오늘날 농업에 종사하는 사람들은 인구의 98퍼센트가 아니라 2퍼센트에 불과하다. 그런데도 발전된 경작 기술과 기계에 힘입어 과거와는 비교도 할 수 없을 만큼 엄청난 양의 작물을 생산한다. 사회는 힘겨운 노동이 아니라 사고를 통해 진보한다.

하지만 세상에는 '생각'이라는 말만 나오면 손사래를 치고 힘겨운 노동을 선택하는 사람도 있다. 언젠가 시카고에서 개최된 세미나에 갔을 때 한 동료는 사람들이 자신에게 종종 이렇게 털어놓는다고 말했다. "많은 생각을 요구하는 의사 결정의 공포와 스트레스로 머리가 터질 것 같다며 그들은 오직 몸을 바쳐 열심히 일하는 데 행복을 느끼고, 뭔가를 생각해야 하는 상황에서는 공포, 혐오, 경멸을 표출합니다."

모든 사람이 자유분방한 사색가가 되기를 원하는 것은 아니다. 게다가 모두가 일하는 시간을 마음대로 줄일 수 있는 것도 아니다. 고도의 기술을 요구하는 고소득 직업 중에도 반드시 '그곳에서' 일해야 하는 직종이 있다. 외과 의사나 비행기 조종사도 그런 경우다.

COMMENT 지적인 연습을 좋아하는 사람에게 생각은 매우 신나는 일이다. 생각하면 몸과 마음이 건강해진다. 나는 행동보다 생각에 한 표를 던진다. 당신도 같은 의견인가?

DAY
178 결과의 원인을 파악하라

80/20 법칙은 원인과 결과, 투입물과 산출물, 노력과 보상 사이에 존재하는 불균형을 포착하는 방법론이다. 원인, 투입물, 노력은 아래 두 가지의 범주로 분명하게 나뉜다.

- 영향력이 크지 않은 **다수**(80퍼센트)
- 중요하고 지배적인 결과로 이어지는 **소수**(20퍼센트)

큰 노력은 작은 결과를 생산하고, 적은 노력은 결과의 거의 전부를 생산한다. 80/20 법칙의 핵심 기술은 가장 큰 결과를 생산하는 투입물과 원인을 찾아내는 것이다. 비즈니스의 세계에서는 어떤 소수의 제품, 고객, 시간 활용법이 최고의 고객 만족과 수익성으로 이어지는가? 개인적 삶에서는 어떤 약간의 노력이 성공과 행복이라는 최고의 보상을 낳는가? 가령 남들을 즐겁게 하는 재주를 타고난 사람이 그 능력을 이용해서 주위 사람들에게 가장 큰 만족감을 선사할 방법은 무엇인가?

80/20 법칙은 양쪽에서 접근할 수 있다. 첫째, 당신이 특정한 일에서 좋은 결과를 얻었다면 그 결과를 생산한 제품, 시간 활용법, 활동 등이 무엇인지 파악한다. 즉, 결과를 분석해서 그 결과를 낸 원인을 추적한다. 둘째, 여러 종류의 제품, 시간 활용법, 활동 중 가장 중요한 것이 무엇인지 추측하고(더 세련된 말로 '가설을 세우고') 나중에 결과가 나오면 처음의 추측이 옳았는지 확인한다. 어느 방법을 택하든 가장 중요한 일은 어떤 원인, 투입물, 노력이 훌륭한 결과로 이어졌는지 파악하는 것이다. 그것은 늘 우리 곁에 존재한다. 왜냐하면 80/20 법칙은 어디에나 존재하기 때문이다. 당신이 할 일은 그런 요인을 찾아내는 것뿐이다.

COMMENT 80/20은 가장 효율적인 사고법이자 최고의 게임이다. 이 게임에 합류했는가?

DAY
179 효율적인 공부법

옥스퍼드 대학교에 다니던 18~20세 무렵은 내 인생 최고의 시절이었다. 하지만 학교에 입학한 초기에는 다른 학부생들처럼 나 역시 딜레마에 빠져 있었다. 할 일이 너무 많았다. 정규 수업 이외의 수많은 활동, 스포츠, 친구들과 인생 토론하기, 술 마시기 등을 빼놓을 수 없었고, 밤새워 포커에 열중하는 것도 할 일이었다. 재밌었고 학비를 버는 데도 요긴했기 때문이다. 그러나 야심찬 학생이었던 나는 성적도 올리고 싶었다. 온종일 도서관에 틀어박히지 않고도 좋은 성적을 거둘 방법은 없을까?

아이러니하게도 구원의 메시지는 보들리언 도서관에 틀어박혀 있을 때 찾아왔다. 보들리언은 납본 도서관(국내에서 출간되는 모든 도서를 납본받는 영국의 도서관-옮긴이)이었기 때문에 지하 서고에서 어떤 책이든 마음대로 빌려볼 수 있었다. 어느 날 친구가 추천한 이탈리아의 경제학자 빌프레도 파레토Vilfredo Pareto가 1896~1897년에 출판한 『정치 경제학 강의Cours D'économie Politique』를 읽고, 어느 세기를 막론하고 모든 국가에서 소득과 부의 불균형이 정확히 똑같은 패턴으로 나타난다는 말에 큰 감동을 받았다. 파레토는 80/20이라는 용어를 사용한 적이 없지만, 이 법칙을 얘기하고 있었다.

그러다 문득 한 가지 아이디어가 떠올랐다. **이 법칙을 기말시험에 적용할 수 없을까?** 기말시험에서 작성해야 할 답안지는 무려 11장이었다. 그리고 각 답안지는 3~4개의 질문으로 구성되어 있었다. 나는 지난 20년 동안 시험에 나온 문제들을 책상 위에 순서대로 늘어놓았다. 답안지마다 다양한 종류의 질문들이 어지러울 만큼 많았다. 하지만 많은 문제 중 일부 문제가 형태만 바뀌어 계속 출제될 거라고 생각했다. 그 생각은 옳았다! 가령 프랑스 혁명, 1차 세계 대전, 러시아 혁명, 히틀러의 부상 등에 관한 문제는 언제나 단골로 시험에 나왔다. 나는 답안지마다 출제가 빈번한 6개의 문제를 고르고, 이 주제가 다시 시험에 등장하리라 도박을 걸고 집중적으로 공부했다. 그 전략은 맞아떨어졌다! 핵심 질문만 선택적으로 파고들어 많은 시간을 쏟지 않고도 성적을 올린 것이다.

COMMENT **성적표를 받아 든 후, 80/20 법칙을 평생 가장 가까운 친구로 삼겠다고 다짐했다. 당신도 이 법칙을 친구로 삼으면 어떨까?**

DAY

180 분석은 쓸모가 없다

기말시험에 가장 자주 등장한 문제들을 검토한 방법은 '80/20 분석법'일까 아니면 '80/20 사고법'일까? 이 경우는 둘 사이의 경계선에 조금씩 걸쳐있는 듯하다. 내가 문제들을 어느 정도 분석한 건 사실이기 때문이다. 하지만 나는 복잡하게 숫자를 계산하지 않고도 과거의 답안지들을 죽 훑어보는 것만으로 금방 답을 얻었다. 어떤 문제들이 가장 자주 출제됐는지가 곧바로 눈에 들어왔다.

빠르게 성장하는 산업 분야에서 최고로 좋은 비즈니스 기회가 나온다고 결론 내렸을 때 80/20 분석법을 활용했을까, 아니면 80/20 사고법을 활용했을까? 그건 분명히 80/20 사고법이었다. 나는 그 기회들을 분석하지 않았다. 그 아이디어가 너무도 직관적이고 명료했기 때문이다. 나는 지금까지 어떤 대상이든 분석한 적이 없다. 분석이란 아무 쓸모가 없는 행동이다. 아이디어를 직관적으로 얻든지 그렇지 않든지 둘 중 하나다. 게다가 '기회'를 객관적으로 입증한다는 것은 매우 애매한 작업이다. 그런데도 나는 그게 기회라는 걸 확신한다. **나는 그것이 기회임을 이미 알고 있다.** 왜냐하면 고도로 성장하는 회사에 투자해서 몇 배의 수익을 올린 적이 여러 번이었기 때문이다. 심지어 그 회사들이 작은 벤처 기업이었을 때도 마찬가지였다(대표적인 사례가 세계 최대의 온라인 도박 사이트 베트페어다).

소중한 비즈니스 동반자 이언 에반스는 매우 영리한 분석가다. 그는 다음과 같은 의미심장한 말을 남겼다. "통계적으로는 중요하지 않아 보여도 나는 그것이 중요하다고 자신 있게 말할 수 있습니다." 그 말은 자기의 직감이 너무도 명확해서 분석은 아무런 쓸모가 없다는 뜻이다.

뭔가를 분석해야만 비로소 믿을 수 있는 사람은 사랑에 빠지는 일을 포함해서 많은 유용한 혜택을 놓치게 될 것이다.

COMMENT 더 나은 삶을 원한다면 80/20 사고법을 더 많이 실천하라!

DAY 181

가설이 곧 해답이다

캐나다의 철학자 겸 커뮤니케이션 이론가 마샬 맥루한Marshall McLuhan은 '미디어가 곧 메시지다'라는 유명한 말을 남겼다. 그 시대에서 가장 지배적인 소통의 매체가 소통의 내용보다 더 중요하다는 뜻이다. 알파벳은 인류의 삶을 바꿨다. 문자와 문자에 담긴 의미는 어린아이들을 특정한 방향으로 생각하고 행동하도록 이끌었다. 시각적·청각적 정보의 중요성은 축소되고 인쇄된 문자와 책의 중요성은 커졌다. 구텐베르크가 활판 인쇄기를 발명하면서 그런 현상은 더욱 가속화됐다. 필경사의 손으로 옮겨지던 책이 기계를 통해 인쇄되면서 역사상 처음으로 똑같은 모습의 상품이 반복적으로 생산됐다. 말하자면 조립 라인과 대량 생산(비록 몇백 년 후 등장하는 기술이기는 하지만)으로 향하는 길을 닦은 셈이었다. 현대에 전기와 전자 기술이 발전함에 따라 책의 위상은 점차 추락하고 시각적 학습과 상상력의 중요성이 대두되기 시작했다. 그런 현상을 부추긴 대표적인 기술은 인터넷이었다. 우리는 1년 365일, 하루에 24시간씩 쉴 새 없이 뉴스가 쏟아지는 지구촌에서 산다.[1]

'미디어가 곧 메시지다'라는 말은 언뜻 말장난처럼 들리지만, 여기에는 매우 심오한 의미가 있다. 말장난처럼 들릴지도 모를 위험을 무릅쓰고 여러분에게 한마디 하고 싶다. 80/20 법칙에 관한 한 **'가설이 곧 해답이다'**라는 것이다.

가설이 분석보다 가치가 높거나 분석 자체가 불필요한 경우는 수없이 많다. 당신이 생각하는 답을 최선을 다해 추측하라. 그 답이 참이라는 확신이 들면 단호하게 행동하라. 분석을 위해 방대한 데이터를 모으려고 애쓰기보다는 그편이 훨씬 낫다. 데이터를 모으는 데는 큰 비용과 시간이 들어간다. 이는 값비싸고 낭비일 뿐 아니라 해로운 행동이기도 하다. 비즈니스든 개인적 삶이든 우리 옆에는 언제나 '경쟁'이라는 상황이 따라다닌다. 당신이 제때 행동을(가령 회사를 매입하거나, 똑똑한 인재를 채용하거나, 천재와 협업하거나, 사랑하는 사람에게 청혼하거나, 누군가의 친구가 되거나, 집을 구매하거나, 시간에 맞춰 병원에 도착하거나) 취하지 않으면 다른 누군가가 선수를 칠 것이다.

COMMENT 중요한 사안일수록 정확한 가설을 일찍 수립하는 습관을 들여야 한다.

DAY
182 전통적 사고방식의 덫

80/20 법칙을 누구보다 많이 생각했고, 누구보다 많은 글을 썼다고 자부한다. 하지만 요즘처럼 소란스럽고 어지러운 세상을 살아가노라면 아래와 같은 전통적 사고방식에 빠져들기 쉽다.

- 필요한 것만 선택적으로 생각하기보다 모든 것을 한꺼번에 생각한다.
- 그날 해야 할 일을 습관처럼 한다. 그 일이 누군가에게 정말 유용한지, 또는 손대지 말고 그대로 놓아두는 편이 나은지 판단하지 않는다.
- 남들이 하는 일을 그대로 따라 한다. 가령 무작정 열심히 일하고, 중요하지도 않은 일에 매달리고, 스스로 시간을 낭비하면서도 시간이 부족하다고 좌절한다. 한마디로 '생각 없이 행동'한다.
- 자신을 늘 평범한 존재로 생각한다. 본인이 가장 잘하는 일에서 최선을 다할 때 특별하고 뛰어난 존재가 될 수 있다는 걸 잊어버린다.
- 어떤 일에서든 약간의 성과를 거두면 그곳에 안주한다. 아직 누구도 이루지 못한 더 멀고 아름다운 목표를 상상하지 않는다.
- 80/20 법칙이 가까운 곳에서 우리를 위해 봉사할 준비가 되어있는데도 80/20을 하루 내내 잊고 살아간다.

당신은 어떤지 잘 모르겠지만, **나는 80/20을 아침, 점심, 저녁 생각하는 날 가장 즐겁고 행복한 하루를 보내는 편이다.** 나는 마음이 느긋할 때 많이 미소 짓고 크게 웃음을 터뜨린다.

COMMENT 80/20 법칙을 매일 생각하라!

DAY
183 충분히 사색하라

80/20 사고법의 목적은 큰 노력이 필요치 않으면서도 자신과 타인의 삶을 비약적으로 개선할 수 있는 활동을 실천하는 데 있다. 그런 활동에는 통찰력이 필요하고, 통찰력은 반성과 내적 성찰을 요구한다. 통찰을 얻기 위해서는 더 많은 정보가 있어야 할 때도 있지만 항상 그런 것은 아니다. 아니, 대부분 그렇지 않다. **두뇌에는 생각보다 훨씬 많은 정보가 이미 담겨있다.**

현대인의 사고는 성급하고, 기회주의적이며 지엽적이다. 또 선형적인 의식 구조에 기반을 둔다. 우리는 좋거나 나쁜 일이 생겼을 때 어떻게든 그 일의 원인을 찾아내려 한다. 하지만 사건의 원인은 불투명하거나 복잡하게 얽혀 있어서 파악하기 쉽지 않을 때가 많다. 게다가 개인적 배경이나 경험, 오랜 시간 형성된 편향된 시각에 영향을 받기 일쑤다. 문제의 원인을 밝혀내려고 애쓰기보다는 문제 자체를 제거해 버리는 편이 쉽고 빠를 뿐 아니라 정신 건강에도 이로울 수 있다. 그러기 위해서는 반反문화적인 사고방식, 모호함과 역설을 수용하는 마음가짐이 필요하다. 전통적 사고는 합리적이고 분석적이다. 80/20 사고는 직관적이며 당신의 잠재의식에서 생겨난다.

진정으로 사색하는 사람은 드물다. 대부분은 참을성이 부족한 데다 모든 것을 빨리 생각해야 한다는 압박감을 느낀다. **속도를 늦추고** 자신을 돌아보라. 어떤 문제든 어린아이의 눈을 통해 관찰하듯 맨 위에서부터 바닥까지, 안에서부터 바깥까지 순수하게 들여다보라. 남들이 하는 말을 이리저리 뒤집어 여러 각도에서 생각하라. 80/20 법칙에 따라 사고하는 사람의 임무는 섣부른 행동을 자제하고 조용히 심사숙고하며 마음속에서 몇몇 소중한 통찰을 끌어내는 것이다. 충분한 사색의 과정을 거친 후 소수의 목표와 구체적인 범위를 정해 주의 깊고 선택적으로 행동하라. 처음에는 실험적으로 행동을 시작하고, 확실성과 자신감이 증가할수록 단호하고 열정적으로 행동에 임하라. 그래야만 에너지와 노력을 최소한으로 줄이면서도 놀라운 성과를 생산할 수 있다.

COMMENT 당신도 사색적인 사람이 될 수 있다. 얼마나 자주 자신을 반성하는가?

DAY
184 즐겁게 생각하라

80/20 사고법은 쾌락을 추구한다. 생각은 즐거워야 한다. 단순히 본능을 좇아 사는 것보다 생각하는 일이 삶에 더 긍정적이고 보람 있는 선택지를 제공한다. 80/20 사고법은 삶을 즐겨야 할 대상으로 인식한다. 모든 위대한 성취는 우리가 지닌 기술에 대한 흥미, 기쁨, 즐거움의 산물이며 미래의 행복을 향한 열망의 결과물이다.

하지만 우리는 그다지 좋아하지 않는 사람과 많은 시간을 보내고, 크게 흥미가 없는 직업을 선택하며 별로 즐겁지 않은 활동으로 '자유 시간(자유 시간이라는 말 자체가 반쾌락주의적인 개념이다)'의 대부분을 낭비한다. 그러면서도 정작 가장 좋아하는 친구와는 시간을 나누지 않고, 못내 얻고 싶은 직업은 추구하지 않는다. 대부분은 낙관주의자가 아니다. 심지어 낙관주의자 중에서도 더 나은 미래를 위해 세심히 계획을 짜는 사람은 별로 없다. 이는 죄책감이 기쁨을 이겼고, 유전자가 지성을 눌렀고, 운명이 선택을 압도했고, 죽음이 삶을 승리했다는 뜻이다.

쾌락주의는 진지함이 부족한 이기적인 철학이라고 매도하는 사람이 많다. 그건 중상모략이다. 남들을 진심으로 돕고 위대한 일을 성취하고자 하는 사람은 즐거움과 행복을 느껴야 한다. 즐기지 않고도 위대한 일을 이루려는 시도는 어려울 뿐 아니라 경제적이지도 않다. 좀 더 쾌락적인 삶을 산다면 세상은 더 풍요로운 곳이 될 것이다.

COMMENT 더 쾌락적인 사람이 될 수 있는가?

DAY
185 낙관주의가 진보를 만든다

지난 3,000년 동안 뚜렷하게 의견이 갈린 쟁점이 있다. 인류의 역사는 갈팡질팡하면서도 위를 향해 꾸준히 진보하는가? 아니면 희망 없이 추락하는가? 역사가 진보한다는 관점에 반론을 제기한 대표적인 사람들은 플라톤, 아리스토텔레스, 세네카, 호라티우스 같은 고대 그리스·로마 시대의 사상가와 문학가들이었고, 현재의 철학가들도 대부분 비슷한 의견이다. 반면 역사의 진보를 믿었던 사람들은 주로 18세기 계몽주의 철학가들과 마르크스와 다윈을 포함한 19세기 과학자와 철학가들이었다. 역사학자 에드워드 기번Edward Gibbon은 역사의 진보를 가장 강한 어조로 부르짖었다. "나는 이 세계가 어느 시대를 막론하고 인간이라는 종족의 부, 행복, 지식 그리고 (아마도) 도덕을 꾸준히 향상해 왔으며 지금도 향상하고 있다는 만족스러운 결론에 도달했다." 이 논란은 끝나지 않겠지만, 인류의 진보를 믿는 것은 일종의 신앙이자, 우리의 의무이기도 하다. 오직 진보를 믿는 사람만이 진보를 창조할 수 있다.

80/20 사고법은 낙관주의를 기반으로 한다. 이는 역설적이다. 80/20 법칙은 지금보다 훨씬 높은 수준으로 발전해야 하는 삶이 그렇지 못한 상태에 머물러 있음을 입증한다. 하지만 동시에 진보를 향한 기회와 희망을 준다. 우리가 소유한 자원 중 훌륭한 성과로 이어지는 건 20퍼센트에 불과하다. 나머지 대다수는 그저 구색 갖추기일 뿐이다. 20퍼센트에 더 많은 힘을 싣고, 80퍼센트는 그럭저럭 유지만 해도 더 높은 수준의 삶에 도달할 수 있다. 심지어 새로 도달한 곳에서도 투입물과 산출물은 균형 있게 분배되지 않을 것이다. 그러므로 20퍼센트의 자원에 더 많은 시간과 노력을 투입하면 한층 높은 수준의 삶으로 올라설 수 있다. 진보의 가능성을 가로막는 일은 멍청한 행동이다. 아인슈타인은 천재와 멍청이의 차이를 천재는 한계가 있어도 멍청이는 한계가 없는 것이라고 말했다.

비즈니스와 과학의 진보는 80/20 법칙의 타당성을 입증한다. 이 두 가지 분야에서 진보는 끝없이 지속될 것이다. 똑같은 법칙을 삶의 다른 영역에 적용하면 인류의 부, 행복, 지식, 도덕이 끊임없이 진보한다는 기번의 말이 결국 옳았음을 입증하게 될지도 모른다.

COMMENT 낙관주의는 진보를 창조한다. 낙관적으로 생각하라.

DAY
186 선형적 사고의 오류

전통적인 사고방식은 선형이다. '선형'은 한쪽만을 향해 곧게 나아가는 직선의 형태를 뜻한다. 대표적으로 어떤 일의 원인을 추론하는 방식이다. 우리는 A가 B라는 결과를 낳았고, B는 C라는 결과를 낳았다고 생각한다. 또 Y는 X의 필연적인 결과물이라고 믿는다. 내가 지금 기분이 나쁜 이유는 당신이 나를 실망시켰기 때문이다. 내가 식당에서 햄버거를 뒤집고 있는 이유는 열심히 공부하지 않았기 때문이다. 내가 성공한 건 똑똑한 사람이기 때문이다. 회사가 성장하지 못하는 이유는 이 산업이 한물갔기 때문이다.

선형적 사고방식이 매력적인 이유는 간단하고 평범하기 때문이다. 하지만 이 사고방식은 세계를 단편적으로 바라보고, 바꾸지 못한다. 과학자와 역사가는 이미 오래전에 선형적 사고방식을 포기했다.

80/20 사고법은 당신에게 구명보트를 제공한다. 하나의 원인에서 나오는 결과는 없다. 그 무엇도 필연적이지 않고, 완벽한 평형 상태에 놓이지 않는다. 우리가 바꾸지 못할 것은 없다. 원치 않으면서도 평생을 견뎌야 하는 상황은 존재하지 않는다. 원한다면 무엇이든 손에 넣을 수 있다. 당신을 둘러싼 환경은 작은 행동, 작은 사건, 작은 변화로 인해 균형이 크게 좌우될 수 있다.

중요한 의사 결정은 소수에 불과하다. 그 소수의 의사 결정이 삶에 큰 역할을 한다. 의사 결정이나 선택은 선형적으로 이루어져서는 안 되며 다양한 관점과 옵션을 검토해 신중하게 내려야 한다.

성장은 항상 중요하다. 우리는 성장의 기회(성장하는 회사, 성장하는 트렌드)에 이끌려야 하며, 개인적으로도 성장해야 한다. 대부분의 성장은 선형적이다. 더디게 이루어지고, 예측도 가능하다. 하지만 가장 강력하고 탁월한 성장은 '기하급수적' 성장이다(기하급수적 성장이란 제곱의 속도로 이루어지는 성장을 뜻한다. 가령 매년 2의 거듭제곱으로 성장한다는 말은 해마다 전년도의 2배씩 성장한다는 의미다). 기하급수적 성장은 한 번 속도가 붙으면 건잡을 수 없이 빨라진다. **기하급수적 성장을 추구하라!**

COMMENT **80/20 사고법은 선형적이 아니라 역동적이고 다차원적인 사고방식이다. 삶에서 기하급수적 성장을 거둘 수 있는 소수의 목표를 염두에 두고 있는가?**

DAY
187 열심히 일해야 할까?

누구나 세상을 살다 보면 열심히 일해야(적어도 열심히 생각해야) 하는 순간이 있다. 특히 사회생활 초창기, 한창 업무의 요령을 익힐 때는 누구보다 열심히 일에 매달려야 한다. 당신이 훌륭한 스승을 찾아낸 후 그 사람의 제자가 되어 일하기로 했다면 스승은 기술을 전수하는 대가로 당신에게 엄청난 양의 노동을 요구할지도 모른다. 특히 스승 자신이 밤낮을 가리지 않고 열심히 일하는 사람이라면 더욱 그럴 것이다.

또 업무 강도가 높은 기업 문화 속에서 승진을 원하는 사람도 회사 분위기에 맞춰 열심히 일할 필요가 있다. 빠르게 승진할수록 빠르게 배우는 법이다. 그런 혜택을 얻기 위해서라면 힘든 노력이라는 가격을 충분히 치를만하다. 하지만 그런 상황에서도 당신이 상사를 스스로 선택할 여지가 조금이라도 있다면 80/20 법칙을 이해하는 상사를 찾으려고 노력하라. 그 사람은 더 효율적으로 생각하는 법, 적은 노력을 들여 높은 생산성을 발휘하는 법을 알려줄 것이다.

당신이 상사의 그늘에서 벗어났을 때 경력은 날개를 달 것이고, 일은 더 즐거워질 것이다. 자기가 회사의 주인이 되거나 어느 곳에서도 늘 주인처럼 행동하는 사람은 본인의 시간을 통제할 수 있다. 그런 사람만이 적은 스트레스와 시간을 들여 커다란 성과를 달성하는 80/20의 삶을 온전히 즐길 수 있을 것이다.

COMMENT 어떤 조건에서 일하든 똑똑하면서도 게으른 사람이 되어 큰 성공을 거두라. 당신은 이미 그런 단계에 도달했는가? 아직 아니라면 그곳에 좀 더 빠르게 도달할 방법은 무엇인가?

DAY 188 가치 있는 일을 하라

매일 밤 잠자리에 들기 전, 혹은 매일 아침 일어나자마자 오늘은 직장 동료, 자기 자신, 친구를 포함한 누군가의 삶에 큰 가치를 더해줄 한 가지 일을 해내겠다고 다짐하라. 예를 들어

- 좋은 성과로 이어질 특정한 업무
- 누군가를 행복하게 할 호의나 깜짝 선물
- 몸과 마음을 더 건강하게 할 운동이나 식습관 개선
- 배터리를 재충전하고 창의성을 높일 휴식이나 놀이
- 자신과 친구들을 위한 즐거운 이벤트
- 남들에게 방해받지 않고 좋은 책을 읽을 최소 2시간의 여유

COMMENT 80/20 사고법을 활용해서 어떤 일을 해야 할지 결정하라. 즐거움을 주는 일, 적어도 고통이나 스트레스를 줄여줄 일을 선택하고 그곳에서 최대의 혜택을 수확하라. 오늘, 내일, 또는 매일 뭔가 가치 있는 일을 할 수 있는가?

DAY

189 약점을 외면하고 장점을 강화하라

모든 일을 잘하는 팔방미인이 되겠다는 생각은 망상이거나 위험한 착각이거나 둘 중 하나다. 그 생각이 망상인 이유는 현대인의 삶이 수많은 세부 분야와 전문 영역으로 이루어져 있어서, 모든 일을 한다는 말은 아무 일도 하지 않는다는 말과 같은 뜻이기 때문이다. 또 그 생각이 위험한 착각인 이유는 모든 일에서 두각을 나타내려면 즐거움이 사라지고 가장 소질이 있는 분야에서 기술을 갈고닦을 기회를 놓치기 때문이다.

약점을 정확히 인식하되 이를 마음에 담아두거나 자책하지 마라. 당신의 약점은 친구들을 포함한 주위 사람들에게 즐거움을 선사하는 도구가 될 수도 있다. 약점이 있는 사람은 인간적으로 보이고 남에게 겁주지 않는다. 약점이 조금 있다고 해도 그냥 웃어넘기고 신경 쓰지 마라. 대신 아주 소수의 분야에서 남보다 뛰어난 능력을 쌓으려고 노력하라. 매일 기술을 연습하고, 끝없이 실력을 연마하라.

당신의 약점에서 오는 부정적 결과를 눈 녹듯 사라지게 할 사람을 찾아라. 허물을 덮고 뒤를 받쳐줄 좋은 친구를 만들라. 가장 이상적인 상황은 그 사람과 사랑에 빠지는 것이다!

COMMENT 자신의 약점을 못 본 체하고 장점을 강화하는 데 얼마나 능한가?

CHAPTER

25

의사 결정은 적을수록 좋다

의사 결정은 인간의 전유물이다. 삶에서 가장 중요한 의사 결정은 10여 개에 불과한데도 우리는 너무나 많은 의사 결정에 시달린다. 여기서는 의사 결정의 수를 줄이는 법을 살펴본다. 선택은 적을수록 좋다.

DAY
190 의사 결정은 어렵다

인간을 제외한 모든 피조물은 본능에 의지해서 살아간다. 그들의 삶은 유전자가 결정한다. 인간에게 주어진 가장 큰 영광이자 위험 요소는 스스로 의사 결정을 내릴 수 있다는 것이다. 인간은 유전자, 관습, 본능에 도전장을 던지는 존재다. 우리는 주어진 길만 쳇바퀴처럼 오가지 않는다. 천국을 향해 날아갈 수도 있고 지옥에 떨어질 수도 있다. 어느 쪽이든 결과를 책임지는 사람은 신도, 운명도, 유전자도, 친구도, 조언자도 아닌 자신이다. 당신이나 내가 스스로 운명을 결정한다. 우리가 신이다. 우리의 무기는 의사 결정이다.

의사 결정은 우리를 저마다 다른 길로 이끄는 지렛대다. 우리는 의사 결정을 통해 자유, 지옥, 천국 어디든 도달할 수 있다. **의사 결정은 어렵다.**

200년이나 300년 전만 해도 99퍼센트의 사람들은 중요한 의사 결정을 내리지 않았다. 그들에게는 삶 전체를 통틀어 그런 결정적인 순간이 많지 않았다. 그들이 의사 결정을 내릴 능력이 없었던 이유는 가난과 타고난 조건, 상상력, 경험, 롤모델의 부족 때문이었다. 그들이 내릴 수 있었던 중요한 의사 결정은 스스로 목숨을 끊거나, 누군가를 죽이거나, 세상에서 사라지는 것뿐이었다. 그밖에는 선택의 여지가 별로 없었다.

하지만 오늘날은 상황이 달라졌다. 우리에게는 독립적인 개인으로서 엄청난 수의 선택지를 취향에 맞춰 검토할 자유가 주어졌고, 의사 결정을 내릴 수 있다. 인류가 사상 유례없을 만큼 마음껏 의사 결정을 내릴 자유를 얻어낸 상황에서 과학적이고 체계적으로 의사 결정을 내리고 그 작업을 돕는 도구도 많으리라 생각하는 사람이 있을 것이다. 안타깝게도 그 생각은 옳지 않다. 하지만 우리 곁에는 앞길을 인도하는 80/20 법칙이 있다.

COMMENT 중요한 의사 결정을 내린 마지막 순간은 언제인가? 어떻게 결정했나?

DAY
191 더 적은 선택이 더 나은 결과를 낳는다

심리학자 배리 슈워츠Barry Schwartz는 사소한 듯 보이면서도 효과적인 실험 하나를 실시했다. 그는 한 그룹의 학생들에게 6개의 초콜릿이 든 상자를 나눠주고, 또 다른 그룹에는 30개의 초콜릿이 담긴 상자를 나눠준 후 맛을 평가해달라고 부탁했다. 그 결과 첫 번째 그룹의 학생들이 초콜릿을 더 맛있게 먹었다고 응답했다. 더 많은 선택의 대상이 초콜릿의 **가치를 떨어뜨린 것**이다.

슈워츠는 우리가 매일 마주치는 선택지의 수가 '현명한 의사 결정'을 내릴 능력을 훨씬 초과하는 수준으로 증가하고 있다고 지적한다. 기술이 복잡하게 발전할수록 선택지들을 걸러내기가 더 어려워진다. 의사 결정을 내릴 때마다 한 세대 전보다 훨씬 많은 선택지를 두고 고민해야 한다. 여기에는 세 가지 문제점이 따른다. 의사 결정이 점점 어려워지고, 실수를 저지르기 쉬우며 나중에 후회할 확률도 높아지는 것이다.[1]

경제학자 허버트 사이먼Herbert Simon은 1950년대 사람들을 '만족자satisficer'와 '극대화자maximizer' 두 가지로 분류했다. 만족자란 '적당히 좋은' 해결책에 만족하는 사람을 뜻하고, 극대화자는 늘 '최고의' 해결책을 얻기 위해 애쓰는 사람을 말한다. 사이먼은 수많은 선택지를 조사하는 데 들어가는 비용과 의사 결정이 잘못됐을 때의 위험성을 고려하면 '만족자'가 항상 더 행복해질 수밖에 없다는 결론을 내렸다.

배리 슈워츠 역시 훌륭한 통찰을 전한다. 사람은 영구적이고 되돌릴 수 없는 의사 결정을 내렸을 때, 삶을 있는 그대로 받아들일 때 더 행복해한다는 것이다. 좋아하는 것을 가질 수 없다면 가진 것을 좋아하라.

COMMENT 당신은 만족자인가 극대화자인가? 올바른 선택을 내렸나?

DAY
192 중요한 의사 결정은 많지 않다

우리는 세상을 살면서 수많은 의사 결정과 마주친다. **하지만 삶에 진정으로 중요한 의사 결정은 10여 개에 불과하다.** 그중 몇 가지만 소개한다.

- 누구를 사랑할 것인가?
- 가정을 꾸려야 할 것인가, 말 것인가?
- 어디에 살 것인가?
- 어떤 야망을 품을 것인가?
- 어떤 일을 좋아할 것인가?
- 어떤 1~2명을 골라 긴밀하게 협업할 것인가?
- 어떤 대의大義를 따르고 지원할 것인가?
- 어떻게 해야 행복해질 것인가?
- 어떤 삶의 의미를 추구할 것인가?

COMMENT ▶ 어떤 항목의 의사 결정을 내렸나? 앞으로 내려야 할 의사 결정은 무엇인가?

DAY
193 의사 결정의 수를 줄여라

모든 의사 결정에는 대가가 따른다. 어떤 경로를 택해 여행을 갈지, 어떤 오븐을 구매할지와 같은 사소한 의사 결정에도 적지 않은 시간과 정신적 에너지가 들어간다. 선택이 폭이 넓어지고, 경쟁자가 많아지고(그로 인해 새로운 공급업체와 선택지가 생기고), 사람들의 기대치가 높아지면서 우리 앞에 놓인 의사 결정의 수도 엄청나게 증가한다. 심지어 좋은 일에 관련된 의사 결정도 선택의 범위가 급격하게 늘어나면 불쾌한 부작용을 일으키고, 최악의 경우는 그 선택이 실수인지도 모른다는 스트레스를 유발함으로써 정신을 마비시킬 수도 있다.

하지만 80/20 법칙은 그보다 더 심각한 부작용을 경고한다. 사소한 의사 결정이 중요한 의사 결정을 방해한다는 것이다. 당신의 마음이 대단치도 않으면서 급하기만 한 의사 결정들로 넘쳐난다면, 정작 행복과 영향력을 높이는 데 필요한 장기적 의사 결정은 어떻게 내릴 수 있을까?

우리가 내려야 할 의사 결정의 수는 계속 증가해 왔고 이 순간에도 늘어나고 있다. 우리는 이 숫자를 줄여야 한다. 당신이 내려야 할 가장 유용한 의사 결정은 그 수를 줄이는 방법을 결정하는 것이다.

COMMENT **1~2분만 시간을 내어 의사 결정의 수를 어떻게 줄여야 할지 생각하고, 가장 중요하지 않은 의사 결정부터 과감히 잘라라.**

DAY
194 동전을 던져 선택하기

'동전 분석coin analysis'을 활용하면 고민해야 할 의사 결정의 수를 줄이는 데 도움이 된다. 동전 분석은 간단하고 빠른 데다 비용도 전혀 들어가지(동전이 떼굴떼굴 굴러 옷장 밑으로 들어가지만 않는다면) 않는다. 게다가 의사 결정의 결과를 두고 화를 낼 필요도 없다. 결정을 내린 것은 당신이 아니라 동전이기 때문이다.

당신의 추측이 맞다. 별로 중요하지 않은 의사 결정을 내려야 하는 상황이 찾아오면 동전을 던져라.

앞면이 나오든 뒷면이 나오든 동전의 선택을 그대로 받아들인다면, 당신은 노력을 들이지 않고도 의사 결정을 내린 셈이다. 당신은 수많은 사람이 별로 중요하지도 않은 문제 앞에서 스프레드시트를 펼쳐놓고 분석하는 현대인의 불합리성을 당당히 비웃었다. 비록 동전의 선택이 잘못됐다 하더라도 그건 당신의 책임이 아니다. 당신은 한술 더 떠서 앞으로 중요하지 않은 '모든' 의사 결정은 동전을 던지겠다고 방침을 정할 수도 있다. 그렇게 내린 결정 중에는 결과가 좋은 것도 있고, 나쁜 것도 있을 것이다. 하지만 복잡한 분석을 통해 내린 의사 결정이 꼭 더 나은 결과를 가져온다고 누가 말했나?

알 수 없는 것은 후회의 대상이 될 수 없다. 동전을 던져서 의사 결정을 내리는 데는 또 다른 장점이 있다. 가령 동전이 앞면을 가리켰을 때, 마음속에는 뒷면이 나왔더라면 더 좋았을 거라는 후회가 순간적으로 스쳐 갈 수도 있다. 그럴 때는 본능이 올바른 의사 결정이라고 가리키는 쪽을 따라 진정으로 원하는 쪽을 선택하면 그만이다. 이는 수월하고 신속한 작은 의사 결정의 승리이자 원하는 삶을 위한 승리이기도 하다.

COMMENT 중요하지 않은 일을 재미있게 결정하는 수단으로서 동전 분석을 활용할 것인가?

DAY
195 타인을 신뢰하라

신뢰는 80/20 무기고에서 꺼내 쓸 수 있는 가장 위력적인 무기다. 개인적 삶에서든 일에서든 신뢰는 업무를 단순화하고, 스트레스를 줄이고, 즐거움을 늘리며 비용과 복잡성을 제거하는 훌륭한 메커니즘이다.

당신의 이익을 진심으로 생각하는 사람, 믿음직하고 훌륭한 역량을 갖춘 사람을 신뢰하는 순간 더 적은 시간과 노력을 들여 더 많은 목표를 성취할 수 있다. 신뢰는 삶을 단순하게 만든다. 신뢰하는 사람에게는 무엇을 원하는지 구구절절 설명할 필요가 없다. 상대방은 그게 무엇인지 이미 알고 있다. 신뢰는 누군가를 진심으로 믿기 전에 반드시 거쳐야 하는 수많은 단계를 생략하게 한다. 예컨대 그가 당신을 돕고 싶은지 확인할 필요도 없고 양쪽에 어떤 혜택과 의무가 있는지 '협상'하지 않아도 된다. 그가 정말 하고 싶은 말이 무엇인지 신경을 곤두세워 '해독'할 필요도 없으며 글의 행간을 읽으려 애쓰지 않아도 된다. 또 비싼 비용을 들여 그 사람과 협업하는 일을 관리 감독할 필요가 없고, 서로에게 어떤 혜택이 돌아갈지 일일이 따져야 할 이유도 없다.

신뢰를 창조하는 세 가지 규칙은 다음과 같다. 첫째, **사람을 믿으려면 인간관계를 처음 시작할 때부터 믿어라.** 신뢰가 결정적으로 깨지기 전까지는 믿음을 거두지 마라. 둘째, 당신을 **철저하고 투명하게** 드러내라. 당신의 희망이나 목표뿐 아니라 취약점이나 공포도 솔직하게 공개하라. 셋째, **인간관계가 깊어질수록 더 많은 신뢰감**을 보여줘라.

누군가를 '전적으로' 믿겠다고 마음먹는 일은 중요한 의사 결정이다. 당신은 세상의 모든 사람을 믿을 수도 없고 그래서도 안 된다. 남을 신뢰하고 남에게 신뢰받는다는 것은 큰 혜택이다. 신뢰에는 큰 보상뿐 아니라 큰 위험도 따른다. 신뢰하는 사람의 수를 줄이되, 믿을 사람을 세심하게 선택하고 한 번 믿기로 마음먹은 사람은 철저하게 믿는 편이 좋다. 그래야만 그가 당신의 일과 삶에 중요한 일부로 자리 잡을 수 있다. 시간이 흐를수록 그 사람과 맺은 인간관계는 더욱 강화될 것이며 삶에 커다란 가치와 기쁨을 제공하는 원천이 될 것이다. 누군가를 전적으로 신뢰한다면 이전보다 더 적게 일하고 의사 결정도 더 적게 내릴 수 있다.

COMMENT **당신이 전적으로 신뢰하는 사람은 누구인가? 그런 사람의 수를 늘릴 필요가 있는가?**

DAY
196 양심에 따라 선택하라

조금 전통적인 방식이기는 해도 일과 삶에서 의사 결정의 수를 줄일 수 있는 좋은 방법을 소개한다. 우리는 의사 결정(특히 비즈니스와 관련된 의사 결정)을 내릴 때, 어떻게 해야 더 유리한 위치에서 더 많은 돈을 벌 것인가와 같은 정략적인 관점에서만 선택지를 평가한다. 하지만 당신이 고려해 볼만한 또 다른 방법이 있다. **무엇이 올바른 길인지를 판단하는 것이다.**

당신의 양심을 따르면 남들이 잘 알지 못하는 혜택이 따라온다. 일단 뿌듯한 기분을 느낄 수 있다. 당신에 대한 타인들의 믿음도 강해진다. 매일같이 내려야 하는 의사 결정의 수도 줄일 수도 있다.

의사 결정을 내리기 전에는 많은 것을 고려해야 한다. 자신, 동반자, 협력자, 동료, 회사, 조직에 어떤 혜택이 돌아갈지 따져봐야 하고, 고객, 지역, 국가, 세계, 지구 전체에 어떤 이익이 될지도 생각해야 한다. 당신의 평판에 어떤 영향이 미칠지도 고민해야 한다. 이렇게 다양한 이해관계와 트레이드오프가 서로 충돌할 때, 이들을 어떻게 조율해야 할까? 놀랍게도 마음속에는 스프레드시트나 계산기 없이도 그 방법을 곧바로 찾아낼 수 있는 컴퓨터가 가동되고 있다.

COMMENT 양심을 따르라. 양심에 따라 대부분의 의사 결정을 내릴 수 있는가? 이미 그렇게 하고 있나?

DAY
197 아웃소싱의 필요성

지난 30~40년 동안 기업과 조직은 점점 더 많은 업무를 외부 공급업체에 아웃소싱해 왔다. 자신들의 '핵심 역량', 즉 가장 잘하는 일에 집중하기 위해서였다. 이 전략은 큰 조직뿐 아니라 개인에게도 매우 효과적이다. 게다가 우리는 일만 맡기는 게 아니라 의사 결정도 아웃소싱할 수 있다.

외부에 맡길 수 있는 일은 다음과 같다. 비서 및 조사 업무, 쇼핑, 집 관리, 유지 보수, 페인트칠과 청소, 여행 계획 및 숙소 예약, 인테리어 디자인, 은행 업무, 현금 관리와 보험, 세금 신고, 지급 및 회계 업무, 운전, 요리 및 파티 준비, 오락, 정원 가꾸기, 언어를 포함한 기술 익히기, 협상, 아이 육아 및 교육, 반려동물 돌보기, 컴퓨터에 관련된 기술 등.

왜 이런 일들을 외부에 맡겨야 하는가? 큰 조직이 다른 조직에 업무를 아웃소싱하는 이유와 같다. 가장 잘하는 일과 가장 좋아하는 일에 집중하기 위해서다. 만일 당신보다 소득이 낮은 사람에게 위와 같은 일을 맡기고 당신은 더 많은 돈을 벌거나 더 풍요로운 삶을 즐길 수 있다면, 이는 매우 타당한 전략이 될 것이다. 하지만 반드시 당신 손으로 해야 하는 일이나 가족과 관련된 사안을 외부에 아웃소싱해서는 안 된다. 특히 사랑하는 사람들에 대한 의무를 남에게 맡길 수는 없다.

일을 남에게 맡기면 이와 관련된 의사 결정도 자연스럽게 넘길 수 있다. 가령 쇼핑하는 일을 아웃소싱했다면 어느 상점에 가서 물건을 사야 하는지 고민할 필요가 없어진다. 대신 매주 표준 쇼핑 목록을 작성함으로써 충동구매의 욕구에 벗어날 수 있다.

COMMENT 아웃소싱 전략은 일과 의사 결정의 범위를 단순하게 줄인다. 아웃소싱을 활용하는가? 또는 너무 많이 하고 있나?

DAY
198 선택을 미루거나 놓치지 마라

현대인은 너무 많은 의사 결정 앞에서 고민한다. 하지만 삶에 가장 큰 충격과 피해를 주는 건 이루어지지 않은 의사 결정이다. 우리는 수많은 의사 결정을 두고 씨름하다 정작 꼭 필요한 의사 결정을 놓치는 경우가 많다. **사소한 의사 결정은 중요한 의사 결정을 몰아낸다.**

이루어지지 않은 의사 결정은 두 종류로 나뉜다. '놓쳐버린 기회'와 '놓쳐버린 탈출'이다. 놓쳐버린 기회는 어떤 일을 포기하기로 마음먹는 데서 생겨난다. 예를 들어 누군가와 사랑을 시작하는 일을 포기하고, 새로운 제품 아이디어 앞에서 머뭇거리고, 경쟁자에게 시장을 넘기고, 새로운 일자리나 경력을 외면하고, 오랫동안 꿈꾼 여행 계획을 끝내 실천에 옮기지 못한 일 등은 모두 놓쳐버린 기회다.

놓쳐버린 탈출이란 무엇일까. 당신은 고향을 떠나 더 푸른 풀밭으로 나가지 않는다. 해로운 인간관계나 친구 관계를 정리하는 데 실패한다. 술이나 약물을 끊지 못한다. 낙관주의자가 되어 행복해지기를 포기한다. 심리적 한계를 벗어나 자신의 능력을 믿는 데 실패한다. 삶에서 아래와 같은 경고 신호가 울린다면 의사 결정에 실패한 일이 큰 실수이거나 재난이 될 수 있다는 뜻이다.

- 스트레스와 불행을 주는 해로운 일이나 습관을 중단하지 못한다.
- 잠재력을 발휘하지 못한다.
- 친절함과 비전을 갖춘 사람에게 가까이 다가가지 못한다.
- 대담함, 용기, 상상력이 부족해진다.
- 더 훌륭하고 유용한 사람이 되는 데 실패한다.
- 보잘것없고 희망 없는 삶을 반성하지 않는다.
- 도움이 필요한 친구를 외면한다.

COMMENT 삶에서 놓친 기회나 탈출이 있었나? 혹시 지금 그런 조짐이 있나?

DAY
199 통념에 반기를 들어라

80/20의 취지에 따라 항상 작은 투입물을 통해 큰 결과를 얻는 방향으로 의사 결정을 내려야 한다. 또 의사 결정은 다분히 역발상적contrarian이어야 한다. 그 말은 대중의 지배적인 통념에 과감히 반기를 들어야 한다는 뜻이다.

이 책에서 누누이 강조한 가장 역발상적인 의사 결정은 원대한 야망을 이루기로 마음먹은 사람이라면 오랫동안 일에 매달리기를 거부해야 한다는 것이다. 아이디어를 극단적일 만큼 집중적으로 파고들고, 자신의 능력을 믿고, 구체적으로 목표를 설정하라. 힘든 일은 다른 사람들에게 맡겨라. 젊은 시절 멘토에게서 얻은 위대한 통찰은 이 세상을 바꾸겠다는(그리고 성공하겠다는) 목표를 설정하되, 가장 좋아하는 일을 제외한 나머지 업무는 점점 줄여야 한다는 것이었다.

또 다른 역발상적 의사 결정은 하루에 적어도 1시간을 운동에 투자하라는 것이다. 걷기, 자전거, 수영, 테니스, 피트니스 등 좋아하는 운동이라면 무엇이든 상관없다. 가장 좋아하는 운동에 몇 년간 꾸준히 시간을 투자한다면 몸에 이로운 화학 물질이 혈관에 분비되면서 건강에 큰 도움이 될 것이다. 왜 운동이 역발상적인 의사 결정일까? 많은 사람이 체육관에 가서 열심히 운동하지 않나? 그렇다. 하지만 그들 대부분은 하고 싶지 않은 운동을 이를 악물고 억지로 한다. **좋아하는 운동에 시간을 쏟는 것이 바로 역발상적인 아이디어다.** 매일, 매주, 매년, 영원히 운동하라. 꾸준히 운동하는 사람은 더 행복하고 건강할 뿐 아니라 남들보다 오래 살 것이다.

COMMENT 어떤 역발상적인 80/20 의사 결정을 내렸나? 또는 그렇게 할 용의가 있나?

DAY
200 최초가 되어라

하늘 아래 새로운 것은 없다지만 꼭 그렇지는 않다. 언어, 문자, 바퀴, 종이, 농업, 화약, 안경, 인쇄술, 운하, 증기 기관, 증기선, 철도, 철강, 자전거, 자동차, 비행기, 플라스틱, 반도체, 핵무기, 원자력, 컴퓨터, 인터넷, 인공 지능 등은 모두 새로운 물건이었다. 다음에는 어떤 새로운 기술이 등장할까?

비즈니스, 예술, 대중문화, 일반인들의 삶을 막론하고 역사상 가장 흥미롭고 보상이 컸던 의사 결정은 이전에는 한 번도 내려진 적이 없었다. 대량 생산된 최초의 탄산음료, 중산층과 노동자 계층을 겨냥한 최초의 자동차, 직원이 없는 최초의 자동화 식당, 가격이 싸고 품질 좋은 최초의 문고판 책, 최초의 저가 항공사, 사용이 간편한 최초의 개인용 컴퓨터, 택시와 호텔을 대신하는 최초의 대체품, 원근법을 이용한 최초의 회화, 최초의 세속 예술, 최초의 오페라, 최초의 사진, 최초의 표현주의 예술, 최초의 추상화, 최초의 초현실주의 작품, 최초의 포크 음악, 최초의 재즈, 최초의 만화, 최초의 항생제, 최초의 유성 영화, 최초의 일렉트릭 로큰롤.

이 '최초의' 발명품들을 창안한 혁신가 중에는 신원 미상의 인물도 있지만, 대부분은 잘 알려져 있다. 이 발명품들은 모두 의도적인 의사 결정의 산물이었다. 발명가들은 당대의 지배적인 관행을 거슬러 새로운 기술을 발명했거나 남이 새롭게 발명한 기술을 다른 분야에 적용했다.

COMMENT 사상 최초로 뭔가를 발명한 적이 있나? 지금까지 한 번도 내려지지 않았던 의사 결정을 시도할 생각이 있는가? 당신을 막을 사람은 아무도 없다.

DAY
201 의사 결정은 용감하게

때로는 독불장군이 되는 게 옳은 일일 수 있다. 1930년대 영국의 정치인과 학자 사이에서 히틀러는 합리적이고, 실용적이며 믿을 만한 정치인이라는 의견이 만장일치 수준으로 퍼져있었다. 역사학자 아놀드 토인비Arnold Toynbee는 히틀러가 '진실한' 사람이라고 주장했다. 1차 세계 대전 시기에 영국을 이끌었던 로이드 조지Lloyd George 수상은 히틀러를 만난 후 그를 가리켜 '이 시대의 가장 위대한 독일인'이라고 불렀다. 노동당의 리더이자 평화주의자였던 조지 랜스베리George Lansbury는 말했다. "독일에는 평화가 필요합니다. 이걸 히틀러보다 잘 알고 있는 사람은 없습니다." 랜스베리가 이끄는 정당은 독일의 '건설적인 유화 정책'을 지지한다고 선언했다. 1938년 10월, 영국의 총리 네빌 체임벌린Neville Chamberlain은 뮌헨에서 히틀러를 만나 뮌헨 협정Munich Agreement을 체결했다. 히틀러는 이 협정에 서명하며 독일은 어떤 나라도 침공하지 않겠다고 약속했다. 체임벌린은 히틀러가 약속을 지킬 것으로 믿는다고 말했다. 회담을 마치고 영국의 크로이던 공항에 도착한 체임벌린은 환호하는 인파를 향해 이 협정은 '우리 시대의 평화'를 의미한다고 연설했다.

윈스턴 처칠은 히틀러가 정권을 잡기 전인 1932년에 이미 용감한 의사 결정을 내렸다. 그는 독일을 방문했을 때 젊은 나치 당원들이 유대인, 공산주의자, 외국인들을 향해 드러내는 살인적인 증오심을 목격했고, 히틀러가 그들의 증오심을 더욱 부추기는 모습을 지켜봤다. 그때부터 히틀러를 경멸하게 된 처칠은 프랑스와 영국이 히틀러와 맞서 싸우지 않으면 그가 전 세계에 '재앙과 시련'을 가져다줄 거라고 목소리를 높였다. 처칠의 의사 결정은 혹독한 대가를 주었다. 보수당 동료들은 처칠을 정계에서 퇴출했고, 그의 경고를 무시했다. 그는 황량한 정치판에서 외톨이 신세로 전락했다.

1939년 3월, 히틀러는 평화를 지키겠다는 약속을 헌신짝처럼 버리고 체코슬로바키아를 점령했다. 1940년 5월, 히틀러가 영국을 침공할 준비를 마치자 그동안 처칠을 불신했던 영국의 국왕, 보수당과 노동당 소속의 정치인들은 모두 그를 총리로 세워야 한다는 걸 알았다. 처칠 이외에 그 자리에 적합한 사람은 아무도 없었다.

COMMENT ▶ 용감한 의사 결정은 일종의 도박이지만 80/20 법칙에 충실한 의사 결정이다. 대중의 사고방식에 역행하는 건 우리의 삶에 매우 중요하기 때문이다. 옳다고 믿는다면 결과야 어떻든 용감하게 결정하라.

DAY
202 다양한 선택지를 고려하라

사람들이 의사 결정을 앞두고 저지르는 실수는 선택의 대상이 A 또는 B, 2개뿐이라고 생각하는 것이다. 중요한 의사 결정의 선택지가 적은 경우는 거의 없다. 그건 위험한 사고방식이다.

80/20 의사 결정자는 자기 앞에 늘 다양한 선택지가 존재한다는 걸 알고 있다. 어떤 중요한 의사 결정이든 우리 앞에는 생각보다 훨씬 다양한 옵션이 있다. 그런데도 우리는 A나 B, X나 Y 같은 두 가지 대상만으로 선택의 폭을 압축하고자 하는 충동을 느낀다. 상상력을 발휘하라. 세상에는 알파벳의 글자 수보다 훨씬 많은 선택지가 있다.

중요한 의사 결정을 내려야 하는 순간이 찾아오면 **선택지를 최대한 늘리고 시야를 넓혀라.** 행복을 선사할 10개 또는 그 이상의 선택지를 작성하는 순간 스스로 놀라게 될 것이다.

COMMENT 이분법적인 선택지로 삶을 스스로 제한했는가? 앞으로는 그런 일을 피할 수 있다고 확신하는가?

DAY
203 멀리서 바라보고 선택하라

중요한 의사 결정을 위해 꼭 비행기에서 뛰어내릴 필요는 없다. 하지만 그런 행동도 때로 도움이 되기는 한다. 당신에게 필요한 건 날아가는 비행기나 높은 산의 정상에서 내려다보듯 현실을 조망하는 객관적인 관점이다. 높은 데서 내려다보면 사람들이 벌레처럼 작게 보인다. 수많은 사람이 균형감, 비전, 객관성 등을 갖추지 못한 채 무작정 사업에 뛰어든다. 당신은 그들이 처한 상황이나 감정적 편견을 알지 못한다. 당신이 그들을 멀리서 바라볼 수 있는 이유는 역설적으로 그들보다 아는 게 적기 때문이다.

어느 날 비행기를 타고 하늘을 날아가다가 울창한 숲속을 걷고 있는 한 쌍의 남녀를 발견한다. 그들은 같은 곳을 뱅뱅 돌고 있다. 아무리 봐도 길을 잃은 것 같다! 당신은 그들에게 이렇게 소리치고 싶어진다. "왼쪽으로 방향을 틀어서 쭉 가면 5분 안에 숲을 빠져나갈 수 있어요!" 당신은 숲을 벗어나는 길을 내려다보고 있다. 하지만 그들은 나무에 가려 숲을 보지 못한다.

중요한 의사 결정을 내려야 하는 순간 감정에 사로잡히면 다음과 같은 일이 벌어진다. 몇십 년 전, 여러 해를 함께한 동반자와 헤어지는 문제를 두고 심각한 고민에 빠진 적이 있다. 우리의 관계는 점점 험악하게 변했고, 두 사람 모두 행복하지 않았다. 하지만 이별을 생각할 때마다 좋은 시절의 기억, 상대를 향한 집착, 혼자가 되는 데 대한 두려움이 발길을 가로막았다. 가장 친한 친구에게 의견을 물은 후에야 이 진퇴양난의 상황에서 벗어날 수 있었다. 그녀는 망설임 없이 대답했다. "리처드, 네가 떠나야 해."

감정이 이성을 가릴 때 잘못된 의사 결정을 낳을 수 있다는 심리적 증거는 분명하다. 하지만 당신과 똑같은 상황에 놓인 친구를 향해 어떤 조언을 들려줄지 질문을 받는다면 당신은 올바른 대답을 할 것이다.[2]

COMMENT 어려운 의사 결정을 앞두고 자신을 멀리서 바라볼 수 있는 객관적인 관점이 필요하다면 친구에게 물어보라. 의사 결정이 필요한 사람의 입장, 또는 그 사람에게 조언을 주는 친구의 입장이 되어본 적이 있는가?

DAY
204 관행과 정반대의 전략 취하기

내 비즈니스는 벤처 캐피털 투자다. 벤처 투자자들은 대체로 아래의 내용을 믿는다.

- 훌륭한 경영진보다 중요한 건 없다.
- 경영진은 균형이 맞아야 하고, 경험도 풍부해야 한다.
- 투자를 실행하기 전 상세한 기업 실사가 필요하다.

내 경험이 이례적일 수는 있겠지만, 지난 30년이 넘는 세월 동안 내게 높은 수익을 준 투자 건들은 전반적으로 다음과 같은 특징을 보였다.

- 내가 투자를 통해 가장 큰 성공을 거둔 벨고와 베트페어의 경영진은 경험이 부족했고, 구성원들 사이에 균형도 맞지 않았다.
- 창업가 1~2명의 놀라운 창의력은 조직 전체에 균형을 맞출 필요성을 없앴다.
- 상세한 기업 실사는 종종 불필요할 뿐 아니라 잘못된 정보를 생산할 수 있다.
- 그동안 우리에게 가장 높은 수익을 준 투자 건들을 80/20 분석법으로 분석한 결과, 훌륭한 투자 성과는 다음 두 가지 지표를 통해 예측할 수 있다: (1) 투자의 아이디어가 어디서 왔나, (2) 투자를 단행하기 직전 그 회사의 성장률은 얼마나 높았나. 모든 고수익 투자의 아이디어는 오래 지속된 개인적 네트워크에서 나왔다. 또 고성과 기업들은 투자 수익률이 하나같이 높았다.

COMMENT 일에서든 삶에서든 사회적 통념에 의문을 제공하는 사고방식은 대개 좋은 결과로 이어진다. 뛰어난 기업 중에는 일반적인 관행과 정반대의 전략으로 성공한 회사가 많다.

DAY

205 기존의 믿음에 균열을 내는 법

일에서든 삶에서든 가장 기본적인 믿음에 도전장을 던지는 일은 비용도 많이 들고 고통스러운 작업이다. 그러나 삶을 송두리째 바꿀 만큼 중요한 의사 결정을 위해서라면 그런 노력을 감수할 가치가 있다.

내가 기존의 믿음에 의문을 제기할 때 활용하는 두 가지 방법은 모두 칩 히스Chip Heath와 댄 히스Dan Heath 형제의 책 『후회 없음』에서 힌트를 얻었다.[3]

첫째, 친구들이나 회사의 경영진 같은 소규모 팀에게 당신이 가장 소중하게 지켜온 믿음과 정반대의 가설을 입증해 달라고 부탁하라. 그들에게 당신의 믿음을 있는 그대로 이야기하고, 그 믿음과 모순되거나 그보다 더 나은 믿음을 뒷받침하는 주관적·객관적 증거를 전부 수집하라. 당신의 믿음과 반대되는 의견과 생각을 검토하는 과정에서 새로운 삶이나 비즈니스의 단서를 포착할 수 있을 것이다. 기존의 믿음을 입증하는 증거나 자료를 수집하지 말고, 오직 반대편의 관점만 생각하라.

둘째, 로트만 경영대학원의 학장 로저 마틴 Roger Martin**은 모든 의사 결정 앞에서 이렇게 자문하라고 조언한다. 만일 이 의사 결정이 올바른 답이라면 어떤 조건이 참이어야 하는가?** 이 질문은 여러 개의 선택지를 놓고 의사 결정을 내리는 상황에서 효과적으로 활용할 수 있다. 각 선택지에 필요한 조건들을 객관적으로 분석하면 문제를 해결할 확률이 가장 높은 선택지를 골라낼 수 있을 것이다. 중요한 점은 모든 선택지를 열린 마음으로 평가해서 '로저 마틴의 질문'에 공정하게 대답해야 한다는 것이다.

COMMENT **중요한 의사 결정을 내리는 데 두 가지 방법론을 사용한 적이 있는가? 추후 중요한 결정을 해야 할 때 이를 사용할 용의가 있는가?**

DAY
206 어제의 선택과 오늘의 선택은 다르다

식품 대기업 퀘이커Quaker의 CEO 윌리엄 스미스버그William Smithburg는 1983년 게토레이 브랜드를 2억 2,000만 달러(약 2,987억 원)에 인수한다는 결정을 내렸다. 그가 '이 제품의 맛을 좋아한다'라는 이유에서였다. 퀘이커가 이 브랜드에 엄청난 마케팅 자금을 쏟아부은 결과 게토레이의 기업 가치는 30억 달러(약 4조 716억 원)로 뛰었다.

여기까지는 순조로웠다. 1994년, 스미스버그는 스내플Snapple이라는 또 다른 브랜드를 18억 달러(약 2조 4,429억 원)에 인수한다고 발표했다. 애널리스트들이 이 거래의 경제성에 의문을 제기하면서 인수 비용이 자신들이 평가한 금액보다 10억 달러(약 1조 3,572억 원) 이상 높다고 말했지만, 스미스버그와 퀘이커의 이사진은 들으려고 하지 않았다. 그들은 게토레이의 성공을 이 브랜드에서도 반복할 거라고 철석같이 믿었다.

하지만 현실은 생각처럼 흘러가지 않았다. 스내플은 유통 채널이 전혀 달랐다. 게다가 이 브랜드가 대기업에 인수됨에 따라 제품의 독창적인 이미지는 상당 부분 퇴색됐다. 1997년, 퀘이커는 스내플을 3억 달러(약 4071억 원)에 매각하면서 15억 달러(약 2조 367억 원)의 손해를 봤다.[4]

COMMENT 투자에서 큰 히트를 기록했거나 다른 형태의 성공을 거뒀다면, 다음에도 비슷한 성공이 찾아올 거라는 착각을 경계하라. 그때는 그때고, 지금은 지금이다.

CHAPTER

26

네트워크의 힘

이 장에서는 네트워크가 왜 획기적인 성장에 도달하는 최고의 방법인지, 네트워크는 왜 80/20 법칙의 위력과 범위를 증가시키는지, 네트워크는 왜 클수록 가치가 높아지는지 살펴본다.

DAY
207 급속도로 성장하는 네트워크

지난 30년 동안 네트워크라는 사회 현상에 대한 대중의 관심은 나날이 커졌다. 스페인의 사회학자 마누엘 카스텔Manuel Castells은 네트워크의 규모가 점점 커지고 힘이 강해지는 시대 상황을 이렇게 표현했다. "네트워크 사회는 인간의 경험을 질적으로 바꾸고 있다." 소셜 미디어, 축구팀과 팬, 인터넷, 암호 화폐, 앱 기반의 조직이나 플랫폼은 모두 네트워크다. 네트워크가 사용자나 투자자에게 제공하는 가장 차별화된 경제적 혜택은 획일적인 하향식 지침이나 막대한 마케팅 자금 없이도 급속하게 성장한다는 것이다. 네트워크는 80/20 법칙의 특성(작은 원인과 큰 결과)을 여실히 보여주는 현상이다.

COMMENT 네트워크를 통해 어떤 혜택을 얻는가? 급속도로 성장하는 네트워크에서 일하거나 직접 네트워크를 소유하는 방법을 생각하라. 네트워크를 깊이 생각해 본 적이 있나? 당신이 참여 중인 네트워크의 사례를 생각할 수 있는가?

DAY 208 네트워크는 80/20 법칙을 따른다

지난 몇십 년 동안 80/20 법칙이 더욱 강력한 모습으로 나타나게 된 이유는 무엇인가? 아마도 이 법칙이 대중성을 확보하면서 사람들에게 중요하고 지배적인 원칙으로 대두됐기 때문일 수 있다. 과거에는 소수의 경제학자나 경영대학원 출신만 알고 있던 우주의 법칙이 이제 수백만의 일반인에 의해 곳곳에서 활용되는 것이다. 또 하나의 이유는 일상적 삶에서 큰 노력을 들이지 않고도 개인적 성취를 이룰 수 있는 도구로 이 법칙을 재해석한 것이 사람들에게 어느 정도 영향력을 발휘했는지도 모른다.

하지만 현대 사회에서 벌어지고 있는 모종의 현상은 80/20 법칙에 훨씬 강력한 힘을 실어주고 있다. 그건 지금까지 내가 쏟은 노력이나 출판사가 펴낸 책과는 아무런 관계가 없다.

내가 말한 '모종의 현상'이란 네트워크의 위력이 급성장하는 시대 상황을 뜻한다. 이런 현상은 1970년 전후로 서서히 시작되어 그 이후로 급격히 확대됐다. 네트워크(특히 운영하기 쉽고, 규모를 키우기 수월하며 수익성 높은 네트워크)가 빠른 속도로 퍼지면서 위계질서를 기반으로 한 전통적인 조직들은 쇠퇴하기 시작했다. 모든 네트워크는 80/20 법칙을 따른다. 그것도 힘과 무게가 극단적일 만큼 한쪽으로 치우치는 모습을 보인다. 더 많은 네트워크가 생길수록 80/20 현상은 더 널리 세상을 지배한다.

COMMENT 네트워크가 늘어날수록 적은 노력을 들여 많은 결과를 얻을 방법은 늘어난다. 당신이 합류할 예정이거나 앞으로 개발할 네트워크 중 어떤 것이 가장 빠르고 크게 성장하리라 생각하는가?

DAY 209 틈새시장을 찾아라

네트워크가 가장 빠르게 성장하는 곳은 바로 사이버스페이스다. 게다가 사이버스페이스 자체도 그 규모가 기하급수적으로 성장하고 있다. 사이버스페이스의 역설 중 하나는 이 공간이 모든 사람에게 아무런 장벽 없이 열렸는데도 80/20 법칙이 극단적인 형태로 가동된다는 것이다. 이곳에서는 90/10, 때에 따라 99/1의 지배 관계가 형성되기도 한다. 사이버스페이스는 소수의 독점 상태를 부추긴다.

구글의 모기업인 알파벳Alphabet 이사회 의장 에릭 슈미트Eric Schmidt는 이렇게 설명한다. "인터넷이라는 공간은 롱테일long tail 전략('중요한 소수'에 초점을 맞추는 파레토의 법칙과 정반대로 '사소한 다수'가 창출하는 가치에 집중하는 경영 전략-옮긴이)이 효과를 발휘하기에 매우 적합한 '평평한 운동장'을 창조했습니다. 하지만 안타깝게도 현실은 생각대로 흘러가지 않았습니다. 대신 이곳에서는 '힘의 법칙'이라고 불리는 원리가 작동하고 있습니다. 시장을 주도하는 몇몇 리더에게 모든 게 집중되고 나머지 대다수에게는 아주 작은 가치만이 돌아가는 겁니다. 새롭게 등장하는 모든 네트워크 시장은 이 법칙의 영향을 받습니다. 매출액의 거의 전부가 '꼬리'가 아닌 '머리' 부분에 쏠리고 있습니다. 인터넷은 앞으로도 더 거대한 블록버스터와 집중화된 브랜드를 초래할 가능성이 큽니다. 수많은 사람을 인터넷이라는 열린 공간에 끌어모아도 사람들은 결국 세계적인 슈퍼스타 하나만을 선호합니다."[1]

시장이 소수의 기업이나 브랜드에 집중될 때, 네트워크는 가장 깊고 넓게 확장된다. 이런 현실은 당신에게 무엇을 의미하는가? 만일 당신이 인터넷에서 뭔가를 시작하고자 한다면(수익을 위해서는 아니든), 이는 역설적으로 당신에게 유리한 조건일 수 있다. 세상에 영향력을 발휘하고 싶다면 새롭게 창조한 틈새시장에서 지금까지 한 번도 존재하지 않았던 새로운 제품을 만들고, 그 제품이 바람을 타고 들불처럼 번져나가는 모습을 지켜보라. 시장의 반응이 시원치 않으면 즉시 손을 떼고 다른 일을 시작하라. 시장의 반응이 좋다면 가장 멀리, 가장 빠르게 성공을 밀어붙여라.

COMMENT 네트워크를 어떻게 활용할 것인가?

DAY
210 네트워크의 특성을 이해하는가

미국의 잡지 《와이어드》의 전 편집자 케빈 켈리Kevin Kelly는 네트워크의 속성을 명쾌하게 설명한다. "네트워크는 가장 체계적이지 않은 조직이다. 심지어 체계가 전혀 없다고 해도 과언이 아니다."[2]

페이스북과 트위터는 네트워크다. 테러 조직, 범죄 집단, 경찰, 스포츠팀, 인터넷, UN, 친구들 모임, 세계의 금융 시스템도 네트워크다. 인터넷의 대중화에 따라 혜성처럼 등장해 엄청난 부를 쌓아 올린 웹 또는 앱 기반의 조직들(즉 애플, 구글[알파벳], 페이팔, 우버, 아마존, 넷플릭스, 에어비앤비 같은 기업들)은 그 자체로 네트워크이거나 그들의 생태계 안에 네트워크를 포함하고 있다.

전통적인 하향식 조직과 네트워크는 어떻게 다른가? 가장 큰 차이는 전통적인 조직(국가의 관료 체계, 군대, 인터넷이 등장하기 전에 세상을 주도했던 비즈니스 및 사회 조직)은 최상위 구성원들의 주도로 운영된다는 것이다. 이런 조직은 가장 높은 곳에서 일하는 사람들이 세운 복잡한 운영 계획 없이는 성장할 수 없다. 그들이 최대한의 성장을 이루기 위해서는 기나긴 시간은 물론이고 엄청난 인력, 공동 작업, 돈이 들어간다.

네트워크는 다르다. 이들의 성장은 조직(네트워크를 소유한 별도의 회사가 있는 경우)의 내부가 아닌 네트워크의 내부에서 저절로 이루어진다. 다시 말해 네트워크는 사용자들이 아무런 금전적 대가 없이 자발적으로 주도하고 그곳에서 활동하는 과정을 통해 성장한다. 만일 특정 기업이 네트워크를 소유한다면 네트워크의 '멤버'는 그 회사의 '고객' 또는 잠재 고객이 된다. 네트워크는 자체의 내부적 역동성을 통해 성장한다. 네트워크에 최대한 많은 수의 멤버를 유치하는 전략은 다른 멤버들의 이해관계에도 큰 영향을 미친다. 인터넷 기반의 네트워크(그리고 이를 소유한 회사)가 짧은 시간에 엄청난 성장을 달성하고 가치도 급상승하는 이유는 여기에 있다.

COMMENT **현실이 네트워크를 새롭게 시작하고자 하는 용기를 북돋는가?**

DAY
211 네트워크는 성장의 원동력이다

나는 2001년 베트페어가 설립된 지 몇 달 만에 이 회사에 투자했다. 베트페어는 '베팅 거래소betting exchange'라는 새로운 개념의 서비스를 출범시킨 회사였다. 이 플랫폼은 베팅이 벌어질 때마다 수익의 10~20퍼센트를 꼬박꼬박 떼어가는 전통적인 도박업체의 개입 없이 고객들이 서로 베팅을 거래할 수 있는 일종의 전자 상거래e-commerce 시장이었다. 당시 이 회사의 기업 가치는 1,500만 파운드(약 280억)였지만 나는 그 금액이 실제의 가치보다 낮게 평가됐다고 판단했다. 물론 이 회사에 투자를 결정한 건 위험한 행동이었다. 규모도 작았고 전문가 대부분은 서비스가 성공하지 못하리라고 생각했다. 영국에는 베팅 거래소라는 새로운 시장에 대한 법적 기준이 아예 없었고, 기존의 도박업체들은 이 서비스를 불법화하기 위해 치열한 로비를 벌였다. 하지만 내가 베트페어에 이끌린 이유는 매달 10퍼센트에서 30퍼센트, 심지어 50퍼센트에 달하는 이 회사의 눈부신 성장률 때문이었다.

성장의 원동력은 무엇이었을까? 베트페어는 영업이나 마케팅에 아무런 노력을 기울이지 않았다. 이 회사의 성장은 네트워크 자체에서 비롯됐다. 서비스가 마음에 든 고객들은 너도나도 친구들에게 가입을 권했다. 그들은 네트워크가 더욱 커지기를 원했다. 그래야만 더 큰돈을 걸 수 있고, 베팅을 거래할 상대방과 더 쉽게 연결될 수 있기 때문이었다.

이는 모든 네트워크에서 똑같이 관찰되는 현상이다. 네트워크 사용자들은 네트워크 자체의 규모가 커지기를 원한다. 네트워크의 규모가 커진다는 말은 그 서비스가 사용자에게 더 유용해진다는 뜻이며 사용자가 늘어남에 따라 가치가 기하급수적으로 증가한다는 의미다. 네트워크의 규모가 커지는 건 네트워크 '소유자'들에게도 더할 나위 없이 좋은 일이다. 이는 네트워크 소유자가 많은 돈을 투자하지 않아도 네트워크의 가치가 빠른 속도로 상승하는 이유를 잘 설명한다. 또 이 현상은 네트워크를 소유한 회사의 직원들에게도 긍정적인 일이다. 회사가 성장하면 직원들에게 돌아가는 기회도 많다. 회사는 직원들에게 더 많은 급여와 가치 높은 주식 옵션도 제공할 수 있다.

COMMENT 네트워크 기반의 회사에서 일하고 있나? 그러기를 원하는가? 빠르게 성장하는 새로운 네트워크에 투자할 수 있는가?

DAY
212 네트워크의 두 가지 특성

네트워크 기반의 회사는 두 가지 측면에서 전통적인 조직과 다르다. 첫째, 네트워크 내부에서 자체적으로 성장을 이룬다. 둘째, 네트워크의 규모가 성장할수록 이를 소유한 회사뿐 아니라 고객에게도 유리하다. 하인즈나 질레트 같은 전통적인 기업들은 매출이 2배로 성장해도 고객에게 별다른 혜택이 돌아가지 않는다. 회사의 매출이 늘어난다고 해서 수프의 맛이 더 좋아지거나 면도날이 더 날카로워지지는 않기 때문이다.

하지만 네트워크의 규모가 2배로 커지면 가치는 2배 이상 뛴다. 고객이 누릴 수 있는 가치도 선형적이 아니라 기하급수적으로 성장한다. 일례로 어느 데이트 플랫폼에 1,000명의 멤버가 가입했다고 가정하자. 그들 모두가 당신과 데이트할 수 있는 잠재적 파트너다. 당신이라면 이 플랫폼에 가입하겠는가? 아마도 그렇지 않을 것이다. 일단 네트워크의 규모가 너무 작다. 그런데 멤버가 2,000명이 되면 어떨까? 이 네트워크의 가치는 4배로 높아진다. 네트워크의 멤버들이 서로 조합할 수 있는 경우의 수가 499,500에서 1,999,000으로 늘어나기 때문이다. 물론 이 네트워크의 크기가 여전히 작다고 생각할 수 있다. 하지만 잠재적인 데이트 상대가 점점 늘어나는 모습을 보면 언젠가 마음이 바뀔 것이다.

네트워크가 번성하고 크기가 확대되는 또 다른 이유는 성장에 불을 지피는 동력이 '정보'이기 때문이다. 정보 기술information technology이 범위와 역량을 키워갈수록 네트워크의 규모가 확대되고, 네트워크의 숫자가 늘어나며 멤버들에게도 더 큰 혜택이 돌아간다. 스마트폰이 없었다면 우버나 에어비앤비 같은 앱 기반의 대기업들은 탄생하지 못했을 것이다. 스마트폰 이후에 어떤 기술이 새로 등장하든 앞으로 네트워크의 위력과 범위는 측정할 수도 없을 만큼 확장될 게 분명하다.

정보 기술은 80/20 법칙과 특성이 가장 유사한 경제 요소다. 어떻게 보면 80/20보다는 99/1의 대응 관계에 더 가까울 수 있다. 피터 틸은 자신의 저서 『제로 투 원』에서 최근 정보 기술을 제외한 다른 기술 부문에서는 주목할 만한 발전이 거의 이루어지지 않았다고 주장했다. 그의 말이 옳다 하더라도 큰 문제는 아닐 것이다. 가장 가치 있는 분야에서 가장 먼저 기술적 발전이 이루어지는 건 당연한 이치이기 때문이다.

COMMENT 네트워크라는 새로운 '종교'로 개종할 의사가 있는가?

DAY
213 네트워크를 선택적으로 이용하라

'사이버스페이스'라는 용어는 SF 작가 윌리엄 깁슨이 1984년 처음 만들었다. "나는 생각할 수 없는 현재를 표현하기 위해 노력했다. SF의 가장 큰 유용성은 동시대의 현실을 탐구하는 데 있다." 깁슨이 생각한 사이버스페이스의 모습은 이렇다. "전 세계 수십억 명이 매일같이 경험하는 합의된 환각… 이 공간은 상상조차 할 수 없을 만큼 복잡하다. 마음속의 비非 공간에서는 빛의 선들이 줄지어 늘어서고, 데이터의 군집과 별자리가 생겨난다."

깁슨이 인터넷의 탄생에 공헌했든 그렇지 않든, 이 기술이 당대의 사람들에게 얼마나 낯설게 다가왔는지 생각해 볼 필요가 있다. 현대인은 사이버스페이스를 당연한 듯이 받아들이지만 인터넷이라는 공간은 낯선 외국이나 외계의 행성처럼 지극히 이상한 장소다. 이곳에서는 모든 사람이 그물처럼 서로 연결되어 있다. 이는 구텐베르크가 발명한 인쇄 기술 못지않은 혁명적인 변화다. 인터넷은 인간의 삶을 송두리째 바꿨다. 우리는 젊은이들이 그토록 경건한 자세로 스마트폰에 고개를 파묻고 있는 모습을 본 적이 없다. 그들은 마치 신과 핫라인으로 연결되는 기도서를 읽는 듯하다. 구텐베르크가 몇백 년에 걸쳐 인류의 삶을 점진적으로 바꾸었듯이 앞으로 인터넷과 그 후속 기술들도 똑같은 일을 해낼 것이다.

인터넷이 우리 시대 가장 중요한 80/20 혁신임은 분명하다. 앞서 인용한 마샬 맥루한의 말대로 '미디어가 곧 메시지'다. 하지만 인터넷 안에는 80/20 법칙의 여러 단면이 복잡하게 얽혀 있어서 사용자의 균형 잡힌 시각과 행동을 요구한다. 어떤 애플리케이션은 우리의 삶을 좋은 방향으로 변화시키지만, 일부는 우리에게 해를 주기도 한다. 인터넷을 잘못 이용하면 눈 건강에 나쁘고, 사람들과 어울리는 데 지장을 주고, 사회생활에도 영향을 미칠 수 있다.

인터넷은 선택적으로 이용해야 한다. 유용한 지식이나 정보를 제공하는 몇몇 애플리케이션만 집중적으로 활용하라. 시간 낭비일 뿐이거나 자기 파괴적인 기능은 손대지 마라. 온라인에 넘쳐나는 쓸모없는 콘텐츠의 양은 텔레비전이 쏟는 잡동사니 정보의 양과 비교도 할 수 없을 만큼 어마어마하다.

COMMENT ▶ **어떤 애플리케이션이 가장 중요하고, 어떤 애플리케이션이 쓸모없는가?**

DAY
214 부를 끌어당기는 사이버스페이스

사이버스페이스에서 인기 있는 사이트는 현실 세계에서 유명한 술집과도 같다. 유명한 술집이 사람들의 인기를 끄는 이유는 그곳이 유명하기 때문이다. 당신은 많은 사람(당신과 비슷한 사람)을 만나기 위해 그 술집을 찾는다. 모든 사람은 관심 분야가 같은 사람들이 모여드는 곳으로 가고 싶어 한다.

시장의 유동성과 풍요로움은 더 많은 멤버를 유혹하고, 그들은 더 큰 유동성과 풍요로움을 낳는다. 네트워크는 규모에 비례해서(그것도 엄청나게 높은 비율로 비례해서) 매력도가 상승한다. 특정 분야에서 가장 규모가 큰 술집의 주인은 승자 독식의 원칙에 따라 적어도 일정 기간 두둑한 수익을 챙길 수 있다.

물론 현실 세계에서는 술집 주인이 억만장자가 되지는 못한다. 하지만 사이버스페이스의 술집 주인들은 종종 엄청난 돈을 벌어들인다. 때에 따라 수백억 달러나 수천억 달러를 손에 넣기도 한다. 그들의 부는 하늘 높은 줄 모르고 치솟는다.

사이버스페이스의 세분화 시장에서는 독점 상태가 자연스럽게 이루어진다. 독점을 달성한 기업과 그 기업을 소유한 사람들은 터무니없을 만큼 큰 부를 쌓아 올린다. 그런 상황이 말도 안 되는 것 같지만, 그들을 이길 능력이 없다면 당신도 이 대열에 합류하라. 새로운 사이버스페이스 시장을 창조하고 이를 지배하라.

COMMENT 사이버스페이스에 관련된 사업을 실행에 옮길 계획이 있는가?

DAY
215 도시는 네크워크의 핵심이다

급성장하는 네트워크가 온라인에만 존재하는 건 아니다. 대표적인 예가 도시다. 1만 년 전 인류가 떠돌이 생활을 청산하고 한 지역에 정착한 후 도시는 인간의 삶에서 가장 핵심적인 네트워크로 자리 잡았다. 도시는 날이 갈수록 규모가 커지고, 중요도가 높아졌으며 점점 많은 부를 창출했다. 도시는 정부의 기반 시설을 제공했고, 지식, 문화, 발명, 혁신, 상품 및 서비스를 교환하는 역할을 맡았다.

자신을 '글로벌 전략가'로 부르는 파라그 카나Parag Khanna는 말한다. "도시는 인류가 건설한 문명 중 어떤 제국이나 국가보다 오래 지속될, 가장 지속력이 강하고 안정적인 사회 조직이다."[3]

1500년대 도시 거주자의 비율은 전 세계 인구의 1퍼센트에 불과했다. 1800년대가 되자 그 비율은 3배로 뛰어 3퍼센트가 됐다. 1900년대에는 7명 중 1명꼴로 도시에 살며 오늘날에는 도시에 사는 사람이 그렇지 않은 사람보다 더 많다. 1450년대부터 서서히 시작되어 인류에게 생물학적 성공을 준 유럽의(그리고 세계 각지의) 경제적 번영은 도시의 성장에 비례해서 이루어졌다. 도시는 아이디어의 중심지였고, 상업과 무역이 이루어지는 거래소였다. 도시를 주도하던 사람들은 농부나 귀족이 아니라 새롭게 등장한 소수의 중산층 시민이었다. 도시는 부의 산실이자, 경제 성장률이 제로에 가깝던 광대한 봉건 영지에서 80/20 법칙을 발판 삼아 불쑥불쑥 솟아오른 작은 섬이었다.

도시는 80/20 법칙의 다른 이름이다. 오늘날 세계에서 가장 부유한 도시 20개는 수많은 인재, 지식, 돈을 자석처럼 끌어들이고 있다. 세계 최대의 기업 75퍼센트가 20개 도시에 본사를 두고 있다. 20개라면 전 세계의 수많은 도시 중 1퍼센트의 절반에도 미치지 못하는, 그야말로 '0'에 가까운 숫자다. 도시에서는 80/20이 아니라 75/0의 대응 관계가 이루어진다.

COMMENT 도시에서 살고 있나? 그러기를 원하는가? 도시는 오래되고 고리타분한 장소인가, 아니면 미래를 향한 물결의 중심인가?

DAY
216 어떤 도시가 성장하는가

네트워크(즉 도시)의 규모가 커지고 인구 밀도가 높아지면 도시 거주의 장점도(그리고 단점도) 몇 곱절로 불어난다. 도시에서는 상호 보완적인 지식이나 기술을 보유한 사람들을 만날 기회가 기하급수적으로 늘어난다. 대도시의 규모가 커질수록 거주자 대부분에게는 단점보다 혜택이 증가한다고 주장하는 사람이 많다.

하지만 80/20 법칙은 이곳에도 어김없이 적용된다. 모든 도시가 눈부시게 성장하는 것은 아니다. 미국을 포함한 많은 선진국이 이 대목에서 어려움을 겪고 있다. 뉴올리언스나 디트로이트의 임대료와 부동산 가격이 형편없이 낮다는 말은 그 지역들이 쇠퇴일로에 놓여있다는 뜻이다. 사람들은 그런 낡아빠진 도시에 이끌리지 않는다. 항상 그렇듯이 네트워크 효과는 80/20 법칙(어쩌면 99/1에 더 가까운 법칙)의 선택적 속성을 그대로 드러낸다. 네트워크가 풍부하고 활기찬 도시들은 천정부지로 뛰는 주거비에도 불구하고 갈수록 규모가 커지고 더 활기찬 모습으로 변한다. 반면 다른 도시들은 시간이 흐를수록 점점 더 추락한다. 일부는 이미 돌이킬 수 없는 수준으로 쇠퇴가 진행됐다.

도시는 수많은 사람이 뒤섞여 살아가는 용광로와도 같은 곳이다. 특히 대도시는 야망에 넘치고, 재주 있고, 사교적인 인재들을 전 세계의 다른 도시나 국가에서 끌어모은다. 도시가 제공하는 다양성의 가치에 많은 글을 쓴 작가 제인 제이콥스Jane Jacobs는 대도시 사람들 사이에 존재하는 다양성이 확대되면서 풍부한 혁신이 더 빠른 속도로 이루어지고 기회도 늘어난다고 말했다.

1970년대 이후에 등장한 미래학자 중에는 정보 기술과 인터넷의 발전에 따라 많은 사람이 시골을 찾을 것이며, 대도시보다 성장이 빠른 중간 규모의 도시에도 이주자가 몰려들 거라고 예상한 사람이 많았다. 하지만 그런 일은 일어나지 않았다. 오히려 2020년대 말이 되면 세계 인구의 70퍼센트가 바다에서 80킬로미터 이내에 있는 도시들에 거주하리라는 예측이 훨씬 정확한 듯하다. 게다가 그중 점점 많은 사람이 대도시로 이주할 것이다.

COMMENT 당신은 대도시의 확대에 동력을 제공하는 네트워크 효과를 중요하게 생각하는가?

DAY
217 외국어를 배워야할 이유

언어의 발명은 인류 역사의 극적인 전환점이었다. 모든 사람이 특정 언어(어떤 언어가 됐든)를 말할 수 있고, 주변에 있는 사람 중 누구라도 그 말을 이해한다면 인간은 새로운 방식으로 연결될 수 있다. 소통의 기술이 발전하면서 세계는 점점 좁아진다. 사용자가 많은 언어는 갈수록 발전하고, 사용자가 적은 언어는 쇠퇴할 수밖에 없는 것이 세상사의 자연스러운 이치다.

1만 년 전에는 지구상에 1만 5,000개 정도의 언어가 있었을 것으로 추정된다. 오늘날에는 그 숫자가 6,000여 개로 줄었다. '언어의 사멸'을 전문으로 연구한 언어학자 마이클 크라우스Michael Krauss는 향후 100년 안에 언어의 수가 600개로 줄어들 것으로 내다봤다. 그보다 더 중요한 건 지난 300년간 세계 역사를 주도한 언어들이 보여준 놀라운 성장세다. 1789년 프랑스 혁명이 발발하기 전의 프랑스 사람들은 프랑스어보다 자기가 속한 지역의 언어를 더 많이 사용했다. 오늘날 주요 언어를 모국어로 사용하는 사람들은 중국어 8억 8,500만 명, 힌두어 6억 명, 영어 3억 7,500만 명, 스페인어 3억 5,000만 명 정도다. 하지만 세계 인구의 15억 명은 꼭 모국어가 아니더라도 영어를 이용해서 소통하는 데 문제가 없다. 구사할 수 있는 사람의 수가 10억 명을 넘는 언어는 영어가 유일하다.

인구통계학적 구조의 변화에 따라 조만간 스페인어는 영어를 제치고 모국어 사용자가 가장 많은 언어 3위에 오를 것으로 예상된다. 하지만 그런 상황에서도 '초연결' 언어로서 영어의 위상은 갈수록 강화될 것이다. 특정 언어를 모국어로 하는 사람의 수보다 더 중요한 건 모국어 이외의 언어로 소통할 수 있는 사람의 수다. 이 숫자는 갈수록 늘어나면서 아이디어의 흐름과 혁신을 가속화하고, 부를 창출하며 평화와 풍요로움을 가져올 게 분명하다. **1개 이상의 언어를 말할 수 있는 사람의 성공 기회는 더욱 늘어날 것이고, 그가 발휘하는 네트워크 효과도 시간이 흐를수록 강화될 것이다.**

COMMENT 외국어를 배우는 데 우선순위를 두고 있나? 당신에게 기회와 즐거움을 선사할 가능성이 가장 큰 언어는 무엇인가?

DAY

218 네트워크의 발전은 무궁무진하다

1492년 이래로 수많은 사람을 연결한 네트워크는 교통 네트워크였다. 콜럼버스가 유럽과 아메리카 대륙을 연결한 후 다른 탐험가들도 앞다퉈 세계 일주에 나서면서 세계는 하나의 공간으로 좁혀졌다. 18세기에는 도로와 운하가 급속도로 확장됐다. 19세기에는 철도, 우편 시스템, 전보, 증기선, 자동차가 등장했고, 대륙을 가로질러 이동하는 사람의 수도 크게 늘었다. 뒤이어 비행기, 전화, 고속 철도, 새로운 다리와 터널, 해상 수송로, 라디오, 텔레비전, 석유와 가스 파이프라인, 저렴한 해외여행, 컴퓨터 시스템, 운송용 컨테이너, 휴대 전화, 화상 회의, 광케이블, 인터넷, 스마트폰이 세상에 나왔다. 이런 네트워크는 세계를 점점 좁은 공간으로 바꿨고, 여러 국가의 경제 규모를 키우고 시장을 더 긴밀하게 이어주었으며 전례 없이 높은 품질과 저렴한 비용으로 더 많은 사람을 연결했다.

무역, 산업화, 여행, 소통, 디지털화 그리고 사물과 사람을 연결하는 네트워크는 계속 증가했고, 지금도 증가하고 있으며 앞으로도 증가할 것이다. 때로 일시적인 정체나 위기가 찾아올 수는 있겠지만, 네트워크 자체는 다양한 방식으로 계속 증가할 게 분명하다. 물론 세계가 좁아지면서 환경이 파괴되고, 생태계가 무너지고, 지구의 신비가 사라지는 문제도 생길 것이다. 하지만 그런 상황에서도 네트워크는 인류의 삶을 측정할 수 없을 만큼 풍요롭게 해줄 것이다. 네트워크와 혁신은 역사상 어느 때보다 확장성이 크고 긴밀하게 연결된 선순환의 고리 속에서 함께 작동하고 있다.

COMMENT 네트워크의 발전에 공헌하고 있는가? 또는 삶에서 최대한 효과적으로 네트워크를 활용하고 있는가?

DAY
219 자발적 연결의 가치

덜 체계화된 사회와 더 체계화된 사회 중 어느 쪽 구성원들의 연결이 더 강하다고 생각하는가? 아마 덜 체계화된 사회는 구성원들의 연결도 약하다고 생각할 것이다. 연결이 부족한 사회는 개인의 고립이라는 대가를 치를 수밖에 없다. 사람들이 각자의 일에만 몰두한다면 서로를 연결하는 일이 불가능하지 않을까?

현실에서든 이론에서든 네트워크 사회의 놀라운 점은 덜 체계화된 사회일수록 구성원들이 더 긴밀하게 연결된다는 것이다. 사람들이 자유롭게 활동하는 조직이나 단체가 사라지면 네트워크와 구성원들을 이어주는 연결 고리도 함께 자취를 감춘다. '체계structure'는 곧 위계질서를 뜻하고, 위계질서는 횡적인 연결의 부재를 의미한다. 역사를 돌이켜봐도 그 말이 사실임을 알 수 있다. 위계질서가 강한 사회일수록 구성원들 사이에 더 큰 단절이 발생했고, 생각과 행동의 다양성은 줄어들었다. 전체주의 국가가 정치적 선전을 동원해서 시민들에게 공통의 정체성을 강요하는 이유는 무엇일까? 시민들이 개인적 정체성을 창조하거나 서로를 연결하는 일을 막으려고 왜 그토록 안간힘을 쓰는 걸까?[4]

네트워크 사회의 가장 큰 장점은 시민들에게 높은 수준의 자율성을 제공하는 동시에 그들을 긴밀하게 연결해 준다는 것이다. 시민들의 자유롭고 자발적인 연결은 정부 당국에 의한 강제적인 연결보다 더 만족스럽고 효과적이다.

COMMENT 다른 사람들과 자유롭고 자발적으로 연결될 수 있다는 사실을 소중하게 생각하는가? 연결의 수준을 더 높이기 위해서는 어떻게 해야 하는가?

CHAPTER
27

질서를 따르거나, 만들거나

이 장에서는 영역과 위계질서의 차이, 애플의 성공 비결 그리고 네트워크 세계에서 누구도 피해 갈 수 없는 세 가지 트렌드를 살펴본다.

DAY 220 위계질서 vs 영역

작가 스티븐 프레스필드Steven Pressfield는 『더 피어오르기 위한 전쟁』에서 사람들이 **개인적 차원에서** 자신을 정의하는 방식이 서로 다르다고 지적하며, 우리가 '위계질서hierarchy'와 '영역territory'이라는 두 가지 기준으로 자신을 정의하는 경향이 있다고 주장했다.[1]

우리는 어릴 때부터 위계질서에 기반한 사고방식을 교육받기 때문에 서열 관계에 별다른 거부감이 없다. 나도 위계질서의 한 부분이며, 그 질서 안에서 어떤 위치를 차지하는지 잘 알고 있다. 반면 '영역'의 관점에서 자신을 정의하는 데는 심리적 결단이 필요하다. 영역이란 남보다 능력이 뛰어나고 편안함을 느끼는 분야를 뜻한다. 스티비 원더는 피아노, 아놀드 슈워제네거는 체육관, 빌 게이츠는 마이크로소프트, 프레스필드는 책을 저술하는 책상이 자신의 영역이었다.

위계질서에 속해있을 때는 다른 사람이 무엇을 생각하고 원하는지 늘 신경써야 한다. 반면 자신만의 '영역'에서 활동할 때는 내가 무엇을 원하는지, 내가 한 일이 내 눈에 어떻게 비치는지만 관심을 쏟으면 그만이다. 예술가들이 그렇다. 그들이 뭔가를 창조하는 이유는 돈, 명예, 직업적 평판 때문이 아니라 자신이 그걸 원하기 때문이다.

이 신선한 사고방식은 개인적 차원에서 '일'을 생각하고, 사회를 바라보는 새로운 관점을 제시한다. 네트워크 사회에서 활동하는 사람은 그 속에서 자신의 영역을 스스로 개척하지만, 위계질서 하에서는 권력자가 정의해준 자신의 위치를 수동적으로 인지할 뿐이다. 둘 중 어느 쪽이 더 바람직한지는 말하지 않아도 뻔하다. 그러나 프레스필드가 지적했듯 본능적으로 위계질서를 지향하는 성향은 우리의 유전자 속에 스며들어 영겁의 시간을 함께했다.

특정한 개인이 위계질서 안에서 주어진 위치에 반기를 들고 돈이나 타인의 의견에 따라 자신의 가치를 정의하기를 거부할 때마다 위계질서 사회는 쇠퇴하고, 네트워크 사회는 발전한다. 예술가, 발명가, 혁신가, 창업가, 자영업자 그리고 똑똑하면서 게으른 사람들은 모두 네트워크 사회의 일원이다. **그들은 네트워크 안에서 자신의 영역을 자발적으로 정의하고 개인적 의사 결정을 내리는 과정에서 다른 모두에게 혜택을 준다.**

COMMENT 위계질서와 영역 중에 무엇으로 자신을 정의하는가?

DAY
221 위계질서에서 벗어날 수 있을까

인류는 원시 시절부터 위계질서 속에서 살아왔다. 이브는 아담에게 종속된 존재였고, 모든 부족은 연장자나 지배 계층이 다스렸다. 사람들은 그런 서열 관계 속에서 자신의 위치가 어딘지 잘 알고 있었다. 모든 계급 시스템은 위계질서의 일종이었다.

역사적으로 위계질서를 벗어났던 유일한 사람은 예술가였다. 비록 레오나르도 다 빈치가 밀라노 공작에게 잘 보이려고 애를 쓰고, 미켈란젤로가 교황의 의견에 복종한 건 그때로서는 어쩔 수 없는 일이었지만, 그런 상황에서도 이들은 각자의 영역을 자율적으로 개척했다. 시간이 흘러 17세기가 되자 유럽의 과학자와 음악가도 중세의 예술가처럼 독립적인 위치를 누렸고, 다른 직종에 종사하는 사람들도 점차 독립성을 확보해 나갔다. 시인, 발명가, 엔지니어, 사업가, 건축가, 이야기꾼, 배우, 무용가, 가수, 작곡가, 영화 제작자, 광고인, 마케팅 전문가, 심지어 찰리 채플린 같은 최고의 코미디언들도 저마다 독자적인 영역을 구축했다. 처음에는 예술 분야에 한정됐던 소수의 독립적인 개인들이 이제는 사회에서 중추적인 위치를 차지했다.

예술가는 직업의 성격상 자신의 영역을 스스로 개척해야 하는 존재다. 예술가가 위계질서에 얽매이는 순간 그들의 작품 세계는 타협과 절충의 위험에 빠질 수밖에 없다. 하지만 최근까지만 해도 예술가를 제외한 보통 사람은 위계질서에서 빠져나오기가(특히 경제적으로 독립하지 못했을 때) 쉽지 않았다.

네트워크 사회는 우리에게 위계질서를 피해 갈 수 있는 잠재력을 제공한다. 모든 사람은 애플, 유튜브, 에어비앤비 같은 기업들이 독립적인 콘텐츠 제작자나 주거지 소유자에게 제공하는 플랫폼을 자유롭게 활용할 수 있다.

COMMENT **자신만의 독자적인 영역을 개척한 사람은 위계질서를 벗어나 자율적인 삶을 누릴 수 있다. 그 사실이 매력적으로 다가오는가?**

DAY
222 독자적인 영역이 필요하다

2007년만 해도 휴대 전화 시장의 분위기는 차분했고, 실적을 예측하기도 쉬웠으며 큰 변화도 눈에 띄지 않았다. 이 시장은 전형적인 80/20 법칙의 세계였다. 휴대 전화를 생산하는 회사는 많았으나 그중 5개 기업(노키아, 삼성, 모토로라, 소니 에릭슨, LG)이 전 세계에서 발생하는 수익의 90퍼센트를 거둬들였다. 그들은 여전히 위계질서에 의해 정의된 세계에서 살아가고 있었다.

하지만 오늘날은 상황이 완전히 달라졌다. 무엇보다 시장과 수익의 규모가 엄청나게 커졌다. 이 시장에 새로 진입한 회사 하나는 2007년부터 2015년 사이에 시장 점유율이 '0'에 가깝던 위치에서 전체 수익의 92퍼센트를 쓸어 담는 위치로 올라섰고, 나머지 시장 참가자들은 빵부스러기를 두고 싸움을 벌여야 하는 신세로 전락했다. 물론 새로운 승리자는 아이폰을 들고나온 애플이었다.

쉽게 말해 이 시장에서는 80/20의 대응 관계가 90/10의 관계로 바뀌었다. 하지만 그런 표현만으로는 휴대 시장의 본질이 어떻게 혁명적으로 변화했는지를 설명하기에 부족하다. 이전에는 이처럼 거대하고 수익성 높은 시장에서 새로운 진입자가 그토록 짧은 시간 안에 시장 점유율과 수익성을 극적으로 끌어올린 역사가 없었다. 이는 '위계질서'로 정의되던 시장이 '영역'으로 정의되는 시장으로 바뀌었다는 뜻이다. 이 영역을 소유한 애플은 자신들이 새롭게 개척한 네트워크를 기반으로 독자적인 세계를 구축했다.

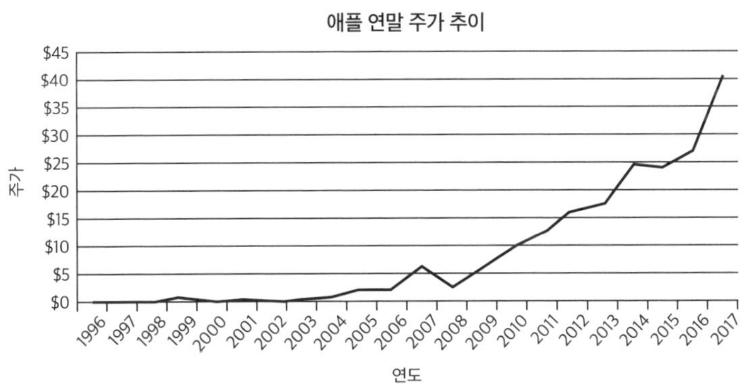

COMMENT 이번 회계 연도에 애플 주식을 구매했는가? 그랬으면 좋았겠다는 생각이 드는가?

DAY

223 누가 새로운 네트워크를 만드는가

휴대 전화 시장은 인터넷이 등장하기 전부터 존재했다. 인터넷이라는 기술이 우리 곁에 다가왔을 때도 휴대 전화 시장은 이미 활기에 넘쳐있었다. 시장의 성장은 폭발적이었다. 더 많은 전화기가 팔려나갔고, 더 많은 매출이 발생했다! 기업들의 수익은 하늘 높은 줄 모르고 치솟았다! 이런 시장을 좋아하지 않을 이유가 있을까?

그러나 노키아를 포함한 주요 휴대 전화 제조 기업들은 코앞에 닥쳐오는 위험을 알아차리지 못했다. 그 위험이란 전前 단계의 네트워크 시장이 완전한 네트워크 시장으로 변화하는 과정을 의미했다.

스티브 잡스는 노키아나 그 회사의 경쟁사들이 고객에게 휴대 전화를 판매하는 방식으로 애플의 제품을 판매하기를 원치 않았다. 잡스는 앱 개발자와 앱 사용자를 연결해 주고 싶었다. 앱 개발자는 고객이 누구고 그들을 어떻게 유인해야 할지 고민할 필요가 없었다. 애플이 이미 잠재적인 앱 고객(즉 아이폰 사용자)을 찾았기 때문이다. 잡스는 새로운 네트워크를 창조하길 원했다. 누구를 위해서였을까? 물론 휴대 전화 사용자와 앱 개발자를 위해서였다. 당연히 애플을 위해서이기도 했다.

COMMENT **새로운 네트워크를 창조하길 원하는가? 아직 존재하지 않는 네트워크가 무엇인지 생각하라. 그 네트워크를 만들 수 있는가?**

DAY
224 새로운 플랫폼을 상상하라

네트워크 시장 또는 네트워크 기업을 새로 만들고 싶다면 '플랫폼'이 필요하다. 애플의 플랫폼은 자사의 휴대 전화 제품과 이에 관련된 지적 재산이다. 플랫폼은 이를 소유한 개인과 조직에 엄청난 성장, 수익, 주식 가치를 준다. 플랫폼 소유자는 네트워크 비즈니스의 규칙을 좌지우지할 수 있다. 애플은 자사의 플랫폼에서 누가(즉 어느 앱 개발자가) 앱을 판매하도록 허락할지, 앱 개발자와 앱 사용자를 어떤 식으로 상호작용하게 만들지를 독자적으로 결정한다.

아이폰이라는 경이로운 기술적 혁신이 없었다면 애플의 플랫폼은 탄생하지 못했을 것이다. 하지만 일부 형태의 네트워크(가령 베트페어, 우버, 에어비앤비 같은 회사가 구축한 네트워크)는 고도의 기술적 혁신이 그다지 필요치 않아서 회사가 자체적으로 개발하거나 외부에 위탁하기가 비교적 수월했던 경우도 있다.

COMMENT **천재적인 기술 없이 스스로 개발할 수 있는 네트워크나 플랫폼을 생각할 수 있는가? 그런 네트워크나 플랫폼은 분명히 존재한다. 이를 창조하는 것은 능력이 아니라 상상력의 문제다.**

DAY
225 플랫폼 사업에 투자하라

1997년부터 2023년까지 애플의 주가가 변화한 추이를 관찰하면 네트워크 비즈니스를 창조한 사람에게 어떤 보상이 돌아가는지 분명히 알 수 있다. 스티브 잡스가 애플 CEO 자리에 '두 번째로' 오른 1997년 말, 애플의 주가는 주당 10센트(약 130원)였다. 2003년 말에는 32센트(약 416원)로 올랐다. 2006년 말에는 1997년의 주가에서 26배 오른 2.58달러(약 3,510원)까지 상승했다.

그러다 애플은 2007년 아이폰을 출시해서 2015년까지 세계 휴대 전화 시장을 지배했다. 2015년 말 애플의 주가는 연초 대비 24.02달러(약 3만 3,000원)로 조금 하락했지만, 2006년에 비해서는 9.3배나 상승한 수준이었다. 내가 이 글을 쓰고 있는 시점에 애플의 주가는 2015년에 비해 7.8배나 높은 186.68달러(약 25만 4,000원)까지 뛰었다. 1997년 말의 주가와 비교하면 무려 1,867배가 오른 것이다. 그 말은 당신이 1997년 말 애플 주식에 1만 달러(약 1,362만 원)를 투자했다면 오늘 기준으로 1,867만 달러(약 254억 2,667만 원)를 손에 넣을 수 있다는 뜻이다. 물론 이는 결과론적인 이야기다. 나는 독자 여러분이 이 책을 읽을 때쯤이나 그 후 애플의 주가가 어떻게 변할지 잘 모른다. 하지만 2000~2009년 사이 아이폰 및 기타 애플 장비를 기반으로 구축된 플랫폼이 주주들에게 두둑한 수익을 준 건 분명하다.

플랫폼을 개발해서 톡톡히 재미를 본 회사는 애플뿐만이 아니다. 시기가 조금 다르기는 해도 마이크로소프트도 애플 못지않은 큰 성공을 거뒀다. 마이크로소프트에도 강력한 플랫폼이 있었다.

네트워크 비즈니스를 창조하는 플랫폼은 기업과 주주들에게 탁월한 재무적 실적을 준다. 네트워크 기업들은 역사상 어느 때보다 빠른 속도로 엄청난 부를 창출했다. 이는 1999년에 생겨난 '인터넷 거품'이라는 용어가 과연 적합한 말인지를 다시금 되돌아보게 하는 대목이다. 1999년 말에는 애플의 주가에도 분명히 거품이 끼었겠지만, 현재의 주가는 그때보다 239배가 올랐다.

COMMENT 어떤 네트워크 기반의 벤처 기업을 설립할 계획인가?

DAY
226 네트워크를 구분할 수 있는가

전자 상거래는 네트워크 비즈니스의 일종인가? 그렇지 않다. 무엇이 네트워크 비즈니스이고 무엇이 아닌지를 제대로 알아야 한다. 사람들은 전자 상거래와 네트워크 비즈니스를 혼동하는 경우가 많다. 온라인 세계와 네트워크는 같은 개념이 아니다.

도시, 언어, 교통망처럼 온라인 세계에 속하지 않으면서도 인간의 삶에 중요한 네트워크는 수없이 많다. 인터넷이 등장하기 훨씬 전부터 존재했던 두 가지 네트워크를 예로 들어보자.

- 판매자와 구매자를 연결하는 신문이나 잡지의 안내 광고도 네트워크의 일종이다. 그 이유는 규모가 확장될수록 광고의 가치가 상승하는 네트워크 효과가 발생하기 때문이다. 여기서 신문과 잡지는 '플랫폼'에 해당한다. 가장 대표적인 예가 중고차 판매 및 구매를 중개하는 잡지 《오토트레이더》다.
- 비슷한 맥락에서 쇼핑센터도 매우 성공적인 네트워크다. 쇼핑센터는 하나의 플랫폼이기도 하다.

반대로 온라인 비즈니스이면서 네트워크와는 전혀 상관없는 사업도 있다. 예를 들어 온라인 카지노는 수익성이 높지만 네트워크 효과가 없다. 온라인 카지노는 멀티플레이어 방식으로 운영되지 않고, 사용자 커뮤니티가 없으며 고객 데이터도 수집하지 않는다. 사이트의 규모가 2배쯤 커진다고 해도 사용자들에게는 아무 혜택이 돌아가지 않는다. 반면 몬테카를로의 실제 카지노는 어느 정도 네트워크 효과를 발휘한다. 카지노에 손님이 넘치면 도박꾼이나 구경꾼은 사람이 북적인다는 이유만으로 돈을 걸어보고 싶은 유혹을 느낀다.

높은 수익성과 강력한 네트워크 효과가 가장 잘 조합된 사이트는 베트페어, 구글 서치, 페이스북, 인스타그램, 트위터, 이베이, 아이튠즈, 아이폰 앱 스토어 등을 꼽을 수 있다.

COMMENT 당신이 설립하거나 근무할 네트워크는 온라인일 수도 있고 오프라인일 수도 있다. 어느 쪽에서 일을 시작하고 싶은가?

DAY 227 소수의 네트워크가 틈새시장을 지배한다

특정 제품, 서비스, 또는 밈meme에 대한 평판이 '입소문'을 타고 사람들 사이에 멀리 퍼진다면 관련 회사나 조직에는 분명 좋은 소식일 것이다. 당신은 사용자 수가 급증하는 게 곧 네트워크 효과라고 생각할지도 모른다.

하지만 엄밀히 말해서 그 생각은 틀렸다. 바이럴 효과viral effect의 덕을 톡톡히 본 벤처 기업은 빠른 속도로 성장할 수 있겠지만, 그 효과만으로 제품이나 서비스의 품질이 개선되지는 않는다. 사람들이 다소 혼란스러워하는 대목은 네트워크가 성장해도 '네트워크 효과'는 생겨나지 않을 수 있다는 것이다. 네트워크 효과란 네트워크의 규모가 커짐으로써 사용자에게 자동으로 혜택이 돌아가는 현상을 뜻한다. 특정 제품의 사용자가 늘어나면 그들이 느끼는 만족도의 총량도 함께 증가하지만, 개별 사용자의 관점에서는 자기가 큰 무리의 일원이 됐다고 해서 꼭 혜택이 늘어나는 건 아니다.

한편으로 바이럴 효과는 특정 기업에 매출이 쏠리는 80/20의 시장 상황을 '90/10'이나 '99/1'처럼 더욱 강력한 집중 상태로 바꿔놓을 수 있다. 만일 바이럴 효과를 타고 날개 돋친 듯이 팔려나가는 제품을 공급하는 기업이 1개 이상이라면 가장 규모가 큰 시장 참가자가 바이럴 효과의 덕을 가장 크게 볼 확률이 높다. 마태복음의 한 구절처럼 '이미 가장 풍족한 이가 더 많은 것을 얻는' 상황이 벌어지는 것이다.

결론적으로 몇몇 회사에 시장이 집중되는 시대적 변화를 이끄는 핵심 동력은 인터넷이나 입소문이 아니라 네트워크다. 특히 **특정한 틈새시장을 지배하면서 수익성 높고 빠르게 성장하는 소수의 네트워크 벤처 기업이 그런 트렌드를 주도한다.**

COMMENT ▶ 초강력 트렌드로부터 어떤 혜택을 취할 수 있는가?

DAY
228 더 적극적으로 네트워크에 참여하라

80/20이 아니라 90/10의 법칙이 지배하는 새로운 네트워크 세계에는 다음과 같은 세 가지의 상호 연관된 트렌드가 존재한다. 이 트렌드들은 네트워크를 주도하는 소수의 기업에 엄청난 수익이 집중되는 시대적 현상을 이끌고 있다. 첫째, 전통적인 조직보다 네트워크 안에서 훨씬 많은 상업적 활동(특히 반복적인 활동)이 발생하는 트렌드. 둘째, 네트워크 시장이 80/20에서 90/10, 심지어 독점 상태에 가까울 정도로 한쪽으로 치우치는 트렌드. 셋째, 네트워크를 독점하는 조직에 유리한 방식으로 거래가 이루어지는 트렌드. 전통적인 기업을 포함해 네트워크 외부에 존재하는 모든 조직은 독자적인 틈새시장을 확보하지 못하는 한 언젠가 입지를 잃어버리고 세상에서 사라질 수밖에 없다. 개인 소비자나 기업은 시간이 흐를수록 네트워크 기업을 상대로 더 많은 돈을 쓰게 될 것이며 네트워크가 커질수록 중심부에 자리 잡은 기업은 더 크게 성장하고 힘도 강해질 것이다.

예를 들어 우버는 전통적인 택시나 예약 택시 서비스의 사업 방식에 강력한 영향력을 행사한다. 택시와 예약 택시가 도시의 법령이나 규제의 보호를 받지 못한다면 그들의 사업 형태도 궁극적으로는 우버와 비슷한 모습으로 바뀔 수밖에 없고, 그렇지 않으면 시장에서 사라질 것이다. 호텔 역시 특별한 틈새시장(가령 관광객이나 비즈니스 고객)을 찾아내 에어비앤비와 경쟁하지 못한다면 결국 서서히 몰락할 수밖에 없다. 네트워크(특히 기존 네트워크에서 촉발된 새로운 네트워크)가 확장하면 전통적인 비즈니스는 위축되기 마련이다.

당신은 고객, 직원 또는 창업가로서 새로운 네트워크의 확산에 크게 영향을 받을 것이다. 네트워크에서 단절된 삶을 살아가기는 점점 어려워지고, 더 많은 네트워크에 참여할수록 발전할 가능성도 커진다.

COMMENT 어떻게 네트워크에 참여할 생각인가?

DAY
229 네트워크로 부의 기회를 잡는 법

네트워크 벤처 기업이 성장하기 전에 그의 잠재력을 미리 알아본 사람에게는 막대한 잠재적 혜택이 주어진다. 새로운 네트워크가 빠르게 성장하면서 각자의 틈새시장에서 리더의 자리에 오른다면 비록 지금은 크기가 작더라도 짧은 시간 안에 엄청나게 규모가 커질 수 있다. 그런 회사에서 일하거나 그들의 공급업체 또는 도급업자가 되는 방법으로 그들과 함께 바닥부터 커나갈 방법을 찾아라. 빠른 속도로 성장하는 네트워크에는 세상 어느 곳보다 다양한 기회가 존재한다.

경제의 성장이 더딜 때는 일을 찾는 구직자의 수가 일자리보다 많다. 그러나 급속하게 성장하는 조직이나 경제 상황에서는 정반대의 현상이 벌어진다. 마이크로소프트, 아마존, 구글, 우버, 에어비앤비에 최초로 합류했던 직원들 20여 명은 오늘날 하나같이 수백만 달러 이상의 부를 손에 넣었다. 당신은 그 직원들이 우연히 지구상에서 가장 뛰어난 100여 명의 인재였고, 그런 재목들이 어쩌다 같은 시기에 같은 장소로 몰려들어 그런 성공을 거뒀다고 생각하는가? 아마 그렇지 않을 것이다. 그들이 훌륭한 기업에 입사한 것은 엄청난 행운이었다. 그들처럼 성공하고 싶다면 다음의 조언을 기억하라.

- **이제 막 출범한 새로운 네트워크나 플랫폼을 찾아보라.** 매주 일정한 시간대에 1~2시간을 투자해서 그 작업을 습관화하라.
- **새로운 네트워크 기업에 채용됐다면 그 회사의 주인처럼 생각하라.** 스톡옵션을 받을 기회가 생기면 최대한 받고, 그 회사에 개인적으로 투자할 기회도 찾아보라. 전체 지분의 아주 작은 일부만 손에 넣어도 부자가 될 수 있을 것이다. 회사가 빠르게 성장하도록 최선을 다해 도와라. 그 회사에서 승리자가 되면 모두가 당신의 말에 귀를 기울이고 당신을 존경할 것이다.
- **투자자들은 갓 설립된 네트워크 벤처 기업에 투자의 초점을 맞추라.** 그 플랫폼의 가치가 분명하게 드러나기 전에 일찍 발을 담가라. 처음 몇 차례는 손해를 볼지도 모른다. 하지만 그런 회사 중 하나만 성공해도 주머니를 두둑하게 불릴 수 있다.

COMMENT 규모가 작고 빠르게 성장하는 네트워크 기업에서만 일하겠다고 방향을 정하라.

DAY
230 당신의 자리를 선점하라

지금 세상에서 어떤 일이 벌어지고 있는지 정확히 이해하는 사람은 네트워크의 미래에서 유리한 위치를 점할 수 있다. 반대로 무슨 일이 벌어지는지 도통 갈피를 잡지 못하는 사람은 네트워크의 미래가 무척 혼란스러울 것이다. 네트워크의 미래는 그다지 편안하거나 친숙한 장소가 아니다. 90/10이나 99/1의 법칙이 지배하는 새로운 네트워크의 세계는 우리에게 큰 공포감을 줄 수 있다.

'명령과 통제'만 고집하는 공룡 같은 과거의 기업들에 더는 미래를 의지할 수 없다. 그들은 우리에게 안정적이고 확실한 승자의 자리를 약속하지 못한다. 우리는 각고의 노력을 쏟아 자신의 길을 스스로 개척함으로써 평범함의 수렁에서 벗어나야 한다.

성공과 보람 있는 삶을 원하는 사람은 창의성을 발휘해서 목표 시장의 고객들에게 특별한 만족을 선사할 제품을 개발하거나, 초기 단계의 새로운 네트워크에 합류해서 미개척의 영역을 탐사할 기회를 모색하라. 미래에 당신이 있을 곳을 찾아내는 다섯 가지 방법을 소개한다.

1. 오로지 네트워크 기업에서만 일한다.
2. 작지만 빠르게 성장하는 그룹을 선택한다.
3. 새로운 세계에서 성장하는 80/20 상사와 함께 일한다.
4. 자신만의 80/20 법칙과 네트워크 아이디어를 찾아낸다.
5. 즐겁고 행복한 마음으로 독특한 아이디어를 구상한다.

COMMENT **당신이 가야 할 길은 결코 많은 사람이 여행한 도로가 아니며 앞으로도 그럴 것이다. 하지만 그 길은 성공과 행복으로 이어주는 최선의 통로다. 어떤 길을 택할 것인가?**

CHAPTER

28

무엇이 삶에 의미를 부여하는가?

이 장에서는 삶의 의미에 관한 다양한 시각을 살펴본다. 과거와 미래에서 의미를 찾아내는 법 그리고 당신보다 더 존재감이 크고 당신보다 오래 살아남을 삶의 목적을 찾아내는 법도 이야기한다.

DAY
231 강제 수용소에서 발견한 삶의 의미

의사이자 철학가로 활동하다 빈 대학교의 신경정신과 교수가 된 빅터 프랭클은 아우슈비츠와 다하우를 포함한 몇 군데의 강제 수용소로 끌려갔다. 그는 아우슈비츠에 도착한 날 외투를 포함한 소지품을 몽땅 빼앗겼다. 외투의 안감 속에는 그의 최고 역작이라고 할 만한 과학 논문의 원고가 숨겨져 있었다. 예전부터 인생의 의미를 깊이 숙고해온 프랭클은 강제 수용소에 갇혀있을 때 두 가지 방법으로 삶의 의미를 발견했다.

첫째, 어떻게든 살아남아 다른 수용소로 끌려간 아내와 다시 만나는 상상을 했다. 그는 한순간도 아내를 잊은 적이 없었다. 어느 날 그가 아내를 생각하고 있을 때 눈앞에서 새 한 마리가 땅 위에 내려앉아 깡충깡충 뛰어다녔다. 그의 눈에는 그 새가 마치 아내의 화신인 것처럼 보였다. 그는 아내와 재회하는 기쁨의 순간을 상상하며 삶의 목적을 찾았다. 프랭클은 1945년 4월 하순에 수용소에서 풀려났지만, 8월이 되어서야 빈으로 돌아갈 수 있었다. 하지만 그곳에는 충격적인 소식이 기다리고 있었다. 아내, 아버지, 어머니, 남동생이 모두 목숨을 잃었고, 여동생만이 살아남았다는 것이다.

프랭클이 살아야만 했던 또 다른 이유는 원고를 복원하기 위해서였다. 그는 빼앗긴 논문의 내용을 할 수 있는 만큼 기억을 되살려 버려진 종이쪽지 위에 몰래 써 내려갔다. 프랭클은 살아남기 위해서는 미래를 상상해야 한다고 깨달았다. 그는 훗날 빈의 한 성인 교육 대학교 강단 위에서 '강제 수용소의 심리학'이라는 주제로 학생들에게 강의하는 장면을 떠올렸다. 그 상상은 현실이 됐다. 그는 1946년 3월부터 4월까지 빈 교외의 오타크링이라는 서민층 거주 지역에서 성인들을 대상으로 자신이 생각했던 주제를 세 차례에 걸쳐 강의했다. 프랭클은 이런 활동을 통해 가족을 잃은 절망감에서 조금씩 벗어날 수 있었다.

COMMENT **프랭클이 수용소에서 어떤 생활을 했는지 상상할 수 있는가? 생존할 가능성이 그토록 희박한 상황에서도 끝까지 살아남아야 한다고 자신을 독려했던 비결은 무엇이었을까? 지금 어떤 상황이든 자신을 위해 상상할 수 있는 더 나은 미래는 무엇인가? 그 미래를 현실로 만들어라.**

DAY

232 삶에 의미를 부여하는 세 가지 방법

프랭클의 『죽음의 수용소에서』는 1946년 독일에서 처음 출판된 후 1,600만 부가 판매되었다.[1] 프랭클은 이 책에서 인간이 삶에 의미를 부여하는 방법을 다음 세 가지라고 썼다.[2]

- 첫째, 특정한 아이디어에 생명을 불어넣는 창조적 행위 실천하기
- 둘째, 아름다움, 예술, 자연, 사람을 향한 사랑 경험하기
- 셋째, 위의 두 가지를 실천할 여건이 되지 않는다면 운명과 고난을 있는 그대로 받아들이고 죽는 순간까지 용감하고, 품위 있고, 이타적인 자세로 살아가기

프랭클은 인생이 아무리 어렵더라도 삶에 고결한 가치를 부여할 수 있다고 생각했다. 삶에 의미를 더할 건설적이고 즐거운 방법은 언제나 우리 곁에 있다는 것이다.

COMMENT 삶의 의미를 어떻게 찾고 있는가? 미래에는 어떻게 찾아낼 생각인가?

DAY 233 책임이란 삶을 향해 예스라고 말하는 것

프랭클이 제안한 가장 독창적인 주제는 인간의 책임, 그중에서도 '삶을 향해 예스yes라고 말할' 책임이었다.

당신은 매 순간을 살아가며 다음 순간 선택할 행동에 스스로 책임을 진다. 삶의 모든 순간은 수천 가지의 가능성으로 채워져 있다. 당신은 그 가능성 중 하나를 골라 현실화할 뿐이다. 프랭클이 부헨발트 수용소에 갇혀있을 때, 동료 수감자들은 '우리는 아직 삶을 향해 예스라고 말하고 싶네'라는 가사가 담긴 노래를 불렀다. 프랭클은 그들이 진심을 담아 노래를 부른 덕에 많은 사람이 실제로 긍정적인 마음을 품게 됐다고 회상했다. **삶을 향해 예스라고 말하는 것은 어떤 상황에서도 의미 있고 실현 가능한 행동이다.**[3]

모든 사람은 어떤 환경에 놓이든 그 환경을 바꿀 자유가 있다. 개인은 예측 불가능한 존재다. 우리는 이 세계와 자신을 얼마든지 개선할 수 있다.[4]

모든 개인이 특별하다는 것은 우리에게 존재의 의미를 부여한다. 우리는 나 자신이 세상에서 유일한 존재임을 깨닫는 순간 내게 얼마나 큰 책임이 주어져 있는지 분명히 알게 된다. 내가 할 수 있는 일은 다른 누구도 대신하지 못한다. 동시에 우리는 타인의 유일함을 깨달을 때도 그 사람을 소중히 여겨야 할 책임이 있다. 우리의 사랑을 기다리고 우리를 필요로 하는 누군가를 사랑할 책임을 자각하는 것만으로도 삶은 충분히 의미가 있다.[5]

사랑은 가장 궁극적인 형태의 책임이자 진정한 자아를 내면 가장 깊은 곳에서 이해할 수 있는 유일한 도구다. 또 사랑은 잠재력을 실현하는 길이다.[6] 프랭클에게는 자신의 책임을 기쁘게 받아들이는 행위가 개인적 자유의 본질이며 삶이 개인에게 부여한 의미의 본질이기도 했다.

COMMENT 자신의 손으로 세상을 더 나은 곳으로 바꿀 수 있다는 사실에 동의하는가? 그 방법은 무엇인가?

DAY 234

외적 성공 vs 내적 성공

빅터 프랭클는 외적인 성공에 집착하는 사람의 삶은 어떤 측면에서든 완벽하게 성공적일 수 없다고 말한다. 어떤 생물학적·사회적 성공도 우리 자신보다 오래 살아남거나 영원히 지속되지 못하기 때문이다. 프랭클은 개인적으로 정의한 삶의 의미가 충족된 상태를 '내적 성공'이라고 부른다. 자신의 삶에 의미가 있다고 생각한 사람은 이미 영원한 내적 성공을 거둔 것이다. 심지어 그가 세상을 떠나기 바로 직전 삶의 의미를 깨달았더라도, 그 의미는 그때까지 있었던 모든 일을 한순간에 포용하고 삶 전체를 가치 있게 만들기에 충분하다.

내적 성공은 진정한 양심의 승인에 달려있다. 본인이 정의한 성공이 달성되었음을 스스로 선포한 순간, 당신은 영원히 변치 않을 확고한 평결을 내린 것이다.[7] 외적 성취의 세계보다 더 중요한 건 내적 경험의 세계다.[8] 참다운 삶의 의미를 찾아냈다면 그것이야말로 누구도 부인하지 못하는 가장 위대한 성취다.

COMMENT 외적 성공을 추구하는가 아니면 내적 성공을 추구하는가? 어느 쪽이 더 중요한가? 어느 쪽을 성취하기가 더 쉬운가? 어느 쪽이 80/20 관점으로 삶을 바라보는 방법인가?

DAY
235 미래는 분명히 더 나아진다

빅터 프랭클의 메시지 중에서 핵심적이면서도 간과하기 쉬운 대목은 삶의 의미를 미래에서 찾아내라는 것이다. 프랭클은 프로이트나 아들러 같은 정신의학자들의 심리 치료법이 인간의 내면적 의식 구조나 과거의 기억을 지나치게 강조한다고 비판하고, 우리는 내면이나 과거를 분석하는 대신 미래를 바라봐야 한다고 주장한다.

그가 전하는 미래에 대한 메시지는 두 가지다. 첫째는 지나칠 만큼 낙관적인 사람이 되라는 것이다. **미래는 항상 현재보다 나아질 수 있다.** 당연한 말처럼 들리겠지만, 이는 하나의 규범적 선언이기도 하다. **미래는 현재보다 반드시 나아져야 한다.**

왜 그럴까? 인간에게는 자유가 있기 때문이다. 우리는 자신과 타인을 위해 더 나은 미래를 창조할 수 있는 어떤 의사 결정이라도 내릴 자유가 있다. 우리가 내려야 할 의사 결정은 무엇인가? 우리에게 부여된 책임을 기꺼이 받아들이고 '삶을 향해 예스라고 말하겠다는' 의사 결정 그리고 자신에게 주어진 기회를 꼭 현실화하겠다는 의사 결정이다. **인생의 모든 것은 기회다.**

프랭클의 두 번째 메시지는 이미 성취한 일과 앞으로 성취할 일 사이에 존재하는 건전한 긴장 상태에 심리적 건강이 달려있다는 것이다. 즉 '현재의 당신'과 '미래에 될 수 있는 당신' 사이의 격차를 제대로 인지하는 것이 심리적 건강의 핵심이다. 이는 아리스토텔레스가 주창한 '가능태'라는 혁명적 개념을 되돌아보게 하는 논리다. 아리스토텔레스는 인간을 판단할 때 현재의 모습이 아니라 미래의 성장 가능성을 바라봐야 한다고 주장했다. 프랭클은 지금보다 더 나은 미래를 창조하기 위해서는 우리 자신을 개선해야 한다고 말한다. 자아 개선은 언제나 가능하고 바람직할 뿐 아니라, 그 과정에서 행복이라는 부산물도 생겨난다. **모든 개인은 편안한 상태에 안주하기보다 자신이 선택한 가치 있는 목표를 이루기 위해 노력해야 한다.**

이런 사고방식을 품는다면 미래는 현재보다 나아질 '가능성이 있는' 정도가 아니라 '분명히' 더 나아질 것이다. 개인의 의사 결정은 순수한 내적 결단이다. 어떤 외부적 환경도 자아 개선의 노력을 방해하지 못한다.[9]

COMMENT 더 나은 미래를 위해 어떻게 자신을 개선할 수 있는가?

DAY
236 과거에서 미래를 찾아라

빅터 프랭클은 자아 개선을 통해 미래에서 삶의 의미를 찾으라고 제안했지만, 역설적으로 과거에서도 미래를 찾아야 한다고 주장했다.

우리가 과거에 실천한 선행은 시간이 흘러도 사라지지 않으며 오히려 그 모든 것은 영원히 보존되고 소중히 간직된다. 프랭클은 이렇게 말한다. "사람들이 삶에서 수확한 곡식은 과거라는 이름의 저장 창고에 차곡차곡 보관된다." 우리가 살면서 실천한 행동, 남에게 베푼 사랑, 불평하지 않고 삶의 어려움을 받아들인 순간은 모두 그곳에 고스란히 저장된다는 것이다.

심지어 미래의 가능성이 풍부하지 않은 나이 든 사람에게도 소중한 자산이 있다. 그가 한평생 발휘한 잠재력, 실현한 삶의 의미, 힘겹게 싸워서 얻어낸 가치 등은 모두 그가 축적한 자산이다. 그 무엇도 그에게서 이 소중한 자산을 빼앗지 못하고 어떤 것도 무효로 돌리거나 폐기할 수 없다. 프랭클은 통찰에 가득한 한마디를 남긴다. "존재의 경험having been이야말로 가장 확실한 형태의 존재being다."[10]

프랭클의 견해에 한 마디를 덧붙인다. 당신은 오늘 길을 건너다가 사고를 당해 목숨을 잃을 수도 있다. 하지만 그 사고가 당신이 지금까지 쌓아 올린 소중한 가치와 의미를 빼앗지는 못한다. 당신은 이 세상에 왔다는 것만으로 충분한 의미가 있다. 당신이 지구에 존재했고 삶을 경험했다는 사실은, 우리가 죽음을 피하지 못한다는 사실 못지않게 확실할 뿐 아니라 그보다 훨씬 중요하다.

모든 사람은 여기에 '존재'했다. 이는 누구도 부인하지 못하는 현실이다. 삶을 경험했다는 것만으로도 축하받을 자격이 충분한 이유는 태어났을 확률에 비해 태어나지 않았을 확률이 훨씬 높았기 때문이다. 부모와 그들의 부모, 조상에 이르기까지 한 사람 한 사람이 세상에 태어나서 당신에게 삶을 선사할 만큼 오랜 시간 생존할 확률이 얼마나 됐을지 합산해 보라. 아마 1조분의 1 미만이었을 것이다. 만약 당신과 가까운 친구 한 사람이 내일 세상을 떠난다면 분명히 슬픈 일이다. 하지만 그 사람은 살아서 세상을 경험하는 특권과 즐거움을 누렸고 당신도 그 사람을 알게 된 특권과 즐거움을 누렸다.

COMMENT 당신이 누린 특권과 즐거움은 무엇인가?

DAY
237 오늘을 살아라

최근 아주 재미있는 소설을 읽었다. 주인공은 호감이 가는 성격에 일도 열심히 하는(이번만큼은 그를 용서한다) 재능 있는 젊은이다. 스코틀랜드에서 자라난 그는 프랑스와 러시아를 포함한 유럽 여러 나라의 유명한 음악가들을 돕는 특별한 재주가 있다. 최고의 음악가 중에는 좋은 사람도 있지만, 남을 이용하고 불친절하게 구는 사람도 있다. 그러다가 주인공은 어떤 매력적인 여성과 사랑에 빠진다. 그 여성도 그를 사랑하는 것 같았으나 어떤 이유로 그를 떠나게 된다. 그는 사랑하는 사람과 다시 만나기 위해 갖은 애를 쓰다 먼 타지에서 36세의 젊은 나이로 세상을 뜬다. 주인공이 죽은 지 얼마 되지 않아 그가 평생 사랑했던 여성이 그를 찾아온다.

슬프고 가슴 아픈 이야기일까? 그럴 수도 있다. 하지만 저자 윌리엄 보이드William Boyd[11]는 문학적 재능을 발휘해서 독자들로 하여금 이 소설의 주인공이 여러모로 훌륭한 삶을 살았다고 생각하게 만든다. 물론 전통적인 해피 엔딩은 아니다. 그러나 독자들이 느끼기에(적어도 나는 그렇게 느꼈다) 주인공의 삶은 충분한 가치가 있다. 빅터 프랭클의 표현대로 그 젊은이가 멋진 삶을 '경험'했기 때문이다(좋은 영화를 감상할 때도 등장 인물들에게서 그런 점을 느낄 수 있다).

하루가 시작되는 순간 자신을 향해 이렇게 질문하라. "오늘 하루 어떤 행동을 실천해야 내가 오늘 '삶을 경험했음'을 내일 자랑스러워할 수 있을까?" 아무리 사소해도 세상에 유용하거나 남들을 즐겁게 해줄 만한 일은 무엇일까? 어떻게 하면 주위 사람들을 조금이라도 친절하게 대하고 그들에게 도움을 줄 수 있을까?

COMMENT **오늘이나 이번 주에 더 충만한 존재의 경험을 쌓을 수 있는가? 만약 오늘이나 이번 주에 세상을 떠난다 해도 그 순간까지 더 온전한 존재의 경험을 축적하기 위해서는 어떻게 해야 하는가?**

DAY
238 삶이 의미가 있다고 믿어라

빅터 프랭클은 나치 강제 수용소에서 풀려난 다음 해인 1946년 빈의 서민층 시민들을 대상으로 세 차례의 강의를 진행했다. 그는 두 번째 강의를 특별한 방식으로 마무리했다. **프랭클은 두 가지 선택지를 제시한다. 둘 중 무엇이 옳다고 입증할 수 없고, 어떤 게 틀렸다고 반박할 근거도 없다.**

하나는 삶이 아무런 의미가 없다고 주장하는 것이다. 우주는 우연히 생겨났고, 인간이라는 존재도 우연의 산물이다. 지구는 크기로 보나 중요성으로 보나 우주 전체에서 한 점의 미미한 티끌에 불과하다. 우리는 인간이 뭔가 중요한 의미를 지닌 존재라고 생각할 수 있지만, 그건 우리만의 환상일 뿐이다.

또 하나는 세상 만물에 저마다 깊은 의미가 담겨있을 뿐 아니라 인간이 전체적인 그림을 이해할 수 없을 만큼 그 의미가 심오하다는 것이다. 비록 인간이 지구상에 우연히 등장한 존재라고 해도 우리는 사랑과 지성의 행위를 통해 삶에 의미를 부여할 수 있다. 우리의 존재가 바로 삶의 의미다. 우리는 문명화된 인간이 자신의 존재를 정당화하기 위해 선택한 삶의 의미 이외에는 아무것도 필요로 하지 않는다.

이 두 가지 관점 중 무엇이 옳은지 따지는 일은 논리적인 행위가 아니다. 각자 다른 전제에서 출발했다는 점에서 두 견해가 모두 논리적이다. 둘 중 무엇이 옳다고 증명할 수 있는 확실한 근거도 없다. 우리는 허무의 심연과 궁극적 의미의 지평선을 가르는 경계선 위에 놓여있다.

존재의 의미에 한 표를 던지고자 하는 사람은 한 가지 알아야 할 사실이 있다. 뭔가를 믿는다면 그 믿음 자체가 창조적인 효과를 발휘할 수 있다는 것이다. 믿음은 믿음의 대상을 현실로 만든다!

당신의 미래가 아직 정해지지 않았고 무한한 가능성으로 채워져 있다면 비참하고 허무한 시선보다는 좀 더 선하고 사랑에 충만한 눈으로 삶을 바라보는 편이 낫지 않을까? **물론 이는 사실에 근거한 결정이라기보다는 감정적 결단에 가깝다.**

COMMENT 삶의 두 가지 선택지 중 무엇을 택할 것인가?

DAY 239 삶의 의미를 찾은 사람들(1) 찰스 비어드

1930년, 역사학자 겸 철학가 윌 듀런트Will Durant는 세계의 사상계를 선도하는 100여 명의 지성인에게 "삶의 의미는 무엇인가?" 묻는 편지를 보냈다. 듀런트는 답장 중 몇 개를 추리고 여기에 자신의 견해를 보태서 1932년 그 내용을 책으로 펴냈다. 이 책은 2005년 재발간됐다.[12]

그중 역사학자 찰스 비어드Charles Beard의 견해를 요약해서 소개한다.

인류의 역사가 혼란과 비극, 수많은 재난으로 얼룩져 있다는 건 분명하다. 하지만 나는 그 이면에 인간 정신의 거대한 성취를 뒷받침하는 치밀한 법칙과 계획이 존재한다는 증거를 포착할 수 있다. 세상은 단순히 갈등과 반목의 구렁텅이가 아니다. 이곳에서는 뭔가 위대한 일이 일어나고 있다. 지식인들의 임무는 우리가 물려받은 혼란스러운 유산 속에서 가장 고결하고 훌륭한 가치를 찾아 그것으로 이 세계를 가득 채우는 것이다.

인간은 끝없이 발전하는 존재다. 우리 안에는 이기적인 욕망이나 생계의 필요성 같은 생물학적 충동 그리고 그런 본능적인 욕구를 초월한 숭고한 정신이 뒤섞여있다. 역사학자는 그런 인간의 모습을 관찰하고 추론할 수 있을 뿐이다. 그러나 이 세상에는 소중히 간직하고 발전시킬 가치가 있는 소중한 유산이 분명히 존재한다.

우주는 위대한 설계자에 의해 시작되지 않았을지 모르지만, 우리는 이 세계에서 위대한 목적의 파편들을 발견한다. 인간은 이들을 한데 모아 전체적인 그림을 완성할 능력이 있다.

훌륭한 삶은 그 자체로 목적이 되어야 하며, 우리는 삶을 사랑하고 즐겨야 한다. 우리는 지적인 노력을 통해 좋은 삶이 실현되는 세상을 이끌어야 한다. 이것이 내 부단한 노력을 뒷받침하는 작은 철학이다.

COMMENT 비어드의 철학에 공감하나? 그렇지 않다면 윌 듀런트의 질문에 대한 당신의 대답은 무엇인가?

DAY
240 삶의 의미를 찾은 사람들(2) 앙드레 모루아

앙드레 모루아Andre Maurois는 프랑스의 저명한 문필가로 영국에 강한 애정을 드러냈던 인물이다. 그의 작품은 소설, 전기, 역사, 전쟁 회고록, 아동 서적, 공상 과학 같은 분야를 넘나들었다. 그는 당대 프랑스 정치인들과 친분이 두터웠고, 2차 세계 대전 때는 프랑스의 자유를 지키기 위해 싸우기도 했다.

모루아는 삶의 의미에 대한 윌 듀런트의 질문에 답하기 위해 에세이를 기고했다. 이 글에는 한 무리의 영국 남녀가 달에 착륙해서 살아가는 이야기가 있다. 달에 도착한 사람들은 지구와의 통신이 끊기고 돌아가는 우주선도 사라지자, 그곳을 집으로 여기고 살아간다. 10년이 지나도 그들은 여전히 영국의 숙녀와 신사처럼 행동하며 저녁 식사 때는 정장을 차려입고 국왕의 생일을 축하하는 축배를 든다.

이들이 달에 착륙한 지 200년이 지나자, 지구와는 완전히 연락이 끊긴다. 급진적인 젊은이들은 영국의 전통을 버리고 자유연애에 빠져 방탕한 시간을 보내지만, 결국 지루함과 반항심에 빠져 불행함을 느낀다.

이때 한 철학자가 등장해 반항아들을 꾸짖으며 이렇게 묻는다. "너희들은 왜 삶의 의미를 외부에서 찾으려 하는가? 전설 속의 국왕이 여전히 존재할 수도 있고 그렇지 않을 수도 있지만, 나는 삶 자체를 의심하지 않으며 순간의 아름다움과 행복에 의문을 제기하지 않는다." 그리고 그는 이렇게 덧붙인다. "삶과 승리 이외에는 아무것도 존재하지 않는다. 우리는 마치 불멸의 존재처럼 살아가야 하고, 지구가 비어 있는지 아닌지를 걱정해서는 안 된다." 철학자는 이렇게 말을 맺는다. "너희는 지구에 사는 게 아니라 너희 자신 속에서 사는 것이다."

COMMENT **삶의 의미를 삶 자체에서 찾아야 한다는 생각에 공감하는가? 당신이 살아있다는 자체에 의미를 부여하는 것은 무엇인가?**

DAY **241**

삶의 의미를 찾은 사람들(3) 윌 듀런트

윌 듀런트가 『내가 왜 계속 살아야 합니까』를 마무리하기 위해 쓴 에세이는 80/20 법칙에 기반을 둔 훌륭한 글이라 꼭 읽어보길 권한다. 30분 정도의 시간을 할애하기에 충분히 가치 있는 글이다. 이 글을 읽고 나면 정신이 맑아지고, 아이디어가 샘솟고, 복잡한 마음이 편안해질 것이다. 글을 읽는 기쁨만으로 하루가 행복해질 것이며 어쩌면 삶 전체가 더 나아질지도 모른다.[13]

듀런트는 과학과 진보의 가치를 일정 부분 옹호하며 글을 시작한다. 그는 과학이 이뤄낸 물리적 성취(증기선, 비행기, 공중위생 등)를 언급하며 세상이 진보하는 건 틀림없다고 말한다. 진보에 종말이 존재한다는 이유로 진보의 현실성을 부인하는 일은 마치 해가 졌다고 해를 환상이라고 말하는 것과 같다.

듀런트는 우리의 삶은 지구 바깥에서 아무런 의미가 없고, 죽지 않는 사람은 아무도 없으며 모든 문명은 언젠가 쇠퇴한다고 인정한다. 그는 인간의 형상을 한 신을 믿지 않는다고 말하지만, 자신의 기억 속에 남아있는 신앙의 향수를 여전히 음미하는 듯하다. 그러면서도 삶의 의미를 근사하고 설득력 있게 설명한다. 가장 단순한 형태의 삶의 의미는 존재의 경험 자체가 주는 짜릿함, 신체적 건강에서 오는 만족감, 근육과 오감에서 느껴지는 즐거움 같은 순수한 기쁨이다. 자연이 펼치는 수천수만의 아름다움을 경험하는 순간에도 삶의 의미를 느낄 수 있다. 인간을 향한 사랑도 우리에게 삶의 의미를 준다. 로맨틱한 사랑은 물론이고 생사고락을 함께하는 동료나 친구들에 대한 애정도 삶의 의미를 느끼게 한다. 누군가 내게 관심을 보이고, 나를 의지하고, 내 장점을 칭찬하고, 기차역에서 나를 기다린다는 느낌도 삶의 의미로 다가올 수 있다.

그러나 듀런트의 가장 심오한 통찰은 삶에 의미를 부여하기 위해서는 자신보다 더 크고 자신의 삶보다 더 오래 지속되는 목적이 있어야 한다는 것이다. 인간이 느낄 수 있는 가장 큰 만족감은 전체의 일원으로서 남들과 협력하는 데서 온다. 당신이 속한 전체를 위해 몸과 마음을 다해 일하라. 개인으로서 우리 자신은 사라지지만, 우리가 실천한 행위와 존재한 발자취는 계속 살아남아 전체를 영원히 변화시킬 것이다.

COMMENT 삶의 의미에 가장 큰 만족감을 주는 견해는 무엇인가?

DAY
242 어떤 의미를 추구하며 살 것인가?

지금까지 삶의 의미에 관한 다양한 관점을 살펴봤다. 80/20 법칙은 삶에서 무엇이 가장 중요한지를 파악하는 데 의의가 있다. 의미 있는 삶을 살기 위해서는 먼저 삶에 충분한 의미가 있다고 믿어야 한다. 그리고 그 의미가 무엇인지를 결정하는 게 중요하다. 삶에서 어떤 의미를 추구할 것인가를 결정하는 순간 더 행복하고 만족스러운 삶을 누리게 될 것이다. 아직 결정하지 않았다면 지금 당장 결정하고 이미 결정했다면 이를 수시로 기억하라. 그 의미는 구체적이야 하며 아무리 중요해도 표현이 너무 길어서는 안 된다.

80/20의 장점이자 단점은 늘 '절약'의 원칙을 내포하고 있다는 것이다. 삶에서 중요한 것은 소수이고, 그 소수는 엄청나게 중요하다. 삶의 의미를 결정할 때 이보다 더 중요한 규칙은 없다. 이상적으로는 삶의 의미를 한 단어 또는 한 문장으로 표현할 수 있어야 한다.

COMMENT 얼마나 행복할 수 있는지 그리고 당신이 아끼는 사람들에게 얼마나 큰 영향력을 미칠 수 있는지는 삶의 의미를 어떻게 정의하느냐에 달려있다.

CHAPTER

29

변하고 진화하기를 원하는가

변이는 왜 에너지와 성장의 원천인가. 치열한 생존 경쟁에서 탄생한 아이디어는 왜 더 강력한가. 진화의 법칙은 왜 실패를 사랑하는가. 이 장에서는 일반성과 차별화의 변증법에 대해서 살펴본다.

DAY

243 더 나은 삶을 위한 변화가 필요하다

다윈의 자연 선택과 유익한 변이profitable variation 이론은 근대 진화론의 초석이 된 학설이다. **유익한 변이의 개념은 인간의 삶과 경력에도 적용할 수 있다.**

먼저 다윈의 이론을 살펴보자. 모든 생물은 매우 빠른 속도로 번식한다. 그리고 모든 개체에는 저마다 독특한 특징이 있다. 생물이 일으킨 변이는 후손에게도 유전된다. 형제들 사이에 치열한 경쟁이 벌어지면 오직 소수만이 살아남는다. 다윈은 말한다. "생존 경쟁 속에서 자신에게 유리한 방향으로 변이한 개체는 살아남을 가능성이 크고 자연 선택의 혜택을 받을 확률도 높아진다. 자연 선택은 변이에 달려있다. 기후를 포함한 '삶의 조건'이 바뀌면 유익한 변이가 발생할 확률이 높은 쪽으로 자연 선택이 일어난다."[1]

경쟁을 통한 선택의 법칙은 인간의 아이디어, 기술, 시장, 기업, 조직, 제품 등에도 똑같이 적용된다. 선택은 물질적 진보를 추진하는 힘이다. 자연 선택과 유익한 변이는 개인의 성장과 발전을 이끄는 동력이기도 하다.

유익한 변이. 당신은 학우, 직장 동료, 친구, 상사, 다른 중요한 지인들과 어떻게 다른가? 당신이 일과 개인적 삶에서 아이디어를 활용하는 방식은 남들과 어떻게 차별화되었는가? 당신의 야망은 다른 사람들과 어떻게 다른가? 지금으로서는 그 차이가 크지 않을지 모르지만, 그 작은 차이로 인해 궁극적으로 커다란 격차가 발생할 수도 있다.

유익한 변이. 당신이 남들과 다르다는 사실은 그 자체로 아무런 의미가 없다. 왜냐하면 부정적인 차이도 생길 수 있기 때문이다. 유익한 변이는 생존 확률을 높이고 성공과 행복의 가능성을 키운다. 삶을 운영하는 방식을 어떻게 바꿔야 할까? 비록 미묘하고 사소한 개선일지라도 당신에게 큰 만족감을 선사하는 긍정적인 차이로 이어질 수 있다.

COMMENT **하루하루를 보내면서 '유익한 변이'를 계속 생각하라. 어떤 차이를 만들어야 더 나은 삶을 살 수 있을까?**

DAY 244

변화가 성장의 열쇠다

다윈의 관찰에 따르면 유익한 변이를 일으킨 생물은 환경에 잘 적응하고 번성할 가능성도 크다고 한다. 유익한 변이는 특정한 종種 안에서 끊임없이 발생하지만, 때로는 개별적인 개체가 갑자기 새로운 특성을 나타내는 돌연변이도 일어난다. 만일 그 돌연변이가 '유익한' 방향이면, 그 변종은 번성해서 많은 후손을 남기고 그 후손도 번성할 것이다. 생물 종의 대부분은 시간이 흐르면서 생존에 유리한 방향으로 진화한다. 과학자들은 미국 남서부 사막의 특정 구역을 100여 년에 걸쳐 관찰하면서 그곳의 기후에 따라 생태계가 변화하는 모습을 사진에 담았다. 그 결과 생태계에서 다양한 형태의 변이가 발생할수록 생물의 생장이 더 왕성하게 이루어진다는 사실을 밝혔다. 생태학자 토니 버제스Tony Burgess는 설명한다. "사막의 환경이 다양하게 바뀌면 그곳에 서식하는 생물 종의 다양성도 20배에서 30배로 증가한다. 반대로 사막의 환경이 단조로운 패턴으로 지속되면 사막의 아름다운 생태계는 단순한 모습으로 바뀐다." 과학자들이 미네소타 대초원 147개의 구역을 조사한 연구에 따르면 특정 구역에 서식하는 생물 종의 숫자가 늘어날수록 더 많은 바이오매스biomass(생물에 존재하는 유기물의 총량. 생물량이라고도 불리며 재생에너지의 중요한 구성 요소-옮긴이)와 질소가 생성된다고 한다. 반대로 생물 종의 숫자가 줄어들수록 토양에서 질소가 빠져나가 고갈된다.[2]

도시와 기업 그리고 우리의 삶에서도 비슷한 패턴이 나타난다. 작가 제인 제이콥스는 『미국 대도시의 죽음과 삶』이라는 책에서 도로의 길이와 건물의 모습, 크기, 연식 등이 다양한 도시일수록 더 아름답고, 활기에 넘치며 부유하다고 썼다.[3]

여러 장소를 옮겨 다니며 다양한 문화를 경험한 사람은 대개 환경 적응력이 높고 성장도 빠르다. 다양한 조직이나 지역을 거치면서 일자리를 자주 바꾸는 사람들도 마찬가지다. 환경을 바꾸면 삶이 편안하지 않을 수도 있겠지만 생산성은 더 높아진다. 다양성은 실험과 도전을 요구하고 혁신을 자극한다. 그 혁신 중 일부는 결국 유익한 변이로 이어질 것이다.

COMMENT 당신의 삶에도 충분한 다양성이 존재하는가?

DAY
245 일반성에서 차별화로

다윈과 19세기의 '진화론자'들이 자연계에서 처음으로 파악한 현상은 생물이 일반적인 종에서 차별화된 종으로 분화해 나가는 추세였다. 최초의 단일한 종이 여러 종으로 분화되고, 이미 존재하는 종에서 새로운 종이 형성된다.

이는 세상 어디서나 적용되는 보편적인 원리다.[4] 지식의 세계에서도 하나의 학문 분야가 여러 하위 분야로 가지를 쳐 나간다. 일례로 역사학은 지식의 한 분야로 출발해서 고고학, 전기傳記, 회고록 등으로 분화했고, 다시 과학사, 예술사, 의학사, 시민 운동사, 개별 국가 및 지역의 역사, 여성학, 성 소수자LGBTQ 연구 같은 세부 분야로 확장됐다. 경제 분야에서도 똑같은 일이 일어난다. 하나의 산업이 좀 더 특화된 산업으로 분화하고, 하나의 기업이 여러 개로 분사하며 분사된 기업들도 각자 고유한 방식으로 발전해 나간다.

이런 현상은 두 가지 기회를 제공한다. 첫 번째는 기존의 일반적인 개념을 차별화해서 독자적인 하위 분야를 스스로 창조할 기회고, 두 번째는 누군가 이미 창조한 하위 분야를 다른 선구자들과 함께 개발해 나갈 기회다. 성공하기만 한다면 첫 번째 기회가 당신에게 훨씬 만족스러운 결과를 줄 것이다. 두 번째 기회는 영광을 남들과 나눠야 한다는 단점이 있지만, 만일 당신이 그 분야를 진정으로 좋아하고 성장의 속도도 빠르다면 역시 훌륭한 성공의 디딤돌이 될 수 있다.

COMMENT 새로운 분야를 개발하거나 새로운 하위 분야의 얼리어답터가 될 만한 주제를 생각할 수 있는가?

DAY
246 다양성은 기하급수적으로 증가한다

다윈을 포함한 19세기의 진화론자들은 생물계가 일반성generality에서 차별화differentiation의 방향으로 분화되는 현상 이외에도 또 하나의 중요한 트렌드를 발견했다. 일반성에서 차별화의 과정을 거쳐 분화된 종은 일반적인 종으로 자리 잡고, 그곳에서 다시 차별화가 진행된다는 것이다.

언뜻 복잡한 개념처럼 들리지만, 전혀 그렇지 않다. 쉽게 말해 기존의 종이 새로운 종으로 분화하는 과정(또는 현대 세계에서 새로운 범주의 지식, 경제, 기술 등이 분화하는 과정)은 언제까지나 지속된다는 것이다. 가령 역사학이 전기나 자서전 같은 새로운 분야로 가지를 뻗어나가면 전기도 다시 여러 갈래로 나뉘어 과학자 전기, 정치인 전기, 혹은 역사상의 실제 인물이나 가상의 인물을 다룬 역사 소설 같은 형태로 발전한다. 이런 각각의 장르는 다시 텔레비전, 동영상, 팟캐스트 같은 인기 있는 분야로 확대될 수 있다.

제인 제이콥스는 이렇게 말한다. "단순한 프로세스라도 반복되고, 반복되고, 또 반복되면 놀라운 다양성이 생겨난다."[5] 진화의 세계에서는 이 과정에 오랜 시간이 소요되지만, 현대의 경제 생태계에서는 아주 짧은 시간에도 그런 일이 일어날 수 있다. 새로운 경제 생태계가 시장의 수요와 충분한 자금에 의해 뒷받침되고, 사람들이 풍부한 상상력을 동원해서 기존의 산업 분야를 여러 갈래로 가지를 쳐 나간다면 다양성은 기하급수적으로 증가할 것이다.

COMMENT **참여하고 싶은 새로운 트렌드와 산업 분야를 눈여겨보라. 지식의 분화와 인터넷이나 스마트폰 같은 새로운 기술적 메커니즘 덕분에 훌륭한 기회가 끝없이 생겨나고 있다.**

DAY

247 생존 경쟁에서 살아남아라

다윈이 수립한 자연 선택 이론의 핵심은 식물이나 동물의 독립적인 개체가 생존할 확률보다 그렇지 못할 확률이 훨씬 높다는 것이다. **자연계에서 치열한 생존 경쟁이 벌어지는 이유도 여기에 있다.** 그런데 이 이론은 자연계뿐 아니라 인간의 삶, 아이디어, 조직, 경제 등에도 적용될까? 답은 '그렇다'이다. 그밖에 어떤 답을 생각할 수 있을까? 우리 인간은 전적으로 자연계 내에서 살아가는 존재다. 우리는 자연이라는 질서의 한 부분이자 한 구획이다. 인간이 자연의 외부에 존재한다는 개념은 기이할 뿐 아니라 완전히 잘못된 생각이다.

하지만 다른 관점에서 바라보면 인간이 치열한 생존 경쟁을 회피하는 방향으로 발전해 온 것도 사실이다. 19세기 이후 가속화된 의학적 발전에 힘입어 유아 사망률은 뚝 떨어졌고, 평균 수명은 획기적으로 늘었다. 물론 인구가 폭발하고 지구의 자원을 독점하면서 생태계에는 부정적인 영향을 미쳤다. 우리가 새로운 자원을 개발하는 일을 도외시했거나 피임법을 사용하지 않았다면 이 세계는 이미 종말을 맞았을지도 모른다.

인류가 자연계의 암울한 법칙에서 부분적으로 벗어난 존재인지는 몰라도, 우리의 아이디어, 조직, 문화 그리고 삶을 체계화하는 방식은 여전히 치열한 생존 경쟁을 겪고 있다. 오직 생존에 적합한 자만이 살아남을 수 있다. 이것이 자연의 원리이자 80/20 법칙이 궁극적으로 원하는 길이기도 하다.

COMMENT 좋은 아이디어를 개발하고 싶다면 많은 아이디어를 생각하고 그중 최고만 골라서 추진하라. 위대한 회사를 세우고 싶다면 여러 개의 회사를 창업하라. 처음 몇 개는 실패할 확률이 높다. 많은 돈을 벌고 싶다면 가능성이 보이지 않는 분야라도 여러 번 베팅을 시도하라. 그중 대부분이 실패로 돌아가도 낙담하지 마라. 베스트셀러 작가가 되고 싶다면 여러 권의 책을 쓰라.

DAY

248 환경을 바꿔라

프랑스의 위대한 생물학자 장 라마르크Jean Lamarck는 생물의 종種이 환경의 요구에 맞게 진화하면서 생존을 이어간다고 주장했다. 다윈은 라마르크의 주장을 살짝 수정해서 좀 더 핵심적인 이론으로 발전시켰다. 그는 생물의 종이 자연적으로 진화하지만, 그들의 생존 여부는 환경이 결정한다고 말했다. 다윈이 바라본 세계는 라마르크의 그것보다 훨씬 가혹한 곳이었다. 쉽게 말해 라마르크는 낙관주의자였고, 다윈은 비관주의자였다고 할 수 있다.

하지만 무엇이 진실인지 구분하는 일은 중요하다. 결과적으로는 다윈이 옳았다. 생물의 종, 특히 개별적인 생명체가 자신의 운명을 스스로 통제하지 못한다는 증거는 차고 넘친다. 이 법칙은 거의 모든 종에 적용된다. 하지만 특정한 조건이 갖춰진다면 호모 사피엔스만큼은 이 법칙에서 예외일 수도 있다.

인간은 환경의 규칙에 적응할 수도 있고, 큰 노력과 비용을 들여 규칙 자체를 바꿀 수도 있다. 사람들은 해수면 상승을 막기 위해 방파제를 건설하고, 한때 바다에 빼앗겼던 육지를 되찾기도 한다. 사막을 정원으로 가꾸고, 땅이 부족해지면 고층 건물을 세운다. 의학의 발전을 통해 신생아 사망률을 획기적으로 낮추기도 한다. 인류가 이런 업적을 성취하기까지는 거의 전 기간의 역사가 필요했지만 어쨌든 우리는 그 방법을 터득했다.

비슷한 맥락에서 사회생활에 어려움을 겪는 사람은 조직이 원하는 방향에 맞춰 행동을 바꿀 수도 있다. 그 과정이 고통스럽겠지만 불가능한 일은 아니다. 그러나 당신의 사회생활이 성공적이지 못하다면 자신을 바꾸려 하지 말고 환경을 바꾸는 편이 대체로 더 나은 방법이다. 미련 없이 사표를 던지고 자신의 기술과 사고방식에 맞는 조직을 찾아라. **맞지도 않는 곳에 억지로 적응하려고 애쓰지 마라. 그들과 함께할 수 없다면, 그들을 이길 방법을 찾으라.**

COMMENT **환경을 바꿀 수 있는가?**

DAY
249 아이디어는 경쟁을 통해 강해진다

훌륭한 아이디어는 치열한 경쟁을 거쳐야만 오래 살아남을 수 있고 널리 퍼져나갈 확률도 높아진다. 기업은 새로운 제품이나 시스템을 개발하기 전에 다양한 아이디어를 고민하고 실험해야 한다. 심지어 어떤 기업은 신제품을 출시할 때 다양한 버전의 제품을 한꺼번에 내놓기도 한다. 소니는 워크맨을 처음 공개할 때 수백 종의 버전을 내놓고 소비자가 그중 몇몇 제품을 선택하도록 했다.

1930년, 프록터앤드갬블Procter & Gamble, P&G은 자사 브랜드 간 경쟁이 벌어지는 일을 최초로 허용한 대기업이다. 그 바람에 여러 사업 부서는 시장에서도 경험하지 못했던 싸움을 내부의 경쟁자들과 벌여야 했다. 이런 경영 방식이 겉으로는 낭비처럼 보일 수도 있었겠지만, 다윈의 생존 경쟁 법칙을 믿는 사람들에게는 매우 효과적인 전략이었다. 이 전략은 실제로 P&G에 큰 성공을 가져다주었고, 경쟁자들이 이 방식을 따라 하는 데는 거의 30년이 걸렸다. 경영자들은 경쟁을 싫어한다.[6]

이런 상황은 당신과 어떤 관련이 있을까? 사람들은 대부분 경쟁을 회피한다. 우리는 본인의 경험과 지식이 가장 풍부한 분야로 자연스럽게 이끌린다. 대학교 교수는 자신과 연구 분야가 겹치고 지적 수준이 높은 사람을 연구 보조자나 조교수로 승진시키는 일을 꺼린다. 기업 CEO들도 최고 경영자의 재목이 될 만한 유능한 인물을 부하 직원으로 임명하는 일을 망설일 때가 많다. 하지만 그들의 임무는 그런 인재를 발탁하는 것이다. 도전과 경쟁은 우리의 능력을 한층 날카롭게 단련시키고 조직에 힘을 실어준다. 바닥부터 시작해서 온갖 난관을 헤치고 정상에 도달한 사람은 싸움에 강하고 자신감에 넘친다.

재주 있는 사람은 남들이 맞히지 못하는 과녁을 맞히고, 천재는 남들이 보지 못하는 과녁을 맞힌다는 말이 있다. 그러나 세상에 영원한 천재는 없다. 심지어 천재도 경쟁을 통해 자신의 나쁜 아이디어를 추려야 한다.

COMMENT **어떤 경우든 늘 강한 확신을 바탕으로 의견을 제시하는가? 아니면 천재적인 아이디어를 제기해야 할 결정적 순간을 위해 힘을 아껴두는가?**

DAY 250

더 나은 사람이 되기 위해 투쟁하라

자연 선택의 법칙은 어떤 생물이 돌연변이를 일으키거나 말거나, 소멸하거나 살아남거나 관심이 없다. 경제 선택economic selection의 법칙 역시 새로운 제품이나 아이디어를 소유한 기업이 어디인지는 관심없다. 다만 그런 제품이 시장에 나오기만 기다릴 뿐이다. 시장은 알코올 도수가 낮은 맥주, 수입 맥주, 수제 맥주 등을 공급하는 회사가 기존의 대기업이든 새롭게 등장한 전문 업체든 상관하지 않는다. 단지 새로운 제품이 계속 출시되기만을 원한다.

대기업을 담당하는 컨설턴트로 일할 때 고객들에게 늘 이렇게 경고했다. "만일 회사가 제품을 끊임없이 개선해서 다른 제품들로 대체하지 않는다면 그 일은 경쟁사의 몫이 될 겁니다." 이사회에 참석한 사람들은 그 말에 고개를 끄덕이는 듯했으나 얼마쯤 지나면 까맣게 잊어버렸다. 오직 최고의 리더들만이 내 조언을 진심으로 받아들였다. 그들만이 고객이 진정으로 원하는 바를 고민했고, 경쟁을 피하기보다 경쟁에서 승리할 방법을 찾았고, 단기적인 이익보다 장기적인 성공을 중요하게 여겼다.

조용한 삶을 원한다면, 삶이 원래부터 어려우며 당연히 그럴 수밖에 없다는 사실을 기억해야 한다. 삶은 투쟁이다. 물리적 생존을 위해서가 아니라 더 나은 사람이 되기 위한 싸움이다. 조용한 삶은 최고의 부와 풍요로움을 보장하지 못한다.

COMMENT **당신을 더 높은 수준의 자신으로 대체하라. 그렇지 않으면 다른 누군가가 당신을 대체할 것이다. 남들보다 먼저 새로운 기술을 개발하고, 위험을 감수하는 태도를 기르고, 희귀한 지식을 배워라.**

DAY 251 틈새시장을 공략하라

앞서 말한 대로 경제 선택의 법칙은 훌륭한 제품이나 서비스의 소유자가 누구인지는 관심 없다. 어떤 기업의 주력 제품이 시장을 장악했다고 해서 그 회사의 관련 제품들도 똑같이 시장을 지배한다는 보장은 없다. 시장의 욕구를 충족할 제품을 남보다 먼저 공급하려면 신속하게 움직여야 한다.

콜라 시장을 예로 들어보자. 코카콜라 컴퍼니는 1880년대 처음 콜라를 출시한 후 1930년대까지 매출과 수익의 지속적인 성장을 거두며 시장을 지배했다. 그들은 단 한 종류의 제품만으로 미국 전역과 유럽으로 시장을 확대하며 성공적인 경영 실적을 올렸다. 당시에는 약국의 소다수 판매대에서 팔던 콜라나 6.5온스(약 175ml)의 전통적인 곡선형 병에 담겨 상점에서 판매하던 콜라가 소비자들이 구매할 수 있는 제품의 전부였다. 이 회사가 코카콜라를 출시한 이래로 첫 번째로 내놓은 혁신적 제품은 1940년대 독일에서 개발된 탄산수 성분의 오렌지색 음료 환타였다. 이 제품은 코카콜라가 처음 등장한 지 무려 60년이 지나서야 세상에 나왔다.

반면 펩시콜라는 1931년에 이미 두 번째로 파산을 선언할 만큼 경영에 어려움을 겪었다. 펩시는 코카콜라를 줄곧 뒤에서 쫓아가기만 했다. 물론 펩시가 코카콜라를 따라잡을 기회가 전혀 없었던 건 아니다. 하지만 그들은 절호의 기회를 속절없이 놓쳤다. 1985년이 되자 코카콜라는 무카페인 코카콜라, 코카콜라 클래식, 다이어트 코크, 무카페인 다이어트 코크, 체리 코크, 스프라이트, 다이어트 스프라이트, 탭, 무카페인 탭, 멜로옐로, 환타, 프레스카, 미스터 피브 같은 다양한 제품군을 보유하기에 이르렀고, 모든 제품은 갖가지 용량의 캔이나 병에 담겼다. 소비자는 자판기, 마트, 레스토랑, 패스트푸드 식당을 포함한 어디에서나 이 제품들을 쉽게 구매할 수 있었다.[7] 코카콜라는 운이 좋았다. 펩시는 핵심 제품 주위에 새로운 변종을 퍼뜨리지 못했고, 자사의 틈새시장을 잠재적 제품으로 채워 경쟁자가 진입하지 못하도록 막는 데도 실패했다.

COMMENT 당신의 경력이나 성공과 관련이 깊은, '비어 있는' 틈새시장은 어디인가? 그곳을 당장 채워라.

DAY

252 실패에서 배워라

시장은 선택을 통해 발전한다. 선택의 과정에서는 대부분의 실험 대상이 '탈락'하거나 소멸할 수밖에 없다. 탈락은 제품 단위로 이루어질 때도 있지만, 파산이나 인수 합병처럼 회사 전체가 탈락하는 상황이 벌어지기도 한다. 자연계에서 이미 실패했거나 현재 실패를 겪고 있는 생물은 좀 더 성공적인(즉 살아 있는) 생물의 먹잇감이 된다. 경제의 세계에서도 마찬가지다. 어떤 회사가 실패했거나 다른 기업에 인수되면 그 회사의 자원은 누군가에 의해 더 생산적인 용도로 쓰인다. 사회 전체적으로 보면 긍정적인 일이다.

다수의 제품을 보유한 기업에서는 이 대목에서 문제가 생기기 쉽다. 그런 회사는 일부 비즈니스의 실패를 묵인하고 넘어갈 확률이 높다. 특히 그 사업 분야가 회사 안팎의 경쟁으로부터 조직의 보호를 받는다면 문제가 더 커진다. 동물원의 사자가 야생으로 탈출하면 오랜 시간 살아남지 못한다. 그 사자는 다른 동물들과 먹이를 두고 경쟁하는 법을 모른다. 대기업의 특정 사업 부문이 회사나 정부의 보호를 받는다면 동물원의 사자와 비슷한 처지에 놓일 수 있다. 자본주의 기업이 부실한 사업 부문을 지원하거나 정부가 특정 산업에 보조금을 지급하는 순간 진화는 멈추고 자원이 낭비된다.[8]

문제는 당신에게도 똑같은 일이 일어날 수 있다는 것이다. 특히 성공한 사람이라면 그럴 가능성이 더 크다. 가령 어떤 프로젝트가 시장에서 실패한 것으로 판명되더라도 당신은 그 프로젝트에 집착하면서 계속 자금을 지원하거나, 공식적인 경로로 투자받는 데 실패한 친구나 가족에게 돈을 대줄 수도 있다. 또 당신 아이들이 실수를 저지르거나 실패해도 당신은 그들을 보호하려 들지도 모른다. 이는 겉으로는 좋은 일처럼 보여도 진화의 법칙과 사회적 공익을 정면으로 거스르는 행위다. 당신은 주머니에 든 돈을 원하는 대로 쓸 권리가 있지만, 이는 당신이 돕고자 하는 사람들에게 득보다 실이 많은 행동이다. **진화의 과정에는 실패가 필요하고, 개인의 성장에도 실패의 경험이 필수다. 보조금에서는 아무것도 배울 게 없고, 실패 없이는 배움도 없다.**

COMMENT 실패 앞에서 어떤 선택을 할 것인가?

DAY 253

위대한 실패 없이는 위대한 성공도 없다

진화는 대량 살상의 과정이다. 진화는 멸종의 위험이라는 가혹한 현실을 요구한다. 또 진화는 성공적이지 못한 부분을 시스템에서 제거함으로써 이루어진다. 한마디로 진화는 실패를 사랑한다. 사업가는 실패를 싫어하지만, 실패한 기업의 무덤은 경제 발전을 위한 자양분이 된다. 이처럼 냉엄한 진화의 과정에서는 절대 불가능한 일이 비즈니스의 세계에서 종종 일어난다. 실패한 조직도 근근이 목숨을 이어가는 것이다. 이는 당사자에게는 좋은 일이겠지만, 시스템 전체적으로는 바람직할 수도 있고 그렇지 않을 수도 있다.

어떤 경제 체제 안에서 실패하고도 문을 닫지 않은 조직이 지나치게 많고 이를 용인하는 분위기가 강하다면 실패자를 지원하는 데 많은 사회적 자원이 낭비될 수밖에 없다. 심지어 생산성이 높은 경제 체제 안에서도 정부의 비효율성이나 특정 기업의 부실함을 너무 관대하게 받아들이는 경향이 있다. 그런데도 경제가 전체적으로 계속 발전하는 이유는 80/20 법칙 아니면 설명할 길이 없다.

만일 당신이 실패하고도 여전히 생존하고 있다면 자신에게 얼마나 도움이 될까? 그건 상황에 따라 다르다. 실패는 고통스럽지만 빨리 극복하고 다른 일을 시작하는 편이 낫다.

고통이 실패의 가치를 가려서는 안 된다. 위대한 실패 없이는 위대한 성공도 없다. 실패의 가장 중요한 가치는 '학습'이다. 실패에서 무엇을 배울 것인가? 그건 본인에게 달렸지만 다음 두 가지를 기억하라. 당신이 지향하는 목표를 달성할 더 나은 방법을 배우든지, 아니면 당신을 성공에 이르게 할 더 나은 목표를 설정하는 법을 배우라는 것이다. 두 가지 학습의 차이를 이해하는 일은 중요하다. 당신 앞에 어떤 대안들이 놓여있는지 파악한 후 가장 만족도가 크고 확률이 높은 길을 선택하라. 그 길이 성공의 해답을 알려줄 것이다.

COMMENT 좋은 실패를 경험한 적이 있는가? 실패에서 무엇을 배웠나?

CHAPTER

30

더 많은 돈, 더 큰 즐거움을 주는 아이디어의 힘

다윈의 진화론은 이 세계가 어떻게 작동하는지 설명하는 귀중하면서도 잔혹한 안내서다. 이 장에서는 이런 냉정한 현실 속에서 당신과 동료들이 취해야 할 행동이 무엇인지 살펴본다. 가장 핵심적인 두 가지 아이디어는 한 분야에서 효과가 있는 아이디어('경제적 유전자')를 파악해서 다른 분야에 적용하거나 이미 성공한 조직에서 따로 살림을 차려 새로운 회사를 설립하는 것이다.

DAY

254 우연을 어떻게 대할 것인가

다윈도 설명하지 못한 게 있다. 생물의 특성이 정말 다음 세대로 이어진다면, 그 유전은 어떤 규칙에 따라 이루어지는가? 그는 솔직히 인정했다. "유전의 과정을 지배하는 법칙은 밝혀진 바가 거의 없다."

오스트리아-헝가리 제국의 성직자 겸 유전학자인 그레고어 멘델Gregor Mendel은 완두콩의 교배 실험에 일생을 바친 인물이다. 그는 완두콩의 유전적 특성이 중간 형태로 혼합되어 나타나지 않는다는 사실을 발견하고 놀라움을 금치 못했다. 키가 큰 완두콩을 키가 작은 완두콩과 교배한 결과 중간 크기의 완두콩이 아니라 키가 큰 완두콩이 나왔다. 그리고 그 완두콩을 다시 번식시키자 전체 개체의 4분의 1은 키가 작은 완두콩이 됐다. 멘델은 생물의 특성이 유전될 때는 우성 인자가 다음 세대의 외형을 결정하지만, '열성' 인자도 어딘가에 숨어 기다리다 한 세대 후에 모습을 드러낼 수 있다고 결론 내렸다. 염색체가 유전적 정보를 전달하는 역할을 한다고 밝혀진 건 20세기 초의 일이었다. 멘델이 옳았다. 생물의 유전적 특성은 뒤섞이지 않고 독립적으로 유지되며 몇 세대가 지난 후에는 그 결과물이 완전히 무작위적으로 나타난다.

유전자가 인간의 건강과 행동에 영향을 미칠 수는 있지만, 우리의 운명을 결정하지는 못한다. 우리는 선조에게 물려받은 유전자의 한계를 초월해서 스스로 원하는 삶을 설계할 수 있고, 80/20 법칙을 바탕으로 더 적은 노력, 시간, 돈을 들여 더 많은 결과를 얻어낼 수도 있다.

그렇다고 우리의 유전자 속에 존재하는 무작위적인 요소를 완전히 무시할 수는 없다. 우리는 삶이라는 이름의 운영 프로그램에 '우연'이 중요한 힘으로 작용하는 세계에서 살아간다. 사람들은 원하든 원하지 않든, 또 알든 모르든 모든 의사 결정 앞에서 일종의 도박을 벌이는 셈이다. 그러므로 우리는 성공적인 도박사들이 어떻게 행동하는지 살펴볼 필요가 있다. 그들은 실제 확률과 배당률 사이에 격차가 큰 베팅 기회를 찾는다. 경마에서는 그런 기회를 찾아내기가 어려워도 현실 세계에서는 훨씬 쉽다.

COMMENT 우연이 삶에서 중요한 역할을 한다고 동의하는가? 그건 삶에 어떤 의미가 있나?

DAY **255**

실보다 득이 큰 곳에 베팅하라

지난 수십 년간 벤처 기업에 투자를 결정할 때 활용해 온 방법은 실패했을 때의 손실(즉 회사가 망했을 때 잃게 될 돈의 액수)과 성공했을 때의 이익을 비교하는 것이다. 둘 중에는 이익을 예상하기가 좀 더 어렵지만, 성공적인 결과의 범위를 어느 정도 짐작할 수는 있다. 나는 예상 수익이 예상 손실보다 몇 배 더 큰 경우에만 그리고 정확한 확률은 알 수 없어도 그런 이익을 기대하는 일이 객관적으로 타당할 때만 투자를 결정한다.

투자자들은 이런 셈법을 '비대칭적 베팅asymmetric bet**'이라고 부른다.** 쉽게 말해 예상 이익이 예상 손실보다 훨씬 큰 곳에 돈을 거는 투자 방법이다. 이 방법론은 17세기의 유명한 신학적 논증인 '파스칼의 내기Pascal's Wager'에 뿌리를 두고 있다. 비대칭적 베팅은 돈을 투자할 때보다 당신의 행복에 큰 영향을 미치는 의사 결정을 내릴 때 훨씬 중요한 용도로 활용해야 한다.

우리가 살면서 내리는 모든 80/20 의사 결정도 같은 맥락에서 생각할 수 있다. 이렇게 결정하면 더 행복해지고, 결과도 좋을까? 일이 생각대로 풀리지 않으면 훨씬 불행해질까? 어떤 결과가 나올 가능성이 더 클까?

일례로 당신이 지금 누군가와 사귀는 중이고 앞으로 결혼을 생각하고 있다고 해보자. 그 사람과 결혼이 성사됐을 때 얼마나 행복할까? 그렇지 못했을 때는 얼마나 불행해질까? 결혼은 성공 확률이 높은 베팅이다. 결혼한 사람은 그렇지 않은 사람보다 더 행복한 경향이 있다. 물론 결혼 생활이 잘 풀리지 않으면 불행이 닥칠 수도 있을 것이다. 그러므로 일단 결혼했다면 그 관계를 잘 유지하기 위해 노력하라.

해외 근무를 계획하고 있다면 그 계획의 장점 및 단점은 무엇인가? 어떤 상황이든 단점보다 장점이 훨씬 클 것이다. 일이 뜻대로 풀리지 않으면 언제라도 집으로 돌아올 수 있기 때문이다. 당신이 수행하는 모든 실험도 마찬가지다. **뭔가 행동하는 편이 아무 행동도 취하지 않는 것보다는 낫다.**

COMMENT 비대칭적 베팅이 매력적으로 느껴지는가? 이 방법으로 삶이 어떻게 달라질까?

DAY
256 삶의 확률을 읽어라

80/20 법칙을 사용한다고 경마장에서 한몫을 잡을 수는 없다. 혹시라도 그런 공식이 있는지 알아내기 위해 많은 시간을 소비했지만 결국 실패했다. 나는 경마에서 돈을 딸 수 있다고 생각하지 않는다. 왜 그럴까? 마권 판매업자나 다른 도박꾼들도 나처럼 실제 확률과 배당률의 차이가 큰 곳에 베팅할 기회만 호시탐탐 노리기 때문이다. 경마장이라는 시장은 완벽하지는 않아도 이런 실험을 하기에 꽤 괜찮은 곳이다.

나는 경마장 이외에도 비대칭적 베팅을 활용할 수 있는 분야를 찾아냈다. 가령 벤처캐피털 투자는 리스크는 크지만, 적은 비용으로도 높은 잠재적 수익을 제공하는 투자처를 찾아낼 수 있는 분야라고 생각한다. 그러나 투자 얘기를 하려는 게 아니다.[1]

여기서 강조하고 싶은 건 적은 비용(운이 좋을 때는 마이너스 비용)으로도 성공의 가능성을 크게 높일 수 있는 '인생 베팅' 이야기다. 비대칭적 인생 베팅의 예를 하나 들어보자. 당신과 연인이 진심으로 사랑하면서 평생의 동반자가 되기를 약속한다면 당신이 그 관계에서 얻을 수 있는 행복의 크기는 그 사람과의 약속을 지키기 위해 치러야 하는 비용을 훨씬 초과할 것이다.

COMMENT 적은 비용으로 큰 이익을 얻을 수 있는 곳에 인생 베팅을 한 적이 있나?

DAY
257 인생을 베팅하라

비대칭적인 인생 베팅이란 기대 비용보다 기대 혜택이 훨씬 큰 의사 결정을 뜻한다. 몇 가지 예를 들어보자.

- 매일 과일이나 채소를 400그램씩 섭취하면 건강이 좋아지고 오래 살 확률이 높아진다.
- 기분을 망치고 행복을 빼앗는 스트레스를 피하면 건강과 삶의 질이 향상된다.
- 가장 자주 만나는 사람 5명이 모두 친구들이면 더 행복해진다.
- 일을 사랑하면 더 행복해진다.
- 낙관적인 종교나 철학을 따르면 더 행복해진다.
- 사회 활동에 활발하게 참여하면 더 행복해진다.
- 삶에 진정한 의미와 목적이 있다고 믿으면 더 행복해진다.
- 남들을 너그럽게 대하면 더 행복해진다.
- 똑똑하면서도 게으르면 더 행복해진다.

COMMENT 비대칭적인 인생 베팅을 떠올릴 수 있는가? 비대칭적 베팅 중에서 몇 가지를 실천하고 있나?

DAY
258 아이디어를 창조하라

리처드 도킨스Richard Dawkins는 이기적 유전자selfish gene 이론으로 유명해진 생물학자이지만, 그가 학계에 가장 크게 공헌한 부분은 밈 이론이 아닌가 싶다. 도킨스는 인간이 언어, 관습, 예술, 건축, 음악, 과학 등의 지식을 '문화'의 형태로 전수하는 유일한 생물 종이라고 말한다. 이 지식은 '밈'이라는 문화적 전달 단위를 구성함으로써 영원불멸한 모습으로 살아남는다. 책, 연극, 아이디어, 소설의 줄거리, 흥얼거리는 멜로디, 구호, 속담, 다리나 집을 건축하는 방식 등 무엇이든 밈이 될 수 있다. 밈은 인간의 두뇌에서 두뇌로 옮겨 다니며 복제되는 과정을 통해 스스로 번식한다.[2]

밈은 인간의 발명품이지만 한 번 만들어지면 거의 반半자율적으로 삶을 이어간다. 스스로 복제하고, 변형하고, 적응할 뿐 아니라 책, 영화, 비디오 같은 강력한 매체에 통합되어 널리 전파된다. 밈은 매우 복잡한 독립체들을 유전자와 비슷한 방식으로 생산할 수 있다.

우리가 불멸의 존재에 가장 가깝게 다가서는 방법은 인간을 영구적으로 변화시킬 아이디어를 창조하는 것이다. 다음 세대에 영향을 미칠 위대한 지식을 구축하는 데 공헌하는 사람은 영원히 죽지 않는다. 수학자 G. H. 하디는 이렇게 말했다. "아이스킬로스(시인)는 잊혀도 아르키메데스(수학자)는 언제나 기억될 것이다. 언어는 사라져도 수학적 개념은 사라지지 않는다." 80/20 법칙을 포함한 유용한 밈도 선구자의 모범적 행동이나 서적 같은 매체를 통해 널리 퍼져나간다. 밈은 언제든 새로 발명되어 사방으로 전파될 수 있다.

COMMENT **새로운 밈을 발명하거나 기존에 존재하는 밈의 활용도와 가치를 더욱 높이고 싶은가? 어떤 밈을 원하는가? 밈의 확산 속도를 높이려면 어떻게 해야 하는가?**

DAY
259 가치 있는 아이디어를 선택하는 법

앞서 말한 대로 밈은 문화의 전달 단위로서 이기적 유전자의 목적을 거스르는 방향으로 활용될 수 있다. 그렇다면 80/20 밈은 무엇인가? 이는 최소한의 노력과 시간을 들여 최대한의 행복, 편안함, 창의성을 증진할 수 있는 밈을 가리키는 나만의 용어다.

그런 역할을 가장 잘 해낼 만한 밈이 무엇인지 정의하는 일은 다분히 주관적인 과정일 수 있다. 하지만 어떤 밈을 후대에 전파해야 하고, 어떤 유형의 밈을 새로 발명해야 하는지는 개인적으로 고민해 볼 가치가 있다. 아래 표에는 '가치'와 '사용의 용이성'이라는 두 가지 기준에서 밈을 선택하는 방법을 보여주기 위해 엄선한 80/20 밈 몇 가지를 소개한다.

80/20 밈	가치	사용의 용이성
80/20 법칙	높음	높음(이해했을 때)
민주주의	높음	높음(정착됐을 때)
사회적 평등	높음	높음(정착됐을 때)
예의 바른 태도	높음	높음(정착됐을 때)
개인의 자유	높음	높음(정착됐을 때)
교통 규칙	높음	높음(정착됐을 때)
보스턴 박스(소, 스타…)	높음(비즈니스에서)	높음(비즈니스에서)
스타 원칙	높음(비즈니스에서)	높음(비즈니스에서)
시간 혁명	높음	높음(습관이 됐을 때)
건강한 식사	높음	높음(습관이 됐을 때)
당신이 좋아하는 운동	높음	높음(습관이 됐을 때)
돈독한 인간관계	높음	높음(습관이 됐을 때)

COMMENT 목록에 어떤 밈을 포함하고 싶은가?

DAY

260 '경제적 유전자'란 무엇인가

비즈니스의 DNA, 즉 경제적 가치를 구성하는 가장 기본적인 단위는 무엇인가? 그건 바로 정보다. 리처드 도킨스는 문화적 전달 단위를 표현하기 위해 '밈'이라는 용어를 만들었지만, 우리는 비슷한 맥락에서 정보의 단위를 '경제적 유전자economic gene'라고 표현할 수 있다.

대표적인 경제적 유전자는 아이디어다. 증기 기관, 내연 기관, 전화, 컴퓨터 같은 기술적 디자인과 영화의 대본, 집적 회로의 설계도, 코카콜라나 의약품의 제조법, 로봇 공학과 인공 지능의 핵심 개념 등이 모두 아이디어에 속한다. 경제적 유전자는 인간의 삶에 유용한 정보를 구성하는 모든 무형의 요소를 의미하며 독립적으로 또는 다른 경제적 유전자와 함께 제품 및 서비스에(또는 제품 및 서비스를 제공하는 전달 매체에) 통합된다.

경제적 유전자라는 말을 가장 포괄적으로 설명하면 '지식, 재능, 기술 등의 기본적 구성 요소'라고 표현할 수 있다. 이 유전자들이 가치 있는 제품이나 서비스로 기능하려면 여기에 담긴 정보를 운반할 상업적 매체가 필요하다. 경제적 유전자는 건물, 기계, 소프트웨어, 공장, 사무실, 트럭 같은 상업적 매체에 통합되거나 사람, 조직, 기업, 경제 등의 일부가 되는 방식으로 자신을 복제해서 널리 퍼뜨린다.

경제적 유전자는 부와 행복을 향상하는 지식이며 이를 나르는 매체는 사람, 조직, 기업, 물리적 자산, 제품 및 서비스 같은 경제 활동의 도구들이다. 좋은 매체는 좋은 유전자를 유혹한다.[3]

COMMENT 새로운 경제적 유전자를 발명하고, 퍼뜨리며 구현할 수 있는가?

DAY

261 다른 사람의 아이디어를 활용하라

우리가 인간으로서(혹시라도 로봇이 이 글을 읽지 않기를 바란다) 경제적 유전자와 어떤 관련을 맺는지 살펴보는 일은 매우 흥미롭다. 경제적 유전자를 창조하는 주체는 인간이지만, 동시에 인간은 이 유전자를 전달하는 매개체가 되어 여기에 담긴 정보를 이용하거나 반대로 이용당하기도 한다.

인간은 자신이 발명하지 않은 아이디어를 남에게 퍼뜨린다. 그것이야말로 경제가 진보하는 가장 보편적인 과정이다. 누군가 아이디어를 발명할 때마다 수백 명, 때로는 수백만 명의 사람들이 그 아이디어를 활용하고 발전시킨다.

80/20 법칙이 대표적인 사례다. 이 법칙은 누가 발견했을까? 이탈리아의 경제학자 빌프레도 파레토Vilfredo Pareto는 80/20이라는 표현을 사용하지 않았으나 이 법칙의 기본 개념을 최초로 구축했다. 1949년, 하버드 대학교 교수 조지 K. 지프George K. Zipf는 이 개념을 조금 더 발전시켜 '최소 노력의 법칙principle of least effort'이라는 이론을 내놓았다. 얼마 후에는 품질 관리 전문가 조셉 모지스 주란Joseph Moses Juran이 '핵심 소수의 규칙Rule of the Vital Few' 이론을 발표했다. 1950년대에 들어서면서 '80/20'이라는 표현이 점차 눈에 띄기 시작했고, 1960년대에는 IBM에서 근무하는 수천 명의 직원이 이 개념을 실무에 적용하고 대중화했다. 조금 늦기는 했으나 나도 1997년 이후로 이 흐름에 편승해서 80/20 법칙을 보급하는 데 수십 년을 매달리고 있다. 큰 부나 영향력을 쌓아 올린 사람은 대부분 자신의 아이디어가 아닌 남의 아이디어를 활용해서 성공에 도달한다.

헨리 포드는 자동차를 대량으로 생산하고 판매하는 아이디어를 처음 생각해 냈지만, 그 아이디어를 실현하는 데 필수였던 이동식 생산 라인은 그의 발명품이 아니었다. 하나의 아이디어는 또 다른 아이디어를 낳는다. 다른 사람의 혁신을 활용해서 더 훌륭한 목표를 달성하고 더 큰 보상을 얻는 일은 80/20 법칙의 본질이라고 할 수 있다.

COMMENT 어떤 아이디어를 남들보다 더 효과적으로 활용할 수 있는가?

DAY 262

새롭지 않으면 쇠퇴한다

새로운 눈으로 경제를 바라보는 관점의 핵심에는 경제적 유전자(삶을 체계화하는 새로운 방식이나 아이디어)의 개념이 자리 잡고 있다. 인간은 이 과정에서 여러 기능을 담당한다. 창조자로서 경제적 유전자를 새로 만들고, 사용자로서 더 나은 제품과 서비스를 개발하며 소비자로서 경제적 유전자의 생존, 확산, 소멸을 결정한다. 이 관점은 대기업 중심의 사고방식이라기보다 다분히 창업가적entrepreneurial 시각에 가깝다(여기서 '창업가적'이라는 표현은 예술, 음악, 저술, 웹 기반 자영업 등을 포함해 개인의 독창적인 기술이나 개성을 활용한 모든 고소득 경제 활동을 일컫는 개념이다).

경제학자 조지프 슘페터Joseph Schumpeter는 자본주의가 '창조적 파괴'의 과정을 통해 발전한다고 말했다. 기업은 어느 시대든 끊임없이 문을 닫지만, 이는 사회 전체적으로 볼 때 '적자생존'의 원칙에 따른 긍정적인 진화의 과정이라고 할 수 있다. 지난 50년 동안 벌어진 눈에 띄는 변화는 대기업이 작은 신생기업에 시장을 내주는 일이 부쩍 늘어났다는 것이다.

'경제 선택'의 원칙은 오늘 이 순간에도 누군가는 새로운 제품이나 기술을 열심히 실험하고 있으며 개발된 제품과 기술은 낡아빠진 기존의 기업에 도전장을 던질 거라고 경고한다. 기업은 그런 위기를 일시적으로 모면할 수는 있어도 영원히 피하지는 못한다. 과거에 큰 성공을 거뒀던 대기업도 혁신을 앞세운 경쟁자와 맞닥뜨리면 순식간에 무너질 수 있다. IBM이 파산 직전까지 이르렀던 때를 생각하라. 또 한때 세계 최대의 기업이나 다름없었던 소비에트 연방이 실제로 붕괴한 순간을 기억하라.

더 많은 사람이 경제적 유전자의 관점에서 경제를 바라보면 이미 용도가 다했음에도 아직 살아있는 기업의 도태 과정은 가속화될 것이다. 건강한 경제적 유전자는 제대로 작동하지 않는 매체를 떠날 것이고, 그 과정은 갈수록 빠르게 진행될 것이다.

COMMENT 새로운 관점을 받아들일 수 있는가? 어떤 행동을 실천해야 하는가?

DAY
263 스핀오프에 참여하라

스핀오프는 갈수록 지배적이고 성공적인 전략으로 자리 잡고 있다. 스핀오프spin-off란 무엇인가? 스핀오프는 하나의 조직에 근무하는 직원 그룹이 독립해 새로운 사업체를 설립하는 일을 뜻한다. 기존의 회사는 그 과정에서 이들을 지원하거나 자금을 투자할 수도 있고, 그렇지 않을 수도 있다.

초콜릿 제조 기업 캐드버리Cadbury는 자사의 식품 사업 부문을 분사시키는 데 동의하고, 새로 설립된 회사 프리미어 푸드Premier Foods의 지분 일부만을 보유한다는 결정을 내렸다. 프리미어 푸드는 나중에 힐스다운 홀딩스Hillsdown Holdings에 매각되었으며 그 결과 캐드버리와 프리미어 푸드의 창업자들 모두 큰 이익을 얻었다.

스핀오프가 활발히 벌어지는 산업이 다른 산업보다 빨리 성장하고, 고객이나 투자자들에게 더 큰 가치를 제공하는 건 우연이 아니다. 실리콘밸리는 스핀오프를 통해 설립된 기업들로 넘쳐난다. 벤처 캐피털, 경영 컨설팅, 헤드헌팅, 투자 은행 같은 산업도 마찬가지다. 발전이 굼벵이처럼 느리고 창의적 요소가 부족한 분야에서는 스핀오프가 거의 일어나지 않는다. 뒤집어 생각하면 과거 그곳에서 더 많은 스핀오프가 이루어졌다면 오늘날 더 흥미롭고 성공적인 산업으로 발전했을지도 모를 일이다.

자연 선택의 법칙은 스핀오프의 세계에서 어떤 일이 벌어질지 정확하게 예측한다. 새로운 그룹은 오래된 그룹으로부터 좋은 점을 취하고(즉 좋은 유전자를 물려받고) 제품, 서비스, 고객에 새로운 변화를 불어넣을 것이다. 이는 관련자나 생태계 전체의 관점에서 보면 긍정적인 순환의 과정이다. 성공적이지 못하고 발전도 더딘 회사에서 스핀오프를 원하는 사람은 없다. 당신도 자연의 법칙에 따라 시장의 성장을 돕고 싶다면 스핀오프에 참여하라.

COMMENT 스핀오프를 통해 회사를 설립하거나 그런 회사에 합류하는 일을 생각해 본 적이 있는가?

DAY
264 성장을 위해 떠나라

팀 이동이란 말 그대로 특정 조직에서 함께 일하던 팀이 같은 산업에 속한 다른 회사로 '팀 전체를 통째로 매각하는' 일을 뜻한다. 스핀오프와 마찬가지로 팀 이동도 첨단 기술, 투자 은행, 컨설팅, 벤처 캐피털 등 성장이 빠른 산업에서 활발하게 이루어진다. 이런 형태의 이동이 발생하는 이유 역시 똑같다. 팀 구성원들이 '자신만의 일을' 원하거나 새로운 업무 관행을 개발함으로써 더 큰 보상을 얻고 싶기 때문이다. 팀 이동에서도 80/20 법칙이 작용한다. 전망이 밝고 창의적인 산업 분야에 속한 사람 중 가장 전망이 밝고 창의적인 인재들이 움직임을 주도하는 것이다.

팀 이동은 스핀오프보다 실행하기 쉽다. 새로운 회사를 설립하려면 자금을 조달하는 절차가 필요하지만, 팀 이동에서는 팀이 새로운 '집'에서 창출할 이익을 집주인과 나누는 방법만 협상하면 그만이다. 하지만 팀 이동에 들어가는 비용이 스핀오프보다 적은 만큼 팀이 얻을 수 있는 이익도 스핀오프보다 적다. 말하자면 그들이 팀 이동으로 얻을 수 있는 혜택은 원래의 회사에서 계속 일할 때와 스핀오프를 통해 회사를 차려서 나갈 때의 중간쯤이라고 보면 된다. 팀 이동의 또 다른 잠재적 단점은 팀이 새로운 조직에 합류했을 때 그곳의 직원들과 궁합이 잘 맞으리라는 보장이 없다는 것이다. 물론 그들은 팀워크에 문제가 없다고 장담하겠지만 그 팀이 새로운 조직의 구성원들과 어떻게 조화를 이룰지는 미지수다.

COMMENT 팀 이동을 경험한 적이 있는가? 당신과 당신의 팀에게는 팀 이동이 좋은 선택이 될까?

DAY
265 성장과 혁신은 다양성에서 온다

유전자 연구자들은 인간이 왜 근친상간을 금기시해야 하는지를 명확히 입증한다. 근친 교배inbreeding의 개념은 기술, 제품, 기업. 시장, 국가 등에서 진화가 제한적으로 이루어지는 원인을 파악할 때도 유용하게 활용할 수 있다. 특정 집단의 '유전자풀gene pool(어떠한 생물 종이나 개체 속에 있는 고유의 대립형질의 총량-편집자)'에 변화가 일어나지 않으면 발전이 정체된다는 것이다.

조직을 예로 들어보자. 기업의 유전자풀은 최고 경영진의 기술이나 능력만을 뜻하지 않는다. 회사가 역량을 차별화하고 생산성을 발휘하는(또는 그렇게 하지 못하도록 방해하는) 80/20 기반의 투입 요소, 가령 설립자로부터 유래한 조직의 역사와 가치관, 공급업체들로부터 제공된 제품이나 전문성, 기술 및 유통 채널 활용 방식, 고객들의 피드백을 조직 개선에 활용하는 방법(까다로운 고객일수록 피드백이 더 유용하다), 투자 자원 및 활용 방법, 회사 안팎의 협력 네트워크 등이 모두 유전자풀이다. 또 개인, 대학 내에서 창업된 회사, 기존 직원 및 신규 직원을 포함해 첨단 지식 기업의 성공을 돕는 중요한 협력자들도 유전자풀에 포함된다.

기업의 입지 조건과 네트워크의 접근성도 유전자풀의 주요 요소다. 실리콘밸리는 창업가나 회사뿐 아니라 벤처 투자자와 헤드헌터를 포함한 '공급망' 전체가 유기적으로 연결된 복잡한 생태계를 이루고 있다. 기업은 서로 경쟁하면서도 이 생태계에서 소중한 전문성을 익히며 함께 성장해 나간다. 특히 개인이나 팀이 한 조직에서 다른 조직으로 이동할 때 지식과 기술의 교류가 활발하게 벌어진다. 도시는 유전자풀의 활발한 '자극제' 역할을 한다.

유전자풀이 충분히 보충되고, 교체되고, 섞이지 않으면 '근친 교배'가 발생할 수밖에 없다. 특정 산업이나 기업이 빠르게 성장하면 유전자풀 내에 새로운 인재를 꾸준히 받아들임으로써 유용한 '혼합'의 메커니즘을 제공한다. 성장과 다양성은 많은 문제를 해결해준다.

COMMENT 당신이 속한 유전자풀은 얼마나 활기찬가? 유전자풀을 확장해서 그 힘을 최대한 활용할 방법은 무엇인가?

DAY
266 경제적 유전자를 활용하라

경제적 유전자는 경제의 전달 단위이자, 가치 성장의 주체이며 '더 적은 노력으로 더 큰 성과를 생산하는' 80/20 법칙의 원천이다. 성공적인 조직이나 개인은 경제적 유전자를 대량으로 생산하고 활용한다. 업무 수행의 아이디어나 방법, 기술과 제품의 바탕이 되는 디자인 그리고 고객, 공급업체, 혁신적인 개인 및 조직과의 상호작용에서 사용되는 '대본' 등이 모두 경제적 유전자다. **경제적 유전자는 다음 세 가지 방법으로 활용할 수 있다.**[4]

첫째, 새로운 제품 및 서비스, 또는 새로운 사업 시스템을 발명함으로써 유전자를 처음부터 만드는 방법이다. 물론 그런 경우가 흔하지는 않으며 이를 위해서는 높은 수준의 창의력도 필요하다. 하지만 막상 해보면 생각만큼 어렵지 않다. 당신도 도전하라.

둘째, 이미 효과가 검증된 경제적 유전자를 다른 분야에 활용하는 방법이다. 앞서 말한 대로 유전자는 개체의 증식을 원하기 때문에 누군가에게 활용되기를 좋아한다. 기존에 발명된 훌륭한 아이디어를 남들보다 앞서 적절한 곳에 활용하는 사람은 경쟁에서 앞서나갈 수 있다. 일례로 남아프리카 공화국의 슈퍼마켓 대기업 픽앤페이PicknPay를 설립한 내 친구 레이먼드 애커맨Raymond Ackerman은 미국에서 이미 사업성이 검증된 '셀프서비스 슈퍼마켓'을 아프리카에 도입해서 큰 성공을 거뒀다.

셋째, 이미 성공한 아이디어에 살짝 수정을 가해 새로운 틈새시장에 적용하는 것이다.

이 세 가지 방법은 80/20 법칙과도 잘 어울린다. 단순하고 선명한 사명을 찾아 당신만의 제국을 세우라. 더 적은 노력을 들여 더 큰 결실을 거둬라.

COMMENT 세 가지 방법 중 어느 것이 당신의 상황에 가장 적합한가?

DAY

267 아이디어를 경쟁자에게 공개하라

경제적 유전자는 개인과 기업의 성공을 이끄는 강력한 생산 동력이다. 경제적 유전자는 독창적인 80/20 아이디어이자, 적은 노력을 들여 더 많은 결과물을 생산할 수 있는 업무 수행 방식이다. 가령 과거 오랜 시간에 걸쳐 사용됐으나 아직도 활용의 여지가 무궁무진한 경제적 유전자의 두 가지 사례로는 셀프서비스 비즈니스, 제품 및 서비스를 경쟁자보다 빠르게 시장에 공급하는 전략을 꼽을 수 있다.

성공에 도달하는 가장 빠른 길은 이런 성공적인 아이디어를 받아들여 혁신에 활용하는 것이다. 그러려면 유전자가 더 큰 효과를 발휘하고 더 많이 증식하도록 도와야 한다. 동시에 새로운 제품 및 서비스, 고객군, 지역 등에 따라 유전자를 적절히 수정해야 한다.

경제적 유전자를 새로 수정하거나 변형하는 일은 마치 예술과도 같은 작업이다. 하지만 예술을 창조하는 장소를 스튜디오나 다른 사적인 공간으로 한정해서는 안 된다. 당신이 개발한 경제적 유전자를 새로운 환경에 당당히 노출하라. 즉 아이디어를 잠재적 경쟁자들 앞에 드러내는 공개의 과정을 거치라는 뜻이다.

내부든 외부든 경쟁을 피하려 들지 마라. 경쟁이 없으면 성장이 멈춘다. 뒷마당에 숨지 말고, 큰 시장에 나가 경쟁하라. 당신의 새로운 아이디어를 대중에 공개하라. 당신의 기술과 실력을 이용해서 경제적 유전자를 운반하는 최고의 운송 수단이 돼라. 경제적 유전자를 다른 개인, 조직, 회사보다 더 효과적으로 이해하고, 구현하고, 전파하는 사람은 승리자가 될 것이며 그렇지 못한 사람은 승리할 자격이 없다. 경제적 유전자는 다양한 경로를 통해 증식할수록 가치가 더 높아진다.

경제적 유전자를 가장 효과적으로 활용할 수 있는 주체는 개인이나 창업가, 또는 소규모 조직이다. 대기업의 피라미드식 조직 체계 속에서 일하는 임원은(특히 최고 경영진은) 최신의 경쟁 상황에서 멀어지기 쉬우므로 주의해야 한다. 성공을 원한다면 작게 시작해서 크게 성장하라.

COMMENT 어떤 경제적 유전자를 새로운 환경에서 전파할 것인가? 어디에서 어떻게?

DAY
268 자신의 가치를 창출하고 운반하라

당신은 가치 창조 과정의 중심에 자리 잡고 있다. 당신은 경제적 정보의 사용자이며 더 중요하게는 경제적 유전자의 근원이다. 당신이 지식과 기술을 제공하는 주체이고, 다른 성공적인 아이디어 및 이를 운반하는 도구, 개인, 팀, 조직과 협업할 당사자다. 당신이 가치 그 자체이며 동시에 가치 창출의 원동력이다. 당신이 설립하거나 합류하는 조직과 회사, 당신이 활용하는 자원은 모두 당신의 가치를 전달하는 운송 수단이다.

이 운송 수단은 당신이라는 운전자를 위해 그곳에 존재한다. 이는 당신이 목표로 향하는 길을 돕고, 당신을 보호하며 당신의 에너지에 형상을 부여한다. 하지만 운송 수단은 운송 수단일 뿐이다. 당신이 운송 수단을 이용하는 이유는 그것이 목적지에 도달하게 하는 가장 빠른 매체이기 때문이다.

그러므로 자신을 향해 끊임없이 질문하라. 이 운송 수단의 운전자는 나인가, 다른 사람인가? 나는 올바른 차량을 운전하고 있나? 내가 더 큰 가치를 발휘할 분야는 없는가? 더 풍요로운 세상을 만들기 위해 내가 추구해야 할 다른 목표는 없을까?

대답하기 쉽지는 않겠지만 근본적인 질문이다. 시간을 내어 깊이 생각하라.

COMMENT 지금 어떤 매체를 운전하고 있나? 그것이 목표를 달성할 최고의 운송 수단인가? 지금 당신은 운전 중인가, 아니면 다른 사람에게 운전을 맡기고 있나?

DAY

269 변화는 많을수록 좋다

자연 선택과 진화의 이론은 다양성이 진보를 이끄는 동력이라고 분명히 밝힌다. 다윈은 말했다. "유익한 변이는 살아남고 해로운 변이는 도태되는 현상을 자연 선택이라고 부른다." 다윈은 기후와 같은 삶의 조건이 바뀌면 자연 선택이 더 활발하게 이루어져 유익한 변이가 일어날 가능성이 커진다고 주장했다. 유익한 변화가 일어나지 않으면 자연 선택은 아무런 작용도 하지 못한다.[5]

당신의 경력도 새로운 일자리(회사를 바꾸든 안 바꾸든)를 찾거나, 기존의 일을 새로운 방식으로 수행하거나, 동료가 바뀌거나, 제품 및 서비스의 초점이 이동하거나, 고객에 대한 책임이 변하거나, 근무 환경이 달라지는 등의 다양한 변화를 통해 성장한다.

변화는 많을수록 좋다. 변화에는 두 가지가 있다. 당신에게 수동적으로 닥치는 변화와 당신 스스로 주도하는 변화다. 새로운 프로젝트를 시작하라. 새로운 역할과 책임을 담당하라. 그럴 형편이 되지 않으면 하다못해 가구라도 바꿔라. 당신에게 참신한 방향을 제시하고 당신을 최고의 운송 수단으로 만들어줄 새로운 경제적 유전자, 협력 관계, 파트너십을 찾아라. 얼마나 오랫동안 일하고 얼마나 열심히 일하느냐가 중요한 게 아니다. 얼마나 다양한 경험과 아이디어를 축적하고 활용함으로써 고객, 동료, 조직, 그리고 생태계 전체에 더 큰 가치를 더해줄 수 있느냐가 문제의 핵심이다.

COMMENT 지난해 얼마나 많은 변화를 경험했는가? 다음 해에는 얼마나 많은 변화를 만들 수 있을까?

DAY

270 경제적 유전자가 성공을 부른다

- 활용도가 떨어지거나 운송 수단이 부실한(예를 들어 최상의 제품이나 서비스를 제공하지 못하는 회사) 경제적 유전자(가치 있는 경제 정보, 업무 방식 또는 기술)를 파악해서 이를 운반하기 위한 최고의 매체를 구축한다.
- 기존의 성공적인 유전자들을 새로운 방식으로 조합하고, 그렇게 탄생한 유전자를 위해 최선의 운송 수단을 제공한다.
- 자신이(또는 동료들과 함께) 승리의 유전자를 운반할 수 있는 효율적인 운송 수단이 된다.
- 조직을 운영하는 사람은 성공적인 유전자를 효과적으로 운반하는 매체가 되는 데 조직의 가치가 달려있다는 사실을 구성원들에게 주지시킨다.
- 새로운 인재를 받아들이고 효과가 검증된 아이디어를 수용함으로써 유전자풀을 꾸준히 보충할 방법을 찾는다.
- 기존의 조직에서 스핀오프 또는 스핀아웃spin-out(원래의 회사가 새로 설립되는 회사의 지분에 참여하는 투자 방식)의 기회를 창출하고, 스핀오프나 스핀아웃을 주도하는 사람이 된다.

당신이 특정 조직의 구성원이든, 아니면 예술가, 작가, 편집자, 영상 제작자, 사진작가, 이벤트 기획자 또는 다른 형태의 서비스를 제공하는 독립 사업자든, 경제적 유전자의 시각에서 경제를 바라보는 관점은 성공에 강력한 영향을 미칠 것이다.

COMMENT 경제적 유전자 개념을 이해했는가? 이를 강력하게 옹호하는가?

CHAPTER

31

석기 시대의 유물에서 탈피하라

현대인의 정서적 반응은 석기 시대에 기원을 두고 있다. 이 장에서는 우리가 피해야 할 네 가지 위험 요소와 성공에 도달하는 한 가지 특별한 방법을 살펴본다.

DAY 271 결정적 차이를 확보하라

찰스 다윈은 말했다. "생존 경쟁은 같은 종의 개체 사이에서 가장 치열하게 벌어진다. 그들이 같은 지역에 살고, 같은 먹이를 먹고, 같은 위험에 노출되며 '자연의 경제'에서 거의 같은 장소를 차지하기 때문이다."[1]

다윈의 주장은 구소련의 과학자 G. F. 가우스G. F. Gause가 미생물을 대상으로 실행한 흥미로운 실험의 결과와도 일맥상통한다. 가우스는 같은 과科에 속하면서 종種이 다른 두 종류의 원생생물(단일 세포로 구성된 매우 작은 크기의 원시적 동물-옮긴이)을 유리병 속에 넣고 제한된 양의 먹이만 공급했다. 이들은 사이좋게 먹이를 나눠 먹으며 함께 생존했다. 다음에는 같은 종의 두 개체를 유리병 안에 넣고 똑같은 양의 먹이를 공급했다. 그러자 이 생물들은 싸우다가 결국 죽고 말았다.

이것이 가우스의 '차별화에 의한 생존 원리Principle of Survival by Differentiation'다. 이 법칙은 인간의 사회 경력과도 관련이 깊다. 다윈의 표현대로 우리가 '자연의 경제'에서 확고한 위치를 차지하려면 어떻게든 경쟁자들과 자신을 차별화해야 한다. 차이가 미세할 수도 있지만, 경쟁에서 이기려면 적어도 중요한 부분에서는 남들과 결정적인 차이를 확보해야 한다. 겉으로 확연히 드러나지 않아도 어떤 차이든 반드시 존재해야 한다.

이 법칙의 또 다른 사례로는 생태학자 로버트 맥아더Robert MacArthur의 휘파람새와 가문비나무 연구가 있다. 맥아더는 각 종류의 휘파람새가 가문비나무의 특정 부분을 이용해서 먹이를 찾고 집을 짓는다는 사실을 발견했다. 말하자면 각 개체가 자신만의 틈새시장niche을 독립적으로 점유한다는 것이다.[2]

COMMENT 당신만의 틈새시장은 어디인가? 일과 삶의 세계에서 어디에 '집'을 마련했나?

DAY
272 감정을 경계하라

진화 심리학자들이 내놓은 흥미로운(그리고 타당한) 가설에 따르면 우리의 유전자는 사회 발전 정도에 훨씬 미치지 못하는 수준에서 오랫동안 정체된 상태라고 한다. 인간은 20만 년 전에 수렵 채집인으로 지구에 등장했고, 우리의 유전적 특성도 그 역할에 맞춰 진화해 나갔다. 인류가 열매를 채취하거나 야생 동물을 사냥하는 생활을 마감하고 농업 사회에 정착해서 농작물을 재배하고 가축을 키우게 된 건 고작 7,000년 전에서 1만 년 전이었다. 지금부터 200~300년 전에는 농업보다 공업과 상업이 훨씬 중요한 시대가 왔고, 점점 더 많은 사람이 도시에 거주하기 시작했다.

이런 일련의 변화는 삶에 대한 새로운 접근 방식을 요구했다. 하지만 진화의 과정 전체를 놓고 보면, 그토록 급변한 환경에 맞춰 인간의 유전자가 새로운 방향으로 진화하기에 1만 년이라는 시간은(300년은 말할 것도 없고) 턱없이 부족했다. 그 말은 인간이 외부의 도전에 반응하는 방식(가령 이성보다 감정을 앞세우는 방식)이 여전히 석기 시대에 뿌리를 두고 있다는 뜻이다. 우리는 영화에 나오는 고인돌 가족 플린스톤처럼 첫인상만으로 사람을 판단하고, 힘을 과시하고, 추종자들로 이루어진 집단을 만들고, 외부인을 배척하고, 큰 무리를 따라다니고, 남을 험담하며 자신감 넘치는 지도자를 맹목적으로 신봉한다. 인간의 유전자는 여러모로 '석기 시대 동물처럼' 생각하고 행동한다.

인간의 감정은 소중하지만, 종종 잘못된 길로 안내한다. 남을 적대적으로 대하기 전에 다시 생각하라. 불필요한 분노를 피하라. 신중히 계산하고 협력하라. 미소를 띠고 낯선 사람을 환영하라. 남에게 길을 양보하라. 평화로운 공존의 가치를 신뢰하라.

COMMENT 당신 안에 존재하는 플린스톤 유전자를 통제하라. 현대인들이 도시적이고, 상호 의존적이며 문명화된 방식으로 행동한다면 굳이 옛날 사람들처럼 '잔인하고, 고통스럽고, 짧은' 인생을 살아갈 필요가 없다.

DAY
273 첫인상에 휘둘리지 마라

석기 시대의 세상은 위험하고 복잡했다. 어떤 먹이가 몸에 좋고 어떤 먹이에 독이 들었는지 분간하기 어려웠다. 사냥하기에 좋은 땅은 어디인가? 어떤 동물을 사냥해야 가장 덜 위험한가? 낯선 사람 중 누구를 믿어야 하나? 그때는 신속한 의사 결정이 필요한 순간이 많았고, 잘못된 결정은 치명적인 결과로 이어지기 일쑤였다. 사람끼리 둘러앉아 오랜 시간을 들여 정보를 분석하는 일은 더 나은 삶을 사는 데 아무런 도움이 되지 않았다.

그들이 의사 결정에 활용했던 유일한 판단 근거는 첫인상에 대한 고정관념이었다. 낯선 사람이 친밀한 모습을 보이고 우호적으로 행동하면, 그는 믿을 만한 사람이었다. 반대의 경우라면 적이라고 판단할 수밖에 없었다.

하지만 오늘날에는 상대를 즉시 판단하는 일이 중요하지 않은 시대가 됐다. 그런데도 우리가 첫인상에 큰 비중을 둔다는 연구 결과는 넘쳐난다. 처음 만난 사람에 대한 우리의 반응은 상대방의 자신감과 공감대에 영향을 미쳐 우리에게 되돌아오고, 이는 우리가 느낀 첫인상을 더욱 굳혀준다. 문제는 우리가 석기 시대에 프로그램된 유전자로 인해 잘못된 판단을 내리거나 증거를 분석하는 데 실패할 확률이 높다는 것이다. 그런데도 우리는 첫인상만으로 상대를 성급하게 판단한 후, 곧바로 판단을 내리는 행동이 무례해 보인다는 이유로 불필요한 시간을 낭비한다. 첫인상에 의존해서 살아간다면 어떤 회의든 5분 이상 지속할 이유가 없을 것이다.

첫인상, 특히 부정적인 첫인상에 따라 상대를 판단하는 일을 삼가면 더 많은 친구를 사귀고 더 많은 사람에게 영향을 미칠 수 있을 것이다. 또 누군가와 협업을 결정하기 전에 그 사람의 자질을 뒷받침하는 증거를 충분히 수집할 때까지 기다리면 값비싼 실수를 줄일 수도 있다.

COMMENT 상대의 첫인상을 보고 의사 결정을 내린다는 데 동의하는가? 서둘러 사람을 판단하는 이유가 무엇인가?

DAY
274 힘을 과시하지 말 것

수렵 채집인들이 살아가던 위험한 세상에서는 한 치 앞의 삶도 예측하기가 어려웠고, 모든 것이 두려움으로 가득했다. 용감하고 자신감에 넘치는 리더는 추종자들을 몰고 다니며 음식과 섹스를 독점했다. 인간에게 자신감을 부여하는 유전자는 널리 퍼지면서 힘도 강해졌다. 사람들은 리더의 현실적인 판단보다 자신감을 더 중요하게 여겼다. 석기 시대 사람이 힘을 과시하던 행위는 단순한 허세가 아니라 성공을 위한 전략이었다.

오늘날에도 타인에게 힘을 과시하는 사람은 많은 추종자를 끌어들인다. 자신을 권위자나 지도자라고 칭하는 사기꾼이 때로 그런 심리를 이용하기도 한다. 하지만 이제는 세 가지가 달라졌다.

첫째, 세상이 훨씬 복잡해졌고 상황을 판단하기도 어려워졌다. 둘째, 인간의 분석 도구와 직관적 능력이 개발되어 순간적인 판단을 내릴 필요가 없어졌다. 셋째, 남에게 맹목적인 자신감을 드러내는 전략은 예전만큼 효과적이지 않다. 지나친 자만심이나 자기 과시도 마찬가지다. 예전에는 그런 행동이 사람들에게 깊은 인상을 주었지만, 요즘에는 오히려 짜증나게 한다. 환경이 달라지면 사람의 마음도 변한다. 하지만 유전자는 종종 우리를 석기 시대로 돌아가게 한다. 이제는 자신의 힘을 지나치게 과시하는 행동이 보기에 좋지 않을뿐더러 생산적이지도 못한 세상이 됐다.

COMMENT 자신의 힘을 지나치게 과시하는가? 아니면 힘을 너무 적게 표현하는가? 이제는 스타일을 바꿀 때가 됐다는 생각이 드는가?

DAY
275 위계질서를 선호하는가

수렵 채집 사회에서는 위계질서가 발달할 수밖에 없었다. 원시 사회인들은 서열화된 인간관계 속에서 안전함을 찾으려 했다. 추종자들은 지도자에게 충성하고, 지도자 가까운 곳에 머물 때 안전을 지키고 음식을 안정적으로 확보할 확률이 높았다.

인간이 본능적으로 위계를 따른다면, 위계질서를 무너뜨리기 위해 시작한 역사적 혁명(프랑스 혁명이나 러시아 혁명, 또는 현대의 수평적 조직 실험 등)이 새로운 형태의 위계질서, 심지어 더 엄격하고 폭압적인 서열을 창조한 이유를 설명할 수 있다. 20세기는 평범한 사람들의 시대이자, 광기 어린 지도자들의 시대였다. 스탈린, 히틀러, 마오쩌둥 3명의 독재자는 1억 명이 넘는 사람을 학살했다. 심지어 현대 민주주의 사회에서도 위계질서가 공식적으로 소멸 또는 축소된 후 겉으로 자유로워 보이지만, 새로운 형태의 서열이 비공식적으로 기승을 부린다. 사람은 누구나 지위를 추구한다. 더 큰 문제는 그 지위가 사회적으로 인정받는다는 것이다. 지도자에게 무작정 충성하는 풍조는 사라질 듯하면서도 좀처럼 사라지지 않는다.

어떤 형태의 집단이든 통찰과 개혁 없는 위계질서는 조직의 가치를 떨어뜨린다. 그러나 성공적인 조직은(소규모 팀에서 큰 국가까지) 조직의 목표를 설정할 때 리더의 강력한 지도력을 내세우고, 목표를 달성하는 과정은 민주적으로 밟는다. 예를 들어 처칠은 리더십을 발휘하며 히틀러를 물리쳤지만, 1945년 선거에서 패하자 깨끗하게 자리에서 물러났다.

역사를 돌이켜보면 민주주의를 구축하는 일보다는 독재적인 권력을 휘두르는 편이 훨씬 쉽다. 민주주의는 정치적 세력들이 대립하고 타협하는 과정을 거치며 수 세기에 걸쳐 조금씩 정착된다. 마찬가지로 석기 시대 유전자도 민주주의가 긴 세월을 거쳐 일상에 정착하는 과정을 거칠 때 비로소 길들 것이다. 물론 그 과정에서 퇴화할 위험도 존재한다. 가령 러시아는 제대로 된 민주주의를 경험한 적이 없으며 오늘날의 행보에서도 그 흔적이 엿보인다. 독일은 300년간 문화와 자유주의의 수준을 꾸준히 높여왔는데도 강력한 지도자를 향한 민족주의적 열망을 극복하기에 충분치 않았다.

COMMENT ▶ 위계질서에 대한 열망이 있는가? 조직의 목표를 설정할 때는 독단적인 권력을 발휘하고 목표를 향해 가는 과정은 민주적으로 밟는 조화로운 방식을 택할 수 있는가?

DAY
276 경쟁자를 환대하라

과거의 사람들은 집단적 결속력이 강하고 지도자에 대한 충성심이 높을수록 외부 집단을 적대적으로 대했다. 그런 행동 역시 생존하는 데 도움이 됐기 때문이다. 찰스 다윈은 이렇게 말했다.

"높은 수준의 애국심, 충성심, 복종심, 용기, 공감력 등을 소유한 부족의 구성원들은 늘 서로를 돕고 공동의 이익을 위해 자신을 희생할 준비가 되어있었으며 그런 부족은 다른 부족에 승리할 확률이 높았다. 이것이 곧 자연 선택이다."

역사를 돌아보면 국가의 배타적 정체성이 약해지고 무역과 교류가 늘어나는 시기에만 평화가 찾아왔음을 알 수 있다. 집단적 정체성을 향한 우리의 욕구는 오늘날에도 여전히 남아있지만, 문명사회에서는 그 욕구가 시위, 축구팀 간의 라이벌 의식, 기업들의 경쟁 같은 다양한 모습으로 변형되어 나타난다.

석기 시대의 습관은 쉽게 사라지지 않는다. 인간이 하나의 팀 안에서 결속하는 것은 그리 어려운 일이 아니다. 하지만 서로 경쟁하는 팀들이 하나가 되어 똘똘 뭉치는 것은 어느 때나 돼야 가능한 걸까? 원시 사회로부터 시작된 집단적 경쟁의식이 현대 사회에도 여전히 남아있는 모습을 보면 이런 의문이 든다. 여러 하위 집단으로 구성된 국가가 하나의 동질적 집단으로 이루어진 국가만큼 효과적일 수 있을까? **왜 작은 나라가 큰 나라보다 부유하고 응집력이 강한 경우가 많을까?**

COMMENT 외부 집단을 친절하게 대할 수 있는가? 문명인이라면 반드시 갖춰야 할 자세이기는 하지만 쉬운 일은 아니다.

CHAPTER

32

지금 비워야 할 세 가지

80/20 법칙은 더 많은 리스크를 감수하고, 패닉에 빠지지 말고, 각자의 '영역'을 지키고, 소유보다 경험을 중요시하고, 경험보다 인간관계를 소중히 여기라고 가르친다.

DAY

277 리스크 회피는 자멸을 부른다

진화 심리학자들에 따르면 원시 사회의 수렵 채집인은 목숨이 위태로울 만큼 절박한 상황에 닥쳐야 위험을 감수했다고 한다. 현대인이 리스크를 충분히 걸어볼 만한 상황에서는 몸을 사리고, 손해가 커질 때 오히려 리스크를 무릅쓰는 이유가 그 때문일까? 도박꾼이 평소에는 좋아하는 곳에 돈을 걸다가 막상 돈을 잃었을 때는 가능성이 희박한 곳에 큰돈을 베팅하는 이유도 그래서일까?

사람은 중대한 리스크를 감수하기 전 높은 수준의 안정감(또는 불안감)을 요구하는 것 같다. 아동 심리학자들은 걸음마를 배우는 아기가 엄마가 주위에 있을 때만 여기저기 돌아다닐 용기를 낸다고 말한다. 우리 집의 래브라도 개도 산책 시간에만 집을 나서지만, 내 휘파람 소리가 들릴 만한 거리 바깥으로는 떨어지지 않는다. 이런 행동 특성들은 모두 석기 시대에 기원을 두고 있는지도 모른다.

사람들은 **불확실성이라는 단어가 리스크와 동의어가 아니라는 사실**을 인식하지 못한다. 현실에서는 불확실한 상황에서도 안정적인 결과를 기대할 수 있는 경우가 적지 않다. 예를 들어 카지노만큼 주인에게 높은 수익을 안정적으로 돌려주는 사업도 드물다. 카지노 운영자처럼 수많은 베팅을 반복하면 리스크는 오히려 크지 않다.

리스크는 모든 곳에 존재하지만, 모든 곳에서 확연히 눈에 띄지는 않는다. 우리의 삶에도 늘 리스크가 있다. 특히 나쁜 유전자를 물려받았거나 좋지 못한 습관이 있는 사람은 리스크가 더 크다. 인생의 가장 중요한 의사 결정이라고 할 수 있는 결혼에도 리스크가 따른다(물론 이 장기적인 약속이 행복으로 이어질 확률은 그렇지 않을 확률보다 훨씬 높다). 당신이 결혼으로 인해 불행을 겪을 리스크도 없는 건 아니지만, 상식적으로 확률을 계산한다면 결혼하지 않는 편이 더 위험할 수 있다.

80/20 법칙은 모든 것을 설명한다. 중요한 베팅을 걸 때는 신중해야 하지만 결정을 마친 후에는 과감히 베팅해야 한다. 또 승리의 확률이 높고 사안이 사소한 곳에는 너무 많이 고민하지 말고, 반복적으로 베팅할 필요가 있다. 니체가 말했듯이 뭔가가 당신을 죽이지만 않는다면, 당신은 그로 인해 더 강해지고 행복해질 것이다.

COMMENT 당신의 위험 회피 성향은 얼마나 강한가? 몇 가지 큰 베팅은 신중하게 실행하고, 사소한 베팅에는 여러 차례 리스크를 감수할 수 있는가?

DAY
278 패닉에 빠지지 마라

한 가지 고백하자면 나도 가끔은 패닉에 빠진다. 자주 있는 일은 아니지만, 처음 몇 분간은 정신을 차리지 못할 때도 있고 그 상태에서 완전히 벗어나지 못하면 온종일 불안감을 느끼기도 한다. 솔직히 말해 실제로 닥친 문제보다는 내가 패닉에 빠졌다는 사실이 더 염려스럽고 부끄럽다.

하지만 훌륭한 면죄부를 얻었다. 패닉이 유전자에서 온다는 걸 알게 됐기 때문이다. 당신이 패닉을 느끼는 이유도 마찬가지다. 원시인은 목숨이 위태로운 순간에 정신없이 날뛰며 위험을 피하려 했다. 이는 커다란 야생 동물을 사냥하는 사람이 종종 맞닥뜨릴 수밖에 없는 직업적 리스크였다. 게다가 늘 그랬듯 여기에도 자연 선택의 법칙이 작용했다. 위험한 상황에서 더 날뛰는 사람이 살아남을 확률이 더 높았다. 우리가 위협을 느낄 때(실제든 상상이든) 패닉에 빠져 날뛰는 일은 유전자에 각인된 본능이다.

오늘날엔 그런 종류의 패닉이 별로 필요치 않고 우리에게 하는 역할도 없다. 현대 세계는 사바나의 평원이 아니다. 물론 평범한 이성을 지닌 사람도 스트레스를 받으면 운전할 때 극도의 분노를 표출하거나 순간적으로 패닉에 빠진다. 하지만 잠시만 생각해도 그 사람에게 닥친 상황은 패닉에 빠질 만큼 심각하지 않다. 우리가 도로에서 야생 동물에게 잡아먹힐 일은 거의 없다. 게다가 운전 중 패닉에 빠져 분노를 표출하면 도움이 되기는커녕 문제만 더 커진다. 우리의 유전자는 "긴급 상황! 긴급 상황!"이라고 외치며 경고음을 울리지만, 모르는 체하고 패닉이 가라앉기를 기다리는 게 현명한 대응책이다.

도박장이나 금융 시장에서 활동하는 초보 도박꾼이나 투자 초심자는 손해가 커지면 패배를 인정하고 베팅을 멈추기보다는 오히려 더 많은 돈을 쏟아부어 손실을 만회하려 한다. 패닉에 빠진 것이다. 전문 투자자는 감정을 배제하고 손해가 더 불어나기 전에 빨리 손을 떼라고 교육받는다.

COMMENT **패닉에 빠지지 마라! 패닉은 석기 시대부터 유래된 인간의 자연스러운 반응이지만 오히려 상황을 더 악화시킬 뿐이다. 냉정함을 유지하고 하던 일을 계속하라. 패닉에 빠진 적이 있는가? 문제를 해결하는 데 도움이 됐나? 유전자가 당신 앞에 내미는 패닉 버튼을 무시하라.**

DAY
279 내 것은 뺏기지 않는다

생물학자나 게임 이론 전문가는 특정 '영역'의 주인(또는 점유자)과 침입자(또는 도전자) 사이에 벌어지는 경쟁의 양상에 흥미로운 통찰을 제공한다. 동물은 영역의 주인이 되는 것만으로 상대적인 힘의 세기와 관계없이 심리적인 우위를 차지한다는 것이다.

비슷한 종류의 나비 두 마리가 따뜻한 햇볕이 드는 장소를 두고 경쟁하는 모습을 상상하라. 나비들은 예쁘게 날갯짓하며 서로의 주위를 빙빙 돈다. 그러다 잠시 후, 그곳에 침입한 나비가 먼저 자리를 떠서 다른 곳으로 날아간다. 반면 두 마리 모두가 비슷한 장소를 자신의 영역으로 삼고 있는 경우에는 누가 승리자가 될지 예측하기 어렵다. 개코원숭이를 대상으로 한 실험에서도 같은 패턴이 관찰된다. 특정 영역을 선점한 원숭이는 침입자만큼 힘이 강하지 않더라도 싸움에서 승리할 확률이 높다. 개들의 생활에서도 똑같은 모습을 엿볼 수 있다. 정원의 '주인'은 침입자가 나타나면 맹렬하게 짖는다. 상대의 몸집이 더 크거나, 정원을 침입한 개가 두 마리 이상이라도 아랑곳하지 않는다. 반대로 침입자는 남의 영역에 들어가는 일을 망설이다가 저항을 받으면 순순히 물러난다. 인간이 전쟁을 벌일 때도 땅을 지키는 쪽이 더 필사적으로 싸운다. 그러다 보니 수적 열세에도 불구하고 승리하는 경우가 많다.

인간의 유전자는 소유한 것을 지키려는 본능이 강하고 새로운 것을 차지하려는 욕구는 상대적으로 약하다. 이 사실이 우리에게 주는 교훈은 무엇인가? 개인, 팀, 회사가 특정 '영역(시장, 소유물, 유산, 또는 기타 소중한 가치)'을 '당연히 우리 것'이라고 생각한다면, 이를 지키기 위한 싸움에서 승리할 확률이 높다는 것이다.

만일 당신이 '침입자'의 입장에서 경쟁에 참여해야 한다면 그곳을 점유하고 있는 사람들이 '짖는' 소리에 겁먹지 마라. 당신의 힘이 더 강하다고 생각하면 주저 없이 밀고 들어 들어가라. 또는 그 영역의 소유권이 불분명하다는 점을 강조하고, 전쟁보다는 협상이 낫다는 논리를 펼치는 것도 하나의 전략이 될 수 있다.

COMMENT 본인의 소유권을 명확히 주장할 만한 영역이 있는가? 그 영역을 찾아 열심히 방어하라. 뭔가를 열정적으로 원한다면, 그것은 이미 당신의 소유라고 생각하라.

DAY
280 소유에 집착하지 마라

심리학자들은 인간의 행동에서 이해하기 어려운 현상을 발견했다. 가령 앨리스라는 사람이 유명 가수의 콘서트 입장권을 손에 넣었다고 하자. 며칠 후 누군가 앨리스 앞에 그 입장권의 액면가인 500달러를 주며 팔라고 제안한다. 대부분의 실험 참가자는 그 거래를 거부했다. 반대 상황에서도 실험이 이루어진다. 이번에는 실험 참가자인 캐럴이 현금 500달러를 손에 넣는다. 얼마 후 앞의 실험과 똑같은 입장권을 캐럴에게 주며 사겠냐고 묻는다. 앞서 앨리스가 입장권을 돈으로 바꾸기를 거부했으므로 논리적으로 생각하면 캐럴은 500달러로 입장권을 살 확률이 높다. 하지만 결과는 예상과 다르다. 대부분의 실험 참가자는 거래를 거부했다.

이런 비합리적인 행동을 어떻게 설명해야 할까? 심리학자들은 이런 심리적 현상을 '소유 효과endowment effect'라고 부른다. 사람은 입장권이 됐든 현금이 됐든 자신이 먼저 손에 넣었거나 소유 중인 물건을 계속 간직하고 싶어 한다.

자동차 판매 사원은 잠재 구매자에게 시험 주행을 권함으로써 소유 효과를 불러일으키려고 노력한다. 고객이 그 자동차에 애착을 품고 '자기 것'이라고 느끼도록 하기 위해서다. 소유 효과는 '주인' 및 '침입자' 이론과도 관련이 깊다. 우리는 기존의 소유 상태를 유지하기 위해 침입자에 맞서 싸운다.

'주인' 및 '침입자' 이론과 소유 효과가 전달하는 메시지는 게임 이론이나 자동차 판매 같은 곳에만 국한되지 않는다. 소유물에 너무 집착하다 보면 그 소유물이 오히려 우리를 소유할 수도 있다. 80/20 법칙의 핵심은 '적은 노력을 들여 더 많은 결과를 얻는' 것이다. 바꿔 말하면 '더 적은 게 더 많은 것이다'라고 표현할 수 있다. 나이 든 사람은 젊은이보다 소유한 물건이 많을 수밖에 없다. 인간은 한 살씩 나이가 들면서 더 많은 물건을 쌓는다. 하지만 '더 적은 게 더 많은 것이다'라는 법칙을 믿는 사람은 나이가 들수록 소유물을 줄이고 꼭 필요한 물건에 집중한다. **소유보다는 경험이 중요하고, 경험보다는 인간관계가 중요하다. 가장 큰 사랑을 주고받는 소수의 대상과 인간관계를 맺는다면, 그 관계는 가치가 높을 것이다.**

COMMENT 당신은 소유물이 너무 많지 않은가? 당신의 우선순위는 올바른가?

DAY
281 행복한 소유물 vs 해로운 소유물

중요하게 여기는 소유물을 20퍼센트의 필수적인 물건과 80퍼센트의 사소한 것 또는 해로운 것으로 나눠라. 필수적인 소유물의 뜻은 간단하다. 행복하게 만들어주는 물건이다. **사소한 소유물**이란 조금 행복하게 하거나, 조금 불행하게 하는 물건이다. 소유물이 주는 행복보다 이를 유지하는 데 들어가는 금전적·정신적 비용이 더 크다면 그 물건이 당신에게 제공하는 순純 행복은 마이너스다. 이런 경우, 또는 그 물건이 당신에게 불행을 주는 경우는 해로운 소유물이다. 필수적이고, 사소하고, 해로운 소유물의 목록을 모두 작성했으면 다음에 할 일은 분명하다.

- 행복을 주는 20퍼센트의 중요한 소유물은 그대로 보관한다.
- 해로운 소유물은 즉시 제거한다.
- 사소한 소유물은 시간을 두고 서서히 처분한다.

당신은 평소 의복을 착용하는 시간의 80퍼센트를 옷장에 있는 옷의 20퍼센트만을 입으며 보낼 것이다. 20퍼센트는 보관하고, 나머지 80퍼센트는 팔거나 기부하라. 당신은 절대 읽거나 들을 일이 없는 책이나 음반을 잔뜩 소유하고 있을 것이다. 앞으로 한 번이라도 다시 꺼내 들 만한 물건만 보관하고 나머지는 다른 사람에게 주든가 내다 버려라. 당신에게 행복을 주는 20퍼센트의 필수적인 물건은 구분하기가 쉽다. 나머지 80퍼센트는 대부분 사소한 물건일 것이다. 해로운 물건은 드물거나 없을 수도 있다. 하지만 자기 파괴적인 습관과 관련된 물건이 하나라도 있다면 즉시 제거하라.

COMMENT 꼭 필요하지 않은 소유물을 언제 정리할 생각인가?

DAY

282 경험의 목록을 점검하기

삶에서 반복적으로 지속되는 중요한 경험을 점검하라. 예를 들어 휴가나 여행 가기, 스포츠 같은 취미 생활하기, 수집품 모으기, 일주일에 한 번 이상 운동하기, 콘서트, 극장, 축제, 박물관, 연극 같은 행사나 공연 가기, 정원 가꾸기, 개 산책시키기, 자원봉사 나가기, 시민운동이나 정치 집회 참가하기 등 행복에 부정적·긍정적 영향을 미치는 모든 경험을 감사監査하라. 다만 가족, 친구, 연인과의 사이에서 벌어지는 일처럼 개인적 관계와 연관된 활동은 감사에서 제외하라. 이들은 경험의 관점보다는 인간관계의 관점에서 바라보는 게 바람직하다.

독립적인 경험이든 사회적인 경험이든 중요하게 여기는 모든 경험을 목록에 담은 후 큰 행복을 주는 필수적인 경험, 거의 또는 전혀 행복하지 않은 경험, 불행에 빠뜨리는 해로운 경험 등으로 분류하라. 당신은 이 목록을 대상으로 세 가지 변화를 시도할 수 있다. 비슷한 경험의 양을 늘리거나, 줄이거나, 그런 경험을 삶에서 아예 제거하는 것이다.

80/20 가설에 따르면 당신을 더 행복하게 하는 경험은 단 몇 개에 불과하다. 그 말은 대다수의 경험이 행복을 증진하는 데 별다른 도움이 되지 않는다는 뜻이다. 심지어 어떤 경험은 당신을 불행하게 만들 수도 있다. 그렇다면 해결책은 명확하다.

COMMENT 어떤 경험을 더욱 늘려야 할까?

DAY
283 진짜 관계만 남겨라

당신의 인간관계는 소유물보다 훨씬 중요하고, 심지어 경험보다도 중요하다. 인간관계란 우리에게 높은 수준의 감정적 가치를 제공하고 행복에 영향을 미치는 타인과의 유대를 의미한다. 예컨대 가족 구성원, 연인, 친구 등이 인간관계의 대상이다.

우리는 인간관계의 정의가 제한적이라는 사실에 주목할 필요가 있다. 인간관계를 구성하는 가장 중요한 요건은 높은 수준의 감정적 가치다. 사람이 나이가 들면 그동안 친분을 맺은 친구의 숫자가 수백 명이 될 수도 있지만, 그중 높은 수준의 감정적 가치를 제공하는 사람의 수가 20명이 넘는 경우는 드물다. 그 정도로 두터운 인간관계는 대개 손가락으로 꼽을 정도다. 게다가 그들 중에서도 가장 중요한 행복을 선사하는 사람은 6명이 채 되지 않을 것이다.

당신을 행복하게(또는 불행하게) 하는 능력의 순으로 판단했을 때, 가장 중요한 인간관계를 맺은 사람들은 누구인가? 이들을 얼마나 자주 만나나? 이 목록에 속하지 않으면서도 이들보다 더 자주 만나는 다른 사람들이 있는가? 당신과 인간관계가 가장 두터운 5명을 생각하라. 이들과의 관계를 더 강화함으로써 당신과 주위 사람들에게 더 큰 행복과 삶의 의미를 줄 방법은 무엇인가? 이 목록에서 당신과 타인에게 불행의 근원이 되는 관계가 있는가? 그 사람과의 관계를 행복한 관계로 발전시킬 수 있는가? 방법은 무엇인가? 그런 일이 가능하다면 관계를 개선하기 위해 최선을 다해야겠지만, 만일 관계 개선이 불가능하다면 어떻게 해야 할까?

때로는 가족 간의 관계도 갈등으로 얼룩질 수 있다. 나빠진 관계를 그럭저럭 괜찮은 관계, 나아가 긍정적인 관계까지 개선하는 일이 당신의 최우선 과제가 되어야 한다. 가족과의 관계를 단절하거나 곪아 터지도록 내버려두면 안 된다. 만일 그 가족이 내일 세상을 떠난다면 당신은 그에게 했거나 하지 않은 일로 인해 심한 죄책감을 느낄 수도 있지 않을까?

COMMENT **여러 사람과 맺고 있는 인간관계를 오랜 시간에 걸쳐 주의 깊게 생각하고, 그들과의 관계를 삶의 중심에 놓아라.**

CHAPTER

33

협업이 성공을 부른다

이 장에서는 '더 행복한 방식으로 생각하는 법'과 효과적으로 협업하는 법을 이야기한다. 또 당신의 비교 우위를 찾아내는 법, 최고의 '보완자'를 발견하는 법, 적절한 거처를 선택하는 법을 살펴본다.

DAY
284 두뇌는 재구성될 수 있다

역사상 가장 중요한 과학적 발견(즉 인간의 행복에 가장 강력한 잠재적 영향을 미치는 발견)은 인간 두뇌의 신경 회로가 스스로 구조적 변형을 일으킨다는 **신경가소성**neuroplasticity 이론을 꼽을 수 있다.

앞에서 유전자와 자연 선택의 법칙이 삶에 미치는 영향을 살펴봤다. 유전자는 인간의 삶에 가장 큰 영향을 미치는 소수의 요인이라는 점에서 분명히 80/20 법칙의 적용을 받는다. 그렇다고 유전자가 운명을 결정하는 것은 아니다. 우리는 두뇌의 구조를 바꿈으로써 미래를 재설계할 수 있다.

아이들은 언어를 습득하는 능력을 선천적으로 타고난다. 하지만 어떤 언어를 배우느냐에 따라서 두뇌가 소리를 저장하는 방식이 달라진다고 한다. 신경과학자들은 그 이유를 밝혀냈다. 특정 언어에서 사용하는 소리에 따라 두뇌의 언어 처리 영역이 각자 다른 방식으로 재구성되기 때문이다.

두뇌 영상 연구에서는 강박 장애(강박적 사고 및 강박 행동을 특징으로 하는 신경증의 일종으로, 자신의 의지와 상관없이 특정한 사고나 행동을 반복하는 질환-옮긴이)에 시달리는 환자들도 의식적으로 다른 생각을 하려고 노력하면 증상을 완화하거나 치료할 수 있다는 사실도 밝혀졌다. 다시 말해 우리가 의식적으로 노력을 쏟으면 두뇌 회로를 새로운 방식으로 연결할 수 있다는 것이다. 신경과학자 제프리 슈워츠Jeffrey Schwartz는 이렇게 말한다. "마음은 두뇌와 독립적으로 존재한다…. 우리의 마음이 두뇌의 연결 구조를 재구성할 수 있다면 어떤 의미에서는 마음이 곧 두뇌의 주인이라고 말할 수도 있을 것이다."[1]

당신이 무엇을 생각하느냐가 어떤 감정을 느끼고 어떻게 행동하는지를 결정한다. 또 무엇을 믿고 어떻게 행동하느냐에 따라 '더 행복한 방식으로' 사고가 이루어질 수 있다. 감정에 대한 객관적인 진실 따위는 없다. **당신과 주변 사람들을 더 행복하게 해준다고 믿는다면 어떤 것이라도 마음껏 생각하라.**

COMMENT 어떻게 해야 '더 행복한 방식으로' 생각할 수 있는가?

DAY

285 협력하기 위해 양보하라

게임 이론game theory은 수학과 통계학의 한 분야로서 두 사람의 독립적인 개인이 서로 협력하는 편이 유리한지 또는 각자의 이익을 추구하는 편이 나은지 선택해야 하는 딜레마 상황에서 벌어지는 일을 탐구하는 학문이다. 게임 이론에 등장하는 가장 전형적인 상황이 바로 '죄수의 딜레마Prisoner's Dilemma'다. 이 상황에서는 양쪽이 서로 협력하면 두 사람 다 조금씩 이익을 보지만, 한쪽은 이기적으로 행동하고 다른 쪽만 협력할 때 이기적인 사람이 이익을 독차지하고 협력한 사람은 손해를 본다.

1970년대 후반 컴퓨터 프로그램을 활용한 대회가 열리기 전까지는 죄수의 딜레마 상황에서 어떤 전략이 더 유리한지 뚜렷한 결론이 나오지 않았다. 이 대회에 참가한 컴퓨터 프로그램들은 저마다 다른 전략을 사용해서 다른 프로그램과 참가자들을 상대로 이백 번 이상 게임을 치렀다. 대회의 우승은 팃포탯Tit for Tat이라는 이름의 전략이었다. 이 전략은 먼저 상대에게 협력하는 것으로 게임을 시작하고, 그 후로는 상대편의 마지막 행동을 그대로 따라 하는 방식으로 경기를 진행해 나갔다.

대회 주최자는 팃포탯이 우승한 이유가 친절함, 용서, 명확성 같은 요인들의 조합에 있다고 설명했다. 팃포탯 전략은 '복수'를 통해 상대가 이기적으로 행동할 때 똑같이 갚아줌으로써 그런 행동을 좌절시켰고, '용서'를 통해 협력 관계를 회복했다. 또 자신의 의사를 명확하게 표현함으로써 상대에게 자신의 전략을 쉽게 이해시키고 장기적 협력을 유도했다.

서로 협력하는 게임 참가자들이 장기적 이익을 누리기 위해서는 돌아가면서 공평하게 보상을 주고받는 전략이 필요하다. 가령 상대방이 다음번에 내게 큰 혜택을 양보하기로 약속했다면 이번에는 내가 아무 혜택도 취하지 않고 상대에게 혜택을 양보하는 것이다. 협력의 목적은 전체적인 파이를 키우는 데 초점을 맞춰야 하며 파이를 분배하는 과정에서는 장기적 관계를 염두에 두고 서로의 몫을 합리적으로 나눈다는 데 의견이 일치해야 한다. **훌륭한 인간관계는 장기적인 호혜성의 원칙, 인간미, 유머, 정직성, 투명성 등을 기반으로 구축되어야 한다. 게임 이론이 인간관계의 뼈대를 제공한다면, 개인적 유대감은 그 뼈대에 살을 입힌다.**

COMMENT 당신은 얼마나 좋은 협력자인가?

DAY
286 내재된 사랑의 힘을 믿어라

과학 저술가 매트 리들리Matt Ridley는 『이타적 유전자』에서 인간이 '도덕적인' 이유는 동물 세계와의 유사성 때문이 아니라 오히려 '동물과의 유사성 결여' 때문이라고 주장했다. 리들리는 인간 사회의 최대 장점이 노동의 분업화와 사회화에 있으며 인간은 이를 자신에게 유리한 방향으로 극단적인 수준까지 발전시켜 왔다고 말한다. 리들리에 따르면 인간은 개인과 개인 사이의 상호 관계가 복잡하게 얽힌 대규모 집단을 형성하며 살아가기 때문에 인간이 협력하는 방식은 다른 동물과 질적으로 다르다. 개인이나 개별적 집단은 함께 물건을 거래하고, 호혜성의 원칙을 활용하고, 서로를 독특하게 관련시키는 방식으로 사회적 삶의 혜택을 누린다.

이런 차이는 지구상에서 가장 위대한 기적의 산물인 인간의 두뇌에서도 엿볼 수 있다. 리들리는 말한다. "복잡한 사회에서 번성하려면 큰 두뇌가 필요하다. 큰 두뇌를 얻기 위해서는 복잡한 사회에서 살아야 한다." 인간의 두뇌와 사회적 복잡성은 오랜 시간에 걸쳐 공생 관계를 형성하며 함께 진화했다. 도덕과 호혜성은 인간의 성공을 위한 필수적인 윤활제이며 인간의 본성에 완전히 부합한다.[2]

나는 종교가 저지른 큰 실수가 타락과 원죄라는 개념을 만든 데 있다고 생각한다. 이 유대교의 교리 체계는 그보다 한참 후에 형성된 기독교에 도입되어 예수와 사도 바울이 강조한 은혜와 사랑이라는 개념의 반대편에 뜬금없이 자리 잡았다. 우리는 죄책감의 수렁에 빠져 허우적댈 필요가 없으며(그건 조직화한 종교나 권력자들에게 유리할 뿐이다), 대신 타고난 본성을 자랑스럽게 여기고 우리 자신이 창조, 용서, 사랑, 호혜 같은 덕목을 실현하기 위해 무한한 능력을 부여받은 존재임을 깨달아야 한다. 모든 개인적·사회적 발전은 인간관계에 달려있고, 그 관계를 뒷받침하는 건 사랑과 호혜성이다.

COMMENT **당신은 가까운 사람들과의 인간관계 속에 내포된 사랑과 호혜성에 무엇을 빚지고 있는가? 그 관계를 더 깊고 의미 있게 만들기 위해 어떤 일을 해야 하는가?**

DAY
287 나만의 승부처를 발견하라

경제학자이자 급진적인 영국 정치인, 부유한 투자자였던 데이비드 리카도David Ricardo는 1817년에 협업, 분업, 무역의 상관관계를 명확하게 설명한 최초의 인물이다. 그는 '비교 우위의 법칙law of comparative advantage'을 창안하고 노동의 분업이라는 개념을 집단과 국가의 수준까지 확장해서 적용했다. 리카도의 법칙이 우리에게 인상적으로 다가오는 이유는 80/20 법칙처럼 반反직관적인 이론이기 때문이다. 경제학자 폴 새뮤얼슨Paul Samuelson은 리카도의 법칙이 '진실하면서도 진부하지 않은' 유일한 사회과학적 명제라고 말한다!

리카도가 등장하기 전까지는 한 나라가 다른 나라보다 특정 상품을 생산하는 능력이 우월해야만 무역에서 수익을 올릴 수 있다는 논리가 당연하게 받아들여졌다. 그러나 리카도의 견해는 달랐다. 그는 국가 간의 절대적 생산성의 차이와 관계없이 상대적 생산성에서 차이가 날 때도 무역이 이루어질 수 있다고 주장했다.

가령 X 나라가 Y 나라보다 의류 제품과 가죽 제품 두 가지를 모두 더 잘 생산한다고 가정하자. 그런 상황에서도 두 나라는 무역을 통해 부를 축적할 수 있다. 만일 X 나라의 의류 제품 생산성이 Y 나라보다 2배 높고 가죽 제품의 생산성은 4배 높다면, X 나라는 가죽 제품 생산에 집중하고 Y 나라는 의류 생산에 집중하는 편이 두 나라 모두에게 이득이다. Y 나라는 의류 분야의 생산에서(생산성의 절대적 열세에도 불구하고) 비교 우위를 점하고 있기 때문이다.

이 개념은 국가뿐 아니라 개인에게도 적용할 수 있다. 인간의 삶은 다른 사람들과 비교했을 때 자기가 '상대적으로' 가장 뛰어난 분야가 어디인지를 찾아내 그 분야를 중심으로 남들과 거래를 진행해 나가는 과정이라고 할 수 있다. 가령 당신이 물리학에 가장 자신이 있고 다른 과목보다 물리학에서 가장 높은 점수를 받는다면 꼭 아인슈타인처럼 위대한 물리학자가 되어야만 인류의 삶에 공헌할 수 있는 것은 아니다.

COMMENT **가장 큰 비교 우위를 누리는 분야를 찾아 즐겁게 일하라. 세상 어딘가에 당신보다 더 뛰어난 사람이 있다고 해도 낙담할 필요는 없다.**

DAY
288

소수의 아이디어를 선택하고 집중하라

앞에서 인간이 발명한 새로운 형태의 진화 방식, 즉 전통, 관습, 지식, 통찰, 신념 등을 대대로 전수하는 인간만의 독특한 관행을 살펴봤다. 인간은 효과적인 '밈'을 개발하고 이를 실천하는 능력을 확보하기 위해 새로운 형태의 경쟁을 벌인다. 이는 유전적 경쟁이 아닌 문화적 경쟁이다. 개인이나 집단이 번영하는 이유는 유전자 때문이 아니라 유용한 지식을 확보하고 이를 바탕으로 행동하는 능력 때문이다.[3]

당신도 이런 형태의 강력한 아이디어를 골라 삶의 지침으로 삼으면 훨씬 효과적이고 행복한 인생을 살아갈 수 있다. 가령 80/20 법칙이나 이와 연관된 개념, 또는 당신의 삶과 행동에 우선순위를 제공할 또 다른 아이디어를 선택할 수 있다. 특정한 종교적 신념이나 철학적 견해도 훌륭한 길잡이가 된다. 중요한 점은 강력한 아이디어를 선택한 후 목표 지향적이고 집중적인 행동을 취해야만 삶의 우위를 점할 수 있다는 것이다.

80/20 법칙이 반복적으로 전달하는 메시지는 우리가 절대 많은 것을 알 필요가 없다는 것이다. 현대인의 삶이 복잡한 이유는 새로운 아이디어, 개념, 조언들이 하루에도 수없이 쏟아져 나오기 때문이다. 과도하게 활성화된 인간의 두뇌와 수많은 미디어는 매일 새로운 정보를 받아들이라고 우리를 부추기지만, 정작 우리에게 필요한 건 오래된 지식, 즉 시간과 경험이라는 검증의 과정을 거쳐 수백만의 사람들에게 유용하다고 판명된 지식이다. 삶을 살다 보면 떠들썩한 나팔 소리가 천지를 진동한 후 갑자기 고요한 침묵이 찾아오는 것처럼 이런 생각이 들 때가 있다. "이것으로 충분하다! 나는 이 아이디어에 헌신해서 나 자신과 친구들에게 평화롭고, 충만하고, 안정적인 삶을 줄 것이다." 더 많은 아이디어가 더 많은 통찰, 동기부여, 가치, 행복을 제공하는 건 아니다.

COMMENT 당신이 알고 있는 아이디어 중 가장 가치가 높고 삶의 주제로 삼을 만한 것은 무엇인가?

DAY

289 협력해야 성공한다

문화 선택cultural selection(다양한 문화 가운데 특정 환경이나 조건에 맞는 문화는 번성하고 그렇지 않은 문화는 도태되는 현상-옮긴이)은 협력적인 집단이 비협력적인 집단을 밀어내고 성장하는 과정에서 이루어진다. 인류의 역사는 상호 관계의 양과 복잡성이 꾸준히 증가한 역사다. 사회는 인위적인 구조물이나 독재의 산물이 아니라, 인류의 진화에서 비롯된 가장 높은 수준의 결과물이다.

개인과 사회의 진보를 이끄는 동력은 무엇인가? 분업화와 무역의 증가가 인간의 발전을 추진한 원동력인 건 이미 이야기했다. 하지만 여기에는 세 번째 또 다른 힘이 존재한다. 활판 인쇄기의 발명 이후 인류의 삶에 가장 큰 영향을 미친 요인은 기술의 발전이었다. 인쇄기가 등장한 후 기술의 힘과 영향력은 기하급수적인 속도로 증가했다. 기술이야말로 문화적 우위를 공급하는 가장 강력하고 광범위한 요인이며 인간이 동물보다 확실하게 우월함을 주장할 수 있는 분야다. 분업화나 무역의 증가만으로는 지난 400년 동안 인구가 폭발적으로 늘어나고 물질적 부와 사회적 복잡성이 팽창한 이유를 설명할 수 없다. 기술은 날이 갈수록 우리 사회의 모든 것을 뒷받침하는 힘으로 작용하고 있다.

하지만 역사를 움직인 요인은 한 가지가 더 있다. 인류 역사상 기술의 발전과 부의 증대가 가장 획기적으로 이루어진 기간은 1815년부터 1914년까지, 1945년부터 오늘날에 이르기까지다. 이 기간 선진국들 사이에 평화가 지속되고 국가, 집단, 개인 간에 대규모 협력이 진행됐다. 그로 인해 가장 큰 이득을 본 사람과 집단은 누구일까? 바로 최고의 협력자들이었다.

COMMENT 당신은 뛰어난 협력자인가? 최소한의 노력을 들여 더 효과적으로 협업할 수 있는 능력을 키우려면 어떻게 해야 하는가?

DAY
290 당신을 돋보이게 만드는 '보완자'

보완자complementor란 본인이 하는 일을 통해 당신의 일에 더 높은 가치를 부여하는 사람을 의미한다. 이에 반해 경쟁자는 본인이 하는 일로 인해 당신이 수행한 일의 가치를 떨어뜨리는 사람이다. **보완자와 협력자를 혼동해서는 안 된다.** 협력자는 당신과 함께 팀을 이뤄 새로운 제품을 창조하고 판매한다. 반면 보완자는 당신의 업무 과정에 개입하지 않는 독립적인 개인 또는 조직으로서, 자신이 수행한 일의 결과물을 당신이 생산한 결과물과 함께 시장에 공개하거나 판매함으로써 당신의 가치를 높이는 역할을 한다.

가령 당신이 바다 풍경화를 전문으로 그리는 화가라고 하자. 어느 미술 애호가가 당신의 작품이 전시된 갤러리를 방문해서 당신과 스타일이 비슷한 다른 작가의 작품을 함께 둘러본다면 당신과 그 작가는 직접적인 경쟁 상태에 놓이게 된다. 그 고객은 느낌이 비슷한 두 그림을 모두 구매할 확률은 낮기 때문이다.

그런데 그 갤러리가 '시대별 바다 풍경화'라는 제목으로 전시회를 열고, J. M. W. 터너가 1790~1820년 사이에 그린 작품, 19세기 후반의 이탈리아 작가들의 작품, 20세기 초 미국 작가들의 작품, 2차 세계 대전 시기의 바다 풍경화, 당신이 그린 현대의 바다 풍경화 작품들을 한데 모아 전시한다고 상상하라. 바다 풍경화를 전문으로 수집하는 어느 수집가가 시대별로 한 작품씩을 구매하고 싶고, 당신의 그림이 그곳에 전시된 유일한 현대 작가의 작품이라면 다른 그림들은 당신의 보완자가 될 것이다. 만일 그 수집가가 오직 한 작품만 구매하기를 원하는 상황에서 당신의 작품이 가장 저렴하면서도 상대적으로 품질이 높다면 이 경우에도 다른 바다 풍경화들은 당신의 작품을 돋보이게 하는 보완자라고 할 수 있다. 물론 갤러리 주인도 당신의 보완자다.

사람들은 경쟁자나 협력자만을 생각하고 보완자는 별로 염두에 두지 않는다. 우리가 경쟁자에게 할 수 있는 일은 별로 없다. 기껏해야 제품을 차별화하거나 극단적인 정면승부를 피하는 일 정도다. 하지만 보완자가 누군지 파악할 수 있다면 그들을 찾아 뜻하지 않은 혜택을 얻을 수 있다.

COMMENT 당신의 보완자는 누구인가? 그와 서로 도우려면 어떻게 해야 하는가?

DAY
291 어디서 협력할 것인가

대학교수 겸 작가 재레드 다이아몬드에 따르면 1400년대의 중국은 유럽보다 훨씬 기술이 발달해서 세계 최대의 선단을 운영할 정도였다고 한다. 하지만 지나치게 중앙 집권화된 권력 구조로 인해 스스로 몰락했다. 새로 즉위한 황제는 해군력 확장에 반대하는 정치적 파벌의 편을 들어 1432년 조선소를 해체했다.

이에 반해 당시의 유럽은 수많은 나라와 공국公國으로 분열된 상태였다. 이탈리아 출신의 콜럼버스는 대서양을 가로질러 인도까지 항해할 선단을 꾸리기 위해 이탈리아 안에서 후원자를 찾았다. 그러나 이탈리아에서는 모든 사람이 바보 같은 생각이라며 손가락질했다. 콜럼버스는 프랑스로 건너가서 후원자를 수소문했으나 결과는 마찬가지였다. 그렇게 여러 나라를 떠돌며 후원자를 물색한 일곱 번째 시도 만에 스페인 왕과 여왕에게서 작은 배 세 척을 지원받을 수 있었다. 이 우연한 사건은 스페인과 유럽이 그 후로 500년 동안 중국을 앞서는 계기가 됐다.

다이아몬드는 파편성fragmentation이라는 현상이 시대 상황에 따라 가치가 높을 수도 있지만, 그 정도에는 한계가 있다고 말한다. 독일의 맥주 산업은 양조의 역사도 길고 제품의 품질도 뛰어나서 세계를 지배하기에 충분했다. 그러나 비슷한 규모의 양조업체 수천 개가 시장을 나눠 먹는 바람에 대규모 생산 시설과 막대한 마케팅 자금을 앞세운 미국의 맥주 기업들이 상대적으로 열등한 제품에도 불구하고(적어도 내 입맛에는 그렇다) 세계 시장을 장악하는 결과가 빚어졌다.[4]

가장 이상적인 환경은 실리콘밸리처럼 많은 회사가 치열하게 경쟁하면서도 정보와 아이디어가 자유롭게 흐르는 곳이다. 그런 일이 가능한 이유는 사람들이 직장을 자주 옮겨 다니고, 벤처 캐피털 투자자와 언론인들이 영향력을 발휘하며 여러 회사에서 일하는 사람들이 술집에서 함께 어울리기 때문이다.

COMMENT 어떤 일을 얼마나 잘하느냐도 중요하지만, 어느 지역에서 살고 어떤 조직에서 일하느냐도 중요하다. 당신은 개인과 그룹들이 서로 경쟁하면서도 자유롭게 소통하는 '적절히 파편화된' 지역에서 살고 있는가?

CHAPTER

34

혁신적으로 사고하라

이 장에서는 놀라운 가치의 발원지인 '시간 오아시스'를 찾아내는 법, 가장 기본적인 원칙에 따라 생각하는 법, 계획에 유연성을 불어넣는 법, '선점자의 우위'를 포착하는 법을 살펴본다.

DAY
292 시간에도 오아시스가 있다

창의적인 일에 종사하는 사람이 반드시 알아야 할 중요한 사실이 있다. 여러 연구에 따르면 삶에서 보내는 시간 중 **제대로 된 결과물을 생산하는 시간은 단 10퍼센트에 불과하다.** 최고의 성과를 주는 일과, 평상시에 시간을 보내는 대부분의 일 사이에는 드넓은 '가치의 격차value gulf'가 존재한다.[1]

알베르트 아인슈타인이 대표적인 예다. 그가 $E=MC^2$라는 놀라운 방정식을 생각하기까지 얼마나 많은 시간이 걸렸을까? 그가 이 공식을 개발하기까지 소비한 시간과 비교하면 이 공식의 부가 가치는 얼마나 클까? 무한정은 아니더라도 말할 수 없이 크다!

이런 식의 사고는 우리를 '시간 오아시스time oasis'라는 개념으로 인도한다. 시간 오아시스는 아름다운 꽃과 나무로 가득한 푸르른 정원처럼 당신만을 위해 마련된 편안하고, 창의적이고, 생산적인 시간이다. 삶에서 보내는 모든 나날을 시간 오아시스로 바꾸기는 불가능하다. 오아시스는 매우 예외적인 공간이며 주위 환경과 다를수록 더 특별한 장소로 인식된다. 오아시스는 흔하거나 따분하지 않고 건물의 배경 그림처럼 **평범하지** 않다. 오아시스에서 산출된 아이디어나 결과물은 외부에서 생산된 그 무엇과 비교할 수 없을 만큼 소중하고 가치가 높다.

다만 한 가지 생각해야 할 점이 있다. 당신이 시간 오아시스에서 보내는 시간을 지금보다 2배로 늘린다면 나머지 시간에는 아무것도 하지 않고 좋아하는 일만 하면서도 훌륭한 결과물을 얻어낼 수 있다는 것이다. 물론 일에서 손을 떼느니 지금까지 해왔던 평범한 프로젝트를 계속하는 편이 낫다고 생각할 수도 있겠지만, 당신은 나머지 시간을 완전히 자유롭게 보낼 수 있는 선택지를 손에 넣었다. **그런 여유로운 시간 속에서 다음번의 시간 오아시스가 탄생할지도 모른다.**

COMMENT 당신의 시간 오아시스는 어디에 있는가? 시간의 사막을 줄여 더 많은 오아시스를 개발할 필요가 있지 않을까?

DAY
293 생각은 새로운 세계를 창조한다

20세기에 활동했던 가장 유명한 괴짜 과학자는 누구일까? 대부분 아인슈타인을 꼽을 것이다. 하지만 아인슈타인에게는 자신보다 훨씬 더 괴짜였던 친구가 있었다. 수학자 겸 논리학자 쿠르트 괴델Kurt Gödel은 1931년 '불완전성의 정리Incompleteness theorem'를 발표하면서 20세기 논리학 분야에서 가장 심오하면서 충격적인 업적을 남긴 인물이다. 괴델은 1924년부터 빈에서 교수로 일하다가 1938년 미국 프린스턴으로 망명했다. 그는 미국 시민권을 신청하는 과정에서 법정에 나가 미국 헌법의 중대한 결함을 장황하게 늘어놓았다. 결국 아인슈타인이 판사 앞에서 그의 입을 틀어막는 바람에 간신히 시민권을 취득할 수 있었다. 괴델은 자신의 음식에 독이 들었을지도 모른다는 강박관념에 빠져 굶어 죽었다.

괴델은 일관된 수 체계가 생성한 어떤 공식이나 명제(가령 '수는 자신과 같다' 또는 '0은 하나의 수다' 같은 명제)도 외부의 공리公理를 도입하지 않으면 자체적으로 증명할 수 없다고 말했다. 현실은 우리에게 주어진 게 아니라 우리가 스스로 구축한 세계라는 것이다. 괴델의 논리를 빌어 80/20 법칙을 해석하면 **사고의 과정 자체가 사고의 대상을 확장하며, 이 과정은 절대 끝나지 않는다**고 표현할 수 있을 것이다. 우리는 저마다의 현실을 스스로 창조한다. 미래는 과거가 재현되는 게 아니라 우리가 만든 것이다. 성공에 도달하는 경로는 수없이 많고, 아직 사용되지 않은 성공의 재료는 주위에 널려 있다.

우리가 할 수 있는 가장 가치 있는 행동은 생각이다. 매번 사고에 빠질 때마다(가령 더 큰 가치나 행복을 창조하는 방법을 진심으로 고민할 때마다) 세상에 존재하는 유용한 사고의 양을 증가시키는 것이다.

COMMENT **본인과 주위 사람들의 삶을 획기적으로 개선할 방법을 생각한 적이 있는가? 그것은 우리가 삶에서 실천할 수 있는 가장 훌륭하고 놀라운 행동이다.**

DAY
294 위대한 진리는 반대편도 진리다

덴마크의 위대한 물리학자 닐스 보어Niels Bohr는 20세기 초 양자 역학을 연구하다가 다음과 같은 흥미로운 결론에 도달했다. "사소한 진리의 반대는 명백히 '거짓'이다. 하지만 위대한 진리는 반대도 진리다." 보어는 전자라는 미세한 물체가 물리적인 통과의 과정을 거치지 않고 한 궤도에서 다른 궤도로 순식간에 도약한다는 매우 낯선 진리를 발견했다. 또 그는 미시적 세계에서는 서로 모순되는 두 가지 개념이 모두 참일 수 있다고 증명했다. 가령 빛은 파동처럼 행동하면서 동시에 입자처럼 행동한다는 것이다.

삶에서 중요한 뭔가가 참이라고 생각한다면, 그 반대편도 참일 수 있다는 걸 알아야 한다. 비즈니스의 세계에서는 늘 그런 일이 일어난다. 가령 헨리 포드는 자동차를 단순한 형태로 개발하고 대량 생산해서 가격을 획기적으로 낮추면 수백만의 고객을 확보할 수 있다고 믿었다. 물론 그 생각은 절대적으로 옳았다. 하지만 제너럴 모터스GM는 정반대의 방향을 선택해서 값비싸도 운전자의 소유 욕구를 자극하는 자동차를 생산하기로 했다. 소비자의 열망을 정서적으로 만족시키는 데 자동차가(쉐보레가 됐든 캐딜락이 됐든) 중요한 역할을 담당할 수 있다는 판단에서였다. 고객은 가격을 기준으로 자동차를 구매하기도 하지만, 금전과는 상관없는 이유로 자동차를 선택할 수도 있다.

'위대한 진리는 반대도 진리다'라는 원리는 정치(자본주의와 사회주의가 모두 대중의 지지를 받는 것처럼), 패션, 예술, 건축, 음악을 포함한 삶의 모든 분야에 적용할 수 있다. 심지어 80/20 법칙도 이 진리를 벗어나지 못한다. 우리는 삶에서 가장 중요한 일에 집중해야 하지만, 사소한 경험도 가치가 있다는 명제 역시 진리일 수 있다. 스펙트럼의 한쪽 끝단을 확실히 차지한 사람은 큰 차이를 만든다. 가장 가치가 떨어지는 행동은 이쪽도 저쪽도 아닌 어중간한 곳에 자리 잡는 것이다.

COMMENT 당신도 주위 사람들이 위대한 진실이라고 인정하는 것 중 반대로 뒤집어볼 만한 원리나 법칙이 있는가? 어느 쪽 극단이 됐든 당신만의 확실한 입장을 선택하고, 남들도 이를 중요한 진실로 받아들이게 하라.

DAY
295 '양자택일'의 환상

인류가 '양자택일either/or'의 대안으로서 '양쪽 다 가능함both/and'의 원리를 깨닫게 된 건 닐스 보어와 양자 역학의 선구자들이 빛의 파동성과 입자성을 발견한 게 부분적인 계기가 됐다. 과학계에서 비롯된 이 사고방식은 비즈니스의 세계에서도 금방 공감을 얻었다. 가령 창의적이고 운이 좋은 사람은 주식 시장을 만족시키면서 동시에 사회적 책임을 다할 수도 있다. 자본주의가 저임금 노동자들을 열악한 작업 환경에 몰아넣는다는 주장은 이제 완전히 힘을 잃었다. 비슷한 맥락에서 애플 같은 기업은 엄청난 수익을 올리면서도 혁신적인 제품을 끝없이 출시해서 고객을 만족시킨다. 품질은 고객에게 제공되는 '무료' 혜택일 뿐 아니라 비용 절감의 비결이기도 하다. 양자택일의 딜레마를 극복할 수 있다고 믿고 적절한 해결책을 찾는 사람은 이전까지 삶에서 '불가피하게' 여겨졌던 트레이드오프의 갈등을 넘어설 수 있다.

극단적일 만큼 열심히 일하고 개인적 삶을 포기해야만 비로소 성공할 수 있다는 것이 많은 사람의 생각이다. 하지만 80/20 법칙은 가장 중요한 일에 집중하면 상대적으로 수월하게 혁신을 달성할 수 있다고 가르친다. **가치 높은 아이디어나 제품을 발명한 사람은 한 번 제품을 출시한 후 치열하게 일하지 않아도 성공할 수 있다.**

두 마리 토끼를 다 잡을 최고의 방법은 그것이 가능하다고 믿는 것이다. 당신의 믿음이 늘 옳지는 않겠지만, 창의력을 발휘해서 양손에 토끼를 움켜쥘 방안을 궁리한다면 언젠가 해결책을 찾아낼 것이다.

COMMENT '양자택일'의 상황에 놓였을 때 본인의 잠재의식을 향해 둘 다 만족시킬 해결책을 찾아내라고 요구하라. 지나간 삶을 돌아볼 때 '양쪽 다 가능함'이라는 해결책이 효과를 발휘했던 적이 있는가?

DAY
296 '혼돈'의 패턴을 인식하라

'혼돈chaos'이라는 용어는 날씨, 도시, 경제, 은하계, 곤충 군체, 늑대 무리, 두뇌, 인터넷 같은 복잡계complex system를 대상으로 한 학문을 설명하는 데 종종 동원되지만, 그 용도로 사용하기에는 최악의 단어다. 복잡계의 대표적인 특성은 선형적으로 움직이지 않고, 예측하기 어렵고, 단순한 부분의 집합으로 전체를 설명할 수 없다. 당신을 포함한 모든 사람도 복잡계의 일종이다.

복잡계는 우리에게 익숙한 도구(즉 비즈니스나 관료 집단에서 유일하게 활용되는 도구)를 이용해서 분석하지 못한다. 그렇다고 복잡계의 비밀을 파헤치기 위해 열심히 노력하는 지적인 사람들을 말릴 수는 없다. 복잡계를 분석하기가 불가능하다면 우리가 할 수 있는 일은 무엇인가? 답은 **패턴을 인식하는** 것이다.

세계 최고의 수학자 중 한 사람이었던 브누아 망델브로Benoit Mandelbrot는 '프랙탈fractal'이라는 개념을 창안했다. 해안선, 구름, 지진, 나무, 면화 가격(혹은 그 밖의 집합적 가격 데이터)같이 서로 비슷하면서도 완전히 같지는 않은 사물의 패턴을 지칭하는 용어다.

제품들의 가격 데이터를 그래프에 옮기면 물건의 종류와 관계없이 놀라울 정도로 비슷한 패턴이 나타난다. 일례로 면화 가격의 변동 추이를 연 단위로 비교한 그래프를 보면 그 모습은 면화 가격이 월 단위로 오르내리는 모양과(규모는 다르지만) 섬뜩할 정도로 닮았다.

당신이 경력이나 개인적 삶에서 중요한 의사 결정을 내려야 할 때, 과거의 경험이나 주위 사람들의 사례에서 지금과 비슷한 상황이 있었는지 돌이켜보라. 현재 당신 앞에 놓인 상황과 가장 유사한 '세 가지' 사건의 목록을 작성하고 각 사건 뒤에 어떤 일이 일어났는지 파악하라. 그리고 미래가 찾아오면 세 가지 패턴 중 어떤 것이 지금의 상황과 가장 유사했는지 비교하라. **당신의 분석이 틀릴 수도 있으니 나머지 두 패턴도 비슷하다고 생각되는 상황이 찾아올 때까지 계속 눈여겨보라.**

COMMENT 직관을 이용해서 최종적으로 판단하라.

DAY
297 예측불허의 상황을 유연하게 대처하라

1908년, 프랑스의 과학자 앙리 푸앵카레는 의미심장한 말을 남겼다. "우리가 무시할 수 없는 아주 작은 원인이 큰 결과를 빚어내지만, 우리는 그 원인이 무엇인지 알지 못한다. 단지 그 결과가 '우연'이었다고 말할 뿐이다." 우연이나 행운은 완전히 무작위적인 사건이 아닐 수 있다. 무작위적인 행운은 분명히 존재하지만, 우리가 이를 행운이라고 부르는 것은 자신의 무지를 드러내는 말일 뿐이다.

우리는 본인이 소유한 지식의 한계를 인정하고 우리가 세운 계획이 벽에 부딪힐 수도 있다는 걸 받아들여야 한다. 예상할 수 없는 것을 예상하려고 노력하라. 만일 예상치 못한 일이 생기면 원인을 찾아내려고 시간을 낭비하지 마라. 원인을 파악하는 일은 불가능할 수 있다. 따라서 다음과 같이 행동하라.

- 모든 것을 통제할 수 있다고 기대하지 마라.
- 계획을 유연하게 세우고 불확실성을 존중하라. X라는 일이 생기면 Y라는 행동을 하고, W가 일어나면 Z를 하겠다고 미리 계획하라.
- 남을 탓하지 마라. 짜증은 나겠지만 잘못한 사람이 아무도 없을 수 있다. 아니면 잘못한 사람이 당신의 지시를 따랐을지도 모른다. 다음에 어떤 일을 할지 궁리하는 데 집중하라.
- 가장 중요한 건 일이 잘 풀렸을 때 당신의 재주나 실력 덕분이라고 착각하지 말아야 한다는 것이다. 어쩌면 날씨와 같은 '초기 조건의 민감한 의존성'이 당신의 상황과 완벽히 맞아떨어졌을 수도 있다. 좋은 흐름을 최대한 활용하되 이를 개인적인 공으로 돌리지 말고, 자신이 물 위를 걷는 능력을 지닌 사람이라고 우쭐거리지 마라. 다음번에 찾아올 우연한 상황이 당신을 곤경에 빠뜨릴지도 모른다.

COMMENT **당신의 삶에서도 좋고 나쁜 '운'을 경험한 사례가 있었나? 그런 사건이 애초에 예측 불가능하다는 사실을 인정하는가? 당신은 유연하게 계획을 세우는 데 능한가?**

DAY
298 '선점자의 우위'를 적용하라

복잡계는 초기 조건에 매우 민감하다. 그러므로 당신의 이익과 밀접하게 연관된 새로운 상황이 벌어진다면 가능한 초기에 발을 담그는 편이 유리하다. '선점자의 우위first mover advantage'는 비즈니스의 세계에서 잘 알려진 개념이지만, 개인의 삶에도 적용할 수 있다.

일례로 코카콜라는 최초의 콜라였을 뿐 아니라 탄산 성분이 들어간 최초의 소프트드링크였다. 이 회사는 1880년대에 소프트드링크를 생산하는 과정에서(원래는 탄산이 들어있지 않은 제품이었다) 실수로 탄산 성분이 포함된 물을 사용했다. 하지만 고객들은 그 제품을 매우 좋아했고, 그 후로 어떤 일이 벌어졌는지는 모두가 잘 알고 있다. 덕분에 코카콜라는 세계 최고의 소프트드링크가 됐으며 코카콜라 코퍼레이션은 세계에서 가장 수익성 높은 음료 기업으로 성장했다.

선점자의 우위는 자신의 명성과 부를 쌓기 위해서든 타인의 모범이 되는 가치 있는 행동을 실천하기 위해서든 개인에게 매우 의미 있는 전략이 될 수 있다. 우리는 텐징 노르가이와 에드먼드 힐러리가 에베레스트산 정상에 최초로 올랐고, 로저 배니스터가 인류 최초로 1마일(약 1.6킬로미터)을 4분 이내로 달렸다는 사실을 기억한다.

COMMENT 누군가 반드시 해야 하지만 아직 아무도 시도하지 않은 일을 해내는 첫 번째 사람이 되겠다고 생각한 적이 있는가? 그 일은 무엇인가? 만일 그 일을 처음으로 해낸다면 선점자의 우위를 활용하기를 원하는가? 그 이점을 어떻게 활용할 생각인가?

CHAPTER

35

파킨슨의 법칙

이 장에서는 파킨슨의 법칙과 80/20 법칙이 어떤 관련이 있는지 그리고 우리가 어떻게 해야 잡다한 일과 불필요한 소비를 피할 수 있는지 살펴본다.

DAY
299 업무는 주어진 시간만큼 늘어난다

1958년 영국의 경영학자 C. 노스코트 파킨슨C. Northcote Parkinson의 『파킨슨의 법칙』은 '업무는 주어진 시간만큼 늘어난다'라고 말한다. 파킨슨은 전문직을 포함한 행정 직종에서 일하는 상사들이 부서의 규모를 키우려고 안간힘을 쓰는 이유가 단순히 큰 부서를 운영하고 싶기 때문이라고 지적했다. 공무원이나 관료들은 서로를 위해 끊임없이 일거리를 만드니 그들에게는 가치가 있든 없든 늘 일이 넘쳐난다. 그들은 그 핑계로 인력을 늘려야 한다고 주장하지만, 진짜 목적은 자신들의 제국을 건설하는 데 있다.

파킨슨이 자신의 법칙을 80/20과 연결 지은 것은 아니지만, 두 법칙 사이에는 깊은 관련이 있다. 그의 표현대로 업무의 양이 주어진 시간에 따라 고무줄처럼 늘어난다면 그 말은 대부분의 일이 가치가 낮거나 마이너스라는 뜻이고, 이는 80/20 법칙에 담긴 기본 사상과 정확히 일치한다.

'업무는 주어진 시간만큼 늘어난다'라는 법칙은 조직뿐 아니라 개인에게도 적용된다. 80/20 법칙에 따르면 정말 중요한 일은 소수에 불과하다. 그런데도 일주일의 근무시간을 채울 요량으로 필요하지도 않은 일을 끊임없이 만든다. 그러다 시간이 촉박해지면(가령 정해진 마감 시간이 다가오면), 중요한 일을 골라 집중적으로 처리하기 시작한다. 따라서 80/20 법칙에 근거해서 파킨슨의 법칙을 이렇게 바꿀 수도 있을 것이다. **"주어진 시간이 줄어들면 사소한 일도 줄어든다."**

무엇이 중요하고 중요하지 않은지를 이해해야만 예전에 '일'이라고 생각했던 것이 사실은 '일'이 아님을 깨달을 수 있다. 삶에서 필수적인 일은 소수에 불과하고 나머지는 거의 사소한 일뿐이다. 이를 깨닫는 사람만이 자유로워진다. 우리는 중요한 일에 훨씬 많은 시간을 쏟거나 아니면 훨씬 많은 여가를 보내거나 둘 중 하나를 선택할 수 있고, 중요한 일에 적당히 시간을 투자하면서도 삶을 더 즐기는 길을 택할 수도 있다. 많은 일을 효과적으로 해내면서도 보람된 삶을 누리기 위한 최고의 방법은 가장 중요한 일이 무엇인지 파악하고, 그 이상의 일은 멈추는 것이다.

COMMENT **당신에게 꼭 필요한 20퍼센트의 업무는 무엇인가? 그 이상의 일을 해내야 한다는 유혹에서 벗어날 수 있는가?**

DAY 300 지출은 수입에 맞춰 늘어난다

C. 노스코트 파킨슨의 두 번째 법칙은 **'지출은 수입에 맞춰 늘어난다'**라는 것이다. 사람은 사회 경력이 쌓일수록 수입이 높아지지만, 그렇다고 금전적으로 더 여유로워지거나 돈을 저축하고 투자하는 능력도 함께 성장하는 건(그것이 회사에서 벗어날 수 있는 유일한 길임에도 불구하고) 아니다. 많은 돈을 벌수록 더 많은 돈을 쓰는 습관이 들기 때문이다.

이런 현상이 중간 정도의 수입을 올리는 사람들에게 한정된 문제라고 생각할 수도 있겠지만, 컨설팅 회사에서 근무하며 만난 고소득 직종의 친구들을 생각해 보면 파킨슨의 두 번째 법칙은 수입이 높은 사람들에게 오히려 더 잘 들어맞는 것 같다. 상류층 사람들이 소유한 그 모든 것, '좋은' 동네에 자리 잡은 멋진 집, 비싼 자동차, 화려한 휴가와 호화로운 식당, 골프장 회원권, 개인 비서 같은 것들이 정말 필요할까?

그동안 내가 꾸준히 관찰해온 일관된 현상이 있다. 커플 중 주로 돈을 버는 역할을 맡은 사람은 늘 시간에 쫓기면서 스트레스를 받는 탓에 자신은 뭔가 보상을 받을 '자격'이 있다고 생각한다. 반면 배우자는 파트너와 충분한 시간을 함께 보내지 못한다는 이유로 소외감을 느낀다. 두 사람이 찾아내는 '해결책'은 갈수록 더 많은 돈을 지출함으로써 인생의 윤활제로 삼는 것이다. 그들은 그렇게 파킨슨의 함정에 빠진다. 충분한 저축과 유동적인 투자 자산이 없으면 함정에서 빠져나오기가 불가능하다.

COMMENT 80/20 법칙은 당신에게 구원의 손길을 내민다. 꼭 필요한 곳에만 돈을 지출하라. 소득이 증가할 때마다 추가로 버는 돈은 저축하거나 투자하라. 그래야만 경제적으로 독립해서 좋아하는 일을 할 수 있다.

CHAPTER

36

성장과 성공을 위한 조언

이 장에서는 '성장 아니면 죽음'이라는 말의 의미가 무엇인지 그리고 예상치 못한 성공을 왜 지원해야 하고, 부정적인 활동을 왜 멈춰야 하는지 살펴본다. 당신에게 가장 희소한 자원을 찾아내는 일이 왜 그토록 중요한지, 신기술 분야에 왜 참여해야 하는지, '인생 창업가'가 되는 방법이 무엇인지 이야기한다. '수확 증가의 법칙'이 어떤 의미인지, 왜 최초의 개척자가 되어야 하는지, 실패의 염려가 없어도 아무도 사용하지 않는 승리의 전략이 무엇인지도 알려준다. 또 수면이 왜 그토록 중요한지, 무엇을 염려하고 염려하지 말아야 하는지, 왜 좋아하는 일에 집중해야 하는지, 80/20 법칙은 갈등을 어떻게 처리하라고 우리를 가르치는지 살펴본다.

DAY
301 성장 아니면 죽음

머리가 영리하고 일에서도 성공한 내 친구는 인간은 모두 기계일 뿐이라고 주장한다. 대단히 복잡하고 정교한 기계이기는 하지만, 어쨌든 기계라는 것이다. 하지만 내 생각은 다르다. 인간보다 훨씬 단순한 생명체도 살아서 숨을 쉬고 다른 살아있는 개체들과 가족이나 공동체를(가령 물웅덩이 같은 곳에서) 이룬다. 인간은 살아있을 뿐 아니라 예측하기가 어려운 존재다. 우리가 속한 가족, 공동체, 국가도 마찬가지다. 이에 반해 기계는 사람이 통제할 수 있고, 인공 지능처럼 복잡한 기술도 사람이 프로그램한다.

그 차이가 왜 중요할까? 첫째, 반려동물이든 노예든 살아있는 생명체는 기계보다 통제하기가 어렵다. 생명체는 행동을 예측할 수 없고, 자신의 의지에 따라 삶을 이어간다. 우리가 다른 사람을 완전히 통제하기는 불가능하며 심지어 우리 자신도 통제할 수 없다. 유기적인 생물에게는 저마다 삶의 목적이 있다. 둘째, 기계는 성장하지 않는다. 생명체는 성장하지 않으면 죽을 수밖에 없다. 셋째, 인간을 포함한 일부 생명체는 네트워크를 이루고 다른 개체들과 관계를 형성하며 살아간다. 기계는 그런 일이 불가능하다. 넷째, 생명체는 학습한다. 개별적인 인간이나 인간으로 이루어진 네트워크는 학습을 통해 새로운 사물을 창조하고 심지어 문명 전체를 쌓아 올리기도 한다. 다섯째, 모든 생명체, 그중에서도 인간은 유전의 법칙에 따라 개성과 독창성을 발휘한다.

노예가 되는 건 즐겁지 않고, 기계처럼 사는 건 더 재미가 없다. 사람으로 살아간다는 말은 끝없는 가능성과 즐거움을 추구한다는 뜻이다.

COMMENT 인간과 기계의 차이를 최대한 활용하라!

DAY
302 예상치 못한 성공을 지원하라

20세기 최고의 경영학자로 꼽히는 피터 드러커는 '예상치 못한 성공'이라는 현상에 주목한 인물이다. 드러커는 탁월한 이론가인 동시에 기민한 전략가이기도 했다. 그는 예상치 못한 성공의 발생 원인을 설명하는 대신, 그런 성공이 어디서 생겨나는지 주의 깊게 관찰하다가 이를 찾아내는 순간 즉시 합류하라고 조언했다.

오늘날 우리는 창발성 이론theory of emergence(복잡계에 숨겨져 있던 잠재성이 특정한 조건이나 환경이 갖춰질 때 갑자기 발현된다는 이론-옮긴이) 덕분에 예상치 못한 성공이 어떻게 싹을 틔우는지 실마리를 얻었다. 혼돈 이론chaos theory과 복잡성 이론complexity theory은 복잡계라는 시스템이 상향식으로 형성되는 과정을 설명한다. 복잡계는 창발하고, 진화하고, 결합하고, 수많은 부분 요소가 합쳐져 하나의 전체적 구조를 이룬다. 그 과정은 아무런 문제 없이 물 흐르듯 진행되는 것 같다. 질서가 없는 곳에서 질서가 나타나고, 우주는 단순한 원인으로부터 복잡한 구조를 탄생시킨다. 박테리아, 식물, 동물, 별, 은하계가 창조되는 것처럼 말이다.

때로는 매사를 치밀하게 계획하고 합리적으로 계산하기보다 창발의 과정을 잠자코 지켜보는 편이 더 나은 전략이 될 수 있다. **당신의 눈에 새로운 성공의 패턴이 포착될 때, 이것이야말로 새로운 복잡계가 상향식 과정을 거쳐 진화하고 있다는 증거가 아닌지 스스로에게 물어라.** 당신의 생각이 옳은 것으로 드러나고 그 패턴이 마음에 든다면 근로자, 창업가, 홍보자, 투자자, 그밖에 어떤 형태로든 그 흐름에 참가하라.

나는 80/20 법칙이나 '스타 원칙'처럼 누구도 반박할 수 없는 생산성의 패턴을 깊이 신뢰한다. 또 직원이나 창업가, 또는 투자자의 자격으로 예상치 못한 성공을 지원함으로써 혜택을 얻기도 한다. **당신도 너무 늦지만 않았다면 어딘가에 있을 예상치 못한 성공을 지원해서 상대적으로 낮은 리스크로 막대한 혜택을 손에 넣기를 바란다. 물론 예상치 못한 성공을 지원하는 일도 80/20 법칙을 실천하는 것이다.**

COMMENT **예상치 못한 성공을 발견하고, 즉시 지원하라.**

DAY
303 부정적 활동을 중단하라

스스로 더 행복해지고 남들에게 더 유용한 사람이 되는 최고의 방법은 부정적인 활동을 중단하는 것이다. 약간의 연습만 거친다면 그것보다 쉬운 일은 없다.

삶과 주위의 세상에 영향력을 미치는 활동은 세 가지 종류로 나뉜다. 수학에는 삼분법Trichotomy law이라는 원리가 있다. 모든 수는 '0' 아니면 양수 또는 음수에 해당한다는 것이다. 당신의 행동도 가치가 '0'이 아니라면 가치를 창조하거나 파괴하거나 둘 중 하나다. 우리는 '간결한 것이 더 아름답다'라는 원칙으로 돌아가야 한다.

'더 적은 것이 더 많은 것이다Less is more'라는 말은 어디에서 왔을까? 이 문구는 20세기에 활동한 미니멀리즘 건축가 미스 반 데어 로에Mies van der Rohe 덕분에 유명해졌지만, 로버트 브라우닝Robert Browning이 1855년에 발표한 시 〈안드레아 델 사르토Andrea del Sarto〉에 처음 등장한 말이다.

'더 적은 것이 더 많은 것이다'라는 명제에서는 '더 적은 것'이라는 대목이 중요하다. 우리는 부정적인 행동에 너무나 많은 에너지를 낭비한다. 가령 '걱정'이라는 행위도 처음에는 위험을 감지하는 수단이 될 수 있지만, 그 원천을 해소할 방법이나 의지가 없다면 아무리 걱정해 봐야 별다른 이득이 없고 삶만 피폐해질 뿐이다. 화를 내거나 남에게 무례하게 대하는 행동도 대체로 우리에게 아무런 이익을 주지 못하고 삶의 행복만 빼앗아 간다. 심지어 멍하게 앉아 텔레비전을 보거나 의미 없이 SNS를 보는 행동도 겉으로는 좋지도 나쁘지도 않은 중립적인 일처럼 보이지만, 우리에게 더 즐겁고 의미 있는 활동의 기회를 앗아감으로써 시간과 집중력 낭비라는 대가를 치르게 한다.

부정적 활동이나 이것도 저것도 아닌 어중간한 활동을 없애려면 그 자리를 대신할 긍정적 활동이 필요하다. 다행히 우리 주변에는 그런 활동이 넘쳐난다. 걷기 같은 운동이나 좋아하는 책 읽기 같은 건전한 취미 생활을 통해 건강에 도움을 받지 않은 사람이 있을까? 친구와 대화를 나누고, 도움이 필요한 사람에게 손을 내밀고, 삶의 아름다운 순간들을 떠올리는 일도 가치 있는 활동이다. **부정적인 활동을 위해 마련된 자리는 어디에도 없다. 그걸 깨닫는 사람은 더 행복해질 것이다.**

COMMENT 긍정적인 가치를 주지 못하는 모든 일을 오늘 당장 중단하라.

DAY
304 당신의 희소한 자원은 무엇인가?

17세기에 활동한 프랑스의 전설적 수학자 피에르 드 페르마Pierre de Fermat는 **빛이 두 점 사이를 이동할 때 가장 거리가 짧은 경로가 아니라 시간이 가장 적게 걸리는 경로를 택한다**는 사실을 발견했다. 페르마가 수학적으로 증명한 '최소 시간의 원리Principle of Least Time'는 빛의 반사와 굴절에 관한 법칙으로 발전했다.

빛은 목적지에 가장 빨리 도달하는 경로를 택함으로써 자신에게 가장 희소한 자원인 '시간'의 사용을 최소한으로 줄인다. 당신도 가장 희소한 자원이 무엇인지 안다면 이 원리를 삶에 적용할 수 있다. 그게 무엇인가? 시간? 돈? 타인의 관심? 친구? 건강? 열정? 성취? 사랑? 그밖에 어떤 것?

10대의 젊은이에게 가장 희소한 자원이 시간은 아닐 것이다. 반면 80대의 노인에게는 시간이 가장 희소한 자원일 수 있다. 판단은 각자의 주관에 따라 다르겠지만, 그렇다고 중요하지 않다는 뜻은 아니다. 10대의 젊은이들이 열정이나 사랑을 가장 희소한 자원으로 꼽는다면 다른 사람들도 나이와 무관하게 그렇게 생각할 수 있다.

당신에게 가장 희소한 자원은 무엇인가? 당신은 그 자원을 확보하기 위해 어떤 의미 있는 행동을 실천할 수 있는가?

나는 자기 성찰이나 명상을 즐기지 않지만, 이 경우만큼은 예외일 수 있다. 당신에게 가장 희소한 자원이 무엇인지 판단할 수 있고 그 자원이 다른 자원들보다 훨씬 귀하다는 걸 깨닫는다면, 앞으로 당신의 최우선 과제는 그것을 찾는 일이 되어야 한다. 더 많은 시간, 더 풍부한 사랑, 더 큰 열정, 더 좋은 친구, 더 나은 건강, 더 큰 성취, 심지어 더 많은 돈을 포함해 어떤 자원이든 관계없다.

COMMENT 희소한 자원을 어떻게 찾아낼지는 당신에게 달렸다. 80/20 법칙은 그것이 삶에서 가장 중요한 일이라고 말한다.

DAY
305 신기술에 참여하라

기술의 변화는 장기적 성장의 가장 큰 원동력이다. 기술은 적은 노력으로 더 많은 결과를 창출할 뿐 아니라 인간의 생활 수준을 높이고 비용을 획기적으로 절감해 준다. 당신이 대서양 건너편에 있는 사람에게 전화를 걸 때 치러야 하는 비용이 1940년 기준으로 100이었다면, 2000년에는 2로 떨어졌고, 오늘날에는 인터넷 덕분에 사실상 0이다.

그중에서도 가장 중요한 기술은 다른 관련 기술의 발전을 촉진하는 '활성화enabling' 기술이다. 역사적으로 대표적인 활성화 기술에는 알파벳과 문자, 청동기와 철기, 물레방아, 풍차, 삼단 돛배, 활판 인쇄, 증기 기관, 전기, 냉장 기술, 내연 기관, 수송용 컨테이너, 유전자 기술, 컴퓨터, 인터넷, 인공 지능 등이 있었다. 특히 컴퓨터, 인터넷, 인공 지능 등은 모두 '정보 기술IT'의 범주에 속한다.

IT는 전체의 20퍼센트에 불과하면서도 인류의 삶과 부에 80퍼센트가 넘는 영향을 미치는 기술이다. 물론 모든 사람이 정보 기술 분야에서 일하고 싶은 건 아니며 원한다고 할 수 있는 것도 아니지만, 마침 이 분야에서 일하고 있다면 대단히 운이 좋은 것이다. 세상 전체가 당신의 꿈을 위해 마련된 무대니까 말이다.

COMMENT **정보 기술 분야에서 일하고 있는가? 그렇다면 IT의 수많은 분야 중 어느 곳을 당신의 무대로 삼을지 고민하라.**

DAY
306 기하급수적으로 성장하라

기하급수적 성장과 관련해서 꼭 소개하고 싶은 흥미로운 퍼즐이 있다. 이 퍼즐은 이탈리의 수학자 레오나르도 피사Leonard of Pisa(나중에 피보나치Fibonacci로 불리게 된다)가 1220년에 개발했다.

피보나치는 한 쌍의 토끼가 번식하는 사례로 이야기를 시작한다. 이 토끼들은 첫해 한 쌍의 새끼를 낳고, 두 번째 해에도 한 쌍을 낳는다. 그 후 나이가 들어 번식이 어려워지면 새끼들이 똑같은 패턴으로 번식을 이어 나간다. 이런 식으로 번식이 계속된다면 나중에는 얼마나 많은 토끼가 태어날까? 당신이 계산할 수도 있지만, 모두의 편의를 위해 숫자가 연도별로 늘어나는 모습을 나열해 보자.

1, 2, 3, 5, 8, 13, 21, 34, 55, 89, 144…

특이한 점이 눈에 띄는가? 놀라운 점은 세 번째 해부터는 모든 숫자가 앞의 두 숫자를 더한 값이다. 또 다른 놀라운 사실은 세 번째 해 이후로는 매년 토끼 쌍의 수가 바로 전 해와 비교해서 1.618에 수렴하는 비율로 일정하게 증가한다는 것이다. 다시 말해 토끼의 수는 매년 60퍼센트가 넘는 성장률을 보인다. 물론 이런 성장이 언제까지나 지속될 수는 없다. 그런 식으로 번식이 계속되다가는 114년 이후에 토끼들이 차지하는 공간은 우주 전체만큼 늘어날 테니까. 그때쯤이면 인류는 토끼들에 깔려 이미 오래전에 사라졌을 것이다. 토끼털로 가득한 세계를 상상해 보라!

당신은 연간 60퍼센트의 성장률을 경험한 적이 있는가? 나는 벤처 기업에 세 차례 투자했을 때 그런 성장률을 목격했다. 불과 몇 년 사이에 사업이 엄청난 규모로 성장하고 큰 수익을 창출하는 모습을 지켜보는 일은 참으로 중독성 강한 경험이었다.

COMMENT 신나는 삶을 원한다면, 가장 빠르게 성장하는 벤처 기업이나 시대적 흐름에 투자하라.

DAY
307 생산성을 높이면 인생이 달라진다

1803년, 프랑스의 경제학자 장 바티스트 세이Jean-Baptiste Say는 오늘날의 관점으로도 매우 현대적이면서 우리의 삶 전반에 적용할 수 있는 글을 남겼다. “창업가는 생산성이 낮은 분야에서 생산성과 산출물이 높은 분야로 자원을 이동한다.” 이제 경제나 비즈니스는 잊어버리고 당신의 삶을 향해 두 가지 질문을 던져라.

- 당신이 느끼는 행복과 남들에게 미치는 영향력의 크기를 기준으로 판단했을 때, 당신의 삶에서 생산성이 가장 낮은 분야는 어디인가?
- 당신이 느끼는 행복과 남들에게 미치는 영향력의 크기를 기준으로 판단했을 때, 당신의 삶에서 생산성이 가장 높은 분야는 어디인가?

이런 관점에서 삶을 바라보면 가장 큰 행복을 주는 활동이야말로 가장 생산적인 활동이라는 걸 깨닫고, 그 활동에 더 많은 시간을 투자할 것이다. 반대로 행복하지 않고, 남들에게 긍정적인 영향도 미치지 않는 분야가 어디인지도 같은 기준으로 정의할 수 있다. 이제 그곳을 벗어나 양지바른 땅을 향해 나아가야 할 때다!

COMMENT 잠시 시간을 내 삶에서 ‘생산성’이 가장 높거나 낮은 영역이 어디인지 정의하라. 삶의 균형추를 생산성이 높은 쪽으로 옮기려면 어떻게 해야 하는가?

DAY
308 오늘의 습관이 행복을 만든다

북아일랜드 출신으로 미국에서 활동 중인 경제학자 브라이언 아서Brian Arthur는 1980년 전후로 '신경제new economy(첨단·기술 정보 통신 산업이 주도하는 경제-편집자)' 분야에서 괄목할 만한 수익 증가 현상이 관찰된다고 지적했다. 즉, 기업의 수익성이 갈수록 높아지고 시장이 독점 상태에 가까워진다는 것이다.

일례로 소프트웨어는 제품 연구 개발에 막대한 초기 비용이 들어간다. 마이크로소프트 윈도우가 고객에게 첫 번째로 팔렸을 때 제품의 생산 원가는 5,000만 달러(약 679억, 개발 비용이 곧 생산 원가라는 의미에서)였다. 하지만 두 번째 제품의 생산 원가는 3달러(약 4,000원)로 떨어졌다. 고객은 네트워크 효과와 특정 제품의 사용법을 익혀야 하기 때문에 설령 다른 제품의 품질이 낫더라도 시장에서 선두를 달리는 제품에 '갇히는' 경향이 있다.

마이크로소프트, 구글, 페이스북, 애플, 에어비앤비 같은 기업들이 상대적으로 짧은 시간에 경이로울 만큼 높은 수익을 올리는 회사로 성장한 건 분명하다. 수익 증가 이론은 비즈니스의 세계를 떠나 개인적 삶에도 적용할 수 있다.

많은 연구자가 인간의 습관에 깊은 관심을 기울인다. 건강하지 못한 습관을 건강한 습관으로 바꾸는 일은 처음에는 쉽지 않다. 운동 시간을 늘리고, 건강한 음식으로 식습관을 개선하고, 담배나 약물을 끊는 일은 누구에게든 매우 어려운 과정이다. 마치 윈도우나 아이폰을 처음 개발하기 위해 막대한 비용을 투자해야 하는 상황과 비슷하다. 하지만 건강한 습관이 자리 잡는 순간, 이 제품들이 시장에서 엄청난 수익을 창출했듯이 삶에도 건강이라는 보상이 돌아가고, 빠른 속도로 수익이 발생하며 오랜 시간에 걸쳐 수익의 증가가 이루어질 것이다.

마찬가지로 걱정이나 분노, 타인에 대한 무례한 행동 같은 습관도 처음에 고치기 어려울지 모르지만, 그런 습관이 사라지는 순간 매우 빠르게 행복(그리고 건강)이 찾아오고, 그 행복은 한평생 지속될 것이다.

COMMENT 건강과 행복의 측면에서 앞으로 수십 년간 수익의 증가를 가져올 습관을 어떻게 개발할 수 있는가?

DAY
309 원하는 일이 무엇이든, 먼저 다른 일을 하라

머피의 법칙에는 여러 가지 변형된 버전이 있다. 가장 기본적인 법칙은 '뭔가 잘못될 가능성이 있으면 반드시 그렇게 된다'이다. 그 외에도 개인적으로 '여러 가지가 잘못될 가능성이 있으면 그중 가장 피해가 큰 게 먼저 잘못된다'와 '절대 잘못될 리가 없는 일도 결국에는 잘못된다'라는 버전을 좋아한다. 타이타닉호가 침몰한 사건도 이 법칙을 증명한다. 하지만 내 생각에 가장 유용한 버전은 '원하는 일이 무엇이든, 먼저 다른 일을 하라'이다. 다른 머피의 법칙들은 대부분 우울한 가능성을 시사하는 데 반해(나쁜 일을 예방해야 한다는 교훈을 주지만), 이 버전은 통찰력과 긍정적인 개념을 담고 있다. 빅터 프랭클은 행복과 성공을 이렇게 말했다.

> **"행복은 저절로 생겨난다. 성공도 마찬가지다.**
> **이들이 알아서 찾아올 때까지 신경을 끊고 기다려라.**
> **행복은 추구한다고 얻을 수 있는 게 아니라, 어떤 일의 결과로 뒤따라오는 것이다.**
> **행복에는 이유가 있어야 하며 그 이유가 충족되면 자동으로 찾아온다….**
> **행복을 얻으려면 내면에 잠재된 의미를 깨달아야 한다."[1]**

이 말의 의미는 명확하다. 행복은 독창적인 개성과 잠재력을 개발하는 데서 생겨난다는 것이다. 나도 그 의견에 동의하지만, 앞에서 살펴본 것처럼 행복의 수준을 높일 방법이 없는 건 아니다. 예를 들어 가까운 친구들과 더 많은 시간을 보내거나 좋아하는 활동에 몰입하는 것만으로도 별다른 자기 계발의 노력 없이 더 행복해질 수 있다. 어쨌든 프랭클이 들려주는 소중한 교훈은 지속적인 행복을 얻기 위해서는 80/20 법칙에 따라 가장 중요한 행동을 전략적으로 실천해야 한다는 것이다. 우리는 자신의 직업을 좋아하고 인생의 동반자를 사랑한 후에야 비로소 행복해질 수 있다. 행복과 성공을 달성하기 위해서는 **2단계의 작전**이 필요하다. 원하는 목표물에 도달하려면 먼저 다른 곳에 발을 디뎌라.

COMMENT **당신이 먼저 처리해야 할 '다른 일'은 무엇인가?**

DAY
310

뛰어난 사람들로만 구성된 팀을 만들어라

기업, 그룹, 조직, 네트워크를 막론하고 어디서나 효과를 발휘하는 전략은 A팀(가장 뛰어난 인재들로 구성된 최우수 집단-옮긴이)을 만드는 것이다. 당신이 활동하는 분야에서 가장 우수한 사람들을 채용하거나 그들과 함께 일하라. 누군가를 조직에 합류시켜야 한다면 조직의 평균 수준을 높일 사람을 영입하라. 새로운 인재들은 기존의 팀에서 상위 20퍼센트에 속해야 한다.

A급 인재는 다른 A급 인재와 일하기를 좋아한다. 그런 사람끼리 함께 일할 기회는 흔치 않으며 그만큼 시너지 효과도 크다. A급 인재는 지적 능력이 뛰어나고, 업무적으로 탁월하고, 조직의 수준을 높여주며 자신감에 넘치고, 함께 일하는 사람들을 즐겁게 해준다.

A팀은 몸값이 비싼 듯이 보여도 그 이상의 가치가 있다. 80/20 법칙을 기억하라! 문제는 A팀 전략을 실행에 옮기려면 조직을 처음부터 다시 구축해야 한다는 것이다. A팀 전략은 스타트업을 위한 전략일 수밖에 없다. B급 인력이 높은 자리에 버티고 있는 조직은 A팀을 만들지 못한다.

보스턴컨설팅그룹, 베인앤컴퍼니, LEK, OC&C 같은 전략 컨설팅 기업에서 근무할 때 A팀의 마법을 경험했다. 우리는 최고의 인재들만 영입했고, 그들 대부분은 훌륭한 경력을 밟아나가며 그 후로도 승승장구했다. 그토록 뛰어난 사람들과 함께 일하는 것은 정말 놀라운 경험이었다.

마이크로소프트, 애플, 아마존, 골드만삭스 같은 기업들도 창업 초기에는 그런 접근 방식을 택했으리라고 믿는다. 하지만 조직이 성장할수록 그 전략을 유지하기는 불가능에 가까울 정도로 어려워진다.

주의하라. B급 인력은 A급 인재를 몰아낸다. 문제는 자본주의가 생각만큼 그렇게 냉혹하지 않다는 것이다. 조직을 운영하는 주체는 사람이고, 사람은 대체로(심지어 이유가 정당할 때도) 냉혹하지 않다.

COMMENT **냉혹하다는 말은 'A급' 인재가 아닌 사람을 조직에서 과감히 배제한다는 뜻이다. 그런 냉혹함을 발휘할 수 있는가?**

DAY
311 수면의 중요성

인류는 최근에야 수면의 중요성을 깨달았다. 매슈 워커Matthew Walker 교수는 『우리는 왜 잠을 자야 할까』에서 잠은 운동이나 식습관 못지않게 건강과 행복을 개선하고 수명을 늘리는 데 중요하다고 썼다.[2] 워커는 낮에 학습한 내용을 잠을 통해 지식의 저장소에 보관하며, REM 수면(급속 안구 운동 수면이라고 불리며 깨어 있는 상태에 가까운 얕은 수면-옮긴이)은 그날의 고통스러운 경험으로부터 정신을 해독한다고 설명한다. **꿈을 동반한 수면은 놀랄 만큼 가치가 높다.**

다음은 워커 교수를 포함한 전문가들의 조언을 요약한 내용이다.

- 매일 8시간 이상 잠을 잔다.
- 잠들기 전에는 지나친 운동, 카페인, 니코틴, 알코올, 많은 양의 물, 과도한 식사, 텔레비전, 전자 기기의 청색광 등을 피한다.
- 차분한 음악을 듣거나 가벼운 독서(스릴러처럼 사람을 흥분시키는 책은 제외)를 하고, 즐거운 생각만 떠올린다.
- 따뜻한 물로 목욕한다.
- 어둡고, 환기가 잘 되고, 조용하고, 시원하며 시계가 눈에 띄지 않는 곳을 수면 장소로 택한다.
- 피곤할 때만 잠자리에 들되, 주말을 포함해서 **매일 같은 시간에 자고 같은 시간에 일어나려고 노력한다.**
- 수면제를 복용하지 않는다.
- 한밤중에 깨어 다시 잠들지 못하는 시간이 20분 이상 지속되면 자리에서 일어나 편안하게 행동하며 잠이 올 때까지 기다린다.
- 아침에 기상하면 밖으로 나가 1시간 정도 햇빛을 쬔다.

수면의 양과 질이 하락하는 현상은 지난 200년 사이에 발생한 최악의 사회적 변화일지도 모른다. 게다가 80/20 법칙의 시간 개념과도 정면으로 배치된다.

COMMENT 수면 습관이 얼마나 건강한가? 충분히 잠을 자고 있나?

DAY
312 사소한 것에 목숨 걸지 마라

작가 겸 심리학자로 활동한 리처드 칼슨은 『우리는 사소한 것에 목숨을 건다』라는 훌륭한 베스트셀러를 남겼다.[3]

80/20 법칙의 관점에서 볼 때, 칼슨이 말한 '사소한 것'은 미미하거나 부정적인 결과밖에 주지 못하는 80퍼센트의 일을 뜻한다. 칼슨의 책에는 금쪽같은 교훈이 수없이 담겨 있다. 그중 내가 좋아하는 대목을 몇 가지 소개한다.

- 타인의 비판을 받아들여라.
- 다른 사람의 말을 방해하거나 대신 끝맺지 마라.
- 지금 있는 그곳에서 행복하라.
- 지루한 시간을 허용하라.
- 삶에서 함께하는 사람들을 젖먹이 아기나 100살 노인이라고 생각하라.

칼슨 박사는 스트레스를 피하는 데 도움이 되는 효과적인 처방전을 제시했다. 하지만 스트레스를 피하는 일만이 삶에서 중요한 건 아니다. 우리의 잠재력을 실현해나가는 과정도 그에 못지않게 중요하다. 칼슨의 책에서는 그 부분이 거의 다뤄지지 않는다. 그가 이 책의 부제로 사용한 '모든 것은 사소하다It's all Small Stuff'라는 말은 결과적으로 틀렸다. 그는 '거의 모든 것은 사소하다'라고 말했어야 한다. '모든 것'과 '거의 모든 것'의 차이는 어마어마하다. 우리에게 진정한 행복을 주는 요인은 칼슨이 꼽은 평온하고 차분한 마음 이외에도 몇 가지 중요한 게 더 있다.

COMMENT 당신이 신경 쓰는 사소한 일은 무엇이며, 진정으로 신경 써야 할 중요한 일은 무엇인가?

DAY
313 좋아하는 일로 돈을 벌어라

페리 마샬은 인간의 경제적 활동을 아래 그림처럼 세 가지 범주로 구분했다.

페리에 따르면 '예술'은 당신이 개인적으로 하고 싶지만 누구에게도 돈을 받지 못하는 활동을 의미한다(물론 직업 예술가의 경우는 예외다). 반면 돈을 받지 않고 지저분한 도랑을 팔 사람은 아무도 없을 것이다. 이 두 종류의 활동 사이에 자리 잡은 흥미로운 중간 단계가 바로 '일'이다. **일이란 '당신이 세상에 특별한 방식으로 공헌할 수 있으면서도 누군가 돈을 줄 때만 수행하는 활동'을 뜻한다.**

페리는 영국의 소설가 찰스 디킨스의 경우를 예로 든다. 디킨스는 자신의 작품을 정기적으로 잡지에 연재하며 원고료를 받았다. 잡지사에서 그에게 돈을 지급하지 않았다면 『두 도시 이야기』나 『위대한 유산』 같은 명작은 탄생하지 않았을 것이다. 같은 맥락에서 수많은 고전 음악도 왕이나 귀족의 특별한 행사를 위해 만들어졌다. "요한 제바스티안 바흐는 침대에서 겨우 일어나 높은 사람들의 저녁 만찬을 위해 교향곡을 작곡했으며 우리는 300년이 지난 지금도 그 곡을 연주하고 있다."

페리가 '일'이라고 부른 건 다른 사람에게(그리고 자신에게) 매우 유용하지만, 경제적 혜택 없이는 수행하지 않았을 활동을 뜻한다. 그 말이 공감을 주는 이유는 나도 책을 쓰기 시작했을 때 금전적 대가가 없었다면 펜을 들지 않았을 것이기 때문이다. 하지만 이제는 책을 집필하는 일이 돈과는 아무 상관 없다. 내가 책을 쓰는 이유는 독자에게 내 생각을 전달함으로써 유용한 삶의 지침을 제공하기 위해서다.

COMMENT **처음에는 돈 때문에 시작했으나 자아실현의 중요한 부분으로 자리 잡은 일이 있는가? 경제적 혜택과 삶의 의미라는 두 마리 토끼를 모두 잡을 수 있는 일은 무엇인가?**

DAY
314 득이 되는 갈등 vs 실이 되는 갈등

갈등은 인간에게 바람직한가, 그렇지 않은가? 어떤 사람은 인간이 본능적으로 외부인과의 갈등에 맞서도록 프로그램된 존재이므로 갈등은 석기 시대 유전자에서 비롯된 유산일 뿐이라고 생각한다. 이 관점에 따르면 사람은 지나치게 많은 갈등에 관여한다. 삶이 뜻대로 되지 않을 때는 짜증을 내고, 짜증은 분노로 바뀌고 분노는 갈등으로 번진다. 따라서 불쾌한 상황이 닥쳐도 가능한 갈등을 빚지 말고 담담하게 받아들이는 편이 낫다는 것이다.

정반대의 관점도 있다. 극작가 조지 버나드 쇼George Bernard Shaw는 인류의 모든 진보는 '상식을 벗어난unreasonable' 사람들이 현상 유지를 거부하고 현실을 개선하기 위해 노력함으로써 이루어진다고 말했다. 1933년부터 1945년까지 대다수 독일인이 히틀러의 공포 정치를 방조하고 유대인과 정적들에 대한 탄압을 묵인한 것이 옳은 일이었을까? 프랑스와 영국의 정치가들 대부분이 히틀러가 전쟁을 일으키지 못하도록 구슬리고 2차 세계 대전 후에는 스탈린을 유화적으로 대한 행동이 과연 정당했을까?

사람은 개인적이거나 사소한 사안이 아닌 중요한 원칙의 문제일 때 갈등이 필요하다고 인정하는 경향이 있다. 하지만 어느 쪽이든 갈등을 바라보는 태도는 개인의 성격이나 기질과 깊은 관련이 있는 듯하다. 영국의 총리 네빌 체임벌린은 갈등을 회피하는 성향을 보인 대표적인 정치가로, 히틀러에 대한 유화 정책의 중심에 섰던 사람이었다. 그러다 보니 자연히 윈스턴 처칠과 정반대의 정치적 노선을 걸었다. 처칠은 갈등을 회피하기는커녕 오히려 갈등의 상황을 즐긴 인물이었다. 때로는 민주주의 국가의 시민조차 당연하다는 듯이 권위에 순종하는 경향을 보인다. 가령 독재자나 코로나19 시기의 국가 지도자가 개인의 자유를 침해할 때도 그 상황을 순순히 받아들인다.

80/20 법칙은 이 대목에서도 우리에게 지침을 제공한다. 소수의 사람만이 불편을 느끼는 사소하고 개인적인 문제에는 될수록 갈등을 피하라. 하지만 억압적인 권력의 횡포에 맞서야 하는 심각한 상황이 닥치면 칼을(진짜 칼이든 상징의 칼이든) 집어 들고 용감하게 정의를 수호하라. 특히 당신이 원래부터 갈등을 피하는 성향을 타고났다면 더욱 그래야 한다.

COMMENT **당신은 갈등의 상황에 너무 많이 또는 너무 적게 관여하고 있는가?**

CHAPTER

37

운에 대한 모든 것

이 장에서는 80/20 법칙의 렌즈를 통해 '운'의 세계를 탐구한다. 또 운을 바꾸지는 못해도 복을 바꿀 수는 있으며 변동성이 기회를 낳는다는 사실을 살펴보고 '삶의 안장 위에 느긋하게 자리 잡는 법'을 이야기한다.

DAY
315 운을 타고났는가?

'운'이란 과연 무엇인가? 우리가 통제하거나 영향을 미칠 수 있는 특정한 요인 또는 힘을 말하는가? 좋은 운을 타고난 사람과 그렇지 못한 사람이 있는가? 모든 게 불확실한 세상에서 어떻게 하면 더 많은 복福을 얻을 수 있을까? **언젠가 꼭 찾아올 불운은 어떻게 대비하고, 불운이 실제로 닥쳤을 때는 어떻게 극복해야 하나?**

80/20 법칙의 핵심은 선택적 행동이다. 우리는 삶에서 가장 중요한 일만 생각하거나 실천해야 하고, 나 자신과 사랑하는 사람들에게 행복을 줄 가능성이 가장 큰 지렛대만 골라서 당겨야 한다. 운과 복이라는 개념의 맥락에서 이것보다 더 중요한(그리고 가장 자주 오해받는) 원칙은 없다. 이야기를 시작하기 전 먼저 당신 자신에게 몇 가지 질문을 던져라.

- 지금까지 살아오면서 어떤 운이나 복을 경험했는가?
- 삶에서 가장 큰 행운이었다고 생각되는 세 가지 사건은 무엇인가?
- 그 사건은 어떻게 일어났고, 당신이 담당한 역할은 무엇이었나?
- 삶에서 가장 불행했던 사건 세 가지는 무엇인가? 당신에게는 전혀 책임이 없었나? 만일 책임이 있었다면 어느 정도인가?

COMMENT 세 가지 질문에 답했는가? 선택적으로 행동하기 위해서는 운을 이해해야 한다.

DAY
316 운을 구분하라

자질, 복, 운이라는 세 가지 요소를 정확히 구분할 필요가 있다. **'자질endowment'은 당신이 태어나고 자라나는 과정에서 획득한 천성적인 장점 또는 단점을 뜻한다.** 태어난 곳, 유전적 특성, 재능과 기술, 타고난 기질, 어린 시절 부모로부터 물려받은 좋고 나쁜 영향, 교육 및 사회적 환경 등이 모두 자질이다.[1] 자질은 삶이 시작될 때 부여받은 조건을 뜻하며 그 조건을 이용해서 직접 쌓아 올린 능력을 의미하지 않는다. 가령 학교에서 열심히 공부해서 새로운 기술을 개발했다면, 그 기술은 자질이 아니다. **저절로 주어진 게 아니라 스스로 만들어냈기 때문이다.** 따라서 그건 '복'이라고 표현할 수 있다.

'복fortune'은 삶에서 일어난 좋은 일 또는 나쁜 일 중 전체적이거나 부분적인 역할을 담당한 일을 뜻한다. 즉 **복은 노력과 의사 결정의 산물이다.**

'운luck'은 좋든 나쁘든 삶에 무작위적으로 발생한 사건을 말한다. 운은 순전한 우연의 산물이며 일방적으로 일어나는 일일 뿐이다. 당신은 운을 통제하거나 운에 영향을 미치지 못한다.

자질, 복, 운을 명확하게 구분하지 않으면 삶이 혼란에 빠지고 제자리걸음을 할 수 있다. 물론 자질과 복이 함께 팀을 이뤄 훨씬 좋은(또는 나쁜) 결과를 생산할 때도 있고, 때로는 한 조각의 행운이 후천적 노력을 통해 더 큰 복으로 발전하기도 한다. 하지만 이들은 개념적으로 분명히 다르다. 당신은 자질과 운에 아무런 책임이 없다. 좋은 복이나 나쁜 복에만 늘 책임을 져왔을 뿐이다. 사람들은 좋은 결과나 나쁜 결과를 이야기할 때 종종 '운'을 입에 올리지만, 사실 그들은 '복'을 말하는 것이다. 어떤 일이 일어나는 데 직접적인 원인을 제공했다면 그건 '복'이며 그렇지 않다면 '운'이다.

COMMENT 삶에서 쌓아 올린 세 가지 중요한 '복'은 무엇인가? 또 순수하게 우연으로 다가온 세 가지 '운'은 무엇인가?

DAY

317 운일까 복일까?

'운'은 합리적으로 예측할 수 없다. 좋은 운이든 나쁜 운이든 운의 본질은 예측 불가능성이다. 운은 삶에 중대한 영향을 끼치면서도 당신에게 아무런 공이나 책임을 돌리지 않는다. 운은 완전히 무작위적인 우연의 작용이다.

몇 가지 예를 들어보자. 당신은 영국 뉴캐슬에 급히 갈 일이 생겼다. 이모의 병세가 갑자기 위독해지는 바람에 한시바삐 도착해야 한다. 서둘러 히스로 공항으로 가지만 경황이 없어 미처 비행 시간표를 확인하지 못했다. 그러다 가까스로 마지막 비행기에 올라 이모가 의식을 잃어버리기 전에 도착한다. 운이 좋았다. 하지만 비행 시간표를 미리 파악하고 여행을 계획했다면 그건 운이 아니라 복이었을 것이다.

콜럼버스가 아메리카 대륙에 상륙한 일은 과연 운이었을까? 대답하기 어려운 질문이다. 그는 인도를 향해 항해를 시작했지만, 중간에 미지의 땅을 발견한 건 순전한 행운이었다. 음식과 물이 거의 떨어져 가던 콜럼버스와 선원들은 아메리카 대륙에 도착하지 않았더라면 모두 목숨을 잃었을 것이다. 그 점에서는 콜럼버스가 굉장히 운이 좋았다고 할 수 있다. 하지만 한편으로 콜럼버스가 대서양을 가로질러 신항로를 개척한다는 계획을 주도했다는 점에서 그의 성공을 단순한 운이 아니라 복으로 생각할 수도 있다. 좀 더 합리적으로 정리하면 콜럼버스는 능동적인 행동으로 복을 받았고, 거리를 잘못 계산한 바람에 행운을 얻은 것이다. 잘못된 판단으로 종종 올바른 결과를 얻는 것은 대담한 사람의 특징이다. 복(운이 아니라)은 용감한 사람을 좋아한다.

에이브러햄 링컨, 제임스 가필드, 윌리엄 매킨리, 존 F. 케네디는 모두 대통령으로 재임할 때 암살당하는 불운을 겪었다. 반면 시어도어 루스벨트, 해리 트루먼, 로널드 레이건은 운 좋게 암살 시도에서 살아남았다. 그들이 죽음을 피할 수 있었던 이유는 개인적 능력이나 예방책이 훌륭해서가 아니라 순전한 운 때문이었다. 비슷한 맥락에서 침몰한 타이타닉호에 탑승했다가 목숨을 잃은 승객들은 극히 운이 나빴다. 그런 사고를 예상하기는 누구도 불가능했다. 반대로 표를 사두고도 코앞에서 배를 놓친 사람은 운이 좋았을 뿐이다. 그가 선견지명을 발휘해서 사고를 예측하고 배를 타지 않은 게 아니다.

COMMENT 스스로 노력해서 복을 받은 것과 좋은 운의 혜택을 입은 것 중 어느 쪽에 더 큰 만족함을 느끼는가?

DAY

318 운이 좋은 사람 vs 운이 나쁜 사람

좋은 운이나 나쁜 운을 타고난 사람의 성격이나 특성을 분석한 책은 시중에 여러 권 나와 있다. 모두 운이 좋아지는 법을 배울 수 있다고 주장하는 책이다.[2]

좋은 운이나 나쁜 운을 타고난 사람이 있다는 생각은 아주 흔하지만, 그 이면에는 단순한 논리적 오류가 자리 잡고 있다. 세상에는 '자기 몫' 이상으로 좋은 운이나 나쁜 운을 경험하는 사람이 분명히 있다. 그러나 받아들이기가 아무리 어렵다 해도 그 운은 당사자의 성격이나 특성과 아무 관련이 없다. '운'이란 순수한 우연을 뜻하며 그 정의대로라면 누구도 자신의 운에 영향을 미치지 못한다. 다시 말해 우연이 아닌 운은 운이 아니다.

좀 더 명료하게 정의한다면 운은 우연이나 사고의 형태로 당신의 현관문을 불쑥 열고 들어오는 좋고 나쁜 일을 통칭해서 일컫는 말이다. 누구도 운을 피해 갈 수 없다. 그건 지진, 날씨, '신의 행위'라 불리는 갖가지 자연 현상, '혼돈계'처럼 삶 자체에 깊이 뿌리내린 무작위적 현상일 뿐이다. 또 비즈니스, 사회생활, 사람의 성격 같은 예측 불가능한 요소들 그리고 우리가 살아가면서 저지르는 실수나 잘못된 판단도 모두 운의 작용이다.

만약 인간을 포함한 자연의 모든 요소가 예측 가능하게 움직이고, 세상일이 모두 정밀한 시계처럼 딱딱 맞아들어간다면 우리에게는 의도치 않은 결과도 없을 것이고, 좋든 나쁘든 깜짝 놀랄 일도 벌어지지 않을 것이며 결과적으로 '운'이라는 말 자체가 성립되지 않을 것이다. 역사는 매끄럽고 유연하게 흘러갈 것이며 우리가 생각하는 그 역사가 아닐 것이다.

운이라는 개념은 인간의 지식과 계산이 불완전할 때 등장한다. 인류 역사의 대부분이 그런 시기였다. 우주가 시작된 것 자체가 상상도 할 수 없을 만큼 엄청난 행운이었지만, 인간은 그 과정에서 아무런 역할도 하지 못했다. 언젠가 우주가 종말을 맞는다면 우리는 그 사건을 상상도 할 수 없는 엄청난 불운으로 받아들이게 될 것이다.

COMMENT **삶에서 운이 담당하는 역할을 존중하는가? 살아가면서 마주치게 될 커다란 행운이나 불운에 대처할 준비가 되었나?**

DAY
319

운은 바꾸지 못해도 복은 바꿀 수 있다

복은 사람의 생각, 계산, 직관 그리고 무엇보다 행동에서 온다. 불운의 가능성은 절대 제거할 수 없다. 그럴 수 있다고 생각하는 사람은 조만간 엄청난 충격을 받게 될 것이다.

건강을 생각해 보라. 당신은 지금 건강 상태가 아주 좋을 수 있다. 건강한 음식을 먹고, 매일 운동하고, 스트레스를 피하고 있는지도 모른다. 하지만 그런 사람에게도 어느 순간 바이러스, 심장마비, 암, 또는 교통사고 같은 불운이 닥칠 수 있다.

그렇다고 건강을 지키려는 노력이 무의미할까? 절대 그렇지 않다. 당신의 행동이 곧 복이다. 왜냐하면 올바른 행동을 통해 건강한 몸과 오랜 수명을 누릴 가능성을 늘리거나 줄일 수 있기 때문이다. 하지만 운의 개입 자체를 완전히 없애지는 못한다. 오히려 더 많이 행동할수록 좋든 나쁘든 순수한 운에 따라 예상치 못한 결과가 생길 가능성이 커진다. 당신이 하루에 두 갑씩 담배를 피우고 독한 술과 해로운 약물을 즐겼는데도 90세까지 건강하게 산다면 운이 좋은 것이다. 반대로 건강해지기 위해 온갖 노력을 쏟은 사람이 갑작스러운 사고로 일찍 세상을 떠난다면 불운하다고 할 수밖에 없다.

당신에게 복을 주는 행동, 특히 커다란 행복을 주는 행동은 적극적으로 실천해야 한다. 그런 행동을 통해 불운의 발생 가능성을 낮출 수 있다. 하지만 불운 자체를 삶에서 완전히 제거하지는 못한다. 행운과 불운은 우리를 공평하게 대하지 않는다. 그것이 인간에게 주어진 삶의 조건이다.

불운이 찾아오면 의연하게 맞서야 한다. 불운 앞에서 분통을 터뜨려 봐야 상황만 더 나빠질 뿐이다. 불운이 찾아올 가능성을 늘 인지하면서도 발생 확률을 최소화하기 위해 꾸준히 행동한다면 장기적으로 더 나은 결과를 얻을 것이다. 그것이 바로 역사상 가장 심오한 철학으로 꼽히는 성경의 욥기에 담긴 주된 메시지다.

COMMENT **운과 행복이 찾아올 가능성을 높이기 위해 지금 당장 실천해야 하는 가장 중요한 행동 세 가지는 무엇인가?**

DAY
320 운은 독립적이지 않다

우리는 운을 바람, 파도, 유전자 같은 독립적인 존재 또는 힘으로 생각하는 경향이 있다. 때로는 '당신의 운'이라는 표현처럼 성격의 한 부분으로 취급하기도 한다. 하지만 운은 그런 요소들과는 거리가 멀다. 운은 독립적인 힘이 아니고, '운명의 여신'이나 '행운의 여신' 같은 인격체도 아니며 손에 넣을 수 있는 소유물도 아니다. 심지어 역사, 경험, 우주 같은 무형의 개념도 아니다.

당신이 매번 경험하는 운은 모두 개별적이고 특별한 사건이며 누구도 추적 불가능한 원인에서 비롯된 작거나 큰 결과일 뿐이다. 만일 운이 어떤 원인과 상관관계가 있다면 그 자체가 우리의 무지를 인정하는 말일 수밖에 없다. 우리가 전지전능해서 미래의 모든 사건을 정확히 예측할 수 있다면 운이라는 현상은 애초에 존재하지 않을 테니까.

독일의 철학자 헤겔은 과학의 목표가 우연의 범위를 줄이는 데 있다고 말했다. 17세기 이후 과학의 발전 과정은 인간의 무지를 축소함으로써 운의 영향력을 줄이는 과정이었다고 할 수 있다. 인류가 질병을 치료하는 과학적 성과를 이룰 때마다 질병이라는 불운에 시달릴 가능성도 하나씩 줄어들었다.

아인슈타인은 '천재와 멍청이의 차이를 말한다면 천재에게는 한계가 있다'라는 말을 남겼다. 과학은 발달할수록 점점 난해한 지식이 되어간다. 인구의 증가와 팽창하는 인간관계 같은 요인으로 인해 현대 사회는 점점 복잡해지고 미래를 예측하기도 어려워진다. 그럴수록 인간의 무지는 증가하고 운의 지배력도 커진다. 일어나는 게 불가능하다고 생각했던 사건도 갈수록 자주 일어난다.

이런 상황에서 우리가 할 수 있는 일은 무엇인가? **행복한 삶을 위해서는 두 가지 행동이 필요하다.** 첫째, 우연이 담당하는 역할을 존중하고, 불운이 닥쳐도 당황하거나 화내지 않는 것이다. 둘째, 활동적이고 보람 있는 삶에 필요한 소수의 결과물을 생산하기 위해 영향력을 발휘하는 것이다.

COMMENT 당신이 가장 소중히 여기면서 영향력을 발휘할 수 있는 소수의 결과물은 무엇인가?

DAY
321 변동성과 기회

세상을 살다 보면 평화롭고 잠잠한 시기도 있고, 천지가 뒤집히는 듯한 격변의 시대도 있다. 우리가 살아가는 시대는 나날이 혼란스럽고 불안정해지는 듯하다. 사회적 변동성은 우연의 문을 열어주고, 우연은 때로 엄청난 금전적·비금전적 손실과 이익을 가져다준다. 변동성이 증가하는 이유는 기술의 힘이 강해지기 때문이다. 기술의 발전이 가속화될수록 세상은 점점 99/1 법칙이 지배하는 곳이 되고, 모든 게 예측하기가 어렵다.

불확실성과 확률 분야의 전문가 나심 니콜라스 탈레브Nassim Nicholas Taleb는 '블랙 스완black swan'이라는 개념을 창안했다. 그는 발생 확률은 극히 낮아도 일어나는 순간 세상을 뒤엎을만한 사건을 블랙 스완, 즉 검은 백조라고 표현했다. 탈레브는 비즈니스, 전문직, 엔터테인먼트 같은 분야에서는 '승자 독식' 현상이 증가할수록 더 예측 불가능한 결과가 나온다고 말했다. 그는 구성원들의 소득을 예상할 수 있고 사람들 사이에 격차가 크지 않은 평범한 세계, 다시 말해 종鐘 모양의 전통적인 정규 분포 곡선이 지배하는 세계를 평범의 왕국Mediocristan이라고 불렀다. 반면 불평등의 정도가 점점 심해지는 현대 세계에 극단의 왕국Extremistan, 즉 극단의 세계라는 이름을 붙이고, 이 세계에서는 극단적인 결과가 예사로 창출될 뿐 아니라 성공의 기회를 계산하기도 불가능에 가깝다고 말했다. 탈레브의 말에는 우리가 특정 사건의 발생 가능성을 계산할 능력이 부족하다는 이유로, 그런 일이 일어날 가능성 자체를 심각하게 과소평가한다는 의미가 숨겨져 있다.

탈레브가 언급한 세계는 전형적인 80/20 법칙, 더 정확하게는 99/1의 법칙이 지배하는 세계다. 그 세계는 투자 분야나 전문직에 처음 발을 들여놓은 초보자에게 적합하지 않다. 그들을 위해 한마디 조언을 하면 급속도로 성장하는 소규모 조직이나 시장의 움직임을 늘 주시하고, 그들이 속한 세계에 누구보다 풍부한 지식을 쌓으라는 것이다.

변동성은 좋은 운이나 나쁜 운이 찾아올 확률을 높인다. 하지만 특별한 기회에 관해 남들보다 풍부한 지식을 소유한 사람에게는 더 큰 복을 주기도 한다.

COMMENT 높은 성장의 기회를 누구보다 잘 포착하고 있는 분야가 있는가?

DAY
322 삶의 안장에 느긋하게 걸터앉아라

나는 이 유용한 표현을 철학가 니콜라스 레셔Nicholas Rescher의 책에서 배웠다.[3] 우리는 순수한 우연이나 운의 존재를 있는 그대로 받아들여야 한다. 운이 작용하는 데 법칙이나 원인 따위는 없다. 인생이 공평하다고 생각하는 사람은 실망할 것이다. 당신을 찾아온 운에 '병에 든 편지'처럼 특별한 메시지가 담겨있으리라고 기대하지 마라. 나쁜 운을 겪은 후 이번에는 좋은 운이 찾아올 거라고 기대하는 사람도 실망할 것이다. 세상에 나쁜 운이란 없으며 모든 것이 신의 섭리에 따라 계획된 일이라고 믿는 사람 역시 실망할 것이다.

물론 가끔은(자주는 아니더라도) 불운이 행운으로 바뀌는 일도 일어난다. 당신이 눈앞에서 놓친 기차가 사고를 일으켜 많은 사상자가 발생할 수도 있다. 하지만 행운의 여신이 당신의 삶에 닥친 불운과 행운을 집계해서 공평하게 균형을 맞춰주는 건 아니다. 신이 존재할 수는 있지만, 당신이 생각하는 방식으로 세상을 운영하지는 않는다. 만일 신이 정말 세상 만물을 창조했다면 우주의 중심에 우연을 가져다 두고 인간에게 자유 의지를 부여했을 것이다. 인생의 본질은 어떤 행동을 어떻게 취할 것인지를 자기 스스로 결정하는 데 있다.

어떤 사람은 세상을 살면서 온갖 불운에 시달리고, 어떤 사람은 행운을 독차지한다. 나머지 사람은 대부분 좋은 운과 나쁜 운이 교차하는 삶을 살아간다. 우리가 운을 바꾸기 위해 할 수 있는 일은 아무것도 없다. 그럴 수 있다고 생각하는 사람은 실망할 것이다. 운은 운일 뿐이며 행동이나 생각으로 영향을 미칠 수 있는 게 아니다. 반복하지만 운에 대한 올바른 태도는 될 대로 되라는 식의 숙명론적 체념이 아니라 당신이 영향을 미칠 수 있는 일에 집중해서 자신과 타인을 행복하게 하는 것이다.

당신의 태도가 운 자체에 영향을 미치지는 못하지만, 운을 어떤 태도로 대하는지에 따라 운이 삶에 미치는 효과가 달라질 수 있다. 나쁜 운이 단 5분이라도 삶을 망가뜨리게 하지 마라. 가장 올바른 태도는 삶의 안장에 느긋하게 걸터앉아 어떤 일이 일어나는지 지켜보는 것이다. 만일 불운이 찾아오면 어깨를 한 번 으쓱한 후, 인생이 나 그러러니 생각하고 계속 하루하루를 살아가라. 당신이 할 수 있는 일에 집중하라.

COMMENT 삶의 안장에 느긋하게 걸터앉았는가?

DAY 323 좋은 운도 지나가고, 나쁜 운도 끝난다

운은 곧 우연이다. 순수하게 운이 일으키는 사건은 늘 당신의 현관문을 두드린다. 어떤 일은 사소하고 어떤 일은 삶에 큰 변화를 불러온다. 물론 80/20 법칙에 따르면 인생을 바꿀 만큼 큰일이 자주 일어나는 건 아니다. 사소한 일은 흔하고, 중요한 일은 드물다. 하지만 운에 의해 일어나는 개별적인 사건을 여러 차례 겪다 보면 한 가지만큼은 분명해진다. 삶이 지속되는 한 운도 계속 변한다는 것이다.

분명히 말하지만 **좋은 운이든 나쁜 운이든 운에는 필연성이 없다.** 룰렛 게임에서 '빨간색'이나 '검은색'이 스무 번 연속으로 나올 확률은 극도로 낮다. 마찬가지로 좋은 운이나 나쁜 운이 계속 이어질 가능성도 희박하다. 그래서 어떻게 해야 한다는 말인가? 지금 좋은 운을 즐기고 있다면 그 운이 언제까지나 계속되리라고 기대하지 말아라. 조만간 나쁜 운이 찾아올지도 모르니까.

반대의 경우도 마찬가지다. 지금 나쁜 운에 시달리고 있다 해도 너무 좌절할 필요는 없다. 온 우주가 당신을 골탕 먹이려 작정하고 달려드는 게 아니다. 개인적인 감정과는 아무런 상관이 없는 일이다. 그저 인생이 그럴 뿐이고, 살아 있는 인간이라면 누구나 그런 상황을 겪기 마련이다.

서두른다고 사랑을 얻지 못하듯이 서둘러서 좋은 운을 얻을 수는 없다. 어느 경우든 노력, 상상력, 기술을 총동원해서 좋은 '복'을 늘리는 데 초점을 맞추고, 스스로 확률을 바꿀 수 있는 소수의 중요한 일에 집중하라.

운, 복, 기회는 다시 이야기할 시간이 있을 것이다. 어떤 운이 찾아오든, 복을 받을 만한 장소에서 복을 받을 만한 태도를 유지하는 법을 배워라.

COMMENT 운에 관한 내용을 자신의 관점에서 정리할 수 있는가?

CHAPTER

38

기적을 만드는 관계의 힘

'6단계 분리 이론'은 과연 타당한 개념일까? '약한 고리의 강점'이란 무엇일까? 당신의 세계는 구조적인가, 무작위적인가, 작은가? '슈퍼 커넥터'란 무엇이고, 슈퍼 커넥터가 되려면 어떻게 해야 하는가? 이 질문들에 대한 답은 당신의 삶에서 열정과 성공을 찾는 데 큰 도움이 될 것이다.

DAY
324 작은 세상 vs 큰 세상

혹시 '6단계 분리 이론six degrees of separation'이라는 용어를 들어본 적이 있는가? 이 개념은 극작가 겸 시나리오 작가 존 궤어John Guare의 연극(나중에 할리우드 영화로 제작됐다)을 통해 처음 대중화됐다.[1] '6단계 분리 이론'의 아이디어는 헝가리의 소설가 프리제시 카린시Frigyes Karinthy가 1929년 발표한 단편 소설에서 기원을 찾을 수 있다. 기본적인 개념은 지구상의 어떤 사람도 5~6단계의 인맥 사슬만 거치면 자신이 목표로 하는 누구와도 연결될 수 있다는 것이다. 다시 말해 A는 B를 알고, B는 C를 알고, C는 D를 아는 식으로 인맥이 이어지면 머지않아 F나 G라는 목표 지점에 도달할 수 있다는 것이다.

'6단계 분리 이론'이 현실적인 개념이라고 생각하는가? 아니면 단순한 희망 사항이라고 생각하는가? **이 질문은 중요하다.** 당신이 살아가는 세계는 작은 세상인가, 큰 세상인가? 작은 세상이란 마음만 먹으면 원하는 누구와도 연결할 수 있는 세계이며 큰 세상은 거대한 사회적·지리적 장벽에 가로막혀 서로 분리된 집단들로 이루어진 세계다.

사회과학자 스탠리 밀그램Stanley Milgram은 1967년 실험을 통해 이 아이디어를 처음으로 검증했다. 그는 '작은 세상'은 서로 다른 지역이나 사회에 속한 개인들이 예상할 수 없는 형태로 얽히고설킨 네트워크를 의미한다고 말했다. 반면 '큰 세상'은 사람들 사이에 메울 수 없을 만큼 큰 공백과 간극이 존재하는 세계라는 것이다. 밀그램은 네브래스카에서 진행한 실험에서 160개의 인맥 사슬을 연결해 나갔고, 그중 44개를 완성했다. 인맥 사슬이 완성되기까지 중간에 거친 연결자의 수는 2명에서 10명까지 다양했다.

성공적인 결과일까? 그 점은 전문가들 사이에도 의견이 엇갈린다. 심리학자 주디스 클라인펠드Judith Kleifeld는 2002년 이 실험의 결과를 두고 이론을 제기했다. 그녀는 밀그램의 연구 결과가 과학적 근거나 방법론에서 벗어났으므로 '6단계 분리 이론'은 도시 전설에 불과할 수도 있다고 주장했다. 2002년부터 2008년 사이에 또 다른 심리학자들이 더 큰 표본을 대상으로 연구를 진행해서 마침내 명확한 결론에 도달했다.

COMMENT '6단계 분리 이론'을 사실이라고 생각하는가, 아니면 신화라고 생각하는가?

DAY 325

의지만 있다면 누구와도 연결될 수 있다

1967년부터 2008년까지 이 이론의 타당성을 검증하기 위한 연구가 여러 차례 진행됐다. 연구자들은 실험에 참여한 사람들이 소규모의 인맥 사슬을 통해 멀리 떨어진 목표에 도달할 수 있는지를 조사해서 이 세계가 과연 '작은 세상'인지 아니면 '큰 세상'인지를 판가름하려 했다. 연구에서 도출된 놀라운 결론은 참가자들이 인맥 사슬을 꼭 완성하겠다고 마음먹는다면 정말 목표에 도달할 수 있다는 것이었다. 인맥 사슬을 완성한 사람들이 거친 중간 단계의 수는 평균 6.6이었다. 그 숫자만 보면 '작은 세상'이라는 가설은 타당해 보였다. 그 말은 우리가 지구상의 어떤 사람과도(또는 적어도 2008년 6월 당시 마이크로소프트의 인스턴트 메시지 프로그램으로 소통하던 1억 8,000만 명의 사용자들과는) 7단계 미만의 연결 고리를 통해 개인 대 개인으로 연결될 수 있다는 뜻이었다.

하지만 모두가 그렇지는 않았다. 데이터베이스에 등록된 80퍼센트의 사용자들은 6~7단계의 연결 고리만 거치면 서로 연결될 수 있었지만, 한편으로 무려 29단계를 거쳐야 연결이 가능한 사용자도 있었다. 그들은 인터넷 메신저 서비스를 통해 세상과 연결되어 있기는 했으나 지리적 고립, 빈곤, 사회적 관계의 부족 등으로 인해 사이버 공간에서조차 격리된 상태였다.

이 세계가 '작은 세상'이 되는 건 당신이 그럴 수 있다고 믿고, 많은 사람과 적극적으로 연결하고자 하는 의지를 품을 때만 가능하다. 당신은 세상의 어떤 사람과도 생각보다 쉽게 연결될 수 있다. 그 일을 가로막는 장벽은 당신의 마음이다.[2] **많은 인맥**을 쌓기보다는 **올바른 인맥**을 쌓는 일이 중요하다. 우리는 '작은 세상'보다 훨씬 놀랍고 유용한 진실을 발견했다.

COMMENT 왜 다른 사람들과 연결되고 싶은가? 네트워크나 인맥을 키우는 일이 중요하다고 생각하는 이유는 무엇인가?

DAY

326 멀수록 유리한 관계의 역설

사회학자 마크 그래노베터Mark Granovetter는 이 분야에서 최근 몇 년 사이에 가장 주목할 만한 박사 논문을 발표했다. 그는 기업의 고위급 임원이 고액 연봉이 보장되는 일자리를 어떻게 구하는지 알기 위해 먼저 다음과 같은 가설을 세웠다. (1) 구인 광고보다 개인적 인맥을 통해 일자리를 얻을 것이다. (2) 일자리를 소개해 준 인맥은 대부분 가족이나 가까운 친구들일 것이다. 그래노베터는 조사 결과를 보고 깜짝 놀랐다. 첫 번째 가설은 옳았지만, 두 번째 가설은 완전히 틀렸다. **고위급 임원이 가족이나 친구를 통해 좋은 일자리를 얻은 경우는 전체 6분의 1에 불과했다.** 나머지는 단순한 지인을 통해 구직이 이루어진 경우였다. 심지어 그 지인 중에는 대학 동창이나 전 직장 동료처럼 오랫동안 연락이 끊겼던 사람도 있었다.

왜 그런 일이 생기는 걸까? 친구나 가족은 그 사람의 구직을 돕고자 하는 마음이 더 간절하지 않을까? 그래노베터는 가족이나 친구 같은 '강한 고리strong link'의 문제가 구직을 돕고 싶어도 도울 능력이 없다고 결론 내렸다. 가족이나 친구들은 대부분 우리와 비슷한 사회적 네트워크를 공유하기 때문에 우리보다 더 많은 정보를 소유하기가 어렵다. 우리가 새로운 정보(이 경우에는 구인 정보)에 접근하려면 네트워크의 중심에서 가장 먼 가장자리를 탐색해야 한다. 다시 말해 두 사람 사이의 연결 고리가 느슨할수록 서로 연락을 취했을 때 얻을 수 있는 가치가 더 크다.

나는 이런 가깝고도 먼 관계를 '약한 고리weak link' 또는 '우호적 인맥friendly contacts'이라고 부른다. 그들은 당신의 귀인이 되어줄 수 있는 사람들이다.

COMMENT 새로운 정보나 도움이 필요할 때는 '약한 고리'의 목록을 작성하라.

DAY 327

인연을 소중히 여겨라

'약한 고리', 한때 친분이 있었던 사람들이 제공하는 가치는 매우 크다. 구인이나 투자 정보, 연락이 끊긴 친구의 연락처, 또는 다른 귀중한 지식을 얻고 싶다면 예전에 친하게 지냈던 사람들(초중고나 대학 동창, 전 직장 동료, 과거의 친구, 스포츠나 취미 생활을 통해 만난 지인 등)의 명단을 작성하라. 그들과 30분 정도 전화로 대화를 나눌 약속을 잡은 후 사실은 특별하게 묻고 싶은 일이 있어서 전화를 걸었으나 몇몇 친구에게 전화를 돌리면서 재미있고 유익한 시간을 보냈다고 설명하라. 통화를 시작할 때는 그동안 두 사람이 만나지 못한 사이 당신에게 어떤 일이 생겼는지, 지금 어떤 흥미롭고 중요한 일을 진행 중인지 먼저 설명하는 게 좋다. 그리고 이렇게 묻는다. "이제 네 얘기를 해봐. 어떻게 지내고 있어?"

마치 술 한잔하면서 대화를 나누듯 폭넓은 주제를 두고 친근한 분위기에서 편안하게 이야기를 이어가라. 그 후에 당신이 필요로 하는 구체적인 질문을 던지는 것이다. 그 친구가 직접 도와줄 수 없다면 그 주제를 잘 알만한 다른 사람을 소개해 달라고 부탁하라. 재미있는 이야깃거리를 하나 아껴두었다가 통화를 마칠 때 사용하라. 그래야 대화가 맥 빠진 상태로 끝나지 않는다.

COMMENT 친구와의 통화는 행복한 추억을 되살리고, 때로 그 대화를 통해 소중한 정보도 얻을 수 있다. 이번 주말에는 우호적인 인맥의 명단을 작성하라. 그리고 첫 번째 통화를 예약하라.

DAY
328 새로운 인맥을 만들어라

네트워크 안에 우호적인 인맥이 늘어날수록 멀리 떨어진 사회적 시스템에서 더 가치 있는 지식을 획득할 수 있다. 따라서 네트워크를 늘 새로운 인맥으로 채워 넣어야 한다. 일주일에 1명씩 새로운 인맥을 쌓아간다는 식으로 현실적인 목표를 세워라.

- 어떤 종류의 인맥을 네트워크에 추가한다는 목표를 세워야 할까? 가장 접근하기 쉬운 사람은 당신의 친구가 사회 활동을 통해 만나는 또 다른 친구다. 하지만 친구의 친구라고 해서 모두 적합한 인맥은 아니다. 어떤 사람이 적합할까? 가장 중요한 조건은 그에게 호감을 느껴야 한다는 것이다. 당신은 어떤 사람을 잘 모르거나 전혀 모를 수 있다. 하지만 신기한 일은 그 사람을 몇 초만 바라봐도 자기가 좋아하는 타입인지를 금방 안다. 당신이 그 사람을 좋아한다면 그 사람도 당신을 좋아하게 될 가능성이 크다. 아마 당신이 자신도 모르게 상대편을 향해 우호적인 신호를 보내기 때문일 것이다!
- 어떤 사람과 새로운 인맥을 쌓고 싶다면, 혼자서든 친구와 함께든 그와 차를 한잔 나누거나 다른 계기를 통해 자연스럽게 대화를 나눌 기회를 만들어라. 그와 만나면 미소를 짓고 특정한 주제를 꺼내 부드럽게 이야기를 시작하라. 표정을 꾸며내지 말고, 말을 너무 많이 하지도 마라. 그저 상냥한 태도로 대화를 나누라. 가장 중요한 일은 그의 연락처를 받는 것이다.

기분이 좋고 자신감에 넘칠 때만 사람을 만나라. 살다 보면 남들과 교류하기 편안한 날이 있고, 동굴에 숨고 싶은 날도 있을 것이다. 적절한 순간을 선택하라.

COMMENT 당신의 네트워크에 어떤 사람을 새로운 인맥으로 추가하면 좋을지 생각하라.

DAY

329 네트워크의 유형을 파악하라

코넬 대학교의 심리학자 던컨 와츠Duncan Watts 교수와 연구팀은 개인적 네트워크의 유형을 조사하기 위해 1996년부터 컴퓨터 모델링 기법을 이용해서 연구를 수행했다. 그 결과 다음과 같은 세 가지 형태의 네트워크를 파악했다.

1. **구조적 네트워크**structured network(와츠 교수는 '표준적 네트워크'라고 불렀다)는 10여 명의 가까운 개인과 극소수의 먼 인맥으로 구성된 네트워크로 가족, 친구, 동료 사이의 유대감을 강조하는 모델이다. 모든 사람은 구조적 네트워크 속에서 태어나고 성장한다. 그곳에서는 소수의 가족이나 친한 친구들과의 관계가 인적 상호작용의 대부분을 차지한다.
2. 연구진은 구조적 네트워크와 이론적으로 대척점에 놓인 모델을 개발하고 여기에 **무작위적 네트워크**random network라는 이름을 붙였다. 커다란 원 안에 1,000개의 교점(인맥)을 찍고, 5,000개의 선을 그어서 점들을 무작위로 연결한다고 가정하라. 이 경우 각 교점의 지역적 연결('강한 고리')은 취약할 수밖에 없지만, 대신 몇 단계의 중재자만 거치면 원 안에 존재하는 어떤 개인과도 쉽게 연결될 수 있다.
3. 마지막으로 구조적 네트워크의 주위에 존재하는 교점들에 무작위적 연결을 추가하는 실험을 진행했다. 그 결과 전체 연결선의 숫자가 단 1퍼센트 늘어났는데도 임의의 목표 지점에 도달하는 데 필요한 연결선의 수가 평균 7로 줄어들면서 **작은 세상 네트워크**small word network가 탄생했다. 사실 구조적 네트워크에 5개의 연결선을 새로 추가하는 것으로도 목표 인맥과의 연결 단계가 절반으로 뚝 떨어졌다.

작은 세상 네트워크는 소통의 용이성과 아이디어의 접근성 측면에서 지금까지 등장한 가장 효율적인 네트워크다. 게다가 구축하기도 놀라울 만큼 쉽다. 당신이 할 일은 '강한 고리'로 이루어진 기존의 구조적 네트워크에 소수의 우호적 인맥(필요할 때 연락이 가능한 인맥)을 추가하는 것뿐이다.

COMMENT 작은 세상에서 살고 있는가? 만약 그렇지 않다면 기존 네트워크의 먼 거리에 있는 우호적 인맥을 추가함으로써 '작은 세상'을 만들어라.

DAY
330 '슈퍼 커넥터'란 무엇인가

슈퍼 커넥터super-connector란 단일 분야나 복수 분야에서 여러 사람에게 연결 고리를 제공하는 개인을 표현하기 위해 내가 만든 용어다.

단일 분야의 슈퍼 커넥터 중 가장 대표적인 인물로는 수학자 폴 에르되시Paul Erdös를 꼽을 수 있다. 그는 평생 방랑자와 다름없는 생활을 하면서도 1996년 사망할 때까지 자신의 분야에서 독보적인 위치를 유지했다. 무려 1,475편의 논문을 발표한 그는 역사상 가장 많은 논문을 쓴 수학자의 기록을 보유하고 있다. 주목할 점은 이 논문의 대부분을 511명에 달하는 다른 수학자들과 공저했다는 것이다. 당대 최고의 수학자들은 모두 에르되시를 중심으로 연결되어 있었다.

또 다른 사례로는 사진 업계에서 중요한 연결 고리 역할을 담당하는 독일인 사진작가 안드레아스 마이어Andreas Meyer, 란치아Lancia 자동차의 빈티지 모델 분야에서 전 세계의 애호가들을 연결하는 영국인 피터 하딩Peter Harding 같은 사람들이다. 란치아를 좋아하는 사람이라면 피터 하딩을 한 번쯤은 들어봤을 것이다. 하딩은 각계각층에 종사하는 고객들과 함께 프랑스와 이탈리아를 종종 여행하며 그들을 서로 소개해 줄 뿐 아니라 구매자와 판매자, 경매사와 딜러, 자동차 소유주와 부품 공급업자를 연결하기도 한다. 그런가 하면 언론인 말콤 글래드웰이 《뉴요커》 잡지에 기고한 기사 〈로이스 와인버그의 6단계〉에 등장하는 시카고의 로이스 와인버그Lois Weinberg처럼 특정 영역에서 전 세계의 관련자들을 연결해 주는 사람도 있다. 물론 해당 분야에 종사하지 않은 사람이라면 그의 이름을 들어보지는 못했을 것이다.

슈퍼 커넥터는 대부분 유명인이 아니며 성격도 수줍고 내성적이다. 그런데도 자신만의 분야에서 독특한 방식으로 세상을 돌아가게 한다. 그들은 기존의 세계 안에서 사람들을 연결하기도 하고, 서로 다른 세계를 이어주는 다리가 되기도 한다. 슈퍼 커넥터가 되면 왜 좋을까? 많은 사람에게 긍정적인 영향을 미칠 수 있고, 자기가 만든 네트워크의 중심에 자리 잡을 수 있으며 남들보다 먼저 유용한 정보를 얻을 수 있기 때문이다. 무엇보다 사는 게 훨씬 재미있다. 그것보다 더 좋은 이유가 있을까?

COMMENT 당신은 슈퍼 커넥터인가? 어떻게 하면 그런 사람이 될 수 있을까?

DAY
331 '슈퍼 커넥터'가 되어라

18세기의 프랑스 철학자 드니 디드로Denis Diderot는 이런 말을 남겼다. "세상 만물은 서로 이어졌고, 모든 존재는 사슬로 연결되어 있다." 디드로는 철학자의 미덕이 '사람 간에 새로운 연결 고리를 추가해서 그들 사이에 가로놓인 거리를 최소한으로 줄이는 것'이라고 말했다.[3]

스탠리 밀그램, 던컨 와츠, 마크 그래노베터 같은 연구자들은 다양한 실험을 통해 '작은 세상' 가설을 상당 부분 입증했다. 우리는 어떤 사람을 알고 있는 누군가를 찾아내고, 그 사람을 알고 있는 또 다른 사람을 찾는 작업을 5~6단계만 반복하면 세상의 누구와도 연결될 수 있다.

흥미로운 건 이 세상에는 여러 사회적 '집단'에 속한 사람들을 서로 연결해 줌으로써 일반인보다 훨씬 큰 영향력을 발휘하는 소수의 '슈퍼 커넥터'가 존재한다는 것이다. 그는 성격이 전혀 다른 그룹, 지역, 직업 등에서 한 사람 이상과 관련을 맺으며 원래는 연결될 일이 없었을 사람들을 이어주는 가교의 역할을 한다. 말하자면 슈퍼 커넥터는 사람들 사이에 새로운 연결 고리를 추가함으로써 디드로가 언급한 '철학자의 미덕'을 몸소 실천하는 것이다.

슈퍼 커넥터가 되는 일의 장점은 사람들 사이에 새로운 연결 고리를 찾는 일에서 순수한 재미를 느낄 수 있으며 무엇보다 새로운 정보를 남들보다 빠르게 얻을 수 있다는 것이다. 슈퍼 커넥터는 한 무리의 친구들이 공유하는 정보를 그 집단과 연결되지 않은 다른 개인이나 무리에 전달함으로써 두 그룹 사이에 중요한 다리 역할을 할 뿐 아니라 그 과정에서 새로운 정보의 가치를 누구보다 빨리 깨닫고 활용할 수 있는 위치에 선다.

네트워크 사회는 슈퍼 커넥터의 활약 덕분에 기능을 발휘한다. 그들이 없다면 네트워크 사회는 효과적으로 가동되지 못할 것이다. 그러므로 슈퍼 커넥터는 개인과 그룹을 연결하는 과정에서 생겨나는 모든 혜택을 누릴 만한 충분한 자격이 있다.

COMMENT 자신만의 세계에서 슈퍼 커넥터가 되려면 어떻게 해야 할까?

CHAPTER

39

허브의 혜택을 이해하고 활용하라

당신은 '허브' 안에서 살아간다. 당신이 속한 그룹이나 네트워크가 곧 허브다. '허브의 중력'을 벗어나 자체적인 '아이디어의 네트워크 구조'를 구축하고 그곳에서 혜택을 얻으려면 어떻게 해야 하는가?

DAY

332 허브를 창조하라

'허브hub'란 인간의 삶에서 중요한 개인적 유대 관계를 바탕으로 형성된 집단을 뜻한다. 역사적으로 허브의 수와 다양성은 꾸준히 증가했고, 지난 300년 사이에는 더욱 빠른 속도로 늘었다. 석기 시대의 허브는 가족과 부족, 남자의 경우에는 사냥 그룹을 포함한 2~3개에 불과했다. 수렵-채집의 시대가 가고 농업의 시대가 도래했을 때도 사람들이 속한 허브는 가족, 부족, 농장, 시장이 전부였다. 그 후로 수천 년이 흐르는 동안에도 인간의 삶은 놀라울 만큼 단조로웠고 생활 반경은 가까운 지역으로 한정됐다.

그러다 도시가 성장하고 산업 혁명이 꽃을 피우는 시대가 도래했다. 평범한 사람도 근대적인 세계로 진입하기 시작하면서 국제화된 도시, 학교, 대학, 직장 내 다양한 일자리, 자원봉사 그룹이나 친목 단체 같은 허브들이 속속 생겨났다.

그동안 경험한 허브를 모두 나열하라. 나고 자란 집안, 결혼을 통해 형성된 가족, 친구들과의 모임, 다녔던 학교, 일했던 회사, 몸담았던 부서나 프로젝트, 스포츠 클럽, 체육관, 취미 동아리, 사회봉사 조직, 교회, 친목 단체, 사회 활동이나 여행 중 가입한 모임 등이 모두 허브의 일종이다. **지금까지 속했던 허브는 얼마나 되는가? 그중 삶에 의미 있는 흔적을 남긴 허브는 몇 개인가? 이 허브들을 올바로 선택했다고 생각하는가? 더 나은 선택을 할 방법은 없었을까? 지금이라도 그 방법을 사용할 수 있을까? 허브의 가장 큰 장점은 창조할 수 있다는 것이다.** 친한 친구들로 이루어진 모임이나 중요한 지식을 쌓기 위한 스터디그룹을 결성할 수도 있고, 새로운 클럽, 사회, 조직을 만들 수도 있다. 허브를 창조하는 건 삶이 제공하는 커다란 특권이자 장점이며 삶에 행복과 의미를 더하는 길이기도 하다. 허브를 창조할 기회는 누구에게나 주어지지만, 누구나 허브를 창조하는 것은 아니다.

COMMENT 가장 창조하고 싶은 허브는 무엇인가?

DAY
333 변화를 두려워하지 마라

그동안 수백 명의 사람을 인터뷰하며 그들이 예전에 속했거나 지금 속한 허브에 다양한 질문을 던졌다. 또 그런 허브를 선택한 게 잘한 일이라고 생각하는지, 지금도 좋은 선택을 하고 있다고 믿는지 물었다. 응답자들이 자기가 속한 허브에 가장 큰 문제로 꼽은 것은 무엇이었을까? 답은 예상대로다. 그들은 과거에 몸담았던 허브에서 너무 오랜 시간을 보낸 걸 가장 큰 문제점으로 꼽았다. 심지어 지금 소속된 허브에서도 너무 오래 머무는 느낌이 있다고 응답한 사람이 많았다.

허브가 제공하는 혜택은 수없이 많다. 문제는 어떤 허브가 됐든 사람을 붙잡아 두려는 성향이 너무 강하다는 것이다. 사람을 오래 가두면 허브 자체적으로는 유리할 수 있지만, 개인에게 꼭 바람직하지만은 않다.

허브는 종종 집단적 사고나 권위의식 같은 심리적 영향력을 행사한다. 내가 '허브의 중력gravity of hubs'이라고 이름 붙인 이 영향력은 집단의 현 상태를 유지하고 구성원의 이탈을 차단하는 성향으로 이어진다. 허브의 중력이 더 큰 문제가 되는 이유는 그곳에 속한 개인이 집단적 순응 심리, 변화의 공포, 성공을 향한 열망, 동료들과의 공감대 등으로 인해 자신에게 더 이상 도움이 되지 않는데도 조직에 계속 머무르는 결과가 빚어지기 때문이다. 마크 그래노베터는 말했다. "한 조직에 너무 오래 머물면 인맥이 차단되어 이동의 기회가 줄어든다."[1]

내가 인터뷰한 친구는 LEK 컨설팅에서 성공적인 경력을 쌓은 후, 좀 더 규모가 작은 회사로 이직해서 20년이 지난 지금까지 그곳에서 일하고 있다. 그는 내게 이렇게 털어놨다. "지난번 경기 침체가 닥쳤을 때 회사가 큰 어려움을 겪다 보니 이곳에 계속 머무르면서 사업을 원상태로 돌려놓아야 한다는 의무감을 느꼈습니다. 솔직히 말하면 이 회사로 옮긴 일부터가 실수였고, 지금까지 남아있기로 한 건 더 큰 실수였어요."

COMMENT 현재 어떤 허브에 소속되어 있는가? 그곳에서 만족감을 느끼는가?

DAY

334 목표 시장을 명확히 하라

네트워크 구조network structure 중에는 구성원의 훌륭한 아이디어가 쉽게 눈에 띄고 강력한 힘을 발휘하는 구조가 있다.[2] 대표적인 사례가 기독교와 마르크스주의다. 예수는 사람들에게 혁명적인 메시지를 전파했고 1,900년 후에 등장한 카를 마르크스 역시 새로운 사상을 퍼뜨렸다. 하지만 예수와 마르크스는 살아 있을 때 세상에 별다른 영향을 미치지 못했다. 가장 큰 문제는 그들이 목표 시장을 잘못 선택한 데 있었다.

예수의 목표 시장은 유대인이었다. 당시 유대교의 지배층은 바리새인과 사두개인이 장악하고 있었다. 바리새인은 엄격한 율법 준수와 선행을 강조했고, 제사장 역할을 맡은 사두개인은 예루살렘 성전의 영광을 지키고 로마 권력자들과의 관계를 원만히 유지하는 데 집중했다. 바리새인과 사두개인은 서로 싫어했지만, 예수가 설파한 사회 혁명적 메시지는 양쪽 집단 모두에게 매력적으로 받아들여지지 않았다.

사도 바울은 예수의 메시지를 수정해서 유대인이 아닌 그리스인과 로마인에게 더 호소력 있는 교리를 만들었다. 인간이 신의 능력으로 자아를 개선할 수 있다는 사도 바울의 사상은 당시 유행하던 스토아 철학의 개량형 버전이라고 할 수 있었다. 여기에 예수 안에서 사랑과 영생의 개념이 더해져 기독교의 교리 체계가 완성됐다.

마르크스는 봉건주의가 자본주의로 대체되는 중이라고 생각했고, 노동자들을 착취하는 자본주의는 조만간 사회주의로 대체되리라고 믿었다. 사회주의는 도시의 공장에서 일하는 노동자들에 의해 촉발되어 거리의 혁명을 통해 완성될 거라는 게 그의 논리였다. 하지만 마르크스는 그 이론을 입증하는 데 실패했다. 자본주의는 공장 노동자들을 빈곤에 몰아넣기는커녕 오히려 그들을 더 부유하게 만들었다. 레닌은 사회주의가 궁극적으로 승리하리라는 마르크스의 사상을 받아들이면서도 목표 시장을 개발도상국의 노동자들에서 러시아의 농부들로 바꿨다. 그는 3년간의 치열한 내전 끝에 러시아의 농부들에게 땅, 평화, 빵을 약속하며 권좌에 올랐다.

COMMENT **혁신적인 변화를 원한다면 목표 시장은 어디인가?**

DAY
335 새로운 허브를 구축하라

사도 바울은 기독교의 목표 시장을 유대인 공동체에서 그리스인과 로마인으로 바꿨을 뿐 아니라 기독교 선교를 위한 '허브'를 구축했다. 그는 예수의 추종자들로 이루어진 지역 공동체를 조직해서 강력한 종교적 열정을 지닌 선교 집단인 '교회'(여기서 말하는 교회는 건물이 아니라 사람들의 모임이다)를 만들었다. 사도 바울은 로마 제국의 도로망과 해상 운송로를 활용해서 로마 제국 전역의 주요 도시에 교회를 세웠다.

레닌도 사도 바울처럼 강력한 카리스마와 천재적인 조직력의 소유자였다. 레닌은 볼셰비키라는 정당을 허브로 삼아 러시아의 각 도시에 자신이 통제하는 혁명 세포 조직을 구축했다. 볼셰비키의 수는 몇백 명에 불과했으나 모두 헌신적인 혁명가들이었고, 그들은 어떤 적에게도 망설임 없이 총구를 들이댈 준비가 되어있었다. 1917년 10월 레닌그라드에서 벌어진 특수한 상황에서는(물론 행운도 따랐고 농부들의 정치적 지원도 있었지만) 그것만으로도 사회주의 독재 체제를 수립하기에 충분했다.

기독교나 마르크스주의 같은 사상(또는 그 이외의 강력하고 독창적인 아이디어)**은 자체적인 힘만으로 생존하거나 소멸하지 못한다.** 그 아이디어가 뿌리를 내리려면 적절한 목표 시장, 뛰어난 역량과 강력한 카리스마를 지닌 조직가 그리고 1개 이상의 허브가 필요하다. 사도 바울과 후대에 등장한 로마 황제 콘스탄티누스가 없었다면 기독교는 세상을 바꿔놓지 못했을 것이다. 마찬가지로 레인이 아니었다면 러시아, 동유럽, 중국, 남미의 일부 국가에 마르크스의 동상이 세워지는 일은 없었을 것이다.

사도 바울과 레닌은 예수와 마르크스가 전파하는 데 실패한 사상에 생명을 불어넣었고, 목표 시장을 바꿨으며 새로운 허브를 구축했다. 아무리 훌륭한 아이디어라도 세상을 바꾸기 위해서는 제대로 교육받은 헌신적인 지지자들이 있어야 한다.

COMMENT 어떤 형태로든 세상을 바꾸고 싶은가? 이제 그 방법을 알게 됐을 것이다!

CHAPTER

40

삶을 바꾸는 직감의 힘

직관과 경험에 기반을 둔 '직감'은 당신의 행복과 성공에 중요한 역할을 담당한다. 직감은 비이성적이고 불합리한 느낌이 아니다. 우리는 머리로 인식하거나 말로 표현할 수 있는 것보다 더 많은 것을 안다. 이 장에서 살펴볼 직감의 기술은 80/20 법칙과도 관련이 깊다. 직감은 지금보다 더 높은 수준으로 개선할 수 있다.

DAY

336 직관의 중요성

삶에서 핵심적인 의사 결정을 효과적으로 내리는 사람은 더 큰 행복과 발전을 경험할 수 있다. 중요한 인간관계와 관련된 의사 결정도 마찬가지다. 누구를 사랑하고, 누구를 친구로 삼고, 누구에게 배우고, 누구를 가르치고, 누구의 개인적 발전을 돕고, 본인의 경력을 이끌어줄 사람을 어떻게 찾아 우호적인 관계를 맺을 것인지 결정하는 일은 대단히 중요하다. **삶과 경력을 돌이켜보고 가장 훌륭했던 의사 결정 다섯 가지와 가장 형편없었던 의사 결정 다섯 가지를 나열하라.** 이제 삶을 가장 크게 바꾼 의사 결정과 **그 결정에 도달한 방법**을 기억해 보라.

의사 결정의 과정에서 가족이나 친구 같은 주위 사람들의 도움을 받았을 수도 있겠지만, 어쨌든 최종 결정자는 당신이었다. 어떻게 의사 결정을 내렸나?

의사 결정의 방법은 대개 두 가지로 나눌 수 있다. 하나는 여러 대안의 장단점을 이성적으로 분석하는 것이고, 또 하나는 직관을 활용하는 것이다. 대부분은 직관에 의지해서 중요한 일을 결정한다. 결혼 상대를 결정하는 데 이성적 분석을 동원할 수는 없는 노릇이다. 논리적 사고가 어느 정도 도움이 될 수는 있겠지만, 비즈니스를 포함해서 인생에서 가장 중요한 의사 결정은 대부분 직관을 통해 이루어진다.

COMMENT 당신의 직관은 얼마나 뛰어나다고 생각하는가? 직관이 유달리 탁월한 힘을 발휘하는 분야는 어디이고, 그렇지 못한 분야는 어디인가? 직관을 개선함으로써 더 나은 의사 결정을 내릴 수 있는 사람은 삶도 개선할 수 있다.

DAY
337 잠재의식이 직감을 만든다

언론인 겸 작가 막스 귄터Max Gunther는 그 의미를 명료하게 정의한다. "직감hunch이란 뭔가 지식처럼 느껴지면서도 완전히 믿음이 가지는 않는 마음의 한 조각이다."[1]

귄터는 힐튼 호텔 그룹의 창업자인 콘래드 힐튼의 일화를 예로 든다. 힐튼은 시카고에서 호텔 하나를 인수하기 위해 비공개 입찰에 참여한 적이 있다. 그는 입찰 마감을 며칠 앞두고 16만 5,000달러(약 2억 2,400만 원)의 입찰가(아주 오래전임을 기억하라)가 적힌 봉투를 제출했다. 하지만 그날 밤 잠을 제대로 이루지 못했다. 입찰에서 이기기에는 제시한 가격이 너무 낮다는 느낌이 들었기 때문이다. 그는 직감을 믿고 입찰가를 18만 달러(약 2억 4,456만 원)로 바꿨다. 그는 결국 입찰에서 승리했다. 두 번째로 높은 입찰가는 17만 9,800달러(약 2억 4,429만 원)였다.

직감에 따라 중요한 의사 결정을 내린 마지막 순간을 기억하는가? 어떤 결과가 나왔나? 우리는 스스로 안다고 생각하는 것보다 훨씬 많은 것을 안다. 모든 사람은 삶을 살아가면서 수백만 개에서 수조 개의 정보를 수집한다. 개중에는 사실에 근접한 데이터도 있지만, 우리가 안다고 믿는 것들은 대부분 정확성과 확실성이 떨어져서 '데이터'라고 불리기에 부족하다. 말하자면 이들은 느낌과 사실 사이 어딘가에 자리 잡고 있다. 그런데도 이 유용한 정보의 조각들은 잠재의식의 한구석에 저장되었다가 당신이 중요한 의사 결정을 내릴 때마다 어김없이 소환된다. 직관을 충분히 활용해야 한다.

길을 걷다가 누군가의 목소리를 들으면, 고개를 돌려 바라보지 않아도 그 목소리의 주인이 누군지 금방 알아차린다. 또 그 사람에 대한 감정과 기억을 순식간에 떠올린다. 우리의 반응은 논리적인 사고가 아니라 잠재의식에서 온다.

COMMENT 크고 작은 일 중 직감에 의존해서 내리는 의사 결정이 얼마나 많은가? 직감의 기술을 개선하려면 어떻게 해야 하는가?

DAY
338 80/20 법칙과 직감

80/20 법칙은 인간의 직감을 아래와 같은 가설로 제시한다.

- 사람의 성공과 행복은 직관을 통한 의사 결정의 능력과 깊은 관련이 있다. 삶에서 중요한 의사 결정을 내릴 때는 이성적 지능보다 직감을 활용하는 편이 유리하다.
- 인간의 이성적 지능은 정규 분포를 따른다. 사람의 지능 수준은 엇비슷하다. 남들보다 수십 배 지능이 높은 사람은 없다.
- **직감은 다르다.** 직감은 80/20 법칙의 지배를 받는다. 세상에는 직감의 능력이 남들보다 월등히 발달한 사람이 있다. 그는 이 능력을 바탕으로 보통 사람에게 불가능한 혁신적 의사 결정을 내린다. 아인슈타인의 직감이 유달리 뛰어났다는 건 분명하다. 그는 이 능력을 활용해서 자신보다 훨씬 학력이 높고 경험도 풍부한 물리학자들에게 주어지지 않았던 통찰을 얻을 수 있었다. 워런 버핏이나 빌 게이츠 같은 억만장자들의 직감은 일반인보다 수백 배 뛰어나다.
- 직감이 능력을 발휘하는 곳은 당신의 '전문 분야'를 포함한 협소한 영역으로 한정된다. 버핏의 전문 분야는 코카콜라처럼 첨단 기술과 거리가 먼 전통적인 종목에 투자하는 것이고, 게이츠의 직감은 첨단 정보 기술 분야에 집중되어 있다.
- 직감이 가장 강한 능력을 발휘하는 곳을 파악해서 그 능력을 더욱 발전시켜라.

COMMENT ▶ 당신의 직감을 가장 신뢰하며 생산성이 높은 분야는 어디인가?

DAY
339 직감은 경험의 총합이다

심리학자 나탈리 셰이니스Natalie Shainess는 이렇게 말한다 "직감은 이를 생산한 과거의 경험을 모두 합한 만큼만 가치가 있다." 그녀는 환자를 치료할 때 직관적으로 의사결정을 내릴 뿐 아니라 자신의 직감을 늘 신뢰한다고 말한다. 왜냐하면 그 직감은 한 분야에서 오랫동안 쌓은 경험을 바탕으로 형성됐기 때문이다.[2] 직감은 단순한 우연의 산물이 아니라 부분적 사실, 사실에 근접한 정보, 과거의 패턴에 대한 느낌과 인식, 과거 패턴과의 유사성을 기반으로 새로운 경험을 분류하는 과정을 통해 생긴다. 특정 분야에서 풍부한 경험을 쌓은 사람이 뛰어난 직감을 발휘하는 것은 당연한 이치다.

우리는 정확하게 정의된 전문 분야에서 풍부한 경험을 쌓아야만 직감을 개선할 수 있다. 그 말은 경험이 모자란 분야에서 직감을 믿어서는 안 된다는 뜻이다. 특히 초보자는 경험이 부족한데도 '보편적 직관'의 존재를 믿고 큰 도박을(금전적인 일이든 개인적인 일이든) 걸지 않도록 주의해야 한다. 많은 사람은 자신에게 룰렛 게임이나 복권의 숫자를 예측할 능력이 있다고 믿지만 그건 착각이다. 무작위적인 사건은 직감으로 예측할 수 없다. 그 사건은 순수한 운의 작용으로 일어날 뿐이며 운은 직감을 따르지 않는다. 도박꾼이 대부분 돈을 탕진하는 이유는 직감에 의지해서 돈을 걸기 때문이다. 장기적으로 성공하는 소수의 도박사에게는 남들이 모르는 특별한 지식이 있다.

하지만 직감이 꼭 경험과 지식에 의해서만 발휘된다고 단정할 수도 없다. 어떤 사람은 경험이 많지 않은 분야에서도 유달리 뛰어난 통찰력과 기민한 판단력을 자랑한다. 만일 당신이 그런 경우라면 이를 효과적으로 활용할 방법이 있다. 당신에게 그런 재능이 있다고 생각한다면 **직감을 발휘한 순간을 기록하고, 경험이 풍부한 분야와 경험이 적은 분야에서 직감이 얼마나 잘 맞아떨어졌는지 비교하라.**

COMMENT 당신이 풍부한 경험을 지닌 분야는 어디인가? 그곳에서 직감을 잘 발휘했는가?

DAY

340 직감을 판단하는 다섯 가지 방법

직감을 활용하는 데 가장 큰 걸림돌은 희망적인 사고다. 어떤 일이 일어나기를 간절히 바라는 사람은 그 일이 정말 일어날 것 같은 착각에 빠지기 쉽다. 올바른 직감과 잘못된 직감을 구분하는 다섯 가지 방법을 소개한다.

- 개인적 이해관계가 걸려 있지 않은 일에 대한 직감은 신뢰할 수 있다.
- 일어나지 않기를 바라는 일(하지만 일어날 것 같은 일)에 대한 직감은 신뢰할 수 있다.
- 일어나기를 바라는 일이 정말 일어날 것 같은 느낌이 든다면 그 분야에 경험이 있는 친구에게 물어라. 친구의 의견이 긍정적이지 않다면 그 직감을 믿지 마라.
- 직감이 잘못됐을 때 어떤 심각한 결과가 생길지 상상하라.
- 충분한 고려의 과정을 거친 뒤에도 희망과 직감을 혼동하는 습관이 남아있다면 어떤 직감이든 이를 따르는 일을 즉시 멈추라.

COMMENT 희망과 직감을 혼동하지 않을 자신이 있는가?

DAY 341

직감을 깨우는 세 가지 방법

직감을 개선하는 첫 번째 방법은 직감이 이미 좋은 효과를 발휘하는 분야에서 더 풍부한 경험을 쌓는 것이다. 두 번째 방법은 잠재의식을 더 폭넓고 효과적으로 활용하는 것이다. 두 번째 방법에 익숙한 사람은 세 번째 방법, 즉 지나친 분석을 삼가는 방법을 사용할 수 있다.

분석과 직감 사이에는 일종의 줄다리기가 벌어진다. 의사 결정의 과정에서 각자의 '지분'을 주장하는 탓이다. 분석적 사고의 역사는 깊지만, 특히 18세기 후반 프랑스, 영국, 미국 등지에서 계몽주의 사상가들의 열렬한 지지를 받았다. 그들은 과학과 이성이 끝없이 발전하면 언젠가 인간이 완벽한 존재가 될 수도 있다고 믿었다. 벤저민 프랭클린은 어떤 의사 결정이 됐든 장단점을 목록으로 정리한 후 결정을 내리라고 독자들에게 조언하기도 했다.

하지만 인간이 즉흥적이고 직관적으로 의사 결정을 내린다는 증거는 차고 넘친다. 이는 한편으로 불가피한 일이기도 하고 전체적으로 봤을 때 도움이 되는 일이기도 하다. 그런데도 우리의 삶에서는(특히 비즈니스의 영역에서는) 인간의 판단력을 밀어내고 수량적 분석과 알고리즘이 의사 결정자의 위치를 차지하고 있다. 가령 은행에서 대출을 승인하거나 출판사에서 책의 인쇄 부수를 결정할 때도 알고리즘의 분석에 의지해서 의사 결정을 내린다. 알고리즘이 사람보다 비용이 적게 들 수는 있어도 판단력이 더 뛰어난 건 아니다.

알고리즘에 의지해서 세부적인 분석 작업을 수행하는 일은 위험할 수 있다. 특히 금융 같은 민감한 분야라면 더욱 그렇다. 눈에 보이지 않는 불확실한 가정(가령 미래가 과거와 같으리라는 가정, 또는 분석을 통해 중요한 요인으로 판명된 요인들이 앞으로도 계속 유효할 거라는 가정)에 근거해서 분석이 이루어지는 경우가 많기 때문이다. 나는 뭔가 중요한 결정을 내려야 할 때가 되면 연못가에 앉아 물고기들에게 어떻게 해야 하는지 묻는다. 수량적 분석 능력이 부족한 탓일 수도 있겠지만 나는 직관에 의지해서 중요한 의사 결정을 내리고 직관은 그런 나를 지금까지 잘 보살펴주었다. **더 풍부한 경험을 바탕으로 직감을 활용할수록 직감의 정확성은 더 높아진다.**

COMMENT 분석과 직관 중 어느 쪽을 따르는 편인가? 직관을 더 자주 활용함으로써 이를 개선할 수 있는가?

DAY
342 직감에도 연습이 필요하다

우리는 어떤 분야에서 천재적인 직관을 발휘해 큰 성공을 거뒀더라도 그 '천재성'을 새로운 분야에 적용하려다가 실패하는 사람을 종종 목격한다. 그는 자신의 영역과 관련이 깊어 보이는 분야에서도 좀처럼 좋은 성과를 내지 못한다. 노조 지도자가 정부의 각료로 변신한다거나, 억만장자 사업가가 전염병 사태에 의견을 내놓는 일이 좋은 결과로 이어지는 경우는 드물다. 한 분야의 성공이 다른 분야에도 적용될 거라고 단정해서는 안 된다.

당신이 특정 분야에서 수십 년간 축적한 감정, 인상, 단편적 사실이 잠재의식 속에 쌓여 직관이 형성된다는 가설을 인정한다면 한 분야의 성공이 다른 분야의 성공으로 이어지지 못하는 이유를 설명할 수 있을 것이다.

우리는 본인의 직감이 잘 들어맞는 분야에 계속 머무를 필요가 있다. 그게 아니라면 적어도 충분한 경험을 쌓은 후 새로운 분야에 도전해야 한다. 익숙하지 않은 분야에서 충분한 지식과 경험을 쌓기 전까지는 어떤 중요한 결정도 성급하게 내리지 말고, 신중하고 겸손한 태도를 유지하라.

나는 40대 중반에 남아프리카 공화국의 어느 대기업 회장에게 조언을 제공하는 임무를 맡은 적이 있다. 그 일은 두 가지 측면에서 내게 완전히 새로운 도전이었다. 그전까지는 누군가를 코치하거나 조언하는 일을 전업으로 해본 적이 없었고, 남아프리카라는 지역도 생전 처음 방문한 곳이었다. 나는 이 업무를 잘 해낼 만큼 경험이 충분하다고 생각했지만, 그곳에서는 새로운 영역에 대한 이해도를 높임으로써 기존의 경험을 보충해 나가야 했다. 처음에는 고객에게 어설픈 조언을 제공하고자 하는 유혹을 느꼈으나 그 마음을 간신히 억눌렀다. 결과적으로는 매우 잘한 일이었다. 시간이 지나면서 내가 소중히 지켜왔던 가설들을 대부분 수정해야 했기 때문이다.

COMMENT 생소한 역할이나 환경으로 자리를 옮긴 경험이 있는가? 그곳에서 어떻게 적응했나?

DAY

343 직감으로 사람을 판단하지 마라

세상에는 타인을 직감적으로 판단하는 능력이 유달리 출중한 사람이 있다. 하지만 80/20 법칙에 따르면 사람들 대부분은 그 능력이 뛰어나지 않다. 여기서 말하는 '대부분'에는 당신과 나도 당연히 포함된다.

문제는 인간이 다른 사람을 첫인상으로 판단하게끔 설계되어 있다는 것이다. 남을 판단하는 과정은 화학 반응처럼 단순한 절차를 거쳐 이루어진다. 만일 당신이 어떤 방으로 걸어 들어가 처음 보는 사람을 만난다면, 그 사람의 첫인상에 직관적으로 반응하게 될 확률이 매우 높다. 그 반응은 긍정적일 수도 있고 부정적일 수도 있지만, 어쨌든 당신은 그 사람을 만난 지 30초 만에 그를 좋아할지 말지를 즉석에서 판단한다. 또 그가 얼마나 똑똑한 사람인지를 포함해 여러 가지 기준을 바탕으로 그에 대한 인상을 마음에 새긴다. 이 작업은 그가 '우리와 같은' 사람인지 아닌지를 판가름하는 일과 관련이 깊다. 모든 사람은 자신과 비슷한 사람을 본능적으로 신뢰하고 그렇지 않은 사람을 불신하는 경향이 있다. 아마도 그 본능은 석기 시대부터 유래됐을지도 모른다. 우리의 유전자가 같은 부족에 속하지 않은 외부인을 경계하라고 지시했기 때문이다.

당신의 반응을 신뢰하지 마라. 누군가를 처음 만났을 때 그 사람을 싫어하거나 불신했다가, 나중에 점차 친분을 쌓으면서 그를 좋아하고 다시 평가한 적이 없는가? 나는 그런 경험이 수없이 많다. 우리는 사람을 알게 될수록 더 좋아하는 경향이 있다. 친밀함은 경멸이 아니라 존중을 가져온다.

사람의 첫인상을 믿지 말아야 하는 까닭은 또 있다. 잠재의식이 정확한 직감을 선사하는 이유는 인생을 살면서 수집한 수많은 인상, 느낌, 사실 등이 기억 속에 있기 때문이다. 다시 말하지만, **직감에는 이를 생산한 과거의 경험을 모두 합한 만큼의 가치만 있을 뿐이다.** 당신이 방금 만난 사람에 대한 정보가 많다고 해봐야 얼마나 많을까? 우리는 상대방의 외모나 자신감 같은 피상적이고 무관한 데이터를 바탕으로 섣부른 판단을 내리기 일쑤다. 오랜 시간 알고 지낸 사이라면 직감이 정확할 수도 있지만, 그렇지 않다면 직감을 믿지 마라.

COMMENT 첫인상으로 상대방을 판단하는 편인가? 그런 성향을 어떻게 경계할 수 있을까?

CHAPTER

41

대담함이 필요하다

대담함은 늘 효과를 발휘한다. 대담함 속에는 자기주장, 의지, 위험한 목표를 향한 추구 같은 삶의 덕목이 고스란히 녹아있다. 투철한 실험 정신과 삶을 지배하고자 하는 의지를 소유한 사람은 대담하다.

DAY
344 운명은 용감한 자를 돕는다

고대 로마인은 '운명은 용감한 자를 돕는다Audentes Fortuna Juvat'라는 믿음을 만들었다.[1] 율리우스 카이사르는 그때까지 누구도 밟아보지 못했던 새로운 땅을 용감하게 개척해서 갈리아(프랑스), 게르마니아, 브리타니아의 야만인들을 정복했고, 오늘날까지 남아있는 방대한 도로망을 건설했다. 그는 '왔노라, 보았노라, 정복했노라'라는 유명한 말을 남겼지만, 대담하고 적극적인 사람에게는 모든 일이 그토록 단순할 수 있다.

대담함이 여전히 효과를 발휘하는 이유는 다음 세 가지다. 첫째, 대담한 사람은 리스크를 감수하고 자신만의 길을 개척한다. 그는 빠른 속도로 성장하는 조직 또는 사회 운동에 합류하거나, 독립적으로 일하거나, 크든 작든 자신의 회사를 창업한다.

'리스크'를 거래하는 시장은 철저히 왜곡되어 있다. 대담한 사람이 얻을 수 있는 잠재적 보상은 리스크에 비해 훨씬 크다. 그 이유는 리스크를 감수하려는 사람이 너무 적기 때문이다. 더 많은 것을 배우고 더 많은 가치를 창출하는 최고의 방법은 리스크를 감수하는 것이다. 누구나 잘못된 의사 결정을 내릴 수 있지만, 그런 상황에서도 정신만 똑바로 차린다면 처음의 잘못된 판단을 올바른 결과로 바꿀 수도 있다. 콜럼버스의 모험을 기억하라. 그는 인도를 향해 항해를 시작했지만 적절한 시기에 아메리카 대륙에 도착했다. 삶이 있는 곳에 행동이 있고, 행동이 있는 곳에 희망이 있다.

둘째, 대담한 사람은 세상에 존재하는 수많은 기회를 남들보다 훨씬 잘 파악한다. 그는 자신의 삶에 도움이 될 만한 사람을 적극적으로 찾아다니고, 행사나 파티 같은 곳을 열심히 돌아다니며 우연한 기회를 모색한다.

셋째, 대담한 사람은 비상식적일 만큼 압도적인 성공을 추구한다. 내가 쓴 책 『미친 듯이 성공하는 법』을 참고하라.

COMMENT 당신의 대담함을 1부터 10까지 숫자로 표시한다면 어디에 해당한다고 생각하는가? 더 대담한 사람이 될 수 있을까?

DAY
345 실험하고 도전하라

많은 사람이 말하듯 인생은 연습이 아니라 실전이다. 우리에게는 하루하루가 중요하다. 매일 자신을 바꾸고 개발할 수 있다. 그러기 위해서는 열심히 실험해야 한다. **실험은 진정한 운명을 발견하는 일을 돕는다.** 삶에서 지루함을 덜고, 새로운 역할, 새로운 모습, 새로운 정체성에 적응하게 한다.

그동안 일했던 조직이 몇 개인가? 새로운 조직에서 일할 때마다 어떤 새로운 지식을 익혔나? 그곳에서 일하는 게 꼭 즐겁지는 않았더라도 최소한 무엇을 피해야 하는지를 배웠을 것이고, 그 밖에도 다양한 지식과 경험을 습득했을 것이다. 그동안 몇 개의 '분야discipline'를 경험했나? 마케팅도 하나의 분야다. 학문의 모든 갈래도 각각 하나의 분야다. 영업, 행정, 공학, 연기, 예술 등 자체적인 규칙과 방법론을 갖춘 것은 모두 분야다.

스포츠, 취미, 일 등에서 참여했던 팀은 몇 개인가? 그 팀에서 무엇을 배웠고, 어떤 경험이 가장 마음에 들었나? 지금까지 얼마나 많은 마을, 도시, 국가에서 거주했나? 모든 지역은 저마다 다르고, 모든 곳이 뭔가를 가르쳐준다. 그동안 얼마나 많은 개인 또는 그룹과 함께 살았나? 그 과정에서 무엇을 배웠나?

COMMENT 틈새시장을 찾는 일, 즉 가장 마음에 드는 장소나 큰 만족감을 주는 사람들을 찾아내는 일은 매우 중요하다. 자신만의 틈새시장을 찾아냈나? 찾을 때까지 실험을 계속하라.

DAY
346 삶에 흔적을 남겨라

모든 사람은 자신의 삶을 지배하든지, 더 흔하게는 삶의 지배를 받는다. 삶을 지배한다고 해서 꼭 거칠고 남성적으로 살아간다는 뜻은 아니다. 차분하고 내성적이고 부드러운 방식으로도 얼마든지 삶을 지배할 수 있다. 수다쟁이의 떠들썩함이나 경박한 외침보다는 작고 고요한 내면의 목소리가 더 효과적일지도 모른다.

삶을 지배한다는 말은 삶의 여정에 뚜렷한 흔적을 남긴다는 뜻이다. 대담한 사람이 삶에 아무런 흔적을 남기지 않는 것은 불가능하다. **대담하다는 말은 의지가 강하고 침착하다는 뜻이다.** 대담한 사람은 비합리적으로 행동한다. 그는 뭔가를 끊임없이 요구하고 주장하면서도 놀라운 상상력을 발휘한다. 새로운 일이나 불가능해 보이는 일도 서슴없이 시도한다. 그는 저 멀리 보이는 별을 향해 손을 뻗는다.

율리우스 카이사르는 대담했다. 레오나르도 다빈치도 대담했다. 선구적인 미술가, 음악가, 탐험가, 사상가들은 모두 대담한 인물이었다. 대담하다고 해서 꼭 선하다는 뜻은 아니다. 레닌, 스탈린, 히틀러, 마오쩌둥 같은 사람들도 모두 대담했다. 그들은 세상을 돌이킬 수 없을 만큼 바꿨지만, 인류 역사에 최악의 상처를 남겼다. '사악한 대담함'의 반대말은 온순함이나 자기희생이 아니라 '선한 대담함'이다.

COMMENT 대담함의 정도를 1에서 10까지 숫자로 표현했을 때, 당신은 얼마나 대담한가? 10을 향해 가려면 어떻게 해야 하는가?

DAY
347 삶을 지배하라

대담함과 운은 완전히 다르다. 대담한 개인은 통제할 수 없는 것을 통제하고, 운명을 지배하고, 삶을 개선하려고 시도한다. 성공하든 실패하든 개의치 않는다. 반면 운은 순전한 우연의 산물이다. 당신은 운을 바꿀 수 없고 운에 영향을 미칠 수도 없다. 오히려 운이 당신을 바꾸고 당신에게 영향을 주지만, 그 과정은 완전히 무작위적이다. 당신은 운을 유혹하거나 거부하지 못한다. 운은 제멋대로 행동한다. 선한 사람과 악한 사람, 좋은 행동과 나쁜 행동, 똑똑함과 멍청함을 가리지 않고 보상을 준다. 대담함과 운은 사는 세계가 전혀 다르다. 대담함은 대담함이고, 운은 운이다. 두 세계가 만날 일은 없다. 대담함은 미덕이다. 좋은 의도로 대담함을 발휘하는 사람은 타인에게 긍정적인 결과를 준다. 반면 운은 가치중립적이다. 운이 좋은 게 미덕은 아니다. 운의 본질은 수동성이다. 운은 일방적으로 당신의 방문을 두드린다. 당신의 존재나 행동 때문에 찾아오는 게 아니다.

하지만 이것만으로는 설명이 충분치 않다. 대담함은 실험 정신을 요구한다. 대담함이란 삶을 지배하고자 하는 시도다. 그 말은 좋든 나쁘든 운이 지나다니는 통로에 자신의 몸을 용감하게 내던진다는 뜻이다. 좋은 운과 나쁜 운의 양은 누구에게나 비슷하다. 그게 운의 본질이다. 하지만 결과도 비슷한 것은 아니다. 올바른 태도로 삶을 살아간다면 나쁜 운의 충격에서 좀 더 쉽게 벗어날 수 있고, 좋은 운을 최대한 활용할 수 있다. 지능과 능력이 똑같은 두 사람이 있다고 하자. 한 사람은 동굴에 틀어박혀 바깥세상으로 나갈 엄두를 내지 못한다. 다른 한 사람은 세상을 여기저기 돌아다니며 삶을 온전하게 경험한다. 두 사람 중 누가 더 많은 일을 이루고 더 크게 성장할 수 있을까? 운의 흐름에 당신을 노출하면 잃을 것보다 얻을 게 더 많다.

COMMENT 운명은 용감한 자를 돕는다. 생각과 행동이 가능성의 지평을 넓히고, 운을 정면으로 마주 보며 현명하게 대처하기 때문이다. 나쁜 운과 좋은 운에 어떻게 대처하는가?

DAY

348 삶은 공평하지 않다

운이 무작위적이라는 말은 사회와 인류에게 미치는 영향이 중립적이라는 뜻이다. 이는 좋은 운과 나쁜 운이 발생할 확률이 똑같다는 뜻으로도 해석할 수 있다. 신이 주사위를 임의로 조작한다는 증거는 없다. 만일 그런 일이 있다면, 운은 더 이상 우연이 아니다. **하지만 감히 이렇게 말하고 싶다. 운이 존재한다는 것은 대단히 좋은 일이다.** 운이나 우연이 전혀 존재하지 않는 정반대의 세상을 상상하라. 그곳에서는 모든 사람이 자신의 능력에 따라서만 대가를 얻을 뿐이다. 그게 무슨 문제가 될까? **모든 게 문제다.**

영국의 사회학자 겸 정치인 마이클 영Michael Young은 1958년에 펴낸 풍자적인 저서 『능력주의』에서 오직 능력만으로 평가하는 사회가 얼마나 끔찍한지 이야기했다. 그곳에서는 상위 계층 사람이 오만하고 고압적인 자세로 세상을 지배하려 들 것이며 바닥에서 살아가는 사람은 희망이 보이지 않는 압제 속에서 수동적이고 반항적인 하층 계급으로 전락하리라는 것이다.

자유시장 경제가 사회주의자나 파시스트의 계획 경제보다 우월한 이유는 시행착오가 담당하는 역할 때문이다. 우리는 어떤 일이든 실험을 통해 더 나은 방법을 찾아낸다. 사람들에게 더 나은 삶을 제공하는 것으로 판명된 실험에는 격려와 보상이 따른다. 당신의 실험이 성공하는 이유는 아이디어나 기술이 훌륭하기 때문이기도 하지만, 운이 큰 몫을 담당하기 때문이다. 교육을 많이 받지 못했어도 남들보다 더 활동적인 사람이 훌륭한 자격 조건을 갖췄으면서도 실험 정신이 부족한 사람을 종종 앞서가는 것은 사회적으로 바람직한 현상이다. 운은 평등을 달성하게 하는 위대한 힘이다. 운은 새로운 도전을 독려한다. 개인 차원에서 남들에 비해 좋은 운을 많이 경험하거나 적게 경험할 수 있다. 하지만 사회 전체적으로 보면 운은 삶을 부드럽게 하는 윤활제 역할을 담당한다. 나쁜 운이 찾아오더라도 기죽지 말고, 당당하게 일어서라. 불공평함 속에 내포된 공평함을 발견하라.

COMMENT 삶이 공평하지 않음을 기뻐하라! 운의 존재를 긍정적으로 생각하는가, 부정적으로 생각하는가, 아니면 중립적으로 생각하는가?

DAY

349 실패와 성공의 공중그네

나와 함께 LEK 컨설팅을 설립한 짐 로렌스는 이런 멋진 말을 한 적이 있다. "회사 생활이란 사다리를 오르는 일보다는 공중그네를 타는 일에 가깝다. 우리는 흔들리는 그네에서 점프해 다른 그네로 옮긴다. 운이 좋다면 위로 치솟는 그네를 잡아 더 높은 곳으로 올라갈 수 있다."[2]

다른 말로 표현하자면 우리의 삶은 '뱀과 사다리 게임(보드게임의 일종으로 주사위를 굴려 칸을 이동하다가 사다리를 만나면 올라가고 뱀을 만나면 내려가는 게임-옮긴이)'과도 비슷하다. 마냥 위로 오르기만 하는 삶을 기대하는 것은 현실적이지 못하다. 심지어 당신에게 바람직하지도 않다. 성공만큼 큰 실패는 없고, 실패 이후의 성공만큼 훌륭한 것은 없다.

실패는 피드백이다. 그건 잘못된 일을 하고 있거나, 잘못된 방식으로 일한다는 신호다. 당신의 경우는 어디에 해당하는가? 잘못된 일을 한다는 말은 관심이 없거나 재능이 없는 일을 한다는 뜻이다. 잘못된 방식으로 일한다는 말은 80/20 법칙을 위반해서 좋은 성과를 거두지 못할 곳에 헛된 노력을 쏟는다는 의미다. 어떻게 하면 반대 방식으로 일할 수 있을까?

당신은 뭔가 재능이 있다. 그 재능이 행복한 가정을 꾸리는 능력이든, 예술적 감각이든, 남을 설득하는 재주든, 과학적 두뇌든, 조직을 운영하는 기술이든 무엇이든 상관없다. 모든 사람이 불행함을 느끼는 법률, 치과, 투자 은행 같은 분야만 아니라면 당신이 원하는 일은 무엇이든 하라.

COMMENT 삶은 공중그네다. 갑자기 추락하는가 하면 어느 순간 위로 솟구칠 때도 있다. 당신이 도달할 수 있는 가장 높은 지점에 오르라. 그곳은 생각했던 것보다 훨씬 높을 것이다. 위를 향해 치솟는 공중그네로 갈아탈 때가 됐는가?

CHAPTER
42

판단하고, 점검하고, 선택하라

블레즈 파스칼은 잠재적 이익과 손실을 잘 따져서 베팅하라고 조언한다. 부자가 되고 싶거나 삶을 즐기기를 원한다면 잠재적 이익이 잠재적 손실보다 큰 곳에 돈을 걸어라.

DAY 350

잠재적 이익과 잠재적 손실의 규모를 비교하라

블레즈 파스칼Blaise Pascal은 17세기에 활동했던 저명한 수학자, 과학자, 철학자, 신학자였다. 독실한 가톨릭 신자였던 파스칼은 인간이 불확실한 상황에서 왜 신을 믿어야 하는지 논증하는 이론 체계를 수립했다. 그는 '내기wager' 이론을 통해 이렇게 주장했다. 만일 어떤 사람이 신이 존재한다는 데 베팅해서 신의 뜻에 따라 선하게 살아간다고 하자. 나중에 신이 존재하는 것으로 판명되면 그는 천국에서 영원한 복락을 누릴 수 있다. 말하자면 도박에서 큰 이득을 얻는 것이다. 만일 신이 존재하지 않는 것으로 드러난다고 해도 그가 입을 손해는 삶에서 약간의 쾌락을 포기한 것뿐이다.

이에 반해 신이 없다는 쪽을 선택해서 결국 잘못된 베팅으로 판명되면 그가 입을 손실은 엄청날 것이다. 천국에 가지 못할 뿐 아니라 지옥에서 영원한 시간을 보내야 한다. 많은 사람이 주장하듯 파스칼의 이론은 매우 위험한 신학적 발상이다.[1] 어떤 종류의 신이 이런 도박에 기반을 둔 믿음을 탐탁하게 여길까? 지적인 의사 결정에 실패했다고 해서 당사자를 영원한 지옥으로 보내는 신도 있을까?

하지만 파스칼은 삶에서 중요한 의사 결정을 내릴 때 활용할 수 있는 유용한 방법을 제시했다. 이 방법론은 나를 포함한 많은 사람이 부를 쌓는 데 한몫했다. 핵심은 불확실한 의사 결정 앞에서 잠재적 이익과 잠재적 손실의 규모를 비교하는 것이다. 돈보다 더 중요한 행복이나 자아실현과 관련된 문제에도 이 방법을 적용할 수 있다.

우리가 어떤 의사 결정이 '옳은지'를 판단하지 못할 수는 있다. 하지만 나중에 그 의사 결정이 옳았다고 판명됐을 때, 또는 틀렸다고 판명됐을 때 각각 어떤 결과가 나올지를 대충이라도 짐작할 수는 있다. **잠재적 이익이 잠재적 손실보다 큰 곳에 베팅하라.**

COMMENT **당신도 그렇게 생각하는가? 그런 사고방식이 바람직하다고 믿는가?**

DAY

351 손을 뗄 줄 알아야 이긴다

투자자들은 '래칫ratchet'이라는 작은 장비에 관한 가르침을 접할 때가 있다. 이 장치를 부착한 바퀴는 앞으로 굴러갈 수는 있어도 뒤로 굴러가지는 못한다.[2] 주식 시장에 투자하는 사람은 래칫 같은 '손절매stop-loss'의 기준을 설정해 두는 편이 유리할 때가 있다. 예를 들어 매수한 주식의 가격이 15퍼센트 이상 하락하면 곧바로 매도한다는 원칙을 세우는 것이다. 이렇게 하면 비록 투자에서 손해를 보더라도 손실액을 최소한으로 줄일 수 있다. 이와 반대로 주가가 상승할 때는 '가격이 마음껏 오르도록' 놓아둠으로써 이익에 제한을 두지 않는 게 바람직하다.

손절매의 원칙은 투자보다 훨씬 중요한 개인적 삶에도 적용할 수 있다. 만일 당신이 내린 중요한 의사 결정(가령 누구와 친분을 맺을지, 직장을 어디로 옮길지, 어떤 클럽이나 네트워크에 가입할지와 같은 의사 결정)이 잘못될 조짐이 보이면 어떻게 해야 할까?

전통적인 사고방식은 난관이 닥치더라도 포기하지 말고, 버티라는 것이다. 그러나 '상황이 어려워지면 강한 자는 더 강해진다' 또는 '승자는 절대 포기하지 않는다' 같은 말은 모두 헛소리에 불과하다. 80/20의 지혜는 상황이 어려워지면 그 일에서 즉시 손을 떼라고 가르친다. 마음속에 래칫을 설치하라. 어떤 일이 당신을 불행에 빠뜨리면 당장 멈추고 더 나은 일을 찾아보라.

왜 그게 현명한 행동일까? 어떤 일이 한번 잘못되기 시작하면 십중팔구 더 나빠지기 때문이다. 바다 위에 작은 배를 띄우고 항해에 나섰을 때, 파도가 거칠어지기 시작하면 계속 망망대해를 향해 나아가야 할까, 아니면 항구로 피해야 할까? 어느 조직에서 관리자로 일했다면 능력이 모자란 직원에게 실패를 만회할 기회를 여러 차례 준 적이 있을 것이다. 그런 결정이 몇 번이나 좋은 결과로 이어졌나? 한번 틀어진 결혼 생활이 기적처럼 회복된 적이 얼마나 많은가? 자신을 스트레스와 불행으로 몰아넣는 실수를 저질렀다면 그 실수를 계속 붙잡고 늘어지는 게 현명한 선택일까?

COMMENT **경험을 돌이켜볼 때, 나쁜 상황이 더 안 좋게 흘러간 적이 얼마나 있나? 또 더 좋은 상황으로 회복된 적은 몇 번이나 있나?**

DAY 352 실수를 바로잡지 못하는 세 가지 이유

우리는 왜 실수를 바로잡지 못할까? 첫째, '실수했어. 내 잘못이야'라고 말하기를 어려워하기 때문이다. 특히 여러 사람 앞에서 공개적으로 실수를 인정해야 할 때는 더욱 그렇다. 둘째, 뭔가에 투자했을 때(특히 감정이 개입된 투자일 때), 이를 포기하고 손을 떼기가 어렵다. 모두 손실을 혐오한다. 손해 자체를 싫어할뿐더러 손해를 봤다는 사실도 인정하고 싶지 않다. 심리학자들의 연구에서는 이익을 좋아하는 심리보다 손실을 싫어하는 심리가 훨씬 강하다고 드러났다.

이런 고질적인 사고방식은 우리의 유전자 속에 깊이 뿌리박혀 있는 듯하다. 아마도 석기 시대에는 실수가 생존의 문제와 직결됐기 때문일 수도 있다. 현대 사회에서는 실수를 저지른다 해도 체면을 구기거나 불안에 떨지 않고도 얼마든지 바로잡을 수 있다. 당신이 마음을 바꿔 자신에게 더 큰 행복과 안전함을 줄 준비가 되어있다면 언제라도 실수를 되돌리는 일이 가능하다.

세 번째 이유는 80/20 법칙을 제대로 이해하고, 가치를 인정하며 항상 마음속에 새기는 사람이 거의 없기 때문이다. 세상을 살다 보면 몇 안 되는 소수의 요인이 삶 전체의 색깔을 결정하는 경우가 분명히 있다. 대표적인 것이 사랑과 일이다. 이런 중요한 부분에서 실수를 저질렀다면 반드시 바로잡아야 한다. 그렇지 않으면 주어진 몫보다 훨씬 불행하고 쓸모없는 삶을 살게 될 것이다.

그렇다고 저지르는 크고 작은 실수를 하나도 빼놓지 않고 바로잡아야 한다는 말은 아니다. 그건 불가능하다! 실수를 바로잡는 데 너무 집착하면 생각이나 행동이 수시로 바뀌고 위축될지도 모른다. 마음의 평화나 현재의 위치에 크게 지장을 주지 않는 자잘한 실수들은 그냥 넘어가도 상관없다. 손실 회피나 자존심 같은 심리가 작용하도록 그냥 놔둬라. 그렇지 않으면 자신이 완전히 쓸모없는 사람처럼 느껴질 수도 있다. 모든 사람이 여러모로 쓸모없는 존재이기는 하지만, 그래도 괜찮다. 헛된 자존감을 유지하라! 하지만 중요한 일에서는 반드시 실수를 바로잡아야 **한다.**

COMMENT **삶에서 중요한 일이 좋지 않은 방향으로 흘러간다면, 손실을 줄이기 위해 손을 떼는 길을 택하는가?**

DAY 353 과거와 결별할 때, 인생은 다시 움직인다

막스 권터는 흥미로운 말을 남겼다. "보통 사람의 삶에서 중요한 구조물들은 30세가 되기 전에 이미 조립과 설치가 끝난다."[3] 그는 이 시기 이후에는 경력을 바꾸거나 인생을 재설계하기가 어렵다고 주장한다. 그의 말은 사실일 수도 있고, 아닐 수도 있다. 이 주장을 경험적으로 논증하기가 어려운 이유는 경력을 바꾸거나 삶을 재설계한다는 말의 정의가 모호하기 때문이다. 하지만 '그 시기 이후에는 작은 변화만 일어날 뿐이다'라는 대목은 분명히 틀렸다.

인생에서 특정 나이대에 중대한 전환점이 발생한 적이 있나? 여기서 말하는 '전환점'이란 경력을 바꾸고, 새로운 사랑을 찾고, 다른 나라나 지역으로 근거지를 옮기고, 태도나 가치관의 급격한 변화를 시도하는 일을 포함해 이전의 삶과 단절하거나 그때까지 걸어온 길을 이탈하는 상황을 뜻한다.

나는 30세가 되었을 때 큰 위기를 겪었다. 내 삶에서 유일하게 중요한 일이었던 직장 생활에서 실패한 후, 흐트러진 경력을 추스르기 위해 안간힘을 썼다. 그러다가 30세에 '전략 컨설팅'이라는 분야에서 새로운 일자리를 얻었고 33세에는 그 회사의 파트너가 됐다.

경력이 정체되어 있거나 무너진 상태라면 전혀 다른 환경에서 다시 도전을 시작하라. 나는 40대 중반에 남아프리카 공화국에서 2년을 머물며 완전히 새로운 분야에 도전장을 던졌다. 그때 이후로 작가와 벤처 캐피털 투자자라는 두 가지 새로운 경력을 동시에 쌓기 시작해서 지금까지 같은 일에 종사하고 있다.

지나간 삶을 되돌아보고 방향을 바꾸려면 30세, 40세, 50세, 또는 80세처럼 특정한 나이대가 적합할 수 있다. 하지만 꼭 그때까지 기다릴 필요는 없다. **삶이 뜻대로 흘러가지 않는다면 언제든 과거와 결별하고 새로운 여정을 시작하라.**

COMMENT 당신도 그러기를 원하는가? 당장 실천하라!

DAY
354 지식을 점검하라

1920년대와 1930년대 세계 최고의 물리학자 중 한 사람이었던 베르너 하이젠베르크Werner Heisenberg는 이런 수수께끼 같은 말을 남겼다 "얼마나 많이 알아야 우리가 아는 게 얼마나 적은지를 알 수 있는지 아는 사람은 극히 드물다." 물론 하이젠베르크는 미시 세계에서 극미한 입자의 예측 불가능한 움직임을 탐구하는 데 일생을 바친 위대한 과학자였다. 하지만 하이젠베르크와 그의 뒤를 이은 물리학자들은 우리가 과학을 많이 알수록 모르는 게 더 많아진다고 생각한 듯하다.

하이젠베르크의 말을 들어보니 80/20 법칙의 관점에서 지식이란 과연 무엇을 의미하는지 궁금해졌다. 다음과 같은 가설을 생각하라.

- 18세기의 지식인은 모든 학문의 기초적인 지식을 습득할 수 있었다. 그때는 교육을 받은 사람이 많지는 않았지만, 지식이 요즘처럼 전문화되기보다 일반적이고 보편적인 형태를 띠고 있던 시대였다.
- 현대의 지식은 수백만 개의 상위 및 하위 분야로 나뉘어 있다. 그 경계선을 자신 있게 넘나들 수 있는 사람은 대단히 높은 수준의 교육을 받은 극소수의 지식인뿐이다.
- 하지만 현대 사회에서도 모든 사람이 접근할 수 있는 '삶의 기술'이 있다. 적절한 동기를 부여받는 학습자가 이런 보편적인 지혜를 터득한다면 남들보다 더 성공적이고 행복한 삶을 살아갈 수 있다. 가령 심리학, 의학, 확률 이론, 과학, 역사 등의 지식 체계로부터 아주 작은 기술만 얻어내더라도 삶에 큰 영향력을 행사할 수 있다. 이 기술 중 80/20 법칙을 이해하는 일이 중요한 부분을 차지해야 한다고 믿는다.

두 종류의 지식을 갈고닦을 필요가 있다. 하나는 스스로 삶을 살아가는 데 필요한 소수의 핵심 지식이고, 또 하나는 남들이 더 행복한 삶을 누리도록 도울 수 있는 전문 지식이다. 두 가지 지식을 모두 보유한 사람은 매우 드물다. 그들은 그 지식을 바탕으로 자신의 삶과 주위 사람들의 삶을 바꾼다.

COMMENT 당신은 어떤 지식이 있는가? 새로 얻고 싶은 지식은 무엇인가?

CHAPTER

43

80/20 법칙에 대한 역사적 고찰

나심 탈레브는 『블랙 스완』에서 인류의 역사가 이따금 발생하는 예상치 못한 사건들로 인해 간헐적인 도약을 이루며 흘러간다고 주장했다. 80/20 법칙이 증명하듯 인간사에서 중요한 사건은 소수에 불과하지만 한 번 일어나면 그 충격은 어마어마하다.

DAY

355 '블랙스완'이란 무엇인가

2007년, 나심 니콜라스 탈레브는 『블랙 스완』에서 80/20 법칙과 관련이 깊은 새로운 개념을 공개했다. 개념의 핵심은 인류와 역사가 매우 드물게 일어나는 예측 불가능한 사건들로 인해 갑자기 흐름이 바뀐다는 것이다. 그는 이런 사건들을 '블랙 스완', 즉 검은 백조라고 불렀는데, 이 용어는 로마의 시인 유베날리스의 시에 나오는 '검은 백조만큼이나 드문 새'라는 표현에서 유래됐다.

이 책은 확률을 이야기한다. 탈레브는 독일의 수학자 카를 프리드리히 가우스가 창안한 '정규 분포'라는 유명한 개념을 정면으로 반박한다. 종 모양을 닮아서 '벨 커브bell curve'라고 불리는 정규 분포 곡선에서는 결과치 대부분이 일정 범위 내에 몰려 있고 소수의 극단값은 곡선의 양쪽 끝에 위치한다. 인간의 키, 체중 등은 정규 분포를 보인다.

하지만 사람의 부富는 벨 커브에 전혀 들어맞지 않는다. 만일 부의 배분이 정규 분포를 따른다면 2007년 기준으로 연간 800만 유로(약 128억원) 이상의 소득을 올리는 사람은 16,000,000,000,000,000,000,000,000,000,000명 중 1명 정도여야 한다. 하지만 현실에서는 500명 중 한 사람꼴로 그런 고소득자가 생겨난다.[1] 부의 분포는 80/20 법칙과 비슷한 멱급수power law(어떤 사건이 발생하는 빈도가 그 사건이 미치는 충격이나 크기에 반비례하는 현상-옮긴이) 분포를 따른다. 정규 분포에서는 예외적인 결과치가 전체의 평균값에 거의 영향을 미치지 않지만, 멱급수 분포에서는 최상위 참가자나 예외적인 사건들이 전체에 지대한 영향을 미치면서 평균이라는 개념 자체를 무색하게 한다.

80/20 법칙은 정적인 개념이다. 하지만 탈레브는 극단적인 사건들이 전체에 어떻게 엄청난 영향을 미치는지를 역동적인 방식으로 설명했다. 그의 책은 여러모로 내가 쓴 『80/20 법칙』의 2부에 해당한다고 할 수 있다. 또 탈레브는 역사를 이해하는 관점을 바꿨다. 그는 극단적인 사건들을 불편하고, 예외적이고, 이해할 수 없는 일로 치부해서 카펫 아래로 밀어 넣지 말고, 현대 세계를 이해하는 출발점으로 삼아야 한다고 당부했다. 그의 메시지는 명확하다. 우리가 블랙 스완(좋은 일이든 나쁜 일이든)을 예측할 수 없다는 말은 결국 미래 자체를 예측할 수 없다는 뜻이다.

COMMENT 개인적 경험이나 역사의 현장에서 블랙 스완을 목격한 적이 있는가?

DAY
356 역사는 기어가다가 도약한다

'블랙 스완'에 따르면 역사는 천천히 기어가다가crawl 갑자기 도약하는jump 과정을 반복한다. 대부분의 역사는 기어가듯 흘러간다. 그 말은 역사의 변화가 점진적이고, 누적적이며 예측 가능하다는 뜻이다. 그러다 이따금 예상치 못한 도약이 이루어진다. 역사의 흐름을 바꾸는 건 이런 급격한 변화들이다. 게다가 그 일이 벌어지는 이유를 명확히 설명할 수 없으며 어쩌면 영원히 불투명한 채로 남을 수 있다. 탈레브에 따르면 역사가들은 그런 일이 생긴 이유를 설명할 수 있지만, 이미 지나간 일을 현재 시점에서 되돌아볼 뿐이므로 마치 역사가 실제보다 더 예측 가능하고 필연적이었던 것처럼 해석할 위험이 있다고 한다.

탈레브는 기독교가 세력을 얻은 사건을 예로 든다. 기독교가 로마 제국의 지배적인 종교가 되리라는 걸 누가 예측할 수 있었을까? 당시 로마의 역사가들은 예수를 거의 주목하지 않았다. 콘스탄티누스 황제가 기독교를 받아들인 서기 310년에서 313년 무렵까지 로마 제국 내에 기독교 신자의 비율은 전체 인구의 1~2퍼센트에 불과했을 것으로 추정된다. 콘스탄티누스 황제와 그의 후계자들이 기독교로 개종하지 않았더라면 기독교는 세상에서 사라졌을지도 모른다. 게다가 콘스탄티누스가 결국 기독교로 개종했지만, 그가 믿었던 기독교는 예수와 사도 바울이 가르친 기독교와 아주 달랐다. 로마 제국에서 기독교가 부상한 사건은 진정한 블랙 스완이다. 누구도 예측하지 못했고 예측할 수도 없었지만, 그 충격은 어마어마했다.

역사에 대한 관점에서는 탈레브와 견해가 조금 다르다. 블랙 스완의 원인을 파악하는 것은 분명 역사가들의 임무다. 탈레브가 말한 대로 블랙 스완은 실제로 존재한다. 산업혁명, 프랑스 혁명, 두 차례의 세계 대전, 레닌과 공산주의의 부상, 히틀러의 득세, 1945년 이후 유럽의 재건, 공산주의의 몰락 그리고 인터넷의 탄생 같은 사건은 모두 블랙 스완이다. 이 사건들은 예측하기도 어려웠고 세상에 미친 영향력도 엄청났다. 그렇다고 원인을 파악할 수 없다는 뜻은 아니다. 다만 그런 사건들이 대단히 드물고, 발생 확률이 극히 낮았으며 절대 필연적인 일이 아니었음을 기억할 필요가 있다.

COMMENT **역사를 이해하는 일이 현대 사회를 이해하는 작업의 핵심이라는 의견에 동의하는가? 당신은 오늘날의 시대적 맥락에 따라 역사를 이해하고 있는가?**

DAY
357 변화의 전조 증상

인류의 역사가 서서히 진행되는 예측 가능한 역사 그리고 거대한 사건이 예상치 못한 방향으로 전개되면서 세상을 뒤흔드는 블랙 스완의 역사라는 두 가지 형태로 구분하는 것만으로는 충분치 않다.

또 하나 생각해야 하는 건 블랙 덕black duck의 존재다.[2] 블랙 덕이란 블랙 스완을 구성하는 기본 요소building block로서 블랙 스완의 발생 원인을 총체적으로 설명하는 주요 사건의 집합이라고 할 수 있다. 블랙 덕은 블랙 스완보다 예측하기가 쉬워서 당대 사람들도 그 조짐을 종종 포착하곤 한다. 만일 그들이 여러 블랙 덕을 연결해서 전체적인 그림을 그렸다면, 블랙 스완을 사전에 예측해서 긍정적인 사건은 더 부채질하고 부정적인 사건은 미리 방지할 수 있었을지도 모른다.

예를 들어 산업 혁명이라는 블랙 스완을 초래한 블랙 덕으로는 17세기의 농업 혁명을 촉진한 윤작輪作 및 기타 농업 기술의 발전, 운하의 발달, 제임스 와트의 증기 기관, 수력 제분소, 플라잉 셔틀이나 방적기처럼 면화 생산을 가능케 한 도구, 리처드 아크라이트Richard Arkwright 같은 혁신적 기업가의 등장, 초기 형태의 '벤처 캐피털' 자본, 증기선과 증기 기관차의 발명 등을 꼽을 수 있을 것이다. 이 사건이나 발명품은 모두 산업 혁명의 발생 과정에서 중요한 역할을 담당했으나 개별적인 발생 확률은 높지 않았다. 그 말은 산업 혁명이 일어날 누적 확률이 처음에는 0에 가까웠다는 뜻이다. 하지만 하나의 블랙 덕이 등장할 때마다 산업 혁명이 일어날 확률도 점점 높아졌다. 카를 마르크스와 프리드리히 엥겔스처럼 19세기 중반에 활동했던 지식인 중에는 이런 사건의 중요성을 감지하고 앞으로 인류 앞에 엄청난 변화가 찾아올 거라고 예상한 사람도 있었다. 산업 혁명이 아니었다면 오늘날 우리가 누리고 있는 삶은 불가능했을 것이다.

COMMENT 인터넷이라는 혁명을 초래한 블랙 덕이 무엇이라고 생각하는가? 살아있는 동안 찾아올 블랙 스완의 전조가 될 블랙 덕에는 무엇이 있을까?

DAY
358 일어나지 않은 사건에 주목하라

그렇다면 실제로 일어나지 않은 블랙 스완은 어떻게 받아들여야 할까? 가령 쿠바에 미사일 기지를 설치하는 문제를 두고 미국과 소련이 1962년 10월 16일부터 28일까지 첨예하게 대치한 사건은 세계 역사에서 핵전쟁이 가장 가깝게 임박했던 순간으로 알려져 있다. 당시 케네디 대통령은 핵전쟁이 발발할 가능성을 33퍼센트에서 50퍼센트 정도로 예상했다고 한다. 그가 정말 그렇게 믿었다면 참으로 두려운 일이 아닐 수 없다.

역사가는 이렇게 끔찍한 재난으로 이어질 뻔했던 사건, 또는 인류에게 긍정적인 혁신을 줄 뻔했지만 실현되지 못한 사건도 연구해야 하지 않을까? 역사가가 두 차례의 세계 대전 같은 재난을 필연적인 사건으로 해석해서 종종 비난을 받는다면, 마오쩌둥을 반대하는 세력이 등장했다거나 히틀러를 암살해서 유대인 학살을 멈추려 했던 긍정적 사건들이 일어날 뻔했다는 사실을 언급하지 않은 데 대해서도 비난받아야 하지 않을까?

우리는 반反사실적 역사의 정원에 서 있다. 이곳에서는 역사의 흐름을 완전히 바꿀 수도 있었던 가상의 역사가 마법처럼 펼쳐진다. 반사실적 역사 연구는 1920~1930년대 본격적으로 시작됐다. 최근에는 니얼 퍼거슨Niall Ferguson이나 로버트 코울리Robert Cowley 같은 저명한 역사학자들이 '만약에What If?'라는 주제로 다양한 역사적 시나리오를 탐구하는 저서들을 펴냈다. 이런 역사 장르가 대중의 상상력을 자극하는 단순한 취미 생활로 흘러갈 우려가 있는 것은 사실이다. 하지만 탈레브의 『블랙 스완』은 반사실적 역사라는 분야를 존중받는 학문의 한 분야로 자리매김할 방법을 고민하게 한다. 우리는 어떤 사건이 일어날 확률을 1년 전쯤 예측할 수는 없을까? 또는 거의 일어났을 뻔했던 사건의 발생 확률을 수치화할 수는 없을까?

나도 인생을 살면서 몇 차례의 커다란 위험에서 가까스로 벗어나는 경험을 했다. 내가 누릴 자격이 없었던 과분한 행운에 감사함을 느끼는 것은 당연한 일이다.

COMMENT **당신의 삶에서도 '만약에'라는 시나리오로 가정하고 싶은 심각한 사건이 있었는가? 끔찍한 재난에서 운 좋게 벗어났던 경험이나 일어나지 말아야 했던 일이 일어난 적이 있는가? 그 일은 돌이켜볼 가치가 있는가? 미래를 위한 교훈을 주는가?**

DAY
359 80/20 법칙은 선사 시대부터 시작됐다

탈레브의 책 『블랙 스완』은 '소수의 확장성(즉 80/20 법칙)'이 어디에서 기원했는지에 관한 흥미로운 상상의 세계로 우리를 안내한다. 그가 꼽는 발원지는 다름 아닌 우리의 DNA다. 인간(그리고 다른 생명체들)은 유전자 덕분에 생존한 상태가 아니더라도 자기 자신을 여러 세대에 걸쳐 계속 복제한다. 탈레브는 진화의 과정 자체에 '소수의 확장성'이 내포되어 있다고 말한다. 생존 경쟁에서 승리한 DNA는 자신을 몇 곱절로 복제하고, 다른 DNA는 흔적도 없이 사라진다.[3] 인간이라는 단일 종족이 지구를 어떻게 식민지로 만들었고, 좀 더 '발전된' 문명이 다른 문명을 어떻게 제거했는지 돌이켜보면 그가 무슨 말을 하고 있는지 이해가 될 것이다.

인류가 문자를 발명함에 따라 정보를 저장하고 전파하는 능력은 전례 없이 큰 도약을 이뤘다. 그러다 책이라는 매체가 등장하고 그보다 더 획기적인 기술인 활판 인쇄술이 탄생했다. 책은 인쇄되는 순간 저자가 아무 일도 하지 않더라도 메시지가 곳곳으로 퍼진다. 출판업계만큼 80/20 법칙이 뚜렷하게 작용하는 분야도 드물 것이다. 독자들이 선호하는 소수의 작가는 수백만 권의 책을 판매하고 엄청난 인세를 거둬들이지만, 나머지 작가들은 최소 임금에도 모자란 돈을 받는다. 축음기, 라디오, 텔레비전, 인터넷 같은 기술들은 소수의 확장성을 더욱 부채질해서 우리의 사회와 미래에 불균형을 심화시켰다. 극소수의 운 좋은 투자자들이 막대한 보상을 쓸어 담는 벤처 캐피털의 세계는 더 말할 나위도 없다.

소수의 확장성이 우리의 미래에 어떤 영향을 미칠지는 아무도 모른다. SF 작가 윌리엄 깁슨은 이런 글을 썼다. "미래는 이미 우리 곁에 왔다. 단지 고르게 분배되지 않았을 뿐이다." 우리는 물질적 성공과 도덕적 우월감을 동시에 누리고 싶어 하는 샴페인 사회주의자champagne socialist(현실에서는 사치스러운 삶을 즐기면서도 말로만 사회주의적인 가치를 주장하는 사람들을 비꼬는 용어-옮긴이)처럼, 80/20 법칙의 승자가 되는 게 유리하다는 걸 알면서도 한편으로 이 법칙의 불공평함을 안타까워한다. 아마도 문명과 종교, 철학의 역할이란 80/20 법칙의 부작용을 완화하는 것일지도 모른다.

COMMENT 80/20 법칙에 수반되는 불공평함이 우려되는가? 그 문제를 완화하기 위해서는 어떻게 해야 할까?

DAY 360

결과는 노력과 시간에 비례하지 않는다

나심 니콜라스 탈레브는 2개의 신화적 세계를 창조했다.[4] **평범의 왕국은 평범함의 세계다. 그곳에서는 거의 모든 사건과 관찰의 대상이 명확하고, 일상적이고, 집단적이고, 점진적이며 예측 가능하다.** 평범의 왕국은 정규 분포가 지배하는 세계다. 모든 결과치가 평균값 주위로 몰려들고, 극단적으로 높거나 낮은 관찰 대상은 매우 드물며 전체적인 평균에 영향을 미치지 않는다.

극단의 왕국은 발생 확률은 낮아도 한 번 일어났다 하면 엄청난 후폭풍을 유발하는 소수의 사건이 지배하는 세계다. 이 사건은 일회적이고, 돌발적이고, 예측 불가능하고, 단속적이고, 갑작스럽고, 파괴적이며 종종 개인이나 소수 집단에 의해 촉발된다.

체중 감량(또는 증량)은 평범의 왕국 영역이다. 당신이 어떤 노력을 쏟더라도 하루 만에 몸무게를 크게 줄이거나 늘릴 방법은 없다. 재산을 쌓을 때도 성실한 치과 의사처럼 오랫동안 열심히 일하며 몇 년에 걸쳐 천천히 돈을 모아야 한다. 평범의 왕국은 대부분의 사람이 살아가는 세계이자 대부분의 시간을 보내는 세계이기도 하다.

극단의 왕국은 시간과 노력이 결과에 비례하지 않는 불공평의 세계다. 당신이 극단의 왕국에서 금융 투자자로 살아간다면 단 60초 안에 엄청난 돈을 벌거나 날릴 수 있다. 탈레브가 이 단어를 언급하지는 않았지만, 극단의 왕국은 그야말로 80/20 법칙(실제로는 99/1 법칙)이 지배하는 세계다.

평범의 왕국은 과거의 세계고, 극단의 왕국은 미래의 세계다. 평범의 왕국은 중력과 물질세계의 영향 아래에 있다. 반면 극단의 왕국에서는 물리적 제약이 거의 없으며 모든 게 사람의 마음과 상상력에 의해 좌우된다. 평범의 왕국은 하나의 사건이나 한 사람의 개인이 좌지우지할 수 없다. 극단의 왕국은 그 반대다. 평범의 왕국에서는 현실을 쉽게 파악할 수 있지만, 극단의 왕국에서는 지금 어떤 일이 벌어지고 있는지 알기가 어렵다.

COMMENT 어떤 세계에서 살기를 원하는가?

DAY
361 점진적 발전의 사례

인류의 역사에서 점진적으로 진행된 중요한 사건을 몇 개만 꼽자면 다음과 같다.

긍정적인 평범의 왕국 사건

- 도시의 형성과 확장: 수천 년에 걸쳐 인류의 교류를 증가시키고 번영을 촉진한 중요한 트렌드
- 사회적 삶을 규제하고 무질서를 방지하는 시민적·종교적 규범의 발전
- 서기 1000년 이후부터 서서히 시작된 자유주의의 확산과 봉건주의의 쇠퇴
- 과학과 기술의 발전: 오랜 시간에 걸쳐 진행된 누적적인 과정
- 여러 국가 및 지역 간의 무역 확대와 공용어 확산
- 17세기 이후에 발생한 농업 및 산업 혁명: 인구와 부가 기하급수적으로 증가한 계기
- 1800년대 이후 진행된 부유하고 자유로운 국가로의 대대적인 인구 이동

부정적인 평범의 왕국 사건

- 1840년대까지 점진적으로 확대된 노예 무역
- 인류 역사를 통틀어 쉼 없이 진행된 치명적 전쟁 기술의 발전

COMMENT 인간이 시간의 흐름에 따라 진보했다는 명백한 증거가 있다고 생각하는가?

DAY
362 긍정적인 '블랙 스완'의 사례

역사적으로 잘 알려진 몇몇 '블랙 스완' 사건을 소개한다. 이들은 예측하기 어렵고, 파괴적이고, 극도로 중대한 사건들이었지만 결과적으로 인간에게 긍정적인 영향을 미쳤다.

- 빅뱅, 단세포 생물과 척추동물의 출현. 중요한 진화적 발전, 인류의 역사를 바꾼 중대한 발명: 불, 바퀴, 문자, 활판 인쇄, 안경, 창문, 윤작, 산업 혁명의 변곡점을 가져온 발명품(증기 기관, 물과 증기를 활용한 방적기, 증기선과 철도 등), 전기, 전보, 자전거, 자동차, 비행기, 라디오, 현대식 농업, 마이크로칩, 인터넷, 스마트폰, 인간의 수명을 늘리고 삶을 쾌적하게 만들어준 모든 의학적 진보(적절한 위생, 세균 이론, 수세식 화장실, 현대 치의학, 아스피린, 항생제, 항우울제, 내시경 수술 등)
- 르네상스
- 미국의 독립 혁명과 자유주의 및 민주주의의 성장. 1830년, 1848년, 1870~1871년 유럽에서 발발한 일련의 혁명
- 노예 제도 폐지
- 1945년 히틀러의 패배와 서유럽의 평화로운 재건
- 1989년 베를린 장벽 붕괴와 동유럽 전역에 걸친 민주주의의 부상

이 사건들은 높은 수준의 지적 의식을 소유한 개인이나 소규모 집단의 활약 없이는 일어나지 않았을 것이다.

COMMENT 당신도 동의하는가? 목록에서 무엇을 더하거나 빼고 싶은가?

DAY
363 부정적인 '블랙 스완'의 사례

- 흑사병이나 스페인 독감(1차 세계 대전 이후 발생) 같은 치명적인 전염병
- 대규모의 인명 피해를 불러온 주요 전쟁, 특히 심각한 사회적 분열을 초래한 미국의 남북전쟁
- 콜럼버스의 항해에 뒤이은 아메리카 원주민 대량 학살, 호주 및 부근 지역의 발견 이후에 비슷하게 자행된 원주민 대학살, 시대를 가리지 않고 벌어진 인종 청소
- 1917년 10월 발발한 러시아 혁명, 레닌과 스탈린을 포함한 동유럽 공산 독재자들의 등장
- 1929년 월스트리트 주식 시장 붕괴에 이은 1930년대의 경제 대공황, 이 사태는 다음과 같은 사건들의 촉매제로 작용했다.
  - 1933년 1월 히틀러의 집권과 몇 년 후에 자행된 유대인 학살
  - 1939년의 독소 불가침 조약과 2차 세계 대전의 발발
  - 1949년 마오쩌둥의 집권과 중국 공산당 정권 수립, 이 역사적 사건은 1966년 문화 대혁명으로 이어져 수백만 명이 박해받고 학살당하는 결과를 낳았다.

위에 나열한 사건 중에서 전염병이나 몇몇 전쟁, 대공황을 제외하면 거의 모든 부정적인 블랙 스완은 강력한 카리스마를 지닌 개인이나 그를 추종하는 소규모 집단에 의해 발생했다. 부정적인 블랙 스완을 예측한 사람은 거의 없었다. 당대의 사람들이 이를 어느 정도 내다보기만 했어도 많은 사건을 예방할 수 있었을 것이다.

COMMENT 어떤 부정적인 블랙 스완을 추가해야 한다고 생각하는가?

DAY
364 정보는 적을수록 가치 있다

『블랙 스완』에서 내가 가장 좋아하는 대목은 경마장의 마권 업자들을 대상으로 진행된 심리 실험 이야기다. 심리학자 폴 슬로빅Paul Slovic은 마권 업자들에게 말의 경기력에 영향을 미치는 88개의 변수 중 경마의 승률을 예측하는 데 가장 유용하다고 생각하는 10개의 변수를 고르고, 이를 바탕으로 특정 경주의 결과를 예상하게 했다. 그런 다음 그들에게 10개의 변수를 추가로 제공했다. 하지만 추가로 제공된 10개의 변수는 예측에 대한 자신감을 높이는 역할을 했을 뿐, 예측의 정확도를 높이는 데는 별로 도움이 되지 않았다.[5]

나는 무지의 미덕을 신봉한다. 벤처 캐피털 투자를 결정할 때는 평가에 이용하는 정보의 양을 최소화하기 위해 노력한다. 내가 요구하는 정보는 그 회사의 과거 및 현재 성장률, 회사가 속한 시장의 성장률, 시장에서 가장 큰 경쟁자와의 상대적 규모 등 몇 가지뿐이다. 그밖에는 알고 싶지도 않다. 유일하게 필요로 하는 주관적 정보는 회사의 CEO와 얼굴을 맞대고 나누는 대화가 전부다. 그리고는 주저 없이 투자 여부를 결정한다. 사업 계획서에 담긴 현란한 정보에 눈길을 주지 않는다. 그런 자료에는 불필요하고 오해를 불러일으키는 데이터, 신뢰할 수 없는 예측, 한쪽으로 치우친 논리가 가득하다. 그런데도 나는 이런 단순한 방식을 통해 지난 37년 동안 매년 22퍼센트가 넘는 복리로 부를 불렸다.

재무 분석이든 다른 분야의 분석이든 품질이 높은 소수의 변수가 품질이 낮은 다수의 변수보다 늘 가치가 크다. 무엇을 살펴봐야 하는지, 특히 무엇을 살펴보지 말아야 하는지 깨닫는 일은 대단히 중요하다.[6]

COMMENT 행복에 중대한 영향을 미치는 의사 결정을 내릴 때 얼마나 많은 요인을 고려하는가? 그중에서 가장 가치 높은 요인은 무엇인가? 그 요인들에만 집중할 수는 없는가?

DAY

365 심오한 게으름과 자연의 질서

책의 마무리 작업에 한창이던 어느 날, 인터넷에서 작가 사라 페리Sarah Perry가 쓴 「심오한 게으름Deep Laziness」이라는 흥미로운 제목의 글 한 편을 발견했다.[7] 사라는 건축 이론가 크리스토퍼 알렉산더Christopher Alexander의 연구를 참조해서 이런 논리를 펼친다. "자연의 세계에는 극심한 게으름이 존재하는 듯하다(집에서 키우는 반려 동물을 지켜봐도 내 말의 의미를 알 수 있다)." 과학자들은 최소 작용의 원리principle of least action라는 법칙을 이야기한다. 비눗방울이 표면적을 최소한으로 줄이고, 강물이 천천히 굽이치면서 게으른 모습으로 바다를 향해 흐르는 것도 이 원리와 관련이 깊다.

우리는 자연계에서 '강력한 중심strong center'을 소유한 구조를 관찰할 수 있다. 다이아몬드, 구름, 나무 등은 모두 비슷한 패턴이 끝없이 반복되면서 같은 주제가 다양한 형태로 무한히 변화하는 '프랙탈' 구조를 이룬다. 숲속의 나무들이 자연스럽게 길 모양으로 늘어서는 것도 같은 이치다. 자연은 언제나 같은 형태를 유지하지만, 그 형태를 한층 정교한 모습으로 발전시키면서 아름다움과 유연함, 경제성(게으름)을 마음껏 드러낸다. 자연은 무질서하지 않다. 고딕, 르네상스, 조지안 양식 같은 건축 스타일도 자연의 심오한 게으름을 흉내 낸다. 이에 반해 현대의 건축물은 중심이 없고 무질서하다.

'지적이면서 아름답다'라는 표현은 우리가 자연에 바칠 수 있는 가장 눈부시고 아름다운 찬사일 것이다. 그렇다면 이 개념을 어떻게 활용할 수 있을까? 사라는 모든 사람에게 몇 가지의 '행동 중심behavioral center'이 존재한다고 말한다. 그녀의 경우에는 달리기와 뜨개질이 행동 중심이다. 시간과 돈에 여유가 생긴다면 하나 이상의 행동 중심을 조합해서 이를 기반으로 새로운 활동을 시작하는 게 바람직하다는 것이다. 나의 두 가지 행동 중심은 연못가에 앉아 사색하기와 독서하기다. 나는 보통 밤늦게 또는 잠들기 전에 책을 읽는다. 하지만 좀 더 현명하게 게으른 사람이 되려면 늦은 오후쯤에 일찌감치 일을 마치고 연못가에서 독서를 하는 편이 나을지도 모른다. 늦은 밤에 강한 조명을 받으며 책을 읽는 것보다는 마음과 눈의 건강, 수면의 질을 높이는 데도 좋을 테니 말이다. 그러다 보면 좋은 아이디어도 떠올릴 수 있을 것이다.

COMMENT 심오한 게으름의 원리를 어떻게 활용할 수 있을까?

행복하고 풍요로운 결실을 향해

지금까지 이 책과 함께한 여러분에게 감사드린다. 그리고 새로운 시작을 축하한다. 이 놀라운 여정은 당신의 삶이 다하는 날까지 멈추지 않는다.

80/20 법칙은 아무런 부작용 없는 순수한 기쁨의 세계로 안내하는 초대장이다. 당신은 이곳에서 최소한의 노력을 들여 성공에 도달할 수 있다. 80/20은 개인적 잠재력을 마음껏 발휘해 나가는 탐구의 여정이다. 당신이 지향하는 목표는 하나의 정상에서 다른 정상으로 끊임없이 옮기면서 삶의 의미를 극대화한다.

그곳은 당신이 처음에 생각했던 것보다, 지금 염두에 두고 있는 것보다 한층 멀고 높다. 80/20 법칙의 세계에서는 스트레스와 불안감이 사라진다. 자신을 온전히 믿고 자신이 추구하는 결과로 이어지는 길을 선택하는 순간 좌절의 수렁을 벗어나고 에너지를 낭비하지 않을 수 있다. 사랑하고 존경하는 사람들과 함께 이 여정을 공유하면 그들과 더불어 놀라운 성과를 거두게 될 것이다. 도중에 만나는 모든 사람의 삶은 기쁨의 나날로 가득하고 생활은 풍성해진다. 당신은 행복하다. 여정을 함께하는 동반자들을 사랑하기 때문에 행복하고, 그들과 함께 행복을 나누고 그들에게 의미 있는 사람이 될 수 있어서 행복하다.

80/20 법칙을 사고와 행동에 이식하면 불가능한 일이 없어진다. 당신의 무기는 낙관적인 마음가짐, 부단히 기회를 탐색하는 적극성, 당신만이 할 수 있는 일을 불필요한 불안감이나 노력 없이 침착하고 즐겁게 해내는 능력이다. 자신과 타인들에게 행복을 선사할 만한 작은 일을 실천하라. 길에서 마주치는 사람들을 향해 미소 짓고, 작은 격려의 말을 나누고, 공감을 표현하라. 이런 작은 행동만으로도 큰 노력이나 시간을 들이지 않고 훌륭한 결과를 얻을 수 있을 것이다.

우리 주위에 또 다른 세계가 존재하는 건 분명하다. 악의 세계도 있지만, 악보다 더 부정적이고, 더 확산성이 강하고, 더 절망적인 세계도 있다. 바로 평범함, 낮은 목표, 불안, 우울, 의미 없이 고되기만 한 노동의 세계다. 이 세계에서 벗어나는 유일한 길은 이전과 정반대로 행동하는 것이다. 요즘 들어 점점 많은 사람이 80/20 법칙에 매력을 느끼고 우리의 여정에 합류하는 이유도 여기에 있다.

당신의 사명은 행복하고 풍요로운 결실을 향해 길을 떠나는 것이다. 지금 출발하라!

참고 문헌

Chapter 2

1. See Richard Koch (2013) The 80/20 Manager, New York: Little, Brown, pp 209-11.
2. My co-author Greg Lockwood invented the concept of a 'virtuous trade-off' in Richard Koch and Greg Lockwood (2016, 2018) Simplify: How the Best Businesses in the World Succeed, London: Piatkus, pp 83-5.
3. This essay keeps moving around on the web. To find it easily and without payment type into Google 'Bertrand Russell + In Praise of Idleness'.
4. John Ruskin (1851, 1903) The Works of John Ruskin, edited by E. T. Cook and Alexander Wedderburn (eds), vol 12, London: George Allen.

Chapter 4

1. Charles Murray (2012, 2013) Coming Apart: The State of White America, 1960-2010, New York: Crown Forum, pp 268-9.

Chapter 5

1. Walter Isaacson (2011) Steve Jobs, New York: Simon & Schuster, p 4.
2. G. H. Hardy (1941) A Mathematician's Apology, Cambridge (England): Cambridge University Press, pp 8-19.

Chapter 7

1. Martin E. P. Seligman (1990, 1998) Learned Optimism: How to Change Your Mind and Your Life, New York: Pocket Books, p 15.
2. Richard E. Nisbett (2003) The Geography of Thought, London: Nicholas Brealey, p 100.
3. Richard Koch and Chris Smith (2006) Suicide of the West, London: Continuum, pp 48-67.
4. Jordan B. Peterson (2018) 12 Rules for Life: An Antidote to Chaos, London: Allen Lane, p 96.

Chapter 8

1. M. Scott Peck (1978, 1990) The Road Less Travelled: The New Psychology of Love, Traditional Values and Spiritual Growth, London: Arrow Books, p 13.
2. Ian Robertson (2016) The Stress Test: How Pressure Can Make You Stronger and Sharper, London: Bloomsbury.
3. Robert E. Thayer (1996, 1997) The Origin of Everyday Moods: Managing Energy, Tension, and Stress, Oxford: Oxford University Press.

Chapter 9

1. See, for example, Lionel Mlodinow (2012, 2014) Subliminal: The New Unconscious and What It Teaches Us, London: Penguin, pp 3-51, and David Eagleman (2011, 2016) Incognito: The Secret Lives of the Brain, Edinburgh: Canongate Books, pp 1-19.
2. Nancy C. Andreasen (2005, 2006) The Creative Brain: The Science of Genius, London: Penguin.

Chapter 11

1. Eric Barker (2017) Barking Up the Wrong Tree: The Surprising Science Behind Why Everything You Know About Success Is (Mostly) Wrong, New York: HarperCollins, pp 9-11.
2. Ibid., pp 10-14.
3. Author's calculation based on ibid., p 24.
4. See, for example, ibid., pp 107-8.

Chapter 14

1. Bob Dylan (2004) Chronicles, New York: Simon & Schuster, pp 17-18.
2. See Richard Koch (2020) Unreasonable Success and How to Achieve It: Unlocking the Nine Secrets of People Who Changed the World, pp 34-7.

Chapter 15

1. Many thanks to Hans Jonas for part of this analogy: Hans Jonas (1958, 1963) The Gnostic Religion: The Message of the Alien God and the Beginnings of Christianity, Boston: Beacon Press, p 267.
2. Martin E. P. Seligman (2002, 2017) Authentic Happiness, London: Nicholas Brealey, p 187.
3. Meyer Friedman and Ray H. Rosenman (1974) Type A Behavior and Your Heart, New York: Alfred A. Knopf/Random House.

Chapter 17

1. Ed Diener (24 April 2005) 'Income and Happiness', http:///www.psychologicalscience.org/observer/income-and-happiness, pp 1-2.
2. Betsey Stevenson and Justin Wolfers (2013) 'Subjective Well-Being and Income: Is There Any Evidence of Satiation?', www.nber.org/ papers/w18992, April 2013, abstract, p 16.

Chapter 19

1. The Gospel of Thomas: saying 113.

2. See Ivan Alexander (1997) The Civilized Market: Corporations, Conviction and the Real Business of Capitalism, Oxford: Capstone, pp 28-33.
3. Peter Thiel (2014) Zero to One: Notes on Startups, or How to Build the Future, London: Virgin Books, p 68.
4. William Gibson (1984) Neuromancer, New York: Ace Books, p 51.

Chapter 22

1. Richard Koch (2020) Unreasonable Success and How to Achieve It: Unlocking the Nine Secrets of People Who Changed the World, London: Piatkus, pp 158-9, 211-19.

Chapter 23

1. Richard Koch and Greg Lockwood (2016, 2018) Simplify: How the Best Businesses in the World Succeed, London: Piatkus, pp 3-11.
2. Ibid., pp 22-32.
3. Ibid., pp 12-21.
4. Richard Koch (2008, 2010) The Star Principle: How It Can Make You Rich, pp 59-64. 5. Ibid.

Chapter 24

1. Marshall McLuhan (1962) The Gutenberg Galaxy: The Making of Typographic Man, Toronto: University of Toronto Press, especially p 124.

Chapter 25

1. Barry Schwartz (2009) The Paradox of Choice: Why Less Is More, New York: HarperCollins.
2. See Chip Heath and Dan Heath (2013) Decisive: How to Make Better Choices in Life and Work, New York: Crown Business, especially pp 168-73.
3. Ibid., especially pp 92-114.
4. Ibid., pp 35-6.

Chapter 26

1. McKinsey Quarterly interview with Eric Schmidt, September 2008, quoted in Richard Koch (2022) The 80/20 Principle, London: Nicholas Brealey, pp 335-6.
2. Quoted in Richard Koch, The 80/20 Principle, op. cit., p 329.
3. Parag Khanna (2016) Connectography: Mapping the Global Network Revolution, London: Weidenfeld & Nicolson, p 49.

4. Richard Koch and Greg Lockwood (2010) Superconnect: How the Best Connections in Business and Life Are the Ones You Least Expect, London: Little, Brown, especially pp 246-61.

Chapter 27

1. Steven Pressfield (2002, 2012) The War of Art: Break Through the Blocks and Win Your Inner Creative Battles, New York: Black Irish Entertainment, pp 147-59.

Chapter 28

1. Viktor E. Frankl (1946, 1959) Man's Search for Meaning, New York: Washington Square Press, pp 87-9.
2. Viktor E. Frankl (1946, 2019, 2020) Say Yes to Life in Spite of Everything, London: Penguin, pp 68-71.
3. Ibid., p 123.
4. Viktor E. Frankl, Man's Search for Meaning, op. cit., p 154.
5. Ibid., p 101.
6. Ibid., p 134.
7. Viktor E. Frankl, Say Yes to Life in Spite of Everything, op. cit., pp 76-7.
8. Viktor E. Frankl, Man's Search for Meaning, op. cit., pp 170-2.
9. Ibid., pp 120-7.
10. Ibid., p 175.
11. William Boyd (2018, 2019) Love Is Blind, London: Penguin.
12. Will Durant (1932, 2005) On the Meaning of Life, Dallas: Promethean Press. Charles Beard's answer is on pp 45-6.
13. Ibid., pp 97-109.

Chapter 29

1. Richard Koch (2014) The 80/20 Principle and 92 Other Powerful Laws of Nature, London: Nicholas Brealey.
2. Ibid., p 20.
3. Ibid., p 21.
4. Ibid., pp 22-3.
5. Ibid., p 23.
6. Ibid., pp 27-9.

7. Richard S. Tedlow (1990) New and Improved: The Story of Mass Marketing in America, New York: Basic Books, p 69.
8. Richard Koch, The 80/20 Principle and 92 Other Powerful Laws of Nature, op. cit., p 32.

Chapter 30

1. If you are interested, read Richard Koch (2008, 2010) The Star Principle: How It Can Make You Rich, London: Piatkus.
2. Richard Dawkins (1976, 1989) The Selfish Gene, Oxford: Oxford University Press, pp 189-201.
3. Richard Koch, The 80/20 Principle and 92 Other Powerful Laws of Nature, op. cit., pp 50-7. In that book, I called them 'business genes'.
4. Ibid., pp 50-9.
5. Ibid., pp 18-19.

Chapter 31

1. Richard Koch, The 80/20 Principle and 92 Other Powerful Laws of Nature, op. cit., pp 64-5.
2. Ibid., pp 66-7.

Chapter 33

1. Jeffrey Schwartz and Sharon Begley (2002, 2009) The Mind and the Brain: Neuroplasticity and the Power of Mental Force, New York: HarperCollins. See also Jeffrey Schwartz and Rebecca Gladding (2011) You Are Not Your Brain: The 4-Step Solution for Changing Bad Habits, Ending Unhealthy Thinking, and Taking Control of Your Life, New York: Avery Books.
2. Matt Ridley (1996, 1997) The Origins of Virtue, London: Penguin, p 144.
3. This insight derives from Richard Dawkins and Matt Ridley. See Richard Koch, The 80/20 Principle and 92 Other Powerful Laws of Nature, op. cit., p 110.
4. Jared Diamond (1999) 'How to Get Rich', Edge 56, June 7. www.edge.org/documents/archive/edge56.html.

Chapter 34

1. Richard Koch, The 80/20 Principle and 92 Other Powerful Laws of Nature, op. cit., pp 153-5.

Chapter 36

1. Viktor E. Frankl, Man's Search for Meaning, op. cit., pp 17, 162.
2. Matthew Walker (2017, 2018) Why We Sleep: The New Science of Sleep and Dreams, London: Penguin.
3. Richard Carlson (1997, 1998) Don't Sweat the Small Stuff ... And It's All Small Stuff: Simple Ways to Keep the Little Things from Taking Over Your Life, Hodder Paperback. I have shortened some of the 'nuggets'.

Chapter 37

1. See Nicholas Rescher (1995) Luck: The Brilliant Randomness of Everyday Life, New York: Farrar, Straus & Giroux, especially pp 69-77.
2. The best of these books is probably Max Gunther (1977, 2009) The Luck Factor: Why Some People Are Luckier Than Others and How You Can Become One of Them, Petersfield: Harriman House. The second-best is Richard Wiseman (2003, 2004) The Luck Factor: Four Simple Principles That Will Change Your Luck - And Your Life, London: Arrow Books.
3. Nicholas Rescher (1995) Luck, op. cit., p 22.

Chapter 38

1. Richard Koch and Greg Lockwood (2010, 2011) Superconnect: Why the Best Connections in Business and Life Are the Ones You Least Expect, pp 13-24.
2. Ibid., pp 20-4.
3. Ibid., p 13.

Chapter 39

1. Richard Koch and Greg Lockwood, Superconnect, op. cit., pp 132-54.
2. Ibid., pp 155-77.

Chapter 40

1. Max Gunther, The Luck Factor, op. cit., pp 133-55. I highly recommend this book for pages 117-201. I believe Gunther is wrong in thinking that hunching skills and the other skills he discusses in these pages are matters of luck. I think it is clear that they are skills which can be developed, and therefore not luck. His advice in these pages, however, is generally excellent.
2. Ibid., p 146.

Chapter 41

1. Max Gunther, The Luck Factor, op. cit., pp 157-73.

2. Richard Koch and Greg Lockwood, Superconnect, op. cit., p 132.

Chapter 42

1. For example, Nassim Nicholas Taleb (2007, 2010) The Black Swan: The Impact of the Highly Improbable, London: Allen Lane, p 210.
2. Max Gunther, The Luck Factor, op. cit., pp 175-86
3. Ibid., p 181.

Chapter 43

1. Nassim Nicholas Taleb, The Black Swan, op. cit., p 233.
2. I owe this term and the idea behind it to my friend and fellow student of history Jamie Reeve.
3. Nassim Nicholas Taleb, The Black Swan, op. cit., p 30.
4. Ibid., pp 33-7. I have amplified and simplified Taleb's account.
5. Ibid., p 145. Taleb quotes a huge number of psychology papers which boil down to the same point - more information is bad for us!
6. My approach is described in Richard Koch, The Star Principle, op. cit.
7. https://www.ribbonfarm.com/2018/04/06/deep-laziness/ retrieved 17 October 2023.

80

20

KI신서 13760
80/20 법칙 행동편

1판 1쇄 인쇄 2025년 8월 18일
1판 1쇄 발행 2025년 9월 10일

지은이 리처드 코치
옮긴이 박영준
펴낸이 김영곤
펴낸곳 (주)북이십일 21세기북스

정보개발팀장 이리현
정보개발팀 이수정 현미나 이지윤 양지원
마케팅 김설아
교정교열 이보라 **디자인 표지** 김희림 **본문** 이슬기
영업팀 정지은 장철용 강경남 황성진 김도연 이민재 한충희 남정한
해외기획팀 최연순 소은선 홍희정
제작팀 이영민 권경민

출판등록 2000년 5월 6일 제406-2003-061호
주소 (10881) 경기도 파주시 회동길 201(문발동)
대표전화 031-955-2100 **팩스** 031-955-2151 **이메일** book21@book21.co.kr

ISBN 979-11-7357-470-2 03320

(주)북이십일 경계를 허무는 콘텐츠 리더

21세기북스 채널에서 도서 정보와 다양한 영상자료, 이벤트를 만나세요!

페이스북 facebook.com/21cbooks **블로그** blog.naver.com/21c_editors
인스타그램 instagram.com/jiinpill21 **홈페이지** www.book21.com
유튜브 youtube.com/book21pub

일상에서 마주친 사유의 정거장

아포리아는 '해결하기 어려운 난제'를 뜻하는 그리스어로,
사유의 지평을 넓혀줄 '새로운 클래식'입니다.
지금까지와는 다른 삶 속으로 나아갈 우리가 탐구해야 할 지식과 지혜를 펴냅니다.

• 나폴레온 힐 컬렉션 •

01 나폴레온 힐 기적은 당신 안에 있다

내 안의 무한한 힘을 깨우는 13가지 지혜

"당신의 운명을 결정하는 것은 당신의 생각뿐이다"
두려움과 한계를 뛰어넘는 사고의 전환법을 담은 자기계발 필독서

나폴레온 힐 지음, 최지숙 옮김 | 256쪽(양장) | 20,000원

02 나폴레온 힐 90일 자기 경영

인생의 주도권을 잡고 매일 성취하라

"끝까지 해낸 사람들은 무엇이 다를까?"
성공을 자석처럼 끌어당기는 90일 프로그램

돈 그린 · 나폴레온 힐 재단 지음, 도지영 옮김 | 432쪽(양장) | 25,000원

03 나폴레온 힐 부의 법칙

세계 단 1%만 아는 부를 축적하는 13가지 법칙

"강렬히 열망하는 자만이 부를 얻는다!"
20세기 최고의 자기계발 유산. 수많은 억만장자와 역사가 증명한 부의 바이블

나폴레온 힐 지음, 이미숙 옮김 | 320쪽(양장) | 22,000원

04 나폴레온 힐 성공의 법칙 1

성공의 무한한 잠재력을 깨우는 15가지 법칙

"오직 확신하는 자가 성공을 이룬다!"
세기의 부를 이룬 앤드루 카네기부터 존 록펠러까지 25년간 집대성한 위대한 성공학 바이블 1편

나폴레온 힐 지음, 박선령 옮김 | 448쪽(양장) | 25,000원

05 나폴레온 힐 성공의 법칙 2

성공의 무한한 잠재력을 깨우는 15가지 법칙

"100년간 증명된 성공의 황금률을 만나라!"
앤드루 카네기의 유산에서 시작된 25년간 집대성한 위대한 성공학 바이블 2편

나폴레온 힐 지음, 김보미 옮김 | 384쪽(양장) | 23,000원